本书得到中国青年政治学院教材出版资金资助

社会思潮与青年教育

主 编 陈立思

图书在版编目(CIP)数据

社会思潮与青年教育／陈立思主编. —北京：北京大学出版社，2011.5
ISBN 978-7-301-16783-0

Ⅰ.①社… Ⅱ.①陈… Ⅲ.①社会思潮—影响—青少年教育—高等学校—教材 Ⅳ.①G775②C912.67

中国版本图书馆CIP数据核字(2011)第055929号

书　　名	社会思潮与青年教育 SHEHUI SICHAO YU QINGNIAN JIAOYU
著作责任者	陈立思　主　编
责任编辑	于　娜
标准书号	ISBN 978-7-301-16783-0
出版发行	北京大学出版社
地　　址	北京市海淀区成府路205号　100871
网　　址	http://www.pup.cn　　新浪微博：@北京大学出版社
微信公众号	通识书苑（微信号：sartspku）　科学元典（微信号：kexueyuandian）
电子邮箱	编辑部 jyzx@pup.cn　　总编室 zpup@pup.cn
电　　话	邮购部 010-62752015　发行部 010-62750672　编辑部 010-62767857
印刷者	北京虎彩文化传播有限公司
经销者	新华书店
	787毫米×1092毫米　16开本　15.75印张　380千字 2011年5月第1版　2025年1月第6次印刷
定　　价	49.00元

未经许可，不得以任何方式复制或抄袭本书之部分或全部内容。
版权所有，侵权必究
举报电话：010-62752024　电子邮箱：fd@pup.cn
图书如有印装质量问题，请与出版部联系，电话：010-62756370

目 录

第一章 社会思潮及其发生、传播和运行 (1)
　第一节　社会思潮的本质和特征 (1)
　　一、什么是社会思潮 (2)
　　二、社会思潮的特征 (4)
　　三、正确理解社会思潮本质特征的意义 (7)
　第二节　社会思潮的发生和传播 (8)
　　一、社会思潮发生的历史前提 (8)
　　二、社会思潮发生的现实条件 (8)
　　三、社会思潮的传播路线和方式 (9)
　第三节　社会思潮的运行 (10)
　　一、社会思潮之间相互作用的不同情况 (10)
　　二、社会思潮运行的动力和活力与思想文化政策 (11)

第二章 社会思潮与社会生活 (14)
　第一节　社会思潮与社会日常生活 (14)
　　一、社会思潮影响社会生活的途径 (14)
　　二、社会思潮与社会"热点"及突发事件 (15)
　　三、信息时代新媒体对社会思潮传播的影响 (15)
　第二节　社会思潮与社会运动 (18)
　　一、社会思潮与社会运动的一般关系 (18)
　　二、社会思潮对社会运动的影响因素 (19)
　　三、社会思潮对社会运动的影响途径 (22)
　第三节　社会思潮与青年群体 (24)
　　一、青年群体对社会思潮的接受过程 (24)
　　二、社会思潮影响下的青年群动行为 (25)

第三章 社会思潮的评论 (27)
　第一节　社会思潮评论的意义 (27)
　　一、社会思潮评论与社会生活 (27)

二、社会思潮评论与青年成长 …………………………………………… (28)
　　三、社会思潮评论与提高理论认识 ……………………………………… (29)
第二节　社会思潮评论的原则 …………………………………………………… (31)
　　一、对社会思潮评论中几种倾向的分析 ………………………………… (31)
　　二、社会思潮评论的原则 ………………………………………………… (35)

第四章　回应"双重困境"挑战的现代新儒家思潮 …………………………… (37)
第一节　现代新儒家思潮概述 …………………………………………………… (37)
　　一、现代新儒家产生的历史背景与直接原因 …………………………… (37)
　　二、现代新儒家的概念和基本发展线索 ………………………………… (39)
　　三、现代新儒家学说的框架和基本论题 ………………………………… (42)
第二节　现代新儒家学说的基本内容 …………………………………………… (43)
　　一、梁漱溟的"新孔学" …………………………………………………… (43)
　　二、德性儒学 ……………………………………………………………… (51)
　　三、政治儒学 ……………………………………………………………… (71)
　　四、心灵儒学 ……………………………………………………………… (86)
　　五、儒学中的实学 ………………………………………………………… (88)
第三节　在全球化视野下的中国文化与世界文化 ……………………………… (89)
　　一、现代化与传统文化关系的论纲：四君子《文化宣言》 ……………… (89)
　　二、现代新儒家对待世界文化的基本态度 ……………………………… (102)
第四节　现代新儒家思潮与青年 ………………………………………………… (102)
　　一、现代新儒家对青年的期望 …………………………………………… (102)
　　二、当代大学生对现代新儒家的态度 …………………………………… (105)
　　三、现代新儒家思潮影响扩散的原因 …………………………………… (107)
　　四、用马克思主义引导青年正确对待现代新儒家思潮 ………………… (110)

第五章　"自我"的发现和消解：科学主义、反理性主义、后现代主义 ……… (112)
第一节　科学主义思潮及其在中国的影响 ……………………………………… (112)
　　一、实证主义 ……………………………………………………………… (113)
　　二、马赫主义 ……………………………………………………………… (115)
　　三、逻辑实证主义 ………………………………………………………… (117)
　　四、批判理性主义（证伪主义） …………………………………………… (121)
　　五、历史主义 ……………………………………………………………… (123)
　　六、科学主义思潮的影响 ………………………………………………… (126)
第二节　反理性主义思潮 ………………………………………………………… (128)
　　一、反理性主义的含义和特征 …………………………………………… (128)
　　二、意志主义 ……………………………………………………………… (130)

三、生命哲学 ·· (134)
　　四、存在主义 ·· (135)
　　五、反理性主义思潮的影响 ·· (139)
第三节　后现代主义 ·· (140)
　　一、后现代主义的产生和发展 ·· (140)
　　二、后现代主义的主要代表人物及观点 ··································· (143)
　　三、后现代主义的评析 ·· (149)

第六章　新老实用主义 ·· (152)
第一节　古典实用主义 ··· (152)
　　一、古典实用主义的形成、发展和特征 ··································· (152)
　　二、古典实用主义的代表人物及观点 ······································ (154)
第二节　新实用主义 ·· (161)
　　一、布里奇曼：操作主义 ··· (161)
　　二、蒯因："两江合流"与"花开两枝" ································· (165)
　　三、普特南："接着讲"的实用主义 ······································ (171)
　　四、罗蒂："对着讲"的实用主义 ··· (176)
第三节　实用主义在中国的传播、研究和影响 ······························· (182)
　　一、实用主义在中国传播情况概述 ·· (182)
　　二、胡适、陶行知、蒋梦麟对古典实用主义的研究和传播 ············ (185)
　　三、中国学术界近十多年(1998—2009)对实用主义的研究 ·········· (192)
　　四、实用主义在中国青年中的影响 ·· (197)

第七章　对工业文明的反思 ·· (200)
第一节　法兰克福学派及其社会批判理论 ····································· (200)
　　一、法兰克福学派的兴起和发展 ··· (200)
　　二、法兰克福学派的代表人物及其主要观点 ····························· (201)
第二节　未来学和未来主义思潮 ·· (209)
　　一、未来学研究的基本情况 ·· (209)
　　二、未来主义思潮的主要流派和观点 ····································· (210)
　　三、未来主义思潮的大众影响 ·· (212)
第三节　当代消费主义思潮 ·· (214)
　　一、消费主义：定义及主张 ·· (215)
　　二、消费主义：历史及背景 ·· (216)
　　三、当代消费主义的理论阐释 ·· (221)
　　四、消费主义的伦理批判 ··· (225)
　　五、学校德育如何面对消费异化的挑战 ··································· (227)

第四节　反全球化思潮 …………………………………………（229）
　　　一、什么是反全球化思潮 ………………………………………（230）
　　　二、反全球化思潮产生的背景 …………………………………（231）
　　　三、反全球化思潮的发展脉络 …………………………………（235）
　　　四、反全球化思潮的代表人物及观点 …………………………（236）
　　　五、对反全球化思潮的评价 ……………………………………（240）

参考文献 ……………………………………………………………（243）

后记 …………………………………………………………………（245）

第一章　社会思潮及其发生、传播和运行

社会思潮的存在和影响是人类精神生活领域近二百年来一个引人注意的事实。社会思潮数量多,分布广,名称五花八门。按照领域划分有政治思潮、经济思潮、文化思潮、社会思潮。按照学科划分有哲学思潮、经济学思潮、政治学思潮、法学思潮、社会学思潮、文艺思潮等。把某个学科的思潮按照基本观点和立场划分,又有科学主义与人文主义(哲学)、自由主义与保守主义(政治学)、自由主义与国家干预主义(经济学)等区别。按照某种思潮的发展阶段不同,又有新老之分,例如实用主义和新实用主义,自由主义、现代自由主义和新自由主义。社会思潮的具体形式林林总总,我们给它们一个总的名称,叫"社会思潮"。这个总名称下涵盖了所有的思潮(包括那个与政治思潮、经济思潮、文化思潮并立的"社会思潮"),所以它是广义的。而那个与政治思潮、经济思潮、文化思潮并立的"社会思潮"则是狭义的。本书的研究对象是广义的社会思潮。有时在行文中将它简称为"思潮"。

那么,人们会问:什么是社会思潮?社会思潮是怎么产生的?它的流行有什么规律?它对社会生活有什么影响?这些影响是通过什么方式和渠道发生作用的?等等。这些问题,需要我们用社会思潮的一般理论或者基本理论来回答。在人们对社会思潮的认识还不够丰富、全面和深入的时候,是没有必要、也没有条件和能力来提出这些问题并做出科学回答的。但是,不解决这些问题,人们就容易把社会思潮和社会意识的其他形式、形态搞混淆,把握不住社会思潮与社会生活的互动关系。如果在对待社会思潮的思想文化政策方面出现偏差甚至严重的失误,还会造成社会动乱。所以,在我们还没有进入社会思潮专题研究之前,有必要先来探讨社会思潮的一般理论,建立理论框架和确定研究方法。

本章主要研究社会思潮的本质和特征,以及它发生、传播和运行的规律。

社会思潮,顾名思义,就是思想的潮水。这是我们在许多教科书上看到的定义。这种理解抓住了两个要点:第一,它是思想的流动、运动;第二,它的运动像潮水一样汹涌澎湃,有冲击力,能淹没一切,但潮涨也必有潮落甚至退潮。应该说,这样的理解基本正确,也很形象,但是它的诗意多于理性的分析。还有很多问题这个定义并无法回答。比如,思想总是在运动的,但并非所有的思想都能变成思潮,这是为什么呢?社会思潮与社会普通意识、理论体系、社会心理有什么联系和区别?社会思潮有什么特点?社会思潮为何而起,凭借什么样的社会历史条件才能产生?它的源头在哪儿?它影响的持久度由哪些因素决定?它在发展、演变的过程中经历了哪些环节?它怎样才能获得流行的动力和活力?而这些,正是本章所要研究的问题。

第一节　社会思潮的本质和特征

本节讨论社会思潮的本质和特征。这还将涉及为什么要辨析社会思潮的定义,运用什么方法来给它下定义,定义不严谨不清晰在实践中会带来什么后果等问题。

一、什么是社会思潮

什么是社会思潮？这个问题看似简单，其实不然。现在我们先对几种已有的定义进行辨析，然后提出自己的定义，并说明下定义的方法以及这样的定义可以解决什么问题。

《现代汉语词典》给"思潮"下的定义是："思潮，① 某一时期内在某一阶级或阶层中反映当时社会政治情况而有较大影响的思想潮流：文艺思潮。② 接二连三的思想活动：思潮起伏｜思潮澎湃。"[①]

《辞海》给"思潮"下的定义是："思潮，① 某一历史时期内反映一定阶级或阶层的利益和要求的思想倾向。如文艺思潮。② 涌现出来的思想感情。如思潮起伏。"[②]

这两个定义值得肯定的地方是，它们都在一定程度上触及了思潮的社会性、阶级性、时代性等特征。但是它们都有比较大的局限性，没有对上文我们围绕社会思潮的本质和特征提出的问题作出比较完整的回答。作为词典或辞书，主要任务是语言的记录和保存，笔者无意苛求。但是必须指出，以这些词条作为专业研究的核心概念甚至评价标准，那是不够用的。况且，这两个定义的差异也是一目了然的。《现代汉语词典》认为思潮就是思想潮流（这种说法其实是同义反复），而《辞海》认为思潮就是思想倾向；《现代汉语词典》认为思潮反映的内容是"社会政治情况"，而《辞海》认为思潮反映的是阶级或阶层的"利益和要求"；两个定义都提到了"阶级或阶层"，不过，《现代汉语词典》把它们视为思潮传播的范围，而《辞海》认为一定的"阶级或阶层"是"利益和要求"的主体。有差异并不奇怪。但是，要求把其中的任何一个定义作为标准已经不妥，若再把有差异的两个定义一起作为标准，那实在是让人无所适从了。

关于社会思潮还有另外一些定义，其焦点集中在两个问题上：对社会思潮本身的意识结构及其在社会意识总体结构中的地位应该如何分析、判断。具体说，是如何解释社会意识、社会思潮和社会心理三者的关系。围绕这些问题，大致上形成了"综合说"和"中介说"两大派。前者认为社会思潮是社会意识和社会心理的综合形式，后者认为社会思潮是处于社会意识和社会心理之间的中介。[③] 应该说，探讨这些问题是非常必要的。梅荣政教授给社会思潮下的定义是："某一时期内在某一阶级或阶层中反映当时社会政治情况而有较大影响的思想潮流，它以一定的社会存在为基础，以特定的思想理论为理论核心，并与某种社会心理发生互相影响、互相制约、相互渗透的作用。"[④]这个定义突出了思想理论在思潮中的核心地位，笔者对此是赞同的。但是这个定义中对思潮与社会心理关系的表述是比较模糊的。笔者的看法是，社会心理只是社会思潮在传播过程中所依赖的社会条件，它本身并不是社会思潮或者说是社会思潮的组成部分。

笔者认为，给社会思潮下定义可以有不同的角度，以回答不同的问题，满足实践的不同需要。在本书中，我们着眼于社会思潮的运动即它的产生、发展、传播、演变的过程和方式，研究它对社会的影响和社会对它的控制。因此，定义应该说明社会思潮的实质、源头、核心、传播

---

① 中国社会科学院语言研究所词典编辑室.现代汉语词典[M].北京：商务印书馆，2005：1290.
② 夏征农，陈至立.辞海[M].上海：上海辞书出版社，2009：2130.
③ 梅荣政.用马克思主义引领社会思潮[M].武汉：武汉大学出版社，2008：53-57.
④ 同上，第57页。

的时间和空间特性、内容、形式等。根据这样的理解,我们给社会思潮下的定义是:社会思潮是经思想家倡导而在大众中持久流行、与时代和社会重大问题相关的较系统、较集中的那些思想观点的运动。

从这个定义中我们可以知道:社会思潮的实质是社会意识的特殊运动,它的源头是某些思想家所倡导的思想理论,它的内容是对时代和社会重大问题的反映,它的影响在空间上是广泛的,时间上是持久的。我们这个定义是运用比较的方法,把"社会思潮"和与之关系密切、容易混淆的三个概念即"社会意识的一般运动"、"学术派别活动"、"社会热点"进行比较分析得出来的。下定义的时候我们提前考虑了它将产生的实践后果。

(一)社会思潮是社会意识的特殊运动形式

社会思潮是社会意识的运动。社会意识是对社会存在的反映。社会意识的运动包括两方面,即社会意识与社会存在之间、个体意识与社会意识之间的双向转化。社会思潮在这一点上与我们平常理解的社会意识的一般运动是一致的。社会思潮与社会存在之间不断有作用和反作用。与此同时,社会思潮又是个体意识与社会意识的互相转化。

每个人从出生起,就在接受社会教化。社会教化的基本形态是传授、陶冶和训练。个人在这种教化作用下,经历明理、知事、动情、养成诸环节的循环往复,不断成长,成为符合社会基本规范的社会成员。在这个过程中,个体不断地将社会意识"内化",接受社会意识,形成文化思维结构,养成行为模式;同时又不断地将个人意识"外化",实践各种物质的、精神的、人际交往的活动,影响甚至改造他周围的环境。其中的优秀人物,如思想家、教育家、政治家、文艺家,他们的思想、言论、品行、风范,影响尤其巨大,可以造就一代甚至几代人。在此基础上,他们的个体意识转化为社会意识,形成民族文化的核心、传统的精华,甚至全人类的精神财富。

但是,社会思潮与社会意识一般运动的一致只是实质上的一致,在表现形式上二者却是有区别的。社会意识在个体与群体、个体与社会之间的双向转化,好比水的不同形式在天地之间的循环。地表水渗透到地下,经过蒸发,上升到天空,凝成雨雪,再降到地面。这种运动是分散的、细小的,每时每刻不间断的、无始无终的。而社会思潮则好比思想的江河。江河的运动是地表水循环的一个组成部分,但又有其独特的方式和规律。即社会思潮有一个相对集中的主题,有鲜明的广为流传的思想观点,有相对固定的传播渠道和规律,有持久的作用时间和广泛的群众基础,有较明显的兴起和衰落过程。因此,社会思潮是社会意识的特殊运动形式。

(二)社会思潮的核心是学术流派观点

社会思潮与学术流派的关系非常密切。现在我们来分析它们的关系并比较二者的异同。社会思潮与学术流派有很多相同的地方。它们都有主题、有代表人物、有队伍(由创始人及其弟子、至集大成者,有时好几代人传承接续)、有基本立场和观点、有兴衰。某种社会思潮往往是以某种学术流派的观点为核心而形成并且命名的。由学术流派的代表提供的思想体系是社会思潮的"硬核",是社会思潮的理论代表,所以通常也是人们在研究社会思潮时的直接考察对象。但社会思潮与学术流派也有很多不同的地方。早就有人通过举例指出了学术流派与思潮的区别:"确切地说,逻辑实证主义是一种哲学思潮,一场哲学运动,而不是一个学派。"[①]学术流派活动的参

---

① 薛文华.现代西方哲学评介[M].北京:高等教育出版社,1994:153.

加者往往是参与该学科研究的专业人士,其成员比较"纯",尽管其内部还有可能包括各式各样互相补充又互相分歧的小流派,但是仍然保持着共同的"范式",思想理论比较系统严密。而社会思潮的接受者、传播者从专业人员到社会各阶层都有,比较"杂"。他们相互之间的思想观点只是在主要方面相同,对待学术观点的态度则是各取所需的。学术流派活动是学术的、理性的,以"求真"为目标;社会思潮则是理性的、感性的、心理的、情绪化的,什么情况都有,是"大杂烩",以"表达"为诉求。社会思潮的流行虽然与学术流派活动有联系,但还有更为深刻的社会原因。所以有时候某学术流派衰落了,而以该学术流派的学说为核心的思潮并不随之衰落,而是继续流传。例如老实用主义,作为一种学术流派它早已衰落了,但实用主义思潮至今还在盛行;而新实用主义目前还停留在学术流派的阶段,尚未形成思潮。学术流派是"小众文化",社会思潮是"大众文化";学术流派的影响面不如社会思潮广泛,也没有那种可怕的冲击力和裹挟力。总之,社会思潮不等于学术流派,但是二者关系密切,学术流派的观点构成社会思潮的核心。

有人提出"主义"与"思潮"能不能等同的问题。我们经常把某某学术流派称为"某某主义",例如实用主义、逻辑实证主义、存在主义等,以它们为核心的社会思潮也就称为实用主义思潮、逻辑实证主义思潮、存在主义思潮。这并不是把二者等同起来。但是,由于学术流派的理论观点是社会思潮的核心,所以我们在对社会思潮做理论分析时,往往转化为对学术流派的观点做分析。这在社会思潮研究中是通行的做法。

(三)社会思潮是对社会和时代的重大问题的反映

有人把社会思潮当做社会"热点"。我们来看看社会思潮与社会"热点"的联系和区别。思潮与"热点",都与社会大众关注的问题有关。如果把思潮比作河水,那么"热点"就是河水与河底礁石撞击所产生的旋涡,是围绕社会生活中的突出矛盾而产生的思想和舆论的反应。"热点"五花八门,有理论热点、社情民意热点,也有新闻热点,追求"新、奇、快",热得快,冷得也快。不论哪一种"热点",都会不断转移。而思潮却是潮涨潮落,持续不断。"热点"大多围绕具体问题,而思潮却反映社会和时代的重大问题,并且有较深层次的思想理论。思潮可以因为与"热点"的结合而获得广泛传播的机会,也可能因为忽视社会关注的"热点"而走向衰落。20世纪30—50年代,实用主义受到逻辑实证主义的排挤,就是因为它只关注社会文化问题,而对于年轻一代知识分子关心的新兴科学如量子力学等漠不关心,从而失去了吸引力。而社会生活中原先就存在的突出矛盾,可以因潜伏的思潮与偶然的突发事件相遇而形成"热点",或使"热点"再次升温。

综合上述几个方面的比较分析,我们可以知道社会思潮的实质:它是社会意识的特殊运动,它的源头是某些思想家所倡导的思想理论,它的内容是对时代和社会重大问题的反映,它的影响在空间上是广泛的,时间上是持久的。所以说,社会思潮是经思想家倡导而在大众中持久流行的、与时代和社会重大问题相关联的较系统、较集中的思想观点的运动。

二、社会思潮的特征

任何事物都具有特征。特征是表面的,由深藏的实质决定,也反映实质。所以,我们应该对社会思潮的特征进行描述和分析,以加深对它的实质的认识。社会思潮有如下特征:

(一)社会性和大众性的统一

社会思潮具有社会性和大众性,是二者的统一。

社会思潮是反映特定环境中人们某种利益要求并对社会生活有广泛影响的思想趋势或倾向，其根源来自社会，不言而喻，它具有社会性。这些要求、倾向得以传播的基础是群体潜意识。群体潜意识涌动、凝聚，在适宜的政治气候下便转化为社会思潮。过去，社会思潮的阶级性特征比较鲜明；现在，阶级性特征仍然有，但是也出现了超越阶级差异的思潮，比如女性主义思潮、绿色和平主义思潮、后现代主义思潮、民族主义思潮等。这些思潮所依托的社会群体，不完全是按照阶级来划分的。地区、性别、辈分、宗教、民族、种族等，都有可能成为群体分化的依据。这是现代社会生活复杂化、利益关系多样化、社会结构多元化的结果。

社会思潮的大众性不单是说它在大众范围传播、走大众路线，而且是说，从文化层次、属性来看，它是大众文化，不是精英文化。有很多人给"大众文化"下过定义，它主要是指在某一地区、某一社团、某一个国家中新近涌现的，被大众所信奉、接受的文化。大众文化往往通过大众化媒体（网络、电视、报纸、杂志等）来传播和表现。从某种意义上说，西方大众文化思潮是一场反叛以往主流意识形态的思想运动。它是建立在西方经济高度发达的基础之上，在工业文明发展到一定程度，大众的自由意识、思想解放达到某种高度之后产生的。大众文化是消费社会中文化工业的产物。大众文化的特点是商品性、通俗性、流行性、娱乐性、日常性。

社会思潮的源头学术流派思想是精英文化，演变为社会思潮后它就是大众文化。例如，实用主义创始人皮尔士认为自己搞的是正宗的哲学，他非常看重自己的实在论思想和概念逻辑分析，他甚至反感"实用主义"这个名称。真正把实用主义变成"实用主义运动"的是詹姆士。而对于詹姆士阐述的实用主义，当时的欧洲人嗤之为"市侩哲学"，认为只有在美国这种"没文化"的地方才会产生这种粗鄙的哲学，甚至认为它根本不配叫哲学。

社会思潮的社会性和大众性是统一的。没有大众性，不足以使社会思潮与其他社会意识形式相区别。没有社会性，社会思潮就只能在有限范围产生影响，而不可能走向广阔天地。

（二）事实性和价值性的统一

社会思潮是事实性和价值性的统一。首先，学术流派思想是社会思潮的源头和核心，它本身就是事实性和价值性的统一，所以由它而来的社会思潮也就兼有这样的两重特性。比如，"第三条道路"思潮，价值性特征非常鲜明，就是欧美社会民主主义政党为争取选民、谋求上台执政而提出来的。但是，其中也包含了这些政党对当代资本主义社会发生的新情况、新形势、新问题的理性认识。"冷战"结束，世界格局发生变化；经济全球化加速带来了新的挑战，资本外逃，失业率上升，外来移民与本地居民的矛盾以及民族矛盾凸显甚至激化；产业结构升级带来阶级结构变革，改变了政党的依靠力量；在世界多极化、民主化的进程中，政党之间除了竞争，也有互相磨合、政策趋同的趋势。因此，政党应该主动进行自我调整，改变过去非左即右、二元对立的思维方式，积极进行理论创新，寻找新的理论支柱和替代战略。这种认识应该说是反映了社会发展的必然性，是正确的。其次，在从学术理论向社会思潮的转变过程中，也存在着事实性和价值性统一的选择标准。社会大众之所以能够接受、认同、拥护某种学术理论，不仅是因为它反映了自己的利益诉求，还因为它说出了真理。比如在对待新自由主义经济学理论的时候，出现了"臭豆腐现象"（"臭豆腐"是中国的一种小食品，闻起来臭，吃起来香）。新自由主义经济学理论从价值性来看，是20世纪30年代出现、70年代复兴、90年代简直成了西方思想界的新教条的理论，是在私人垄断走向国家垄断时期出现的为资本主义辩护的理论。它在我国遭到批判，正是由于这种鲜明的价值性。但是它之所以能够演变为社会思潮，是因为它对资源配置方式，对财政、金融、货币、价格、就业等问题的分析、论述不无道理。作为理论工具,新自由主义经济学是学术界为解决凯恩斯主义失灵后面临的实践难题而进行探索的产物。在理论竞争中,它们当然对自己作出了最高的评价,甚至自我吹捧、美化、神化。至于对它的应用会带来什么样的后果,应该由它的使用者负责。如果对它迷信、盲从、教条主义地照搬照套,就像在一些拉美国家、在俄罗斯所发生的那样,没有不吃亏的。如果对它能够清醒地认识、有选择地吸收、因地制宜地运用,还是会收到积极成效的。

(三)民族性和时代性的统一

社会思潮具有民族性。一个民族在某一时代之所以产生某种思潮,首先是由该民族的政治、经济、文化生活的实际变革引起的。其次,民族的文化传统,特别是其中的深层次的"文化—心理"结构,在一定程度上决定了这一民族的思想家以什么样的方式和概念系统、话语系统加工制作思想体系,进而演变成具有民族特色的社会思潮。再次,在理解和接纳异族文化和外来思潮的时候,也会打上本民族的烙印。

社会思潮具有时代性。在社会转型时期,必然会产生新旧文化的碰撞。社会思潮正是不同时代文化互相撞击的产物。社会思潮是对时代变化的反映。

世界历史进入近代以来,许多民族与世隔绝、闭关自守的状态被打破了。随着世界市场体系的逐渐形成,"全球化"的历史进程也拉开了序幕。各民族之间的经济、政治、文化的交流日益增多、加深。社会思潮的传播、流行开始超越国界。这种情形使得社会思潮的民族性和时代性特征愈加突出和鲜明起来。例如,自西学东渐以来,中国本土文化与西方文化关系的演变,从一个侧面表现了社会思潮的民族性和时代性的统一。

中国人的"西方"概念,实际上有多重含义。首先是地域概念。以中国为中心,中国的西边就是"西方"。其次是政治概念。鸦片战争之后,中国人把英法德等欧洲国家称为"西方列强"。20世纪第二次世界大战结束后,"冷战"开始,形成以美国为首的资本主义阵营和以苏联为首的社会主义阵营,分别被称为"西方"和"东方"。日本虽然地处中国的东边,也被视为"西方国家"。再次是文化概念。"西方文化"主要指以古希腊罗马文化为源头、以基督教为主要宗教信仰、以近现代工业为经济模式的文化形态。它包括欧洲、北美以及大洋洲等地的文化,与以中国文化为代表的"东方文化"是相对的概念。第四,它是一个历史概念,内涵在不断地变化。在中国启蒙思想家那里,"西方"就是具有普遍意义的现代社会、现代强国、现代文明的范式,是人类历史的新阶段,也代表人类发展的大方向。从20世纪50年代起,"西方"成了帝国主义和腐朽资产阶级思想的代名词。另一方面,20世纪70年代末中国开始实行改革开放,邓小平提出:"我们要向资本主义发达国家学习先进的科学、技术、经营管理方法以及其他一切对我们有益的知识和文化,闭关自守、故步自封是愚蠢。但是,属于文化领域的东西,一定要用马克思主义对它们的思想内容和表现方法进行分析、鉴别和批判。"[①]这表明,中国人对待"西方"的态度从排斥、批判变成了一分为二。可见,"西方"在中国人心目中是一个综合了地域、政治、文化、历史多方面含义的复杂的概念,而且这个概念在不同的历史阶段是不断变化的。

在中国人对"西方"知之甚少的时候,"西方"是"铁板一块";对"西方"的认识越全面、越深入,

---

① 邓小平.邓小平文选:第三卷[M].北京:人民出版社,1993:44.

才知道"西方"内部其实差异不小。中西关系的历史,贯穿了中国近现代史。中国人心目中的"西方"概念和形象,与中国人的自我认知是互相构建的。这个过程就是中国近现代社会关于国家和民族发展方向和道路的大讨论、大争论的过程。在这个过程中产生了许多的思潮,这些思潮是本土的,但都是以"西方"为参照系来思考中国向何处去这样一个时代的大问题。

从鸦片战争到五四运动,中国思想界比较一致的认识是"以西方为师"。但是到底应该向西方学习什么,却是经历了曲折的探索才逐步明确的。从鸦片战争经洋务运动到甲午战争失败,中国人是从器物层面学习西方;从戊戌变法到辛亥革命,扩展到从政治制度层面学习西方;从辛亥革命到新文化运动,又从文化层面学习西方,西方式的科学、民主成了当时价值崇拜的对象。随着对西方了解的深入,中国当时先进知识分子关于中国现代化的设计蓝图也出现了不同的版本。陈独秀设想的中国"现代化"是法国式的,胡适设想的是美国式的。他们二位的共同点是,都认为中国文明是古代文明,所以中西之别是"古今之别",中西文化的关系是古代文化与现代文化的关系。胡适的结论是要改造中国文化,实现"全盘西化"。而李大钊则受到第一次世界大战后西方兴起的反思现代性、批判资本主义思潮的影响,认为以法国革命为代表的西方近代文明已经是明日黄花,俄国革命所昭示的社会主义文明新时代已经到来,所以他选择"以俄为师",成为马克思主义者。可见,当时最有代表性的思潮都体现了民族性和时代性统一的特点。

三、正确理解社会思潮本质特征的意义

我们对事物的认识和把握是为了满足实践的需要。我们对社会思潮下定义,用比较的方法对与之接近的概念进行辨析,又通过阐述它的特征进一步明确社会思潮的实质,都是为了在意识形态领域对社会思潮有准确的把握。

对社会思潮这么复杂的事物,如果把握不准,尤其是当我们把社会思潮与学术流派的理论观点混同的话,在实践中就容易犯"左"或者"右"的错误。比如,对社会思潮中的某些错误观点、甚至是明显地宣扬敌对意识形态的观点,不敢理直气壮地进行批判、分析,这就是"右"的错误。为什么?因为害怕一旦这样做了,就会被认为是"干涉学术研究"、"压制思想自由",从而招致不满、抵触的情绪甚至反抗。现在,人人都不怕犯"右"的错误,却害怕戴上"左"的帽子。戴上这顶帽子就意味着"不开明"、"不民主",与"多元化"的时代格格不入。反之,明明是在学术界内部进行的研究、讨论中发表的一些意见,仅仅因为与"主流"观点不一致或者不完全一致,尽管并没有在大众中宣传、流行,也要受到压制、打击,这就是"左"的错误。我们国家的文化政策是"百花齐放,百家争鸣","解放思想,实事求是","学术无禁区,宣传有纪律",等等。这些政策要想得到正确的贯彻执行,就必须区分哪些是学术研究和探讨,哪些是在大众中宣传和流行的思想。学术探讨是"小众的",它要起到影响社会生活的作用,还有很长的一段路要走,对它不必设禁区。而社会思潮则不同,它已经掌握了群众,是一股具有巨大能量的现实力量,它可以掀起滔天巨浪,冲击甚至冲垮任何堤坝。因此,对社会思潮的监测、引导和必要的控制,涉及社会稳定和发展,是非常必要的、合理的,决不是什么"左"。实践中有些同志要么左右为难;要么该"管"的不管,不该管的却"管"了;要么干脆撒手,放任自流。这些实际工作中表现出来的迷茫、摇摆,都是源于理论上的糊涂。所以,一定要正确、全面地把握社会思潮的实质和特征。

第二节　社会思潮的发生和传播

思潮作为社会意识，虽然从本质上讲仍然是对社会存在的反映，但这种反映能酿成思潮，必定有其特殊的原因和条件。只有具备必要的前提条件，社会思潮才有可能发生。而从可能变成现实，需要客观和主观两方面的条件。只有沿着一定的路线传播，学术流派的思想观点，才能走向广阔的天地，真正转变为社会思潮。

一、社会思潮发生的历史前提

一般而言，社会思潮的发生有三个历史前提。一个是社会意识的客观化，一个是精神生产的专门化，一个是传播媒介的大众化。社会意识的客观化，是指社会意识一经产生，它就成为一种客观的存在。它可以通过语言、符号、文字、图像、书籍、雕塑、器物、电磁材料等物质载体而保存、遗留、传播，成为与物质世界、个人意识相并列的客观精神世界。精神生产的专门化是人类历史上第四次大分工的产物。第一次大分工是农业和畜牧业的分工，第二次是农业和手工业的分工，第三次是脑力劳动和体力劳动的分工，第四次则是物质生产和精神生产的分工。在脑力劳动者中，有一部分人脱离了物质生产而专门从事精神生产，如教育、文化艺术、新闻、出版等。他们只生产精神产品，并且以此来服务于物质的生产和社会生活。传播媒介古已有之，但只是到了近现代它才大众化了。随着科学技术的进步，在社会经济、政治、文化生活需要的推动下，书籍、报刊、广播、电视等传播手段产生并迅速发展，覆盖了社会生活的方方面面，并能把各种信息最快速地传播出去。这三个历史前提，是社会思潮得以发生的三个可能性条件。

二、社会思潮发生的现实条件

可能性不等于现实性。现在，让我们来进一步考察社会思潮产生的现实条件。

从客观方面看，思潮产生的年代，一般是风云变幻、大动荡、大变革的历史时期。当社会酝酿着或实际地经历着深刻的变动时期，人心动荡，思想界便会积极而活跃，各种思潮便会应运而生。思潮的产生，必定是为了回答和解决时代的重大问题，如社会的出路，国家民族的前途，兴邦救国的方略，等等。我国著名思想家梁启超在其名作《清代学术概论》中对"时代思潮"的解说流传很广。他说："今之恒言，曰'时代思潮'。此其语最妙于形容。凡文化发展之国，其国民于一时期中，因环境之变迁，与夫心理之感召，不期而思想之进路，同趋于一方向，于是相与呼应汹涌，如潮然。始焉其势甚微，几莫之觉；寖假而涨——涨——涨，而达于满度；过时焉则落，以渐至于衰熄。凡'思'非皆能'潮'；能成'潮'者，则其'思'必有相当之价值，而又适合于其时代之要求者也。凡'时代'非皆有思潮；有思潮之时代，必文化昂进之时代也。"[①]而"文化昂进"只能发生在前面描述的时代。

从主观方面看，思潮的发生，离不开精神领袖的作用。每个时代总有那么一些思想家，他们基于对社会规律的深刻了解，凭着敏锐的洞察力和对人类命运的深切关怀，总能比普通人更早地

---

① 梁启超.清代学术概论[M].北京：中华书局，2010：1.

觉察到时代的脉搏,更加细微地体察到社会的变化。他们最早指出问题的所在,积极提供新的方案,并对一切阻碍社会进步的陈腐观念发起猛烈的批判。他们是群众心声的代言人,把群众中尚处于朦胧状态的要求用鲜明响亮的口号表达出来,起到振聋发聩的作用。由于能引起群众的共鸣,又因此吸引更多的思想家参与,便能形成一支队伍、一场运动,在思想领域不断地鼓涌和掀动起一阵阵的浪潮。这样的思想家,便是社会思潮的"统帅"、"旗手"。没有他们,便不可能有社会思潮。他们在很长一段时间内都保持着持久的、强大的影响力。

群众的参与是形成社会思潮的另一主观条件。群众对某一学术派别观点的认同、接受、共鸣,除了需要有内容上一拍即合的思想基础,还需要适宜的社会精神氛围来进行心理、情绪方面的强化,而这又离不开大众传媒的渲染、渗透与激发。群众经过时代风暴的洗礼,从内心接受了某种思想后,还会积极地参与传播、丰富和发展该思想的活动,使之更加声势浩大,席卷社会生活的一切方面,成为名副其实的思潮。

三、社会思潮的传播路线和方式

涓涓细流如何汇成大江大河?一种学术观点究竟怎样走出书斋、走向社会?它的未来命运是什么?是止步于"小众"还是实现"大众化"?这不仅取决于该学术思想自身,更是由传播决定的。我们将要讨论社会思潮的传播路线和传播方式。不过这里的讨论,仍然是为了说明社会思潮的本质。至于社会思潮对社会生活的影响,是如何通过传播实现的,则是本书第二章的内容。

由学术思想演变成社会思潮,离不开传播。正如传播学一般原理所揭示的,传播的路线,是由传播者经传播媒介到达受传者。传播的方式,一般是逐级传播式,由一级受众传播到次级受众。社会思潮的传播,无论后来复杂到多么令人眼花缭乱的地步,其实仍然是这个原始的、简单的模式。大致说来,社会思潮的传播有三级层面,或者说,是分三级扩散的。

第一级是专业学术界。这是思潮的源头,也是核心。通常说的社会"思想库"或"思想工厂"就是指的它。从这一层次"生产"出来的思想观点,是纯学术状态的、基础性的,因此也是深刻稳定的,是社会思潮的思想支柱。

第二级是一般的知识界,即恩格斯所说的"有教养的阶层"。如各专业的知识分子、大学生等。经过他们的接受、消化、吸收,第一层次所生产的思想材料,经过他们的再创造和精心包装,会转化为各种载体的二级产品,提供给第三级层次即社会公众。这第二级产品,是最适合大众的消化能力和趣味习惯的,比如文艺作品、影视节目、可读性强的小册子、通俗杂志以及报纸等。社会公众一般并不直接接触思潮领袖们的原始观点,大多数只接触第二级产品。有调查表明,甚至在大学生和研究生中,许多人对西方思想的了解,主要也是通过听课,听讲座,阅读教材、各种评介性文章、阐释性著作和各种通俗报刊,而不是直接阅读西方思想家的原著。假如没有第二级阶层的加工和改装,核心层的思想和理论一般大众都"吃不消",因此就不可能流传。所以,核心层的思想观点能否为第二层次接受和热情拥护,就是思潮能否形成的关键。如果连形成尚不可能,就更不用说传播了。假如得不到第二层次的选择和接受,在这个层次都引不起反响、得不到响应,那么,第一层次所提出的思想观点,至多也就只能成为一个学派,而形成不了思潮。这就是说,学术思想能否变成社会思潮,是由第二层次的态度决定的。

在社会思潮的形成和传播过程中,第二级阶层的贡献绝不仅仅止于"传播"。他们在学习、改造的过程中,也会对原始的思想观点加以补充、丰富和发展,使之更能反映时代、社会和民众的要求，更加贴近现实生活。尤其在这一阶层中，还有各级政权中大大小小的掌权人，甚至包括国家的执政者。他们运用权力来提倡某一思想，对思潮的形成和传播更起到了重要的作用。正是由于第二级阶层的努力参与，社会思潮才会具有一定的规模和声势。

第三级是普通的群众。在社会思潮的传播中，他们有两重作用。其一是"纯粹"的接受者。他们看似是被汹涌而来的思潮所裹挟、俘虏，是"盲目"的追随者。然而实际上他们对流行观点的接受是有选择的。他们只能接受与自己原有的价值观念相同或相近似的东西。传播学的研究表明，传媒信息如果是能肯定、巩固或强化受众原有的观念的，则受欢迎的程度就高，反之就会受冷遇。因此，传媒在传播新的观念时，是非常谨慎的。一般采取的是缓慢渗透的方式，从个人思想"范式"的外层（具体知识层和概念符号层）逐步地渗透到核心层（基本信念和基本假设层）。其二是对流行观念进行"过滤"和"筛选"。本来，在社会思潮的传播中，从第一级到第三级，是沿着"通俗化、具体化、感性化"的方向传播的。在这个"降下来"的过程中，发源于"思想库"里的那些高深玄妙、抽象难懂的思想，逐渐转变为直观可感、贴近经验的东西。同时，剩下的内容简单明了，要言不烦，于是思潮主题更加鲜明地凸现，重点更加突出，语言更加平易、精练而近似于口号。比如"有用就是真理"、"人是目的，不是手段"、"主观为自己，客观为别人"，等等。借助这些句子而流行的思潮，曾给人留下深刻的印象。因此，这个"降下来"的过程，同时就是"升上去"的过程，剔除的是繁芜的成分，留下的是精华，最能反映思潮的本质。综观第三级普通大众在社会思潮传播中的作用，可知他们也是不可忽视的群体。

第三节　社会思潮的运行

社会思潮的运行，是指社会思潮在不同思潮之间的相互作用下发展。

在同一个时代，社会上并不是只流行一种思潮，而是多种思潮同时并存。不同思潮虽然面对的是同一现实，但是由于传统思维的影响不同、思维方式不同、概念范畴体系不同、兴趣中心不同，因而对所论问题提出的结论和解决方案也就有所不同。有的是在不同的学科领域发生的，如哲学思潮、经济思潮、政治思潮、文艺思潮等。有的是在同一领域里并存着不同立场和倾向的思潮，如现代西方哲学领域里的科学主义和人文主义两大思潮。还有的是同一时代的不同民族之间，由于处在不同的社会发展阶段或水平上，也会产生相异的思潮。社会思潮纷繁复杂，使思想领域呈现出"诸子蜂起，百家争鸣"的盎然生气。

一、社会思潮之间相互作用的不同情况

在社会思潮之间存在着相互作用，有互相冲击、碰撞、交流、融合等种种情况。

不同思潮之间的冲击和碰撞，往往能揭示出对方的弱点，比如视角、立论或论证中的偏颇失误等。这种"揭短"，能促使不同思潮互相"取长"，在论战中吸收对方的营养来充实自己，最后走向交汇、融合。从纵向看，每种思潮都有自己的理论渊源，思潮内部形成了师承、修正、补充、发展的关系。而在历史上长期并立的不同思潮，在互相的对立、碰撞过程中，慢慢改变自身，缩小差距，最终走向融合。例如经济学中的凯恩斯主义和新自由主义、政治学中的自由主义和保守主义，融合而产生了"第三条道路"思潮；教育学中的功利主义和理性主义、哲学中的科学主义和人文主义，也都出现了由对立走向融合的趋势。从横向上看，每种思潮不仅受到同时代其他思潮

"内容"、"观点"的影响,还受到同时代不同思潮之间"关系状况"的影响。例如科学主义和人文主义,在20世纪的上半叶独自发展,下半叶开始互相吸收,这种状况造成了实用主义与其他哲学流派的第三次结合。

在不同的社会思潮之间,特别是不同民族文化的思潮之间发生相互作用的时候,总会碰到本土文化与外来文化之间的关系问题。这种关系由什么因素决定、朝什么方向发展、导致什么样的结果呢?

首先,这是由本土文化与外来文化的内容和力量对比决定的。本土文化的状况影响外来文化传入的方向和路线,力量对比则会对传播的后果产生影响。例如印度佛教思想传入中国的过程。当时中国文化是强势文化。开始时曾经依附过"道术"、"老庄"、玄学在中国进行传播,最后还是要寻求与儒家文化这个中国传统文化的主体的融合。在政治上要解决"沙门不敬王者"与中国忠孝观念的冲突,理论上要调和佛性与心性的矛盾。这些问题的最终解决,是以儒学为本,融汇通释道两家。其结果就是中国思想史上的儒、释、道三教合流,使儒学迎来了先秦之后的又一个高峰——宋明儒学。

又如西学东渐以来,西方思想中的不同成分,分别同中国传统文化的不同部分相结合,形成三股主要思潮。第一股是西方科学与民主的精神,冲击了中国封建文化,成为中国资产阶级民主革命思潮的重要来源。第二股是西方的奴化思想、强权政治的冲击,又与中国的复古思想结合,造成了封建复古思想、殖民地意识、民族虚无主义的反动逆流。第三股则是马克思主义在中国传播而形成的社会主义共产主义思潮,直至今日形成了中国特色社会主义理论。

其次,外来文化是否能够在输入国找到对它的需求,能否找到双方的结合点,决定了它能否落地生根。20世纪80年代在欧美国家兴起的后现代主义几乎是同步传入了中国,但是差不多十年之后,到90年代中国才形成"后现代主义热"。这是为什么?因为在中国这样一个远未实现现代化的国家,人们只是想借用后现代主义来"消解"一元文化。

再次,必须有能够进行综合创新的思想家出现。儒、释、道之所以能够实现合流,是因为有名士与名僧的合流。没有毛泽东,就没有马克思主义的中国化。

总之,外来的文化是经过与本土文化的双向选择,才能在输入国发展。

二、社会思潮运行的动力和活力与思想文化政策

社会思潮的运行表现出一些特点,有一定的规律。正确的思想文化政策应该起到保持社会思潮运行的动力和活力的作用。

(一)社会思潮运行的特点

社会思潮虽然纷繁复杂,令人眼花缭乱,但是从一个大的视野(较大的范围、较长的时间)来观察,就会发现其兴衰起伏还是有一定规律的,我们要从它与社会存在的联系上,从它自身的过去、现在、未来的动态去把握它。现在对近一二百年社会思潮运行呈现出来的特点进行归纳,以促进我们对社会思潮规律的思考。

第一,"钟摆"现象。社会思潮的发生总是围绕人类的一些永恒矛盾展开,围绕同一个论题总是大致地分为对立的两大派别,各执一端。这两大派别的社会影响程度(重要性、知名度、被高层决策采纳的程度)基本上是几十年一轮换,各领风骚若干年,正所谓"三十年河东,三十年河西"。自由主义不行了,高层决策者就会采用国家干预主义理论。"政府失灵"了,国家干预主义就"失

宠",新自由主义就顺理成章地取而代之。这种"钟摆"现象是比较普遍的。为什么呢？因为围绕人类生存的永恒矛盾，各个学科都会有一些成对的基本范畴，社会思潮与这些基本范畴有不解之缘，所以也就成对地出现。一种思潮往往围绕矛盾对立统一关系的一个方面展开，有一个核心的范畴；而与之对立的思潮就会抓住另外的一个方面，有另外一个核心范畴。因为人类在解决这些永恒矛盾时，在不同的历史时期和社会背景下有不同的重点，需要寻找不同的理论工具，所以就会出现理论选择上的"钟摆"现象。

第二，"破碎"与"整合"的辩证统一。社会思潮数量上的众多，实际上是文化上的多元化的表现，也是碎片化思维方式的产物。因此，同时出现和存在的思潮最终趋于融合，则是人类要求掌握世界的统一性，进行思维整合的反映。从"一元论"走向"多元论"再走向"一元论"是规律，如"正"、"反"、"合"，每一步都是必然的。我们看到：从左右分野到走向"第三条道路"；从反传统到怀旧、复旧；从"拒斥"形而上学到回归形而上学；从"主体、客体二分"到"主客体融合"（例如在科学哲学中人和仪器融为一体）；从单个的"主体"观到"主体际性"概念的出现，等等，无不反映了这一规律。

第三，社会思潮的运行反映了社会结构的变化。社会由金字塔形的"科层制"结构演变为扁平状的网络式结构，社会思潮之间的关系也由主流对于非主流（例如20世纪分析哲学以主流地位成为西方现代哲学的霸主）拥有的权威地位、中心地位，变成开放、民主、多中心、无中心的关系，再演变为寻求新的中心和权威的过程。

（二）社会思潮运行特点对思想文化政策的要求

社会思潮就是在这样的冲击、碰撞、交流、融合中运行，并不断吸引社会各界对它的注意。假如它不再有这样的中心地位，那么它就逐渐地衰落了。可以说，社会思潮运行的机制，在于思想领域的矛盾斗争。没有积极的思想斗争，社会思潮就会失掉运行的动力和活力。

社会思潮是"丛生植物"。也就是说，社会思潮从来不能孤立地存在，如果要把它比作植物的话，一个时代的社会思潮就是一片丛林。俗话说，"独木不成林"。社会思潮正是这样。如果我们为了栽培某一棵植物，把它周围的树木都砍光，这棵植物也是长不好的，因为它生长所需的生态条件被破坏掉了。

所以，正确的思想文化政策，应该是在社会思想领域保持矛盾和保护平衡的政策。有差异、有矛盾、有斗争，社会思潮的运行才有动力和活力。但是，对社会思潮之间的冲击、碰撞、交流、融合，也不能够完全听凭自然、放任自流，因为社会思潮是有价值性的，背后有利益和意识形态的因素在起作用。因此，社会思想文化政策的制定者、执行者应当对社会思潮进行监测、引导，扶持、倡导主流思潮，但是也为非主流思潮保留一定的生存、发展空间，使思想界"生态平衡"，这样才能生机勃勃、欣欣向荣。

 相关链接

什么是反马克思主义？怎样对待非马克思主义？

什么是反马克思主义？从历史和现实看，反马克思主义的东西集中在两个方面：其一，从右的方面否认马克思主义的科学性，反对马克思主义的政治立场、思想体系和基本原理，反对马克思主义的指导地位和作用。现实中,有人宣扬马克思主义"过时论"、"无用论";有人主张用西方的所谓"普世价值"取代马克思主义的指导地位。其实质和要害,就是主张全盘西化,主张用西方资本主义制度模式取代中国共产党领导的社会主义国家政权。其二,从"左"的方面打着马克思主义的旗号反对马克思主义的本质,根本否定我国的改革开放,否定中国特色社会主义。实践证明,把马克思主义当成僵死的教条,拿书本教条来裁判党和人民生机勃勃的历史创造活动,不但不符合马克思主义,恰恰是马克思主义的大敌,是党和人民事业的大敌。划清马克思主义同反马克思主义的界限,有两点特别重要:一是政治立场。马克思主义是世界观与价值观的统一。作为世界观,它是严谨的科学,是对客观世界、客观事物、客观规律科学反映;作为价值观,它代表的是工人阶级和劳动人民亦即最广大人民的根本利益,反映的是最广大人民对共同富裕、公平正义的价值追求。是否始终站在最广大人民的立场上,是马克思主义与反马克思主义的分水岭和试金石。二是思想路线。只有活的理论才管用,僵死的理论只会害死人。解放思想、实事求是、与时俱进是马克思主义活的灵魂和思想路线,任何时候都要坚持。明明在实践中行不通的理论还要死抱着不放,那是病态和愚蠢,只会自取灭亡。

怎样对待非马克思主义?在当今思想界,除了反马克思主义的东西,还有大量非马克思主义的思潮和学说。在国内,社会思想意识多元、多样、多变的趋势日益发展,思想理论领域学派纷呈、热点频现;国际上,既有形形色色的左翼思潮,也有日趋活跃的绿色环保思潮等;宗教在世界范围都有广泛影响,其"有神论"的基本思想同马克思主义的"无神论"显然是对立的。如果我们把这些不符合甚至违背马克思主义的东西统统归于反马克思主义,那只会四面树敌、孤立自己。一部马克思主义发展史,就是随着时代、实践和科学的发展,吸收人类创造的一切文明成果,在同各种思想理论的相互激荡和斗争中,不断丰富、完善和创新的历史。对反马克思主义的东西要斗争;对非马克思主义的思想,既要斗争,也要尊重、包容、借鉴、吸收。既尊重差异、包容多样,又有力抵制各种错误和腐朽思想的影响,是坚持和发展马克思主义的题中应有之义。任何国家和社会都有占统治地位的意识形态,意识形态领域的主导思想从来都是一元的,不能多元化。社会思想观念越是多样化,就越是需要坚持和巩固马克思主义的指导地位。如果动摇了马克思主义的指导地位,就会动摇中国特色社会主义的理论根基,动摇全党全国人民团结统一的思想基础。只有坚持马克思主义指导思想,才能有效引领和整合社会思潮,在尊重差异中扩大社会认同,在包容多样中形成思想共识,从而凝聚起建设国家的伟大力量。

(摘自:秋石.划清"四个重大界限"的有关理论和实践问题[J].求是,2010(16).)

思考题

1. 如何给"社会思潮"下定义?对"社会思潮"概念界定的方法和结论上的差异会在实际上对思想政治教育工作发生什么影响?
2. 什么是社会思潮?它有哪些特点?
3. 社会思潮的发生、传播和运行有哪些规律?掌握这些规律有何作用?

第二章 社会思潮与社会生活

社会思潮与社会生活的一般关系是社会存在、社会生活决定社会思潮，社会思潮对社会生活有反作用。社会思潮对社会生活的反作用，我们可以通过观察日常状态和观察特殊状态（即突发事件和社会运动）来了解。而社会生活对社会思潮的改变，我们将讨论信息时代出现的新媒体对社会思潮传播内容、过程、效果的影响。

第一节 社会思潮与社会日常生活

如前所述，社会思潮的产生与社会变革的客观背景有关，从不同角度反映了人们对社会变革和发展的不同认识、要求和评价。社会思潮一般都有批判性。但有的批判立足于维护现存制度和主导意识形态，是建设性、肯定性的；有的则是叛逆性、否定性的，以"异端"的姿态出现。前者较易为统治者所认同，后者则经常遭到批判。在日常生活中，两者并存；如果两者激烈交锋、后者又占据上风的话，则有可能引发社会突发事件。

一、社会思潮影响社会生活的途径

在常态下，社会思潮对社会生活的一般影响，是通过舆论、相关政治决策和社会心理活动等渠道实现的。

（一）舆论与决策

各个领域的各种思潮，相互交织、渗透，共同创造出时代的精神氛围。当这种精神文化氛围浓厚到一定程度时，上至国家领导，下至黎民百姓，都会浸润其中。他们会在意识或潜意识中，接受思潮所宣扬的观点或思维方式，把它转化为决策，形成舆论或社会心理倾向。

（二）社会心理活动

有人认为社会思潮就是社会心理，甚至把社会思潮等同于社情民意。如果真的是这样，对社会思潮的引导就会大大地简单化了。

在社会意识的构成中，社会思潮是介于社会心理与社会意识形态之间的一个中间层次，起着承上启下的桥梁作用。一方面，社会心理尤其是社会潜意识要借助社会思潮为突破口才能发泄甚至喷发出来。在这个由"隐"到"显"的过程中，社会心理经历了由感性到理性的提升，从而剧烈地冲击现存的意识形态，并为意识形态的变革和完善提供思想材料。另一方面，社会意识形态也需借助社会思潮传播进而熔铸、沉淀到社会心理特别是社会潜意识中，转化为人们的行为动机和内心信念，形成心理定式来支配人们的行动。但是，这只能说明社会思潮与社会心理有联系，社会思潮并不等于是社会心理。

二、社会思潮与社会"热点"及突发事件

社会思潮在其传播、运行过程中,往往对人们的心灵产生极大的冲击。它的影响,不仅在理智的层面,而且在感情的层面。它能引起极强烈甚至狂热的情绪,掀起一阵又一阵的浪潮。由于社会变革打破了原有的生活方式和节奏,给人们带来变动中特有的不稳定感。与此同时,新旧观念的碰撞以及现实生活的改变,往往使人们产生心理不平衡。在普遍的迷惘、失落、焦虑、紧张的心理状态下,大众的情绪很容易失控。在一些偶然因素的触发下,很容易超越大众的心理承受力而酿成严重的"突发事件"。如20世纪30年代德国法西斯主义思潮泛滥导致的"国会纵火案",苏联由于民主社会主义思潮泛滥引起的1991年"八月政变",1980年之后在世界各地由于民族主义思潮引起的国际纷争(如中东、前南斯拉夫的克、塞、穆族冲突,俄罗斯的车臣问题),世界性的新法西斯主义思潮引起的各种新右翼暴乱,等等。对于这些具体案例的研究,还有待深入,但可以肯定的是,突发事件的爆发有一个由微而著的过程,是矛盾潜在到矛盾展开、激化,由量的积累到质的突变的结果。

由于突发事件发生前,都会出现一些征兆。所以我们可以通过以往的经验,摸索出一些规律。只有理解了的东西,才能更深刻地感觉它。掌握这些规律,就可以帮助我们观察和预测形势的发展。

三、信息时代新媒体对社会思潮传播的影响

21世纪是信息技术占主导地位的时代,而信息的价值必须通过传播媒介来实现。传统的传播形式有口头传播、文字传播、印刷传播等,现在出现了新媒体传播。

就其内涵而言,新媒体是指20世纪后期科学技术迅猛发展的背景下,在社会信息传播领域出现的建立在数字技术基础上的新型媒体。就其外延而言,新媒体主要包括光纤电缆通信网、电子计算机通信网、通信卫星和卫星直播电视系统、高清晰度电视、互联网、手机短信和多媒体信息的互动平台、多媒体技术等。[①] 新媒体的概念极具弹性,并且时代性比较强,随着科技发展,其外延会继续扩展。

社会思潮离不开传播,只有将思想理论通过传播媒介传播给广大普通群众,经过讨论、辨别逐渐内化到群众心中,才能形成思潮。在大众传播时代,电视、广播、报纸的运用使社会思潮传播得到了飞速发展。现在,互联网、手机以及数字电视等新媒体的推广和使用必将推动社会思潮的进一步发展,并且呈现出不同于以往的新特点。

(一)新媒体对社会思潮内容的改变

前文已经提到,学术界"生产"出社会思潮的核心内容,然后经一般知识界的再创造和包装,提供给社会大众。在整个传播的过程中,这些原始的思想观点必须经过补充、丰富和发展才能被普通大众接受和运用,但是这些核心内容基本不发生变化。

在以往的传播过程中,一般知识界是思潮核心思想的"加工者"和"传播者",普通大众只是社会思潮的被动接收者和接受者。新媒体的诞生改变了这一状况。新媒体赋予了普通大众真正参

---

① 蒋宏,徐剑.新媒体导论[M].上海:上海交通大学出版社,2006:14.

与社会思潮"再创造"的权利,普通大众也可以成为社会思潮的"加工者"。交互性是新媒体的重要特征,社会思潮通过新媒体传播,普通大众不再仅仅是被动的接收者,而是可以参与其中,提出自己的见解,发表个人的观点,与他人交流看法。对于大众所认可的社会思潮,大家会给出自己的见解和看法来佐证;而不认可、不接受的思潮,普通大众也可以提出反驳的理由。网络和手机等新媒体所表现出的匿名性的特征,也为普通大众丰富、补充思潮的内容提供了可能,因为在网络中没有人知道你是谁,你是不是有权威,每个人都是平等交流的主体。因此,普通大众通过网络等新媒体对社会思潮内容的丰富程度是前所未有的。

随着新媒体的出现,人们越来越关注信息的即时性,对于社会思潮也一样,社会思潮的内容必须紧跟时代的潮流,在传播的过程中进行及时、迅速的补充、丰富和调整。新媒体既向思潮传播内容提出了新的要求,同时也为思潮内容的更新、发展提供了可能。因此,一个真正的社会思潮必须在内容上始终展现"时代特征",才能更容易被社会大众所接受,得到广泛传播。

社会思潮传播内容除了要展现"时代特征",紧跟社会潮流趋势之外,还应该走向大众化、"平民化"、通俗化。当然这里所说的"平民化"、通俗化不是将社会思潮内容庸俗化、低俗化,而是在保持该思潮核心思想不变的前提下,改变思潮的表现方式,使用通俗易懂的语言和群众喜闻乐见的形式将思潮的核心思想展现到社会大众面前。这样首先可以保持社会思潮的大众性,而不是高高在上,让普通大众望而生畏,敬而远之。其次,社会思潮内容的"平民化"和通俗化有利于被社会大众所掌握,便于普通群众参与到思潮的讨论中来,发表个人的观点、意见。在吸收、借鉴普通群众的建议和看法的过程中,社会思潮不断完善,得到了广泛的传播。

新媒体在丰富社会思潮内容方面起到了至关重要的作用,但是由于普通大众的参与水平不一,可能导致内容传播的"失真",即出现不能代表社会思潮核心内容的现象。此外虽然新媒体表现出的匿名性特征有利于大家以平等的身份交流,但由于参与者的素质良莠不齐,可能不利于思潮的深入探讨,而仅仅局限于观点、立场的无意义争论。

(二)新媒体对社会思潮传播过程的改变

数字化、多媒体化和宽带化是新媒体的重要特征。这些特征在信息传播中的表现就是信息的即时性,反映到社会思潮传播过程中时,表现为思潮传播的多样性、快速性和精确性。正是由于新媒体具备这些传播特性,社会大众可以随时随地接收各种思潮的信息,我们甚至可以说随着新媒体的发展,人们将会"零时差"地接收各种思潮的内容和观点。只要社会思潮出现新的动态、新的内容,人们都可以通过互联网、手机等新媒体在第一时间接收到相关信息,并且迅速做出自己的判断和分析,同时还可以将自己的看法、见解反馈回去。

新媒体出现之前,人们一般通过阅读相关书籍、专业杂志、报纸等途径获取社会思潮的信息,成本较高,但是互联网和手机等新媒体的使用使获取社会思潮信息的成本迅速降低。人们可以通过网络获取国内外相关思潮的最新动态,并且可以使用互联网或者手机进行社会思潮的传播和交流。随着新媒体,特别是互联网和手机的普及,社会思潮的传播接近"零成本",这也是新媒体运用对社会思潮传播方式的重大影响。

经历过大众传播一对多的单向传播模式之后,未来传播开始转向分众化、小众化的传播模式。新媒体以受众为中心的传播理念极大地推动了传播向分众化、小众化方向的发展。社会思潮传播也必须适应这一发展规律,社会大众成为社会思潮传播的中心,思潮的传播方式既要满足社会大众的需要,每个思潮又需要进行分众化培养、小众化传播,形成思潮各自的核心拥护者。

社会思潮既需要面向社会大众宣传,又需要小众化培养,这是社会思潮传播所要面临的双重挑战。

引起社会大众的共鸣是社会思潮传播的首要目的。这就要求社会思潮传播改变传统的以思潮传播者为中心的格局,转向思潮传播者和接受者并重的新局面。社会大众作为思潮的接受者成为参与社会思潮传播的重要因素,因此改变传统大众传播单线性传播模式的需求日趋强烈。新媒体的广泛应用实现了以受众为中心的传播方式的转变,因此,社会思潮传播可以通过新媒体为社会大众提供个性化的信息服务,普通大众可以使用"点餐式"的方式获得自己需要的相关思潮的信息。人性化传播是新媒体出现之后社会思潮传播方式的又一重要变革。

新媒体"零时差"、"零成本"的传播方式实现了社会思潮的即时传播和免费共享,而小众化培养和人性化的传播方式则对社会思潮的传播具有变革性的意义。

(三)新媒体对社会思潮传播效果的影响

新媒体的使用改变了社会思潮传播的速度、广度和深度。传统媒体在传播社会思潮的过程中受到地理空间、政治制度、经济水平等多方面因素的影响,思潮传播的速度、广度受到限制。而新媒体特别是互联网和手机网络的应用,使信息的传播速度达到了传统媒体的几十万倍,信息传播量更是无法计算,社会思潮的观点和信息可以通过网络在几秒钟之内到达世界的任何一个地方。如前所述,新媒体将实现"零时差"和"零成本"的传播,使社会思潮的传播超越了时间、空间的限制,实现了随时随地的传播,其信息覆盖面可想而知。新媒体为大家提供了一个信息交流和讨论的空间和平台,任何人都可以在这里发表自己的观点、见解,有利于大家明辨是非。因此,新媒体的交互性可以使社会思潮在讨论中深化。

以普通大众需求为中心的人性化的传播方式在满足社会大众需求的同时,社会思潮所传播的内容更容易引起广大群众的共鸣,这在传播效果的研究中得到过验证,即人们更愿意接受自己喜欢的传播媒介所提供的信息。因此,使用更人性化的传播方式传播社会思潮,其效果也就更加理想。

我们判断社会思潮传播的效果自然要从人们接受社会思潮的范围和程度来考察。这里所说的不仅仅是社会大众接收到社会思潮的各种信息,更强调社会大众从一个单纯的接收者变成真正从内心信服该思潮的接受者。事实上,新媒体的使用对于人们接受社会思潮存在着范围和程度两个方面的影响。新媒体的广泛使用使社会思潮得到最大程度的宣传,接收到思潮信息的人数迅速增加,只要该思潮贴近群众生活,能够满足人们的思想需求,并且以群众所喜闻乐见的形式展现出来,那么该思潮必然会在最大范围内得到人们的认同。同时,新媒体所展现出的信息的即时性、新颖性能够使思潮传播与社会发展的趋势相一致,这在一定程度上也可以促使社会大众在最大程度上接受各种思潮的核心思想。

当然,在看到社会思潮利用新媒体可以在更大范围、更深程度达到传播效果的同时,也应该注意到,正是由于新媒体海量信息的传播,可能导致社会大众无所适从,无法辨别各种思潮核心内容的区别,使得思潮无法深入人心。同时,这种海量信息带来的可能是信息质量水平高低不一,如果人们缺乏足够的判断力,不能正确区分优劣,那么势必会误入歧途,对社会产生不良影响。

(四)新媒体的运用需要改变引导策略

在社会思潮的传播过程中使用新媒体,使社会思潮传播的内容大众化、"平民化",传播的方式更加人性化,并且出现了"零时差"、"零成本"传播,极大地推动了社会思潮的传播。与此同时,针对社会思潮传播的监管也应该做出相应的调整,以适应新媒体传播的需求,符合社会大众精神文化的新要求。

新媒体的使用促进了社会思潮的发展和传播,新的思潮不断涌现,旧的思潮的内容也在不断更新发展,多样性成为当今社会思潮发展的一个重要特征。因此,我们对思潮进行监管时应该尊重差异性,包容多样性,对多样化的社会思潮进行冷静观察、辩证分析,进而妥善应对。也就是说,对于新出现的社会思潮不能"一棍子"打死,也不能放任自流,而是应该认真分析其核心思想内容,从中寻找该思潮的合理因素,加以借鉴,对于其中的错误导向,要明确指出,加以批驳,让广大群众对思潮有更深层次的理解。对于旧思潮中出现的新的内容,也需要认真鉴别,认清内容的真实含义,如果其内容是对社会现实的准确描述、客观分析,可以加以引导,反之,则应该坚决批判。

新媒体需要成为主流思想舆论的宣传阵地和社会思潮探讨的平台。正如胡锦涛总书记在人民日报社考察工作时指出:"必须加强主流媒体建设和新兴媒体建设,形成舆论引导新格局。要从社会舆论多层次的实际出发,把握媒体分众化、对象化的新趋势,以党刊、电台电视台为主,整合城市媒体、网络媒体等多种资源,努力构建定位明确、特色鲜明、功能互补、覆盖广泛的舆论引导新格局。"[1]当前,需要进一步提高媒体传播主流思想舆论的能力,在坚持主导价值观地位、把握先进文化的前进方向这个前提下,尊重差异、包容多样、最大限度地达成共识、凝聚力量。

这就要求我们:一方面,需要建立健全引导新媒体发展的机制,发挥新媒体在宣传主流思想舆论中的重要作用;另一方面,由于当今社会各种思潮层出不穷,各种传播方式和手段日新月异,在社会思潮的大众宣传过程中应该采用引导为主,辅以控制的科学监管方式。政府应该积极引导社会大众认同社会主义核心价值观,对新出现的社会思潮要科学分析、理性判断,从中汲取有益于发展社会主义核心价值体系的内容和方式,以发展自身为目的,通过辨别、吸收、借鉴来实现社会思潮的引领。面临新时代社会思潮传播出现的新问题,增强普通大众的自我辨别能力,提高其分析判断水平,树立鉴别防范意识,才是解决问题的根本途径。

第二节 社会思潮与社会运动

社会思潮对社会的另外一个比较特殊的影响途径,就是社会运动。下面我们来探讨一下二者的关系,并分析这些影响是怎么发生的。

一、社会思潮与社会运动的一般关系

社会思潮从诞生那天起就和社会运动保持着某种天然的联系。社会思潮是"经思想家倡导而在大众中持久流行,与时代和社会重大问题相关的较系统、较集中的那些思想观点的运动"[2]。这种思想观点的广泛流行和传播必然会受到大众的关注,给大众心理产生一定的影响或冲击,当

---

[1] 胡锦涛.在人民日报社考察工作时的讲话[N/OL].人民日报.(2008-06-21).http://politics.people.com.cn/GB/1024/7408514.html.
[2] 陈立思.略论社会思潮[J].中国青年政治学院学报,1995(3).

这种影响或冲击达到一定程度的时候,必然会反映在人们的行动中,当受到这种影响的人的数量达到相当规模的时候,一种社会运动便蓄势待发了。可以说,社会思潮自身的性质决定了它与社会运动的必然联系。

社会思潮是社会运动的思想指导,从某种程度上来说,社会思潮生命力的大小决定社会运动的强弱。一种有力的思想武器能够发起一场强大的社会运动,这是马克思主义关于社会意识对社会存在具有反作用原理的写照。纵观人类历史上的社会运动,无一不伴随着相应的社会思潮。例如,无论谈及中国的五四运动还是爆发在第二次世界大战后的西方60年代学生运动,都不可避免的论及某些思想家的倡导和他们思想观点的作用。自五四运动以来兴起的马克思主义运动,虽然经历颇多曲折甚至倒退,但可以说到今天它仍然散发着自己的生命力,这与马克思主义理论强大的生命力是分不开的。相反的例子也有,如受社会批判理论等思潮影响,西方世界在20世纪60年代兴起了一股声势浩大的学生运动,但是可以发现,这场运动虽然来得异常凶猛,但随着时间的流逝已经变得悄无声息,这与社会批判理论等思潮本身的生命力不强有着直接关系。

社会运动是社会思潮的一种有形的作用形式,同时也为社会思潮的再发展提供了土壤。社会思潮可以传播、流传,当传播范围和深度达到一定程度的时候,便会形成有组织、有规模、有影响的社会运动。具有一定规模的社会运动的参与者往往来自不同的行业或阶层,而且他们通常具有不同的观点、看法或者见解,当这些不同的思想意识因某次社会运动而碰撞在一起时,往往会迸发出新的火花,从而丰富原先社会思潮的内容,也为社会思潮的传播者和倡导者提供新的思考空间。

社会运动反映社会思潮,社会思潮指导社会运动,并对社会运动产生多方面的影响。下面我们来简要探讨一下社会思潮主要从哪几个方面,通过何种途径影响社会运动。

二、社会思潮对社会运动的影响因素

一定的社会思潮必然能够对相应的社会运动产生一定程度的影响,下面主要从社会思潮与社会运动发生时间的先后、社会思潮的状态以及政治、经济、文化等其他因素探讨社会思潮如何影响社会运动。

(一)社会思潮发生作用的时间因素

社会思潮与社会运动的关系表现在许多方面,首先在时间顺序上就呈现出不同的形式。

其一,有的社会思潮发生先于社会运动,它往往在社会上流行了相当一段时间,并奠定了一定的群众思想基础,而后借助某一事件作为导火索形成燎原之势。这种社会思潮往往能够成为特定社会运动的指导思想,社会运动的发起者常常高举这一社会思潮的旗帜,向当局发难。典型的例子是发生在1968年的法国五月风暴。五月风暴除了受到存在主义、结构主义等思潮的影响外,更重要的是受到社会批判理论的深刻影响。在五月风暴发生之前,社会批判理论就早已在社会上,尤其在大学生、大学教师等社会精英分子中间流传开来,一直到五月风暴爆发,社会批判理论的广泛流传已经持续了20年左右。社会思潮长时间的广泛流传成为五月风暴发起者能够在短时间内形成广泛社会影响和强大爆发力的重要因素。若没有社会批判理论在民众思想中的长时期积淀,五月风暴是否能够一时掀起千层巨浪还值得怀疑。

其二,有的社会思潮的发生则伴随着社会运动的产生,借助社会运动的声势和发展在社会和学界中扩大自己的影响,并从社会运动中汲取养料来丰富和发展自己。如果说上面提到的社会思潮在其后来的社会运动中注定起指导作用的话,那么这种社会思潮则可看做是其对应社会运动的反映或写照。(反)全球化运动之于(反)全球化思潮便是这一类型的典型代表。

"全球化"这一概念最早出现在美国人瑞瑟和戴维斯于1944年出版的一本小册子里,直到1961年被著名的韦伯斯词典收录,后来在20世纪60年代由"罗马俱乐部"正式提出。此后,"全球化"一词在众多学术著作中得到广泛使用。但是一个名词的诞生并不意味着以这个名词命名的思潮就随之发展和繁荣起来。直到20世纪80年代末90年代初,全球化思潮才开始随着经济全球化如雨后春笋般成长起来。很多学者对全球化及全球化现象阐述了自己的见解,对全球化的必然趋势做出肯定,如法兰西斯·福山(Francis Fukuyama)的"历史终结论",欧文(John M. Owen)的"民主和平论",詹姆斯·罗斯诺(James Rosenau)的"全球化动力说",赛义姆·布朗(Seyom Brown)的"全球化结构说"、"全球化秩序说",托马斯·弗里德曼(Thomas Loren Friedman)的"全球化体系说",罗伯特·基欧汉和约瑟夫·奈(Robert Keohane & Joseph S. Nye)的"全球化比较观",肯尼斯·华尔兹(Kenneth Waltz)的"全球化治理论",等等。由于90年代以来全球化的广泛性、复杂性和包容性,全球化思潮作为一种单一的思潮不可能在内容庞杂的全球化运动中起绝对的指导作用,这是由客观条件所决定的。相反的,这些全球化思潮是以90年代以来的全球化为土壤成长起来的,随着全球化运动的发展二者大体呈并行发展的趋势。

反全球化运动和反全球化思潮亦然。反全球化运动是由于全球化带来的负面的和消极的影响和对全球化本身的质疑而产生的。自20世纪90年代后期以来,西方发达国家就出现了大规模的反全球化运动。如1999年6月8日,英国爆发了反对伦敦商业区金融机构的抗议活动;11月30日,美国西雅图爆发了反世界贸易组织的大型抗议活动。此后两年中,西方国家的人民不断走上街头,举行反对新自由主义全球化的大规模抗议示威。这些反全球化运动是继80年代反战和平运动以来欧美地区规模最大、动员最广、影响最广的新型社会运动。与之相应而起的是新"左派"、环保主义、民族主义、女权主义等涉及范围广泛、涵盖人数众多的一系列社会思潮,构成了反全球化思潮的主要内容。考察这些思潮的内容便知它们主要是针对全球化过程中带来的一些弊端和消极影响而提出的反对意见和解决对策,并在反全球化运动中得到了广泛传播和壮大。我们不能否认这些思潮从某种程度上来说对反全球化运动起到了一定的指导作用。如被称为全球著名的"反全球化作家"的法国女作家维维安尼(Viviane Forrester)于1996年在其《经济的恐怖》一书中,就对资本主义制度进行了揭露和批判,号召人民行动起来,反抗资本主义、自由主义,争取更美好的生活。此书于1999发行了英文版,成为90年代末之后反全球化运动者的重要读物之一。但更多情况下我们看到的是反全球化运动为反全球化思潮提供了丰富的写作资料和土壤。例如在1999年西雅图事件之后,杰里米·布雷彻(Jeremy Breche)等人合著了《自下而上的全球化:团结的力量》一书,作者称这是一种"世界范围的反抗运动",相信人民可以发挥影响全球化的作用,公司驱动的自上而下的全球化可能遭遇自下而上的全球化的抗衡。这类著作虽然不像维维安尼的书那么具有鼓动性,但从直接的反全球化运动中找到了力量,也从更深刻的理论层次为反全球化运动奠定了基础。[①]

---

① 李东燕.反全球化运动的性质与特点[EB/OL].(2003-01). http://www.China.com.cn/Chinese/zhuanti/263751. htm.

可见,与以往社会思潮为社会运动提供理论依据和指导作用不同,(反)全球化思潮是伴随(反)全球化运动的发展而发展的,从中汲取养分和实践经验,反过来又对以后的(反)全球化运动起指导作用,二者之间是互相推动、互相促进的关系。

(二) 社会思潮的状态因素

一个理论、一种思潮的内容状态也是影响社会运动的重要因素之一。

有的社会思潮善于发现社会的黑暗面,注重对社会不良现象的批判,而对社会的建设方面则较少关心,因而在运动形式上就自然地表现为号召人们起来反对当局统治。这种社会思潮往往采用较为激烈的方式喊出自己的心声,在一番激烈运动之后却对当局是否以及如何针对这些社会不合理面做出调整和改善缺乏足够的关心。社会批判理论是这种思潮的代表,它注重对当时所存在社会问题的批判,如反对消费主义等,但较少提出建设性的解决方案,因而主要以社会批判理论为指导的五月风暴经过短时期的能量爆发后,便在很长时间段内归于平静,这从其参加者后来的走向便可观一二。经考察,当初五月风暴的参加者后来大都消除了怒气,脱去了激进的外衣,融入了主流社会并成为主流社会活动的参加者和建设者。由于他们所倡导的理论重在讨论社会的不合理现象,而没有或很少将如何建设合理、健康的社会形成理论指导实践,因而后来这些曾经的运动参加者所走的路仍是主流社会倾向下的道路,这些运动的参加者并没有能够将社会引向另一条道路。

20世纪90年代以后反全球化思潮的批判矛头主要指向:目前的全球化导致一系列全球性问题,如环境问题等;全球化带来的利益分配问题;全球化导致"涡沦资本主义",将绞杀民主;等等。这些观点在反全球化运动中就表现为反全球化的群众抗议全球化在发达国家引起了社会不平等的扩大,使工人阶级内部竞争加剧,工作和生活条件恶化,失业率上升,社会福利减少,再分配制度遭到破坏,全球自然环境污染问题严重,等等。由于许多反全球化先驱往往从某一方面、就某一问题提出自己的批判意见,而反全球化思潮本身涉及的问题比较多,这就造成反全球化思潮涵盖众多领域的现象。面对如此众多的问题,以目前反全球化思潮阵营的力量根本无法找到一个十全十美的解决方案,因此反全球化思潮的见解在现在看来只能表现为对一些全球化带来的不良影响的修修补补。在反全球化运动中就表现为反全球化运动的参加者往往针对某一社会问题,如环境问题、失业问题等,进行抗议活动,抗议之后由于没有建设性的理论支撑这些反全球化运动就归于平静,等下一个问题出现时再反抗,如此进行下去。

与上面重批评轻建设状态下的思潮不同,有的思潮更注重建设、建构,表现为不再将精力集中在对社会不合理现象发表不满情绪和批判上,而是将大部分的注意力集中在建设、建构方面,提出自己关于如何建设社会的见解和主张。如后现代主义在前期往往比较注重解构,对那些对社会不满的群众具有极大的号召力和鼓舞力,但在后期,后现代主义者将更多精力放在建构上面,只注重自身的社会理想而忽视了群众的思想变化和感受,因而后现代主义后期对群众的影响呈明显下降的趋势,对社会运动的指导力量弱化。

当然也不排除有既注重解构又注重建构的成功的社会思潮的例子,如在五四时期被引入中国的马克思主义思潮,在当时凭借一批优秀五四精英的力量以摧枯拉朽之势成功地改造了旧社会,而后又在新中国的道路上积极探索建设之路,创造了新中国的光辉历史。

可见理论思潮的状态对社会运动的出路和成功与否有很大的关系,我们在考察社会思潮与社会运动的关系时一定不能忽略思潮的状态这一重要因素。

（三）政治、经济、文化等其他社会因素

除了可以从以上提到的社会思潮与社会运动发生时间的关系、社会思潮的状态等角度来分析社会思潮与社会运动的关系外，其他社会因素也会对社会思潮，进而对社会运动产生深远影响，如政治、经济、文化、国际关系、政党、教育、福利政策等。

（反）全球化运动能在近年来不断掀起高潮，除了上面提到的一些因素，与以下政治、经济和社会文化等方面的原因也是分不开的。

从政治方面来看，20世纪80年代末90年代初，世界政坛发生了彻底性的变化，东欧剧变、苏联解体，以世界两极格局为标志的冷战时代结束，多极格局正逐步形成，社会主义阵营遭受了巨大创伤，给资本主义阵营以前所未有的鼓舞。政治上的解冻使得各个国家跨越了意识形态的屏障，为各国之间加强沟通交流提供了前提和机会，也就是说，为90年代后的全球化提供了前提和机会。各国消除意识形态的障碍，开始了一切从本国实际利益出发的国际关系时代，起到了为全球化运动助跑的作用。

从经济方面来看，新自由主义在全球盛行，从此资本主义开始在全球范围内大行其道，跨国公司迅速发展，形式不断翻新。从某种程度上来说，20世纪90年代以后的全球化是以经济全球化为主导的，而跨国公司在其中居首功。在新自由主义信条的指引下，西方大部分实行经济自由主义政策的政府展开了一场为资本争自由的斗争。它们在广阔的战线上废除了各种控制措施，还通过贸易制裁或其他高压手段强迫那些并不情愿的伙伴国家也采取同样的方针，实行非调控化、自由化和私有化，这"三化"就成了西欧各国和美国经济政策的战略工具，这些工具被新自由主义纲领推崇为国家意识形态。这是一种采取极端手段的非自然的全球化，也是后来反全球化运动兴起的主要原因所在。

从社会文化方面来看，新社会运动盛行。新社会运动是指在西方国家广泛兴起和日益扩展开来的种族民权运动、妇女运动、反战和平运动、生态保护运动和绿色政治等一浪接一浪的社会运动。如在J18事件中反全球化运动者打出了"我要全球生态保护，不要全球自由经济！"这样的标语。这些运动所倡导的思想是反全球化思潮的重要内容。新社会运动是当代西方国家深刻社会矛盾的产物和表现，是当代西方社会历史发展的一个重要组成部分。它们是反全球化运动诸多侧面的某些方面，构成反全球化运动的主要内容，并在很大程度上推动了反全球化运动的前进。

从政党方面来说，越来越多持中间路线的政党上台执政，更多的采纳反全球化呼声的意见也为反全球化思潮提供了成长的空间。如越来越多的执政党重视生态环境问题，关注妇女社会地位，积极寻求解决失业问题的途径，等等。

通过对社会思潮与社会运动之间相互联系、相互作用的分析，我们可以发现二者之间存在着千丝万缕的关系，它们之间相互关系的途径和方式也多种多样，还有待我们进一步的考察。

三、社会思潮对社会运动的影响途径

社会思潮对社会运动的影响途径多种多样，这里主要通过分析领袖人物、传播媒介和运动过程本身等方面来探究社会思潮与社会运动的关系。

其一，领袖人物是社会思潮对社会运动发生影响的重要途径。从思潮的产生来看，思潮的发生就离不开精神领袖的作用。每个时代总有那么一些思想家、理论家基于对社会规律的深刻了

解和把握,凭借敏锐的洞察力和对人类命运的深切关怀,先知先觉,比普通人更早地觉察到时代的脉搏,更加细微地观察到社会的变化。虽然他们并不是人人都能提供新的解决方案,但相同的是他们都能最早指出问题的所在,并对一切阻碍社会进步的陈腐观念发起猛烈的批评。社会运动的参加者往往把他们看做是群众心声的代言人,能够把群众中尚处于朦胧状态的要求用鲜明响亮的口号表达出来,起到振聋发聩的作用。正是凭借这一点,这些领袖人物能够引起更多群众的共鸣,吸引更多的思想家参与,于是便形成了一支队伍、一场运动,无论在思想领域还是在实践领域都能不断鼓涌和掀起一阵一阵的浪潮。① 他们是社会思潮,进而也是社会运动的"统帅"、"旗手",通过不断说出群众的心声来引导群众运动发展,这是社会思潮影响社会运动的途径之一。

其二,传播媒介是社会思潮对社会运动产生影响的主要途径。以前社会思潮的传播主要依靠书籍、报纸等媒介,然后在运动爆发前期借助社会精英的传播力量发挥在群众运动中的影响。这往往需要较长时间,并且耗费较多的人力、物力,在短时期内也难以形成较大的影响,必须经过长时间的宣传积淀才能被人们所广泛接受。然而自第三次科技革命以来,各种高科技通信手段层出不穷,通信领域的革命更被称为是人类社会的第三大重要革命。广播、电视、电脑、网络成为人们接收信息的主要渠道,尤其是网络技术的兴起和广泛运用使得人类跨越了时间、空间的障碍,在很大程度上拉近了人们之间的距离,换句话说,就是网络技术极大地缩短了信息传送的速度,从而极大地提高了信息传送的效率。

20 世纪 90 年代以来的(反)全球化运动之所以能够形成如此大的规模以及达到如此深刻的程度,传播媒介的发展在社会思潮传播方面的贡献不可小觑。由于网络技术的普及,各条战线、各个领域内的反全球化倡导者都能借助网络的力量在最广泛的范围内向越来越多的人宣传他们的主张,引起人们的共鸣。如绿色和平运动、女权运动等持反全球化观点的组织在因特网上建立的网站已是不胜枚举,这些网站在平时发挥宣传作用,在反全球化运动高涨时,他们还能够进行网络反抗。在反全球化运动中,网络反抗是一种非常典型的形式,被认为是当今社会抵抗运动与过去抵抗运动最大的不同之处。网络反抗被称为"网络战争"。1999 年 6 月 18 日,名为"J18"的反全球化网站采取了抗议行动,对多个商业组织进行了电脑攻击,5 小时内使至少 20 家公司受到上万个电脑黑客的攻击。2002 年 1 月,世界经济论坛的网站遭到了反全球化组织支持的黑客攻击,导致该网站瘫痪。这样的例子在近几年发生的反全球化运动中已经是屡见不鲜。

其三,社会运动过程本身也是社会思潮影响社会运动的主要途径之一。有的社会运动形式、目的、参加者阶层单一,因而社会思潮发挥再影响的机会也就比较少,不能够强化思想领域内的影响,不利于运动的持续性。有的社会运动形式多样,途径多变,而且参加者来自社会的各个层面和阶层,给社会思潮发挥再影响的机会较多,能够形成反复、循环或跨领域、跨行业的影响,不断提供给社会运动新的动力,有利于社会运动的持续性。

目前看来,反全球化运动表现出后者的特征。总结自 20 世纪 90 年代末兴起的反全球化运动,其形式多种多样,主要包括以下几种:第一,直接行动。例如针对亚太经合组织的"亚太人民论坛",针对联合国"千年首脑会议"的"非政府组织论坛",针对"达沃斯世界经济论坛"的"世界社会论坛",针对"地球首脑会议"的"全球人民论坛"以及发生在德国港口城市罗斯托克的抗议 G8

---

① 陈立思. 略论社会思潮[J]. 中国青年政治学院学报,1995(3).

峰会的反全球化运动等。此外,还有一些国家持续进行的反政府、反资本主义斗争,如墨西哥的萨帕塔运动、巴西的无土地运动、哥伦比亚的"革命武装力量"等。直接行动有固定式的,也有流动式的。例如,有些反全球化行动采取了旅行的方式,被称为"马路秀"(road shows),参与者从一个地区到另一地区,甚至从一个国家到另一个国家。第二,学术反抗。学术上的"反全球化"为行动上的反全球化运动提供了更深刻的理论依据。第三,潜在反抗。人们常提到的另一种反抗形式是"未宣布的反抗"或"次政治反抗"。① 詹姆斯·H.米特尔曼(James H. Mittelman)将全球化视为一种新自由主义的霸权计划,而反全球化就是反对这种霸权的运动。第四,网络反抗。在反全球化运动中,网络反抗是一种非常有效而且威力较大的形式。

反全球化运动的参与者来自广泛的社会阶层,既有传统的工人阶级,也有体制化的工会官僚;既有有影响的社会主义者,也有来自传统的工人组织之外的各种新社会运动的成员,如环保主义者、生态主义者、女权主义者;既有中左翼政党的激进派分子,公司或非政府组织的白领,也有许多失业人士、另类青年和其他边缘化人群。②

反全球化运动的目的,大体上也可以分为两大类:一类为"综合反抗型",他们不是反对某个具体的对象,或为达到某种单一目的而参加运动,他们将反对资本主义作为目标。在意识形态上,他们可能是社会主义者、无政府主义者、或改良主义者,同时也可能是环保主义者、人权主义者。另一类为"单一目标型",这类参与者具有比较明确而具体的目标,如工会主义者、女权主义者或农民运动者等。还有一些参与者可能是为了更为狭小、微观的目的,如争取动物权力、反对砍伐森林、反对建筑水坝、反对转基因作物或争取土著人权利等。

多样化的形式、广泛的社会阶层和不同的目的都是使反全球化运动自兴起以来一浪接一浪,并且从整体来看具有较强持续性的重要因素。

第三节　社会思潮与青年群体

一般而言,青年永远是各种社会思潮的最先反映者。社会思潮往往能刺激、诱发青年的群动行为,影响其走向和强度。反之,青年接受社会思潮的影响后产生的反应,又从方方面面扩大了该思潮的影响范围,强化了它的影响作用,二者之间有着循环刺激的关系。青年对社会思潮的敏感反应,是与他们的身心特点及社会地位有关的。我们需要了解青年群体对社会思潮的接受过程和由此引发的青年群动行为。

一、青年群体对社会思潮的接受过程

在社会青年内部,可以从不同角度划分为许多群体,如青年工人、青年农民、青年军人、青年学生、青年干部等。其中,文化层次较高的青年知识分子群体,是青年思想意识活动的核心圈。而青年知识分子的社会影响,又是有组织依托的,如行业、单位等。其中人员最密集、最基本的组织,就是高等院校。

---

① 李东燕.反全球化运动的性质与特点.[EB/OL].(2003-01). http://www.China.com.cn/Chinese/zhuanti/263751.htm.
② 徐艳玲.全球化、反全球化思潮和社会主义[M].济南:山东人民出版社,2005:70.

除了军队,高校就是青年最集中的地方了。无论是从平均个人素质还是总体水平来看,高校青年知识分子都是社会各青年群体中的一个最高层次。高校青年知识分子因其知识和年龄两个方面的优势,又因其高度集中、与社会"上层"有广泛联系等便利条件,在意识形态领域和思想战线上,他们是一支能量极大的、主动性最强的、不穿军装的"军队"。因此,对高校青年知识分子的思想动向,无论是在中国还是在外国,无论是统治阶级还是一般民众,历来都是非常重视。例如在美国,自20世纪60年代爆发学生造反运动之后,社会学的青年学科分支大都转向以大学生为研究对象,而对青年工人、青年农民的研究所占比重很小。所谓"争夺青年一代",其实主要是争夺青年知识分子这一群体。

高校青年知识分子群体又可以大致地划分为两个层次:一个层次是在校本科生;另一个层次是研究生(硕士生和博士生)和青年教师。后者往往是青年思想界的"意见领袖"。他们对社会思潮的接受和传播,常常是结合专业研究进行的,以较深的知识素养和文化底蕴为依托,而不是人云亦云的泛泛之论,因具有理论色彩、科学色彩而更具号召力。其中有些人的影响甚至超出青年界,成为在全社会范围都具有重大影响的"社会精英",如新文化运动中的陈独秀、李大钊以及胡适等人。

以高校青年知识分子群体为核心,再加上从政、从文的在职青年知识分子,他们往往是历次社会思潮中推波助澜的"弄潮儿"或"风云人物"。通过他们再传播到科技界、实业界的青年知识分子,再逐渐扩散到社会其他青年群体。在历史上,曾有多少才华横溢、风华正茂的青年知识分子,以其充沛的创造力和蓬勃的青春活力,指点江山,激扬文字,掀动起一阵又一阵新浪潮,有力地冲击着旧社会、旧观念,推动着社会的革新与进步。

由于高校青年知识分子非常集中,对国内外社会思想动态的追踪及时、反应灵敏,所以,在校园内各种新思潮的传播速度是非常快的。进行这种传播的场所,有正式的讲坛(课堂)、图书馆,也有学生社团活动、各种自办刊物、讲座、研讨会等。传播方式既有人际传播,也有大众传播,可称得上是"全方位的",特别是在著名大学。这种情况带来的后果也是两重性的:它可以使国内外的联系和同步发展大大加强,也可以导致一些根底不深的青年(特别是低年级大学生)思想混乱。

二、社会思潮影响下的青年群动行为

由于社会思潮流行时带来的冲击力和裹挟作用,青年群体很容易产生大规模的群动行为。所谓"群动行为",是指在集体冲动条件下产生的、行为方式一致的行为。群动行为的心理基础主要是从众心理和群体归属感。从组织上看,有正式群体和非正式群体组织。依主观动机不同,可以把群动行为分为"亲社会"和"反社会"两种类型。"亲社会"群动行为主观上积极拥护现存社会制度,与社会和现政府进行合作。"反社会"群动行为正好相反,是破坏性、对抗性的。但无论是"亲"还是"反",都是主观动机,并不等于客观效果。不是"亲社会"就一定对历史进步有益,"反社会"就一定有害。历史上著名的五四运动就具有明显的反社会性,但它起到了推动社会进步的作用。而"亲社会"群动行为中也有不少对社会发展不利,如20世纪30年代德国的纳粹运动即是一例。

青年群动行为的爆发,都有长期的酝酿过程。爆发的契因和时机,大多与社会热点有关。由于青年心理、理智发育情况的限制,极容易走向极端,所以对社会思潮的流行应当加以正确引导,以免对青年一代的成长与社会的发展产生不良影响。

思考题

1. 社会思潮主要通过哪些途径影响社会生活?
2. 新型媒体对社会思潮的传播有什么样的影响?
3. 你怎样理解社会思潮与社会运动之间的关系?
4. 社会思潮通过何种途径影响社会运动?
5. 社会思潮与青年群动行为之间有什么样的关系?

第三章 社会思潮的评论

社会思潮既然在社会生活中占有如此重要的地位,必然会引起人们对它的注意,包括对它展开评论。在对它进行评论时又产生了方法论问题。现在我们就来讨论"为什么"和"怎么样"对社会思潮进行评论。

第一节 社会思潮评论的意义

差不多每一种社会思潮兴起后,在社会上都会引起一些反响,有些人欢迎它、鼓吹它,也有些人反对它、抵制它,还有些人试图对它进行"中立"的分析。这些反应都可以算做对待思潮的态度。而我们这里说的"评论",还不是在本能的"态度"这个层面上的,而是由一些专业人士,比如从事思想教育、宣传、理论研究工作的人员所进行的评论。这种评论一般都是理论形态的,其结论对于上层决策有参考价值,对广大群众则起引导作用。

那么,为什么要对社会思潮进行评论呢?为什么不能对其放任自流,或者让各种思潮在其运行的过程中"自由竞争、适者生存"、任其自生自灭,而要力图对其产生的影响进行一定程度的控制呢?这就是我们将要讨论的社会思潮评论的必要性或意义问题。下面我们就从社会生活、青年成长和理论认识三个角度进行分析。

一、社会思潮评论与社会生活

如前所述,社会思潮对社会生活的影响是广泛的。从领域来看,政治、经济、文化,无所不及;从人员层次来看,从各级领导到平头百姓,都有可能受到社会思潮的影响。这些影响,无论是发生在理性的层面还是非理性的层面,都将对他们的行为产生作用——不单是个人行为,在一定意义上,大多数是社会群体行为。于是,社会思潮通过对社会成员的影响从而对社会生活发生作用。

社会思潮不仅作用大,而且发生作用时冲击力也是很强的。"思潮"的"潮"字,就很形象地反映了它流行时势如潮水般涌来的那种冲击。有的学者认为社会思潮有理论形态也有心理形态,是二者的统一。其实,思潮的源头是学术流派的理论,但是在流行的过程中它就失去了或淡化了那种书斋气,变成了一些精练的口号或较为零碎的观点,不太像一种理论体系了,但仍然是理论形态的,并不是什么"心理形态"。但是,它的流行,一定要依赖于受众的心理状况。也就是说,它要想被人所接受、认同,就不但要从理论上确实反映某些阶层的某种利益需求,而且要在其心理上引起共鸣,转化为接受者的思想、意愿等。既然是诉诸心理,引发共鸣,调动情绪,这就具有普及性、突发性和冲动性。由于社会思潮所唤起的心理共鸣主要基点还在于与个人的利益要求(而且往往是眼前的、局部的利益)和狭隘的生活经验相结合,所以,对于大多数社会成员来说,他们在一种思潮涌来的时候,往往无法超越个体的角度去进行理性的考虑和选择,更无法顾及国家、民族、社会的长远的、根本的利益。因此,对社会思潮的接受,以及行动上的响应,常常带有一定的盲目性,无法预计后果。更有些人只是在从众心理的支配下,被潮流裹挟。

由于社会思潮有很大的影响力,在流行时又带有一定的盲目性,所以,对一个国家或社会的稳定和发展来说,就绝不能轻视甚至无视它的存在,采取听之任之的态度,而必须展开对它的研究、评论,并在此基础上,进一步决定对其采取何种态度。

社会思潮对社会稳定和发展带来的作用有积极的,也有消极的,有大的,也有小的。究竟带来何种作用,不仅仅取决于思潮本身,也取决于它流行的社会环境,尤其是政治、经济因素和时代因素。同一种思潮,在不同的社会历史条件下可能会产生不同的,甚至截然相反的社会后果。如自由主义作为一种主张自由竞争、完全依靠市场机制来实现资源配置的经济思潮,曾经在资本主义发展史上的几个不同的历史时期起过积极的作用。其理论主张在当代("二战"后)几次作为凯恩斯主义的对立面,为美、德、法等国政府所采纳,收到了复苏经济的良好效果。而在实行从计划经济向市场经济转轨的俄罗斯,在新自由主义经济理论支配下实行的"休克疗法"却几乎使俄的经济全面崩溃。由此可见,对社会思潮展开严肃、认真、科学的评论是关系到社会改革能否健康发展、社会能否保持稳定的大事。

二、社会思潮评论与青年成长

从"自然人"到"社会人",是青年人成长的过程,社会学家把它称为"社会化"。为了使青年顺利完成社会化过程,一个良好的社会环境是必不可少的。所谓"良好",一般而言,包括稳定的政治局面、正常的经济秩序、健康的文化氛围等。但同时我们也观察到,有些时期政治、经济状况并不算好,但青年的社会化过程并未受到特别大的阻碍。比如中国封建社会几千年,有人做过统计,战乱的年份加起来比太平的年份要长,然而,世世代代的中国青年都在儒家文化的熏陶、教化下顺利完成了社会化的过程。像彷徨、苦闷、难以选择、无所适从的情况,大多发生在新旧交替的历史时期。此时,不仅是社会的政治、经济制度发生变革,更重要、更深刻的是思想文化领域里也发生了翻天覆地的变化,只有在这样的时期,青年的社会化才是相当艰难的。

为什么思想文化领域里新旧交替、新旧并存的情况会造成青年社会化的困难呢?这实际上是社会转型期文化的批判与继承的矛盾造成的。作为成长过程中的青年,如果他生活的文化环境能够传递给人一个完整、清晰、明确的"范式",也就是完整的、不自相矛盾的、不模糊的世界观、人生观、价值观,那么有了这个基本理论和基本假设,他们处理其他认识问题就有了一个明确的指导和统一的基础,这对于青年成长是有好处的。如果这个环境传递给他的信号是混杂的、支离破碎的、自相矛盾的,那么他就很难形成一个完整的"范式",他的精神世界是分裂的,就会出现无所适从的状况,造成他缺乏精神支柱或在价值选择中陷入困境。

从理论上讲,青年成长需要有一个好的文化环境,但是在现实生活中,这种理想的环境却不是自然而然就存在的。即使在中央集权、高度统一的封建时代,除了正统思想,也还有各式各样的旁支侧流,甚至异端邪说存在。到了资本主义社会以后,各种各样的思想流派更是在"民主"、"自由"的制度下发生、流行。各民族之间的文化交流,更带来了不同传统和特性的文化之间的冲击、碰撞、融合的复杂情况。不同阶级、不同民族、不同时代的思想意识既斗争又并存,构成了现代社会的文化景观。在这种历史情况下想寻求一个单纯的、封闭的环境是根本不可能的。我们只能立足于现实,从实际出发,加强对社会主流文化和主导价值观的宣传灌输,并加强对各种非主流文化的鉴别、评论工作,对广大群众进行教育和引导。其中青年是重点,我们既不能把青年当做温室里的花朵,不让他们经风雨、见世面,又不能不顾他们的身心发育特点,对他们的成长撒手不管。对社会思潮进行评论,就是引导青年学会比较、鉴别社会思潮,培养和提高他们辨明是非、美丑、真伪、善恶的能力,同时也养成开放的心胸,善于吸收一切优秀文化成果。在我们所处的改革开放的时代,封建的和资产阶级的意识和思潮是客观存在的,还不可能完全退出历史舞台。我们做不到将它们与青年隔绝开来。不但不能隔绝,我们还需要批判地吸收一切文化遗产中的精华部分,创造和培育出一种新的文化。在此,社会思潮的评论就是解决文化传承接续过程中批判与继承这一对矛盾的最好武器。

三、社会思潮评论与提高理论认识

对社会思潮进行评论,还有助于我们提高理论认识,这里主要是指加深对资本主义的认识、预测未来发展趋势和发展马克思主义。

(一)加深对资本主义的认识

对社会思潮进行评论,可以使我们加深对资本主义的认识。现在我们开展的评论,重点是放在改革开放以后,在我国发生了比较大的社会影响的那些西方现代思潮以及现代新儒家思潮。它们都是对现代资本主义社会生活的反映,尤其是对当代资本主义社会的反映,对于我们具有很大的认识价值。

现代西方思潮是现代西方社会的政治、经济、文化状况的反映。每一种思潮的兴起、流行、衰落,都有一定的社会原因。观察它们的走向和结局,就可以了解西方现代社会中存在的某些矛盾,或者说,它们反映了西方思想家对于社会矛盾的剖析,以及从理论上探求解决方案的一种努力。资本主义社会所固有的一些基本矛盾,如生产社会化与私人占有之间的矛盾、生产力与市场的矛盾、公平与效率的矛盾、贫富对立的矛盾、个人与社会对立的矛盾、物质和精神方面的"异化"矛盾,等等,都是难以克服的。资产阶级思想家由于其自身的局限性不可能准确地揭示这些矛盾产生的根源,也不能从根本上指出解决这些矛盾的革命途径。但是,他们在一定程度上对资本主义社会发展的规律进行了探索,为调适资本主义的政治、经济、文化等方面存在的矛盾提供了一些办法和思路。现代西方思潮的发展演变史,既是社会现实生活的写照,也充满了对资本主义制度和社会生活的反思。现代西方思想家虽然也"批判"资本主义,但他们并不是希望它赶快终结,尽早退出历史舞台,而是希望它能医治痼疾,恢复健康,达到他们心目中的理想状态。为此,他们费尽心机,提出各种解决方式。从林林总总的西方学术流派以及从中发展出的几大思潮来看,当代资本主义制度还有一定的自我调节能力。从总的趋势看,它是在走向衰落和腐朽,但这个过程不是笔直的,它有曲折,有起伏;不是短暂的,而是个较长的历史时期。换句话说,在当代,资本主义还有一定生命力。展开对西方思潮的研究和评论,有助于我们认识当代资本主义的特点,从矛盾的现象中更深刻地把握其本质和规律。

(二)帮助我们预测未来趋势

对社会思潮进行评论,可以帮助我们预测未来趋势。现代社会思潮中还有一部分是反映"全球性"问题的。随着现代科技和经济发展,环境、资源、人口、信息、经济全球化等"全球性"问题日益引起人们的关注。这些问题的存在范围和形式是世界性的,涉及的是全人类的共同利益,解决起来也不是光凭一个、两个国家的努力就能奏效的,需要各个国家协同一致、共同配合。有很多种现代西方思潮对这类问题进行了反映,如科学主义、未来主义、民主社会主义等。在对全球性问题进行了大量实证研究的基础上,它们为人类提供了大量事实材料,也提出了认识和解决全球性问题的基本观点、理论和方法,大大地丰富了人们对于科学技术革命带来的社会后果的认识。但是它们对于全球性问题的产生根源的看法却是片面的,对于解决这些问题的出路、途径、方法的看法也都是片面的,只抓住科学技术本身而忽略了(或回避了)社会、政治、经济制度对科学技术成果运用的影响。当然,后来这些思潮的发展,也转向关注现代科学技术与社会生活的关系,关注科技发展对社会结构、社会趋势变化的影响,提出了"专家治国"论、"趋同论"等观点,对人类的未来分别抱有"悲观主义"和"乐观主义"两种看法。在他们提供的方案中,就有民主社会主义、新人文主义(包括正在走向世界的现代新儒家思潮)等思潮。所以,了解这些思潮的兴起和走向,有助于我们预测人类未来社会的发展。全球性问题的产生是一个极具时代特征的客观现象,在人类古代和近代思想史上都少有有关的论述,从这个意义上说,上述有关的思潮都是对人类文明的新贡献。

(三) 有助于发展马克思主义

对社会思潮进行评论,有助于发展马克思主义。现代社会思潮的发生、传播都是有规律的。通过研究社会思潮的运动以及它们的具体内容,可以进一步证明马克思主义基本原理的真理性。例如社会存在决定社会意识,社会意识是对社会存在的反映的观点,经济基础决定上层建筑的观点,矛盾的对立统一的观点,等等。但是,研究社会思潮的意义,不仅在于证明已有理论的正确性,还是为了推动马克思主义的发展。

首先,社会思潮对现代生活的反映是敏锐的和全面的。对时代的变化和社会的新特点十分敏感,反映比较及时。社会思潮的流行就像是时尚一样,层出不穷、花样翻新,虽然其中有一些主题、观念是反复出现的,但形式却非常新颖。比如对理性主义的反叛和诅咒,是现代思潮的一个重要主题,它就经历了叔本华的悲观主义、尼采的权力意志、弗洛伊德的无意识、萨特的"自我"论以及法兰克福学派的"社会批判"理论和后期分析哲学(科学主义)的"打倒科学的沙文主义"等形式。而非理性主义流行了将近一个世纪后,在20世纪最后二三十年间(从70年代末起),以现代新儒家为代表的新人文主义又悄然回潮。现代新儒家思潮既是非理性的又是理性的。与此相呼应的,还有宗教界的、政治界的以及广义的文化界的"回归传统"的浪潮。每一种思潮在世界范围都只能"各领风骚十几年",这种迅速更迭的现象反映了客观世界的迅速变化。反观之,则应该承认,无论世界变化多么令人眼花缭乱,社会思潮都及时地反映了其变化。

其次,在这些反映中,有许多值得重视的新情况、新问题、新观点、新材料,开辟了一些新的研究领域,或者把一些老问题从新的角度凸现了出来。其中最突出的是关于科技革命与现代社会生活的关系问题。科技革命带来了生产力的突飞猛进的发展,在一定程度上调节了资本主义生产力和生产关系的矛盾,但同时又进一步加剧了它们之间的对立。科技革命在一定程度上改变了社会结构,对原有的观念产生了广泛的冲击。在社会科学的研究方法上也发生了变化,引进了自然科学的技术和观念,产生了许多边缘学科、交叉学科和横断学科,科学本身也成为专门的研究对象,创立了科学学,并且把社会学的方法引入了科学史的研究中。科技革命使人和自然的联系加强了,也使二者的对立加深了,使人和自然关系的两重性更加鲜明。现代许多政治、文化思潮的产生都与"人—自然"的关系有关,科技革命还使人道主义、人的异化等问题以新的角度凸现。一百多年前马克思批判过的物对人的统治,今天不但没有消失,反而更加严重和泛滥。因此,科技革命对人类未来发展的影响也是两重化的。所有这些都是当今马克思主义所关注的问题,是当代马克思主义发展所要研究的前沿课题,了解社会思潮中的有关内容无疑对推动马克思主义发展有益。

再次,对社会思潮进行评论,可以帮助我们进一步认识马克思主义关于人类社会的发展必然走向共产主义的观点。马克思主义认为,资本主义必然灭亡、共产主义必然胜利是人类社会发展的大趋势。通过研究社会思潮,我们可以加深对这一规律的认识,透过资本主义表面的繁荣,看清它内部隐藏的危机以及正在生长着的共产主义因素。人类大同的理想是美好的,从古至今人类一直在追求这一理想,不断探索通向理想世界的道路,在这个过程中也积累了丰富的精神财富。研究社会思潮,就是继承这笔财富的一条重要途径。比如关于人性,关于欲与爱、义与利、现实与超越、民主与自由、权利与义务等关系、关于人的现代生存状况的反思等,都不乏有价值的东西,对于我们搞好精神文明建设,使我们生活更加合理、文明有着借鉴意义。

第二节 社会思潮评论的原则

社会思潮的评论在我国是随着西方思潮的涌入而逐步开展起来的,特别是从20世纪70年代末实行改革开放的政策以后,对社会思潮的评论出现了前所未有的繁荣景象。开始,主要集中在对西方思潮的评论上,后来随着现代新儒家思潮的"登陆",也开始了对我国思潮的评论。所以,现在的思潮评论是"全方位"的,涵盖中国和外国的近代、现代和未来的哲学、政治、经济、法律、文学艺术、宗教、教育等各个领域的主要思潮。与此同时,对社会思潮评论的再评论也逐步开展起来,但还显得比较弱。

现阶段,在社会思潮的评论中存在一些问题,影响了它的健康发展。所以,加强对"评论的评论"即"再评论"是十分必要的。"再评论"的着眼点是方法论问题。

一、对社会思潮评论中几种倾向的分析

当前我国社会思潮的评论中存在以下几种倾向和问题:① 对西方思潮的介绍、评价持"客观"、"中立"的态度;② 把"思潮"等同于学术流派,"评论"等同于介绍,罗列派别,支离破碎,看不出"潮流"的来龙去脉,没有揭示出规律;③ 在研究"思潮"对青年产生的影响时,采取牵强附会、对号入座的方法;④ 在进行中外文化思潮的比较研究中,民族虚无主义和狭隘民族主义的倾向并存。下面分别加以分析,并探讨克服的办法。

1. "客观"论与"中立"论,即所谓对西方思潮要"客观"地评价

这种观点又有两种情况:一种主张首先是"原原本本"地"拿来",即"先介绍,再评价"。尤其对专业的学生,一定要引导他们读原著(有条件的最好是读原文的原著),不要依赖二手材料。笔者认为,如果能贯彻到底,这种态度还是可取的。但在实践中,却往往是"有头无尾"、"有介无评",或者虽有评论但较薄弱,起着"留声机"或"复印机"的作用。造成了"原原本本",不加分析、引导地传播西方思潮的情况。

另一种主张"客观"论的人则与此不同。他们所谓的"客观",实际上是要完全摆脱辩证唯物主义和历史唯物主义的指导,只是就事论事,不去揭示某种思潮兴起的社会历史背景,回避它在本土和传到中国以后产生的社会影响。他们只主张全盘照搬式的"介绍",不准许用马克思主义

的观点进行评论,仿佛一用马克思主义进行评论,或者以马克思主义的观点进行了选择、筛选,就不客观,不真实了。而他们主张的"客观"实际上是只许讲好话,不许讲坏话,因为他们并不同时取消介绍西方思想界对这些思潮的吹捧,而对于来自西方的批评意见却是封锁的;实在封锁不住的,也并不热心地同时介绍过来。这种貌似"客观"的做法,实际上是取消了评论工作,全盘引进和推广,良莠不分,对外来的文化中消极的东西撤除了防线,对积极的东西也不能认真地理解和吸收。持这种"客观"论的人,曾经为资产阶级自由化思潮的泛滥推波助澜。

主张后一种"客观"论的人,特别喜欢标榜自己的"中立"立场,即"超越意识形态的对立",既不唯物,也不唯心;既不受马克思主义的束缚,也不受资产阶级思想体系的束缚。他们的理论依据主要来自"趋同论"。这种理论认为现在科学技术是决定社会发展的根本动力,由于科技革命带来的丰硕成果,改变了社会结构(包括阶级结构、经济结构、政治结构等),阶级的矛盾和斗争已经消亡,不同的社会制度之间的差别正在缩小,整个世界都在走向"趋同",所以,意识形态的对立已经淡化,甚至消失。然而事实上意识形态的对立是客观存在的,它不但有阶级对立的根源,在当代还更明显地显示出它还有民族利益冲突的根源。正如美国的尼克松所说,现在这个世界上,没有永远的朋友,也没有永远的敌人,只有永远的利益。任何评论中都包含着价值取向和立场,不偏不倚的"中立",只是一种虚伪的姿态,最终还是要倒向一边。我们不能把它与唯物辩证法主张的"一分为二"等同起来。

2. 社会思潮等同于学术流派

这在社会思潮的评论中是最常见的,尤其在20世纪七八十年代出版的著作中。从客观的角度看,社会思潮与学术流派的关系确实密切。我们在第一章已经做了详细的说明。改革开放初期引进、介绍西方思想,来不及做深入、细致的工作,对这二者的概念缺乏区分,出现这种状况完全可以理解。但是过了几十年,仍然存在这种状况,就有必要从方法论上进行反思了。

按照普列汉诺夫的观点,社会结构分为四层:生产力、生产关系(经济基础)、政治的上层建筑、意识的上层建筑。就是说,上层建筑的不同部分,与经济基础的关系是不同的。有的近一些、直接一些,有的远一些、间接一些。后者对现实生活的反映,要通过很多的中间环节,它们的发生、发展、变化,有相对的独立性。学术派别的活动(及其思想成果),根本上仍是对社会存在的反映(包括生产力、科技状况,以及政治、经济、文化),但有很强的相对独立性,这一点在"科学学"这门学科中已得到证实。所以,它的规律与以反映社会、时代重大问题为中心的社会思潮是不同的。我们阅读现在介绍"思潮"(如哲学思潮)的某些著作,大多数是按人物把其观点按本体论、认识论、辩证法、历史观等几个方面切割,寻章摘句,贴上"唯物的"、"唯心的"、"辩证的"、"形而上学的"几个标签完事。或者把不同代表人物的思想观点、范畴理论之间的演变过程详细列出,给人的感觉是概念的运动等于思潮的发展。或者误把思潮等同于某学科的思想史(或者是"等同于学派的发展")。思潮的运动完全成了脱离社会生活的思辨过程。人们往往要问,这些相当专门的概念(如逻辑实证主义、语言哲学等)与社会大众的生活有什么相干?在这些评论社会思潮的教科书里实在很难看出它们之间的相互关系。

3. 对号入座式的评论

如某教材本意是研究西方思潮与我国青年人生观之间的相互关系,但作者采用的方法是把青年人生观分成九个方面,分别与九大思潮挂钩,这就很机械了。例如:"西方民主化思潮与青年民主观"、"西方人本主义心理学思潮与青年需求观"、"西方功利主义思潮与青年功利观"、"西方宗教思潮与青年信仰观"、"西方未来研究思潮与青年未来观"、"西方性解放思潮与青年婚恋观"等。其实人生观的每一个方面状况如何,并不是只受某一种思潮的影响。就拿青年民主观来说,它属于政治观的范畴,它与青年对民主、权力,民主与自由、民主与自我价值、自我发展、民主与现代化等问题的理解都有关;在实现民主的途径、方式等方面,又与对社会结构的看法有关,如"白领"在未来社会中的地位如何、它算不算无产阶级等,所以又涉及"趋同论"、"技术决定论"、"专家治国论"等问题。所以民主观的来源,除了政治生活实践和政治教育外,仅就西方思潮的影响而言,就有除了该书提到的民主化思潮之外,还有西方自由主义、保守主义、民主社会主义、唯意志主义、实用主义、功利主义、未来主义等思潮的影响,甚至与经济思潮有关。所以,青年政治观的形成,除了政治渠道,还有非政治渠道。同理,其他观念的形成也如此。又如青年的信仰观,与他的世界观、人生观、历史观、价值观紧密相连,所以,不但宗教思潮,甚至科学主义思潮(例如它的经验主义的"拒斥形而上学"立场)都对青年的信仰观发生影响。至于婚恋观,那就更加不仅仅是受性解放思潮的影响了。

之所以出现"对号入座"式的评论,其原因有多方面:其一是学风问题;其二是思维方式的问题;其三是理论功底的问题,这一方面这里打算重点剖析。对于事物的联系缺乏全面的、深入的了解,视野不够开阔,不善于用联系的观点把握事物,同时,也缺少发展的观点,是这类评论在思想方法上的共同弱点。要研究社会思潮对青年的影响,以及进一步展开教育,需要有多方面的理论准备,或者说要有多方面的把握。首先,要了解青年,懂得他们思想、品德和行为之间的结构关系。在这个结构中,核心的是什么;整个结构与他们的年龄变化以及外部环境有什么样的关系,发展的规律是什么。其次,要了解社会思潮。不但要知道这些思潮各自的来龙去脉,而且要了解这些思潮都是作为对现实生活的反映,除了它们各自的特殊概念和特殊结论外,它们的共同话题是什么,有何共同的结论。也就是要求我们既要对思潮有具体的了解,又要有总体的宏观的把握。第三,还需要了解如何根据以上两方面进行思想教育的规律。比如,如何清理整顿社会思潮的传播渠道,综合治理大环境;如何根据青年身心特点和教育程度开展正面引导和自我教育;如何把社会思潮的评论与引导青年参加实践、了解国情结合起来;如何把对西方发达资本主义国家的思潮研究与对社会主义国家、发展中的资本主义国家中的思潮研究结合起来;等等。另外,思潮对年轻人的影响,也是不断变化的,其重心在不断地转移。比如萨特的存在主义,青年在接受的过程中,早期(指20世纪七八十年代)注重的是所谓"自我价值的实现"(而对自由选择应承担相应的责任却未予以同等的重视)。到了90年代,却主要变成了"悲观主义"的影响。性解放思潮对于青年婚恋观的影响,开始时起的作用是打破关于性问题的禁区,敢于正视"性"问题,进行性教育,建立平等的两性关系等;后来消极的一方面才逐渐增大。总之,只有具备这几个方面的深厚功底,或同时在这几个方面展开工作,才能克服机械化、简单化的倾向。

4. 社会思潮评论中的民族虚无主义和狭隘民族主义倾向

其典型表现为"全盘西化论"和"东方文化优越论"。

在评论社会思潮的时候,评论者自身总是会做出价值判断的,所谓的"中立"只是一种口头上的东西。那么在价值判断中,有哪些片面的倾向呢?在涉及中外文化的问题上,就存在着两种相反又相通的倾向,就是我们要在此分析的民族虚无主义和狭隘民族主义。

有些人在评介西方社会思潮的时候,不知不觉地被俘虏了。他们在西方发达资本主义的物质成就和精神成就面前佩服得五体投地,迷恋和沉醉于其中,完全成了西方思潮的吹捧者。这些人不一定出自什么恶意,或从一开始就有什么政治立场问题或是什么天生的洋奴。我们应着重分析其思想根源。他们崇拜西方,也许还出于爱国的动机呢。从思想根源上讲,这与他们的历史观和文化观有关。在他们看来,中国自近代以来落后了,西方资本主义国家走在了我们前头。西方与我们的差别是"古""今"之异,中国要想富强,只能向西方学习。西方的先进,证明他们的发展模式是最合理、最先进的模式,所以我们也应该"西化"。而西方的文明(包括器物、制度和观念)是一个整体,不可分割,要学就应该学全体,不仅是"船坚炮利",而且包括"民主、自由"和"平等博爱"都应当全盘照搬。所以,不仅要"西化",而且是要"全盘"的"西化"。可见,民族虚无主义也是有一定的理论依据的。可惜,这种依据是形而上学的、唯心主义的,因而也是错误的。

  首先,分析一下他们的历史观。毛泽东同志曾经说过,许多先进的中国人曾千辛万苦地到西方寻求救亡富国的真理。但是先生老是打学生,西方的强国并不希望弱小的民族跟他们在政治、经济上平等,而是要我们永远做他们的殖民奴隶,于是中国人只好起来革命,不去向西方学,而转向苏俄学习。那么在中国革命已经成功,取得了独立之后,为了实现现代化,是不是仍然要向西方学习呢?从我们国家的改革开放政策来说,是应该向西方学习,学习他们先进的科学技术、管理经验以及代表人类文明成果的一切方面。但是学习绝不等于照搬,更不等于"西化"。因为时代变了,在今天,现代化已经不只是"西方"这个唯一的模式了,还有其他的模式,如东亚模式、南美模式,都可以供我们参考。这些发展中国家在当今的国际环境下,从低起点上起飞的经验对于国情相似的我们,恐怕借鉴意义更大。即使如此,也还不能照搬。照抄照搬永远不能成功,这是经过千百次实践检验的真理。更何况,我们与西方的价值观念在许多方面不同,社会制度也不同,这些都是历史形成的,是中国人民自觉作出的历史选择。所以中国的现代化,只能走自己的路,也就是走建设中国特色社会主义的道路。

  其次,分析他们的文化观。主张"西化"而且要"全盘西化"的人,认为文化是一个整体。所以学了人家的技术,就必须学习人家的民主政体,学了人家的民主政体,就必须学习人家的自由观念;如果不是全盘接受下来,就学不到手。那么在"全盘"接受西方文化的时候,我们自己的文化怎么办呢?他们认为文化都是时代的产物,属于已经过去了的时代的文化,应该死亡,对于已经死亡的东西,就应该抛弃。我们的文化是过时的文化,在工业社会就已经死亡,所以,应该以西方文化来取而代之。这种文化观,貌似有理,实际上有着很大的片面性。文化固然是一个整体,但不是铁板一块。在中国人的眼中,西方文化是一个整体;而在西方人自己看来,其内部有着很多的差异。同样是资产阶级的政治民主,就有共和制,有君主立宪制;有多党制,有一党制;有两党轮流执政的,也有联合组阁的。其价值观念差异也很大,比如同样是基督教徒,在美国就有保守的、自由的和温和的等不同派别。在20世纪30年代中国的文化论战中就有人生动地说过,我们学习西方的电灯电话,男女社交,不一定学他的男女见面拥抱亲吻。所以文化本身是个复杂的综合体,是有结构和多种要素的。文化作为对现实生活的反映,固然有很强的时代性,但时代是连续性和阶段性的统一,所以文化在其长期的发展中,也同样是连续性和时代性的统一,"中国文化是过时的文化"这个论断是片面的,是站不住脚的。

  文化发展中有传统和现代、继承和创新两方面的关系问题。中国文化有几千年的历史,其中当然有封建性的糟粕,应加以淘汰、革除,同时要创新,包括吸收外来文化中的带有人类共同性的精华。但创新不能割断历史,更何况,文化还有民族性。在主张"全盘西化"的人那里,就是完全忽略了文化的民族性特征,这是文化的个性。有人用生动的比喻来讽刺道:主张全盘西化的人,就好比要我们把黄皮肤黑头发黑眼睛变成白皮肤黄头发蓝眼珠一样。可见，正确地理解文化的整体观、时代性、民族性是揭示民族虚无主义思想的理论根源的一个重要切入点。

与之相反的另一种倾向是狭隘民族主义。狭隘民族主义也是处理民族之间关系时发生的一种倾向。与民族虚无主义相反，狭隘民族主义对别的民族采取的是一种排斥的态度，或者表现为沙文主义，或者表现为排外主义。历史上的沙俄、德国的纳粹（民族社会主义）都是典型，其根源是民族优越感。在中国，清朝的闭关锁国政策就是与"老子天下第一"的民族优越感分不开的（当然还有其他原因）。这种妄自尊大的心态，在今天的文化思潮评论中就表现为"东方文化优越论"。这一点在对现代新儒家思潮的传播和评论中表现得比较明显。

现代新儒家思潮的中心论题之一是论述儒家文化与现代化的关系，在它的发展过程中关于这个问题的观点前后有一些变化。由一开始主要论证儒家文化在今天仍然有生命力、不应该被遗忘和抛弃，演变成它不但不应被抛弃和灭绝，而且它简直就是医治现代社会弊病，使之起死回生的唯一良方。所以，儒家文化现今早已不再是"为求生存"而挣扎呐喊，而是成了在世界文化中一枝独秀，笑傲群芳的"显学"了。人们常常听到"未来的21世纪是儒学世纪"、"东方文化（以儒学为其主流和代表）将领导21世纪潮流"之类的豪言壮语，以及对于儒家文化各式各样的溢美之词。有些人对此未必赞同，但私下认为这可以鼓舞士气、提高民族自豪感，因而采取不公开反对的态度。实际上，"东方文化优越论"也是一种盲目的观点。

不可否认，现代新儒家思潮的流传与东亚和东南亚20世纪70年代以来的经济起飞有关系。然而文化因素只是造成这一"奇迹"的诸多因素之一。事实上，这些地区的文化是十分复杂的，绝不仅仅只有儒家文化一种成分。仅就儒家文化而言，在流传到东亚和东南亚这些国家和地区后，也已经发生了很大的变异。在中国本土，对儒家文化的本意、真谛和正统的理解，也有很多不同的看法，所以，究竟是儒家文化中的哪一部分，可以成为未来世纪的领导者，谁也说不清楚。更何况，儒家文化这棵树，在西方社会这块土地上能不能生根，也很成问题。它要想对解决人类面临的困境作一些贡献，就一定要进行自身的改造，与各个民族的文化相结合。未来的世纪，在文化上是多元的。也就是说，在打破"欧洲中心论"之后，不可能再树立起一个"亚洲中心论"甚至是"儒学（中国）中心论"。文化发展的趋势是各民族之间交流、融合，并在此基础上进行创新，既"趋同"又保留和发扬各民族的特色。所以狭隘民族主义是一种不科学的文化观。在社会思潮的评论中应防止这种倾向。不仅如此，宣扬"东方文化优越论"与进行传统文化教育和爱国主义教育是两码事，不可将二者混同。

二、社会思潮评论的原则

以上提到的几种倾向是比较具有代表性的，其他的不能在此一一列举，从中我们可以总结出在进行思潮评论时所要遵循的一些原则。

第一，党性原则。这不但指政治上的党性，也指思想路线上的党性。政治上的党性，就是说要站在无产阶级的立场上观察思考问题。特别是对于社会思潮的社会根源和社会后果问题的观察思考，不能脱离党性立场。因为社会思潮不是一种"书院文化"，而是一种有大众影响的文化现实，甚至可以称为一股社会力量。思想路线上的党性，是指一方面注意各种思想意识的阶级特性，另一方面，注意它是唯物的还是唯心的，是辩证的还是形而上学的。而我们自己则应坚持以唯物辩证的观点来研究社会思潮。

第二,坚持联系的、发展的、本质的观点。这实际上是唯物辩证原则的具体化。为什么要突出这三个观点呢?因为社会思潮是一种意识运动,不仅要从动态上,从它与社会存在的联系上,从它自身的历史、现在、未来的联系上去把握它;还要从它与青年思想的联系上把握它;要透过纷繁复杂的现象去看到它的本质,不被现象搞得晕头转向。

第三,要立足于吸收全人类精神文明的优秀成果来推进我国社会主义精神文明建设。通过对社会思潮的评论,使我国青年养成开放的胸怀和与其他民族、其他文化平等交流的习惯和能力。坚持以社会主义核心价值体系引领社会思潮,尊重差异,包容多样,以最大限度地形成社会思想共识。

相关链接

林泰教授谈社会思潮对大学生的影响

社会思潮层出不穷,但是其中有些内容始终对我国大学生发生着影响。20世纪80年代,清华大学林泰教授把对大学生影响较大的社会思潮概括为六个方面,这个概括至今没有过时:在方向问题上,有社会主义"早产论"、资本主义"补课论"、两种制度"趋同论"等;在民主问题上,有主张"大民主"、"言论绝对自由"的无政府主义思潮,有否定共产党领导、主张多党轮流执政的资产阶级自由化思潮;在理论问题上,有马克思主义"过时论"、否定马克思主义指导作用的"真理多元论"、马克思主义"变形论"等;在文化问题上,认为中国传统文化是"酱缸文化"、新中国成立以来文化上是一片"沙漠";在人生价值问题上,宣扬"自我中心论"、"人性自私"、"为个人主义正名";在成长道路上,夸大"自我奋斗"的作用,不重视甚至否定知识分子与工农群众相结合的意义。当前大学生仍然会有许多困惑,可能会提出包括"如何正确看待东欧剧变的历史教训?""我们现在搞的究竟是中国特色社会主义还是中国特色资本主义?""公有制为主体、国有制为主导还存在吗?国有制能主导市场经济吗?""中国现在的贫富差距到底有多大,能不能和怎么样才能避免两极分化、实现共同富裕?""腐败高发的原因是什么,共产党能克服腐败吗?""中国可以搞社会主义条件下的多党竞争和三权分立吗?""我们倡导的以人为本与资产阶级人道主义和中国古代民本思想有何本质区别?""人的本质是自私的吗?西方经济学家关于'经济人'的假设为什么是错误的?""社会主义市场经济条件下还能提倡集体主义、反对个人主义吗?集体主义与发展个性是什么关系?""怎样在升学、就业、工作中正确处理社会价值与自我价值的关系,更好地实现自我价值?"等问题。这些问题集中反映了大学生对中国改革的方向与自己人生道路的关注,是进行社会思潮评论时需要多下工夫的。

(摘自:左鹏,彭庆红.直面社会思潮 求真析理育人——林泰教授学术思想述评[J].高校理论战线,2006(2):29.)

思考题

你认为有必要进行社会思潮评论吗?应该如何评论呢?

第四章 回应"双重困境"挑战的现代新儒家思潮

儒家学说起源于古代,本章论述的却是"现代新儒家"。现代新儒家诞生于20世纪20年代,在当时是与马克思主义、自由主义"鼎足而三"的重要思潮。它已经存在80多年了,进入21世纪后仍然在继续发展,表现出旺盛的生命力。本章将讨论现代新儒家思潮的概念、产生的社会背景、演变过程、基本的命题和观点、理论特征等,分析其历史地位、作用及其对当代青年的影响。

第一节 现代新儒家思潮概述

自"现代新儒家"概念出现以来,哲学、历史学、文化学界一直对它存在争议。有人认为,自辛亥革命后儒学已经死亡了,哪里来的新儒家?本节将对"现代新儒家"的概念进行阐释,并就其产生背景、发展过程、思想主题、理论特征进行概述。

一、现代新儒家产生的历史背景与直接原因

现代新儒家的产生,既有广阔的历史背景,也有直接的原因。

(一)历史背景

16世纪末以来,西学东渐,引发了中国思想领域里持续几百年的大论战。在这场"历史之战"中,围绕着中国社会发生的深刻变动,就如何认识中国社会的历史趋势,中国人民面临的历史任务,以及中国的出路等问题,又一次出现了"诸子蜂起,百家争鸣"的局面。然而,这一次的百家争鸣,与两千多年前的战国时期大不相同。在西方文化的冲击和影响下,一方面,是先进的中国人向西方寻找救国救民的真理;另一方面,是西方资产阶级企图按自己的面貌改造中国。这互相矛盾的两个方面,带来了两个相反的结果,即造成了两类人:"一类是少数人,这就是为帝国主义服务的洋奴;一类是多数人,这就是反抗帝国主义的工人阶级、农民阶级、城市小资产阶级、民族资产阶级和从这些阶级出身的知识分子,所有这些,都是帝国主义替自己造成的掘墓人,革命就是从这些人发生的。"①太平天国运动、戊戌变法、辛亥革命、五四运动等,虽然归根结底是由中国社会经济、政治生活所决定,但也与西方思潮的影响不无关系。由于中国在明清之后的发展,落后于世界先进民族,所以既要向先进的西方学习,同时又必须保持自己的民族独立(包括政治、经济、文化三方面的独立),这样一个牵涉"中"、"外"、"古"、"今"四方面关系的问题,就像一支交响乐中的主题旋律,贯穿了近现代思想史的各个篇章。

---

① 毛泽东.唯心历史观的破产[M]//毛泽东选集:第四卷.北京:人民出版社,1991:1513.

早在洋务运动时期,关于中西文化的关系就有"中学为体、西学为用"和"体用本末统一"两种基本观点。它们后来分别演化为"东方文化优越论"和"全盘西化论"。20世纪初,新文化运动前后的文化讨论揭示了中国文化问题后来发展的路径和方向。从本民族文化的兴亡,引申到如何处理中国文化与世界文化(包括西方文化)的关系,以及如何理解人类的文化现象;由现实的文化出路问题,上升到文化哲学问题。

中国现代文化问题的讨论,是在一个开放的背景下,联系着中外文化的关系展开的。学者和思想家们提出了各种不同的意见。"古今之别说"强调二者只是时代的差异,西方已经走在前头了,西方的今天就是我们的明天,中国文化现代化的任务只是"追赶"。"路径异殊说"强调中西文化起源和生活样式的不同,唯有中国文化才是拯救西方"工业文明病症"的济世良方。"民族性差异说"把目光对准了中国的国民劣根性。"综合创造论"希望能熔中西文化之精华为一炉。在众多主张中,现代新儒家以其庞大而超群的阵容、较为完整的理论体系、富有感染力的民族主义形象和20世纪70年代以后的"东亚经济奇迹"提供的事实依据,成为一支最为世人瞩目的异军。同时,它也是当今中国最重要的本土思潮之一,有着地区性乃至世界性的影响。

(二)直接原因

现代新儒家的兴起,还有比较直接的原因。首先,从太平天国开始,中国文化界缓慢地变化,到20世纪初期,已经形成了一批新式知识分子。从阶级属性来看,他们已经不再代表封建地主阶级,也不代表买办资产阶级,他们是民族资产阶级思想意识的代表。从知识结构来看,他们不但精通中国传统文化,而且接受了新式教育,对西方文化有着比较深入的了解,许多人还留学海外的名校,师从名教授。他们学贯中西,又具有强烈的爱国情感和救亡图存的现实关怀,有的还直接走上了中国的社会舞台,扮演着政治领袖、思想旗手和文化精英的角色。现代新儒家就是其中那些专注于中华民族精神文化再造的人。其次,到五四时期,中国思想界的心态已经发生了变化,从早期对西方一味地崇拜和几近饥渴的引进、吸收中逐渐地冷静下来,开始学会以批判的眼光去观察思考西方社会和西方文化。当然,这与西方自19世纪末以来兴起的对工业文明的批判思潮以及西方思想家对第一次世界大战的反思也有一定的关系。第三,是对五四新文化运动"批孔"的一种逆反。现代新儒家多以"文化保守主义"的形象出现,他们不是主张"复古",而是极力阐明传统文化的现代价值,反对全盘否定本民族的文化。第四,作为20世纪初泛滥于中国的唯科学主义的对立面出现。"在现代新儒家看来,西方现代化过程中出现的许多时代病,都是因为工具理性的过分膨胀而产生的,而儒学所素重的价值理性或曰人文精神正是救治这一偏失的一剂良药。"[①]

自从现代新儒家崛起,在中国思想界便逐渐形成了马克思主义、"西化派"(主要是自由主义)和"文化保守主义"(现代新儒家是其主流)三足鼎立的格局。当代中国许多文化现象,都由这个格局演变而来的。研究现代新儒家,不仅是为了全面了解五四以来中国思想文化论争的历史和现状,更是为了总结历史经验,探索中国文化和中国社会现代化的道路。

---

① 李翔海.民族性与时代性——现代新儒学与后现代主义比较研究[M].北京:人民出版社,2005:21.

二、现代新儒家的概念和基本发展线索

(一)"现代新儒家"的概念

什么是"现代新儒家"？对这一问题的回答是各式各样的。在回答这一问题之前还必须回答一系列的其他问题，比如，什么是儒家？什么是儒学？如何理解儒家或者儒学的发展？儒家产生和存在的历史条件有哪些？这些条件现在是否仍然具备？什么是新儒家？它从哪里来，又"新"在哪里？怎样理解"现代化"与传统儒家的关系？如何理解"现代新儒家"之"现代"？"现代新儒家"如果存在，它在儒家发展史上如何定位？它在中国甚至世界现实的思想领域又处于什么位置？……由于人们对于这些问题思考的角度不同，侧重点不同，甚至感情不同，所以结论也就大相径庭。总之，关于"新儒家"与"现代新儒家"概念的讨论，往往是在回顾、反思中国近现代历史的语境下展开的。

1．"新儒家"与"现代新儒家"

人们原来使用过"新儒家"的概念。例如冯友兰在《中国哲学史》一书中把相对于孔、孟等先秦"原儒"而言的宋明理学家称为新儒家，以区别于子学时代的"原儒"，又指示其渊源关系。贺麟在20世纪40年代发表《当代中国哲学》一文，对康有为、梁漱溟、熊十力、马一浮、冯友兰、牟宗三、唐君毅等人的思想进行了评述。他虽然还没有提出"现代新儒家"的概念，还没有把它当做中国哲学发展中的一个独立思潮加以研究，但是他实际注目于以上诸人对宋明程朱陆王的发展贡献，等于说它已经形成了一个新的阶段。20世纪90年代，在中国内地最早成立国家课题组对现代新儒家进行研究的方克立、李锦全先生对"现代新儒学"下的定义是传播最广、最有影响的："所谓现代新儒学，是指'五四'以来，在强烈的民族文化危机意识刺激下，一部分以承续中国文化之慧命自任的知识分子，力图恢复儒家传统的本体和主导地位、重建宋明理学的'伦理精神象征'，并以此为基础来吸纳、融合、会通西学，建构起一种'继往开来'、'中体西用'式的思想体系，以谋求中国文化和中国社会的现实出路。它主要是一种哲学和文化思潮，同时也包含着社会政治内容。"①定义中那些知识分子就是"现代新儒家"。

2．"现代新儒家"之"现代"

我们为什么要在"新儒家"的前面冠以"现代"两个字呢？有如下理由：首先，它产生于"现代"，存在于"现代"。它区别于儒家思想史上先秦、宋明两个发展高峰，自我定位是"儒家发展的第三期"，自期的使命是"复兴中华文化"，迎接儒学的第三个高峰。其次，它的论述对象是儒家文化与现代化的关系，这完全是一个崭新的现代话题。再次，它的内容、范畴、体系、论证方法吸收了很多西方现代哲学、科学、逻辑等学科的新成果，并且构建了自己的理论体系，使传统的中国儒学面貌焕然一新。

3．"现代新儒家"、"现代新儒学"和广义现代新儒学

在20世纪80年代中期中国内地刚开始对现代新儒家进行研究时，许多人是不接受这个概念也不承认它的存在的。有人认为，自辛亥革命后儒学就死亡了，哪里来的新儒家？即使是在二

---

① 方克立.现代新儒学与中国现代化[M].天津：天津人民出版社，1997：448.

十多年后的今天,对"现代新儒家"这个概念的理解仍然存在着比较大的分歧。另外,用词比较混乱。有的人用"现代新儒家",有的用"现代新儒学"。而它们之间又是什么关系呢?有人认为没区别,二者指的是同一个东西。有人则认为"现代新儒家"已经发展到了尽头,而"现代新儒学"正方兴未艾。有人又把开展对"现代新儒学"的研究和建设等同于"复兴儒学",这更是必须澄清的问题。正因为在概念上存在这么多的争议,所以我们应该先来辨析一下基本的概念。

什么是"现代新儒家"?什么是"现代新儒学"?这要从"儒家"和"儒学"二者的区别和联系说起。

"儒家"和"儒学"这两个概念既是不能等同的又是密不可分的。因为"儒学"本来的含义就是指儒家的学说,是儒家的思想体系。两者的区别在于,"儒家"既指个人,也指学术共同体。这里的"家"表示有自己的学脉和传统。作为"儒家"的这些个人,把儒学作为信仰和生活信念,他们做人和做事(做学问)是高度统一的,要求自己不仅是学术的传承者,同时也是道义的担当者。"儒家"重"为学",亦重"弘道"。无论是古代儒家、新儒家还是现代新儒家,都是如此。而"儒学"的含义,则有古代解释与现代解释之分。原来的含义即"儒学就是儒家的学说",这只能说是"儒学"的古代解释,是狭义的。到现代,"儒学"的概念有扩大的趋势,出现了第二种解释,即指那些只把儒家和儒学(包括从古到今所有的儒家、儒学,现代新儒家、现代新儒学只是其中的一部分)当做一种客观的对象来研究的"关于儒学的学说"。在这些现代的研究者看来,儒学被完全对象化了,与他们自己如何为人处世已经没有任何关系。对于儒学,他们只是研究,谈不上价值的认同。他们谈论儒学,丝毫不触动感情,更缺乏"温情与敬意"。研究儒家思想不过是他们的职业,在精神上和生活方式上他们完全不按照儒家那一套来行事。广义的"儒学"概念,把"儒学就是儒家的学说"和"儒学就是关于儒家和儒学的学说"两种解释都包含在内。

"现代新儒家"和"现代新儒学"之间的关系,与上述"儒家"与"儒学"之间的关系类似。不过,从中国内地自20世纪80年代起开展对现代新儒家(学)研究的实际过程来看,这两个概念起初是混用的,在单指人物的场合多用"家",指学派整体时则用"学";先有一个关于"现代新儒学"的大致概念,再依此判断谁是"现代新儒家"。

从上文引用的方克立、李锦全先生的定义,可以看出,他们认为"现代新儒学"就是"现代新儒家"的思想体系。根据在这个定义中概括的基本特征,他们又确定了一个国内学术界基本认同的16位现代新儒家的名单,即梁漱溟、张君劢、熊十力、马一浮、冯友兰、贺麟、钱穆、方东美、唐君毅、牟宗三、徐复观、杜维明、刘述先、蔡仁厚、成中英、余英时。① 尽管对其中的马一浮、冯友兰、贺麟、钱穆、方东美算不算"现代新儒家"仍然存在不同看法,但是"现代新儒学"的研究对象和范围可以说已经大致确定下来了。

方克立、李锦全两位先生对现代新儒学下的定义已经过了近20年,情况也已经发生了变化。一是人变了。现代新儒家老一辈代表人物相继去世,以蒋庆为代表的"大陆新儒家"已经崛起。此外,"十年来也有一些大陆学者在接触了港台新儒家的著作后,由于缺乏马克思主义的分析批判能力,耽读浸润久之由欣赏而认同而崇奉,以至完全成为'现代新儒学'的信徒,成为在大陆传播新儒学和主张'复兴儒学'的代表人物"②。这种对象化的研究变成了"自我思想改造"的过程,

---

① 方克立,郑家栋. 现代新儒家人物与著作[M]. 天津:南开大学出版社,1996.
② 方克立. 评大陆新儒家"复兴儒学"的纲领[J]. 晋阳学刊,1997(4):44-45.

是人们始料未及的。二是定义中概括的"现代新儒学"的特征有了变化。"现代新儒学"自期的使命不仅是要谋求中国社会和中国文化的出路,而且要谋求世界文化的出路,回应的是中国古老传统如何实现现代化和全世界现代工业文明条件下如何解决人的异化这"双重困境"的挑战。它展开话题的语境,由"现代"进入了"后现代"。它所依据的思想资源,也不止于宋明儒学,而是上溯到原始儒学,并且旁摄马克思主义和自由主义。

正因为如此,"现代新儒学"的概念越来越宽泛,正从狭义走向广义。不过它也不至于宽泛到成为失去任何特征限定的一切"关于儒学的学问"。它至少应该具备五个基本特征:兼有民族危机意识和文化自信心,回应"双重困境",坚持儒家文化本位,博采中外众家之长,综合创造中华新文化。在人们眼中正在兴起的,正是这广义的"现代新儒学"。它与"现代新儒家"仍然有密切的关系,"即哲学史以言哲学,本哲学以言哲学史"。16 人名单上的人物和新涌现的人物继续是它关注的对象。

这广义的"现代新儒学"与"复兴儒学"是两个完全不同的概念、主张。"复兴儒学"主张用"儒学理论取代马列主义,恢复其历史上固有的崇高地位,成为当今中国代表中华民族的民族生命和民族精神的正统思想",①因此对它进行批判是理所应当。同时,我们也不可因为混淆二者而压缩"现代新儒学"的发展空间。

本章的研究对象是"现代新儒家",属于广义的现代新儒学。所谓"现代新儒家",是指在 20 世纪 20 年代产生并延续至今的,坚持儒家文化本位,在此基础上来吸纳、融合西学,回应中国传统文化如何实现现代化和全世界现代工业文明条件下如何解决人的异化这"双重困境"的挑战,以谋求中国文化和中国社会乃至世界文化在现代条件下的出路的一种社会思潮。

(二)现代新儒家的基本发展线索

现代新儒家的发展从时间上划分大致分为三代,三代之后无法确定。

1. 第一代

指 20 世纪 20 年代的梁漱溟、张君劢、马一浮等人,他们开现代新儒家之端绪,有梁漱溟的"新孔学"的文化哲学问世。

2. 第二代

第二代为 20 世纪 30 年代陆续建立了成熟的理论体系的几位代表,如熊十力(新唯识论)、冯友兰(新理学)、贺麟(新心学)。

3. 第三代

1949 年后,现代新儒家中的梁漱溟、熊十力、冯友兰、贺麟留在大陆,完全停止了活动。其余的人转移到中国香港、中国台湾、美国等地,以钱穆、张君劢、牟宗三、唐君毅等创办的香港新亚研究所(院)②为基地,吸引了徐复观、方东美、余英时、成中英等学者,并培养了刘述先、杜维明、蔡仁厚、傅伟勋等新人,形成了一支有影响的队伍,是为第三代。他们也被称为"当代新儒家"。经历 20 世纪五六十年代的低谷后,70 年代东亚工业文明的振兴,为新儒家思潮提供了一个走向世界的机缘。

---

① 蒋庆.中国大陆复兴儒学的现实意义及其面临的问题[J].鹅湖月刊,1989(170-171).
② 1961 年香港中文大学成立,新亚研究所并入香港中文大学,现名新亚学院。

上述阶段现代新儒家有一个比较明确的贯穿线索,他们都可以被称为心性儒家或者德性儒家。但是他们之后的发展,却变得难以用一个统一的名称来标识。

4. 枝开叶散的第 N 代

1978 年以后,随着中国大陆的改革开放,现代新儒家回归本土,引起了思想界的重视。在80年代中国文化讨论中俨成"显学"。至 90 年代末,现代新儒家内部发展呈现出多元的趋势,出现了"大陆新儒家"、后现代新儒家、新新儒学等。它们与前三个阶段相比,议题更丰富,更贴近时代特征,与西方思想的交流、互动更广泛也更及时。但是彼此之间看不出明显的师承关系,所以无法说它们是第几代。

三、现代新儒家学说的框架和基本论题

现代新儒家思潮与其他社会思潮一样,内部也是流派众多,异彩纷呈。但是它们的共同点也非常鲜明,表现在理论创造方面就是都以"反本开新"为追求。返儒家传统之本,开现代化之新。"现代新儒家都力图通过对儒学传统的创造性诠释,以深掘儒学传统中的内涵价值,使其与现代文明接榫。其中一个重要的关键之处,是如何在儒家文化传统中为作为现代文明之基本标志的科学和民主找到内在根据。"[①]现代新儒家希望通过这种努力,完成自期的实现先秦和宋明之后"儒学第三期发展"的使命。

现在我们来勾勒一下现代新儒家学说立足于反本开新而展开的总体框架和基本论题。

(一)现代新儒家学说的框架

我们用"一总四分"来把握现代新儒家学说的发展框架:"一总"即梁漱溟的"新孔学","四分"即德性儒学、政治儒学、心灵儒学和实学。

梁漱溟的"新孔学"堪称现代新儒家学说的总纲。它的内容非常丰富,包含了后来人几乎所有的论述话题。它是初创的学说,自然有许多不完善甚至自相矛盾之处。但是历史上许多划时代的学说都有这种特点。只要它开出了新的方向,提出了重大课题,那么它留下的"遗憾"就恰好为后人留足争论、发挥、创造的思想空间,从而形成一个新的学说,或者某个学说的新阶段。梁漱溟的学说就具有这样的特点,其后发展出四条线索,形成了现代新儒家的四大板块。

第一板块是心性儒学,或者称德性儒学(德性仁学)、生命儒学,是现代新儒家的主力军,代表人物包括熊十力、冯友兰、贺麟、牟宗三、唐君毅、徐复观等人。一般人口中说的"现代新儒家",实际上指的就是这一支。熊十力提出的"内圣"开出"新外王"是这一板块的思想纲领。

第二板块是政治儒学,或者称民主仁学。儒学学说中本来是有着丰富的政治思想的。但是从新文化运动起,对待儒家学说的态度中出现了一种"两分法",即把"政治与学术",或者说把"政治学说与道德学说"分开,认为儒家的政治学说是为封建专制统治服务的,所以应该彻底抛弃,而道德学说中尚有可取之处。这种态度影响大,延续久,逐渐变成了一种思维方式,以至于儒家学说中丰富的政治思想长期得不到应有的重视和挖掘。但是张君劢、钱穆在这个领域做了很多的研究,指出国人在对待"民主"的问题上有"变相西化"之嫌。及至 20 世纪 90 年代"大陆新儒家"

---

① 李翔海.民族性与时代性——现代新儒学与后现代主义比较研究[M].北京:人民出版社,2005:21.

崛起,其代表人物蒋庆直接打出"政治儒学"的旗号,并且放言未来现代新儒家的发展就看政治儒学的了。现在"政治儒学"正在发展中。

第三板块是心灵儒学,代表人物有方东美、唐君毅、徐复观等人。他们从人的德性层面进入到了心灵层面,探讨心灵、审美、信仰等问题,与道家思想、宗教学、神学、美学、文学艺术等学科有更多的交叉、渗透和融合。在当今以全球化、市场化、信息化为背景的时代,这一板块的普遍价值会越来越突出。但是目前国内对它的研究尚未充分展开。

第四板块是儒学中的实学。"中国所谓实学,实际上就是从北宋开始的'实体达用之学'"[①]。宋明实学家认为,"内圣外王"是儒家的原则,但是只有将"内圣"转向"达用",将"内圣"之实体转化为"外王"之实体,才能成为真正的圣人。中国在这一方面的研究目前处于落后地位。韩国在20世纪30年代、日本在20世纪40年代中期就已经开始了实学研究。这也表明,实学研究具有国际性、时代性。东亚地区的实学研究正可以互相推动,一起努力为构建新的实学思想体系作出贡献。

(二) 现代新儒家七大论题

广义现代新儒学的主题可以概括为七个方面:

(1) 中国文化的现代转化:必要性、可能性和现实路径;
(2) 中国文化的人文精神:现代价值所在;
(3) 中国文化的宗教性内涵:与"普世价值"衔接的桥梁;
(4) 中国文化的直觉思维方式:超越科学主义、分析哲学;
(5) 理想的民主:"尚情"的和协商的民主;
(6) 自由和美:生命情调、心灵境界;
(7) 实体达用之学。

以上七个主题均分布在"一总四分"的广义现代新儒学框架当中。

第二节 现代新儒家学说的基本内容

下面我们按照"一总四分"的框架介绍一下现代新儒家学说的基本内容。

一、梁漱溟的"新孔学"

我们说"现代新儒家思潮兴起于 20 世纪的 20 年代",这个时间是怎么确定的?以什么为标志呢?这正是梁漱溟先生的著作《东西文化及其哲学》出版的时间:1922 年。这本书的出版,不仅是梁先生自己思想形成的标志,同时也是现代新儒家思潮兴起的标志。梁漱溟先生是现代新儒家思潮的开创者。

(一) 生平简介:曲折的探索

梁漱溟(1893—1988),原名焕鼎,字寿铭,祖籍广西桂林,蒙古族。著名爱国民主人士,哲学家、教育家。他生于北京,父亲是前清的举人。但是,这位举人却把子女送进新式学堂接受

[①] 葛荣晋.中国实学文化导论[M].北京:中共中央党校出版社,2003:4.

教育。梁漱溟早年参加京津同盟会,投身辛亥革命。曾任北洋军阀北京政府司法部的秘书。梁漱溟没有上过大学,自学成才。1916年他发表了研究佛学的论文《究元决疑论》,引起世人注意,遂于1917年受到蔡元培校长的聘请,到北京大学讲授印度哲学和孔子儒学。1924年辞去教职,到山东菏泽、邹平等地开展乡村建设运动。1940年参与发起建立"中国民主同盟",先后任中央常委、秘书长。新中国成立后担任过全国政协常委。因为与毛泽东在农民、农村、农业问题等方面有争执,从1955年起他受到了批判,就此在政坛和讲台上消失了24年,直到1979年复出。

梁漱溟与其他同时代的志士仁人一样,怀着强烈的爱国心,为救亡图存、为中国走上复兴之路而上下求索。在那个中国社会正在经历深刻的历史转折,中外思潮异常丰富、活跃的环境中,他的思想经历了三次大的转变。早年他一度醉心于西方的"君主立宪"论。辛亥革命后他从西方功利主义转向佛学。1916年他在自己写的《究元决疑论》这篇文章中,在评点古今中外各家学说时说:"东土学术,凡百晦塞,卓绝光明,唯在佛法。"而从1920年起,他的思想开始由佛转儒。他曾对美国汉学家,也是《最后的儒家》①一书的作者艾恺说过:从1921年起,我要过孔家的生活,放弃佛家的生活。② 梁漱溟在《东西文化及其哲学》一书的第八版自序中称自己"归宗儒家"。不过,此刻他说的儒家非先秦时代"纯粹的"儒家,而是他根据自己的理解,糅合了法国哲学家柏格森的生命哲学和中国的阳明心学、泰州学派等的思想而创造的"新儒家"了。他的学说,被人称为"新孔学"。

本着儒家积极入世的精神,不久他就告别了书斋,走向了社会。他说他不甘为学者,而总要行动,所以对于世间的事,他总要参与,不愿做一个旁观者。他投身到乡村建设、抗日统一战线、反内战等一系列重大历史事件中。在此过程中,他在理论上始终关注着两大问题,一是人生与人心,二是中国社会向何处去。对于后一个问题,他的思考从文化哲学出发,扩展到了政治、经济的领域。到了晚年,也就是在"文化大革命"结束后的1979年,他又对来访的艾恺说:你说我是儒家,说我是佛家都可以。

梁漱溟的主要著作还有《乡村建设理论》(1937年)、《中国文化要义》(1949年)、《人心与人生》(1984年)等。从1989年起,山东人民出版社陆续出版了梁漱溟全集。

(二)"我只来为孔子发挥":"新孔学"横空出世

《东西文化及其哲学》是梁漱溟1920年在北京大学、1921年在济南山东省教育会两次演讲的结集,由他的学生陈阵、罗常培编录而成,1922年由商务印书馆出版。此书出版后,毁誉参半,但是谁也无法否认它所产生的巨大影响。一年之内,山东、北京、上海已经5次印刷。到1929年,商务印书馆已出到第8版。那么,这是为什么呢?这本书到底讲了些什么呢?

《东西文化及其哲学》之所以能够造成轰动效应,从客观上讲,是由于五四前后新文化运动中东西文化论战的高潮吸引了大众的目光;从主观上讲,是因为梁漱溟在一片"打倒孔家店"的呼声中,直言不讳地发出了与全盘西化派截然不同的声音。他不但宣称"我只来为孔子发挥",要迎来中国文化的复兴,而且断言世界未来文化就是中国文化的复兴,中国文化会引导西方人到至美至好的孔子路上来。他的言论,无异于在当时的思想界投下了一颗重磅炸弹。

---

① 这是艾恺以梁漱溟为研究对象写的一本著作,1979年出版。
② 梁培宽.梁漱溟往来书札手记(上下册)[M].郑州:大象出版社,2009.

东西文化论战,是戊戌变法时期西学与中学、新学与旧学论争的继续和发展。其主题一以贯之,是中国怎样才能独立富强、怎样才能走向现代化。争论的焦点是现代化是不是等于"西方化"?文化问题实际上只是争论的载体,从文化问题延伸到对政治、经济、法律、科学技术、社会、道德、宗教等方面的全面思考。这些思考围绕中西文化的比较,往往以中国哲学的"体用"范畴为工具展开。

早年的讨论以洋务派李鸿章、张之洞为代表,提出了"中学为体,西学为用"的观点。他们认为,中国的文武制度,事事远出西洋之上,独独科技、生产、工厂等不如别人。张之洞把四书、五经、中国史事、政书、地图称为"旧学",西政、西艺、西史称为"新学",主张"旧学为体、新学为用"(《劝学篇·设学》)①;"中学为内学,西学为外学;中学治身心,西学应世事"(《劝学篇·会通》)②。而启蒙思想家、改良派严复则针锋相对地提出了"中学有中学之体用、西学有西学之体用"的"体用统一"论。他认为,"政教"与"学术"、民主与科学、"体"和"用"是统一不可分的。他说:"体用者,即一物而言也。有牛之体,则有负重之用。有马之体,则有致远之用。未闻以牛为体,以马为用者。""故中学有中学之体用,西学有西学之体用,分之则并立,合之则两亡。"③他认为决不能既要保留中国的封建制度,又要应用西方的科学技术,所谓"中体西用"是行不通的。

严复还批判了张之洞"西政为本、西艺为末"的观点。如果说"西政"是政事,"西艺"是科学,则"西艺实西政之本"。如果"西艺"不是指科学,则"政、艺两者乃并出于科学,如左右手然,未闻左右之相本末也"。如果不懂"西艺"而为"西政",只能劳民伤财。严复批评当时的洋务派,只讲学习西方的科学技术,不讲学习西方的政治、经济制度,"西艺"也是学不到的。所以,他主张从"体"到"用"都学习西方,用西学代替中学。

严复心目中的西学,首先是资产阶级的社会政治学说和进化论的世界观、历史观,科学技术还在其次。他认为,中、西学最大的分歧,就在于中学"好古而忽今",西学则"力今而胜古";中学把历史看成"一治一乱、一盛一衰"的循环,而西学以"日进无疆"的进化论为"学术致化之极则"④。中西学其他方面的区别还有:"中国最重三纲,而西人首明平等;中国亲亲,而西人尚贤;中国以孝治天下,而西人以公治天下;中国尊主,而西人隆民";"其于为学也,中学夸多识,西人尊亲知";"其于祸灾也,中国委天数,而西人持人力";等等。⑤

严复的思想主要针对当时保守复古的封建顽固派。后来他的思想演变成了"全盘西化"论。

戊戌变法、百日维新以失败告终。从那以后短短几十年,中国发生了翻天覆地的巨变。辛亥革命推翻了中国几千年的封建专制统治,建立了资产阶级共和制的"中华民国"。但是,中国仍然积贫积弱。1915年开始的新文化运动,在更深更广的层面上思考"中国向何处去"这个问题。那时的先进知识分子,都抱着极大的热情,向西方学习,以西方为榜样,到西方的思想库里去寻找思想武器。西方各种思潮滚滚而来,无政府主义、马克思主义、实用主义等是其中流传最广的几种。

---

① 张之洞.张文襄公全集:卷二〇三[M].北京:中国书店,1990:588-589.转引自:张勇.中国思想史参考资料集:晚清至民国卷(上编)[M].北京:清华大学出版社,2005:112.
② 同上.
③ 严复.与《外交报》主人书[M]//严复文选:注释本.天津:百花文艺出版社,2006:157.
④ 严复.论世变之亟[M]//王栻.严复集第一册诗文(上).北京:中华书局,1986:1.转引自:张勇.中国思想史参考资料集:晚清至民国卷(上编)[M].北京:清华大学出版社,2005:58.
⑤ 同上,第59页。

而中国以儒家为代表的传统文化则被视为封建糟粕,一时面临灭顶之灾。然而,此时世界上发生了两件大事,一件是1917年俄国的十月革命,另一件是1918年结束的第一次世界大战,引起了人们对西方道路和西方文明的反思。梁漱溟极其敏锐地观察和捕捉到了这些事件中反映出来的历史动向,他认为自己的使命就是不仅要让中国传统文化走出现代化的困境,还要拯救世界文化,使之走出工业文明破产的困境。他在西方文明面前表现出的不但不是对自我民族文化的自卑、自蔑、自弃,反而是一种自信,甚至有一点优越感;对西方文化不是迷信、崇拜,而是批判,甚至指出其没落的颓势。这实在是带来了石破天惊的震撼。

梁漱溟认识到,在新的历史条件下原封不动地照搬传统的儒学是行不通的。当时一些守旧派指责新文化运动是"必覆孔孟、铲伦常为快",宣称"孔家店"是打不倒的。而陈独秀、李大钊等新文化运动代表则指出:他们要打倒的并不是孔子其人,而是封建的旧思想、旧文化、旧道德。正如李大钊所说:"余之抨击孔子,非抨击孔子之本身,乃抨击孔子为历代君主所雕塑之偶像的权威也;非抨击孔子,乃抨击专制政治之灵魂也。"①在梁漱溟看来,"旧派只是新派的一种反动","他们自己的思想的内容异常空乏,并不曾认识了旧化的根本精神所在,怎能禁得起陈先生(指陈独秀)那明晰的头脑、锐利的笔锋"②?他自己是要跟上新时代、新潮流的,但是又不是简单地站在新派的阵营一边人云亦云。据此,他选择了一种既反对封建文化、主张科学民主,又不抛弃中国传统文化但是要对之加以改造的立场和态度。他说:"中国儒家、西洋生命派哲学和医学三者,是我思想所从来之根柢。"③这里的"儒家",名为孔子思想,严格说来实际上并非先秦的孔子学说,而是宋明儒学。这里的"西洋生命派哲学",指的是法国哲学家柏格森的生命哲学。这里讲的"医学",对梁漱溟而言,其意义在于使他"明白的就是生命",而非医学的知识。其中,最重要的新的思想资源来自生命哲学。

在五四时期,柏格森的生命哲学在知识分子中较为流行。梁漱溟对它尤为赞赏,称它"迈越古人,独辟蹊径",因为"只有孔子的那种精神生活,似宗教非宗教,非艺术亦艺术,与西洋晚近生命派的哲学有些相似"④。不过,在他心目中,仍然是以儒家思想为"本"、生命哲学为"用"的。他运用生命哲学对儒家学说进行了一番改造:⑤首先,他用柏格森的"生命冲动"论解释和发挥《易传》的变易思想和宋明理学的"天理流行"、"万物化生"的思想,建立了生机主义的宇宙观;其次,他用柏格森的直觉主义解释和发挥儒家认识论学说,特别是王阳明的"致良知"学说;再次,他用唯意志主义的某些观点解释和发挥宋明理学的理欲之辨,创立了"尚情无我"的伦理学说。总之,"援西入儒",使儒学旧貌换新颜,加上新主题、新立场,形成了独树一帜的"新孔学"。

(三)"三路向"的文化观

梁漱溟运用生机主义的宇宙观和直觉主义认识论考察文化问题,通过对中、印、西三种文化的比较,阐述了他对文化实质、起源、分类和发展趋势的看法,论证了中国文化优于西方文化。

梁漱溟说:"文化是什么东西?不过是那一民族生活的样法罢了;生活又是什么?生活就是

---

① 宋志明.现代新儒家研究[M].北京:中国人民大学出版社,1991:35.
② 梁漱溟.东西文化及其哲学[M].北京:商务印书馆,1999:208.
③ 梁漱溟.朝话[M].天津:百花文艺出版社,2005:123.
④ 梁漱溟.东西文化及其哲学[M].北京:商务印书馆,1999:157-158.
⑤ 宋志明.现代新儒家研究[M].北京:中国人民大学出版社,1991:39-40.

没尽的意欲和那不断的满足和不满足罢了。"①人的精神中的"意欲"是文化的根源。因为"意欲"活动的分歧,造成了文化的不同类型。

在西方人那里,"意欲"是向前要求的,其关注的对象是外界物质,因而走上了征服自然、天人相抗的道路,出现了以崇尚理智、发展科学、追求现世物质享受为特征的西方文化。西洋文化有两大"异采":一是"塞恩斯",即科学;一是"德谟克拉西",即民主。"西方人走上了科学的道,便事事都成了科学的。起首只是自然界的东西,其后种种的人事,上至国家大政,下至社会上琐碎问题,都有许多专门的学问,为事先的研究。因为他总要去求客观公认的知识,因果必至的道理,多分可靠的规矩,而绝不听凭个人的聪明小慧到临时去瞎拼。所以拿著一副科学方法,一样一样地都去组成了学问。"②"据我看西方社会与我们不同所在,这'个性伸展社会性发达',八字足以尽之,不能复外,这样新异的色彩给他个简单的名称便是'德谟克拉西'。"③而产生科学和民主的原因在于西方人"理智"的思维方式。这种思维方式首先是要求明于主客、物我的区分和对立,然后"向前"去征服它。他说:"科学方法要变更现状,打碎,分析来观察;不又是向前面下手克服对面的东西的态度吗?科学精神于种种观念,信仰之怀疑而打破扫荡,不是锐利迈往的结果吗?""德谟克拉西不是对于种种威权反抗奋斗争持出来的吗?这不是由人们对人们持向前要求的态度吗?"④

梁漱溟认为,西方文化这样的路向是不可取的,因为它给西方人带来了精神上的伤害,让他们生活上吃了许多苦头,"这是19世纪以来暴露不可掩的事实"。不仅如此,西方文化是一种低级形态的文化,已经走到了穷途末路。"当西洋人力持这态度以来,总是改造外面的环境以求满足,求诸外而不求诸内,求诸人而不求诸己,对着自然就改造自然,对着社会就改造社会,于是征服了自然,战胜了威权,器物也日新,制度也日新,改造了又改造,日新又日新,改造到这社会大改造一步,理想的世界出现,这条路便走到了尽头处!"⑤

在中国人那里,"意欲"是调和持中的,所关注的对象是内在生命,因而走上了人与自然浑融、天人合一的道路,出现了以崇尚直觉、讲究伦理的中国文化。求得内心的精神满足是中国文化人生哲学的宗旨。所谓"意欲调和",就是"遇到问题不要去求解决,改造局面,就在这种境地上求我自己的满足。譬如屋小而漏,假使照本来的路向一定要求另换一间房屋,而持第二种路向的遇到这种问题,他并不要求另换一间屋,而就在此种境地之下变换自己的意思而满足,并且一般的有兴趣。这时下手的地方并不在前面,眼睛并不望着前看而向旁边看;他并不奋斗的改造局面,而是回想的随遇而安。他所持重应付问题的方法只是自己意欲的调和罢了"⑥。梁漱溟认为,这样的中国文化最符合人的本性。"中国古人却正有见于人类生命之和谐——人自身是和谐底,人与人是和谐底(所谓'能以天下为一家,中国为一人'者在此),以人为中心底整个宇宙是和谐底,(所以说'致中和天地位焉,万物育焉','赞天地之化育,与土地参',等等)儒家对于宇宙人生,总不胜其赞叹。"⑦中国文化之所以如此,是因为中国文化"无对"和讲直觉。"无对"即古人所谓"仁者与

---

① 梁漱溟.东西文化及其哲学[M].北京:商务印书馆,1999:35-36.
② 同上.
③ 同上,第49页。
④ 同上,第62页。
⑤ 同上,第171页。
⑥ 同上,第61页。
⑦ 梁漱溟.中国文化要义[M].上海:学林出版社,1987:133.

物无对",是天人合一的宇宙观,也是认识论。而这又是与直觉的思维方式分不开的。"他那人与自然的浑融不是由直觉吗? 其在社会生活上人与人的尚情感而鲜计较,不是用直觉吗? 其所以依以为生活之一切学术莫非玄学化,艺术化,不都是用直觉吗?"①而直觉是高于理智的。

至于印度人,他们的"意欲"是向后要求的,所注意的是"无生本体",形成了崇尚现量、走宗教道路的印度文化,厌离人世、求得解脱,成为其人生的归宿。梁漱溟所说的"印度文化"实际上是佛教文化。佛教虽然是在印度(今尼泊尔)产生,但是印度的主流宗教是印度教。"意欲反身向后"就是"遇到问题他就想要根本取消这种问题或要求"。这虽然不失为"应付困难的一个办法,但是最违背生活本性"②。

向前、持中、向后的三种路向,本来是应该按顺序走过来的,但是因为有了孔子和释迦牟尼这样的天才,中国和印度就直接走到第二、第三条路上了。因此,中国文化和印度文化都是"早熟"的文化。现在的人们应该选择哪一种路向呢?

梁漱溟认为,从理论上来讲,印度文化的复兴是人类文化发展的归宿。摆在人类面前的有三类问题,一个比一个难以解决。一是人对物的问题,即人向自然界索取物质生活资料,由此产生文化发展的第一路向;二是人对人的问题,即人类自身的和谐,由此产生第二路向;三是人的情志问题,即要求生活而不过分看重老、病、死,由此产生第三路向。最后这个问题唯有佛教才能解决。印度人在解决第三类问题上有很大的成就——宗教和形而上学。尽管印度文化有其高明之处,但是现在还不宜在中国提倡。当务之急乃是中国文化的复兴。那么,为什么不选择走西方的道路呢? 他做了三层的论证:一是时代的上升。西方文化在解决人对物质的问题的时代是有一定用处的;但是现在已经进入到要解决人对人的问题的时代了,中国文化才是恰逢其时。二是经过第一次世界大战,西方文化的弊病已经暴露无遗。西方许多思想家如倭铿、克鲁泡特金、罗素、柏格森等,都指出了西方文明的破产而盛赞中国文化,他们要求趋向之所指就是中国的路、孔家的路。三是西洋人精神上受理智的创伤痛苦真不得了,唯一的办法就是拿直觉来拯救他们。理智和直觉是梁漱溟对中西文化的界分,理智是西方文化的根,而中国文化的本原在直觉。直觉有高于理智的品性。理智让人注重功利,专走个体自拓的个人主义道路,处理人际关系"冷漠寡欢"、"逼狭严酷"。而直觉叫人关注内在精神世界,形成不计较利害的超功利主义,使人人做到尚情无我,人际关系处于人我一体、浑融和谐的境界。所以,中国人不但不应该走西方文化的路,反而是西方人应该走中国文化的路。

"三路向"的文化观引来了许多批评。有人指出它不符合文化史的史实,把复杂、丰富的历史简单化、贫乏化了;而且,它的"文化轮回"说也是牵强的。在梁漱溟《东西文化及其哲学》这本书激起的反响中,胡适对中西文化的关系发表了不同的观点。胡适同意说"文化是生活的样法",而东西民族的官能心理、生理构造大致相同,所碰到的境地时势和要解决的问题也大同小异,所以,"各民族生活的样法是根本大同小异的","只不过因环境有难易,问题有缓急,所以走的路有迟速的不同,到的时候有先后的不同"。因此,中西文化的差异,并非路向的分歧,只是"古今之异",将来的中国也同今日的欧洲一样要走上科学与民主化的道路。中国只有急起直追赶上西方,才有"自存自立的机会"③。

---

① 梁漱溟. 东西文化及其哲学[M]. 北京:商务印书馆,1999:163.
② 同上,第61页.
③ 胡适. 读梁漱溟先生的《东西文化及其哲学》[M]//欧阳哲生. 胡适文集 3. 北京:北京大学出版社,1998:193-196.

尽管对《东西文化及其哲学》还有其他的批评，它本身的确也存在不少瑕疵，但是依然无法贬低或者否定它起到的开创作用。梁漱溟通过此书作出的贡献主要有：

第一，把儒学与现代化联系了起来，肯定了儒家文化在现代条件下的价值和发展前景。他不仅探讨了儒家思想在当时中国走向现代化和未来世界文化发展中的地位、作用，还首先尝试了儒学自身的现代化，这就为后人讨论儒家文化的现代价值和现代转化开辟了方向，提供了样板。他自期带领中国文化和世界文化走出"双重困境"的使命，也确定了现代新儒家的历史定位。

第二，立足于中国文化，开创了"以洋释儒"、中西合璧的文化综合创造的学风。他"援西入儒"，运用了进化论、生命哲学、直觉主义等西方的世界观、认识论，对儒家思想进行了重新阐释。把过去中西文化比较研究中比较流行的形态比较、类型比较、优劣比较，提升到了哲学高度。对克服中国传统文化在思维方式方面缺少精致的逻辑思辨这一不足进行了尝试。

第三，他从文化研究的角度，确定了现代新儒家学说的主题是中国现代化问题，不但回应了新文化运动中的热词"科学"、"民主"，还阐发了相对而言比较少有人讨论的"自由"，特别是"精神自由"这一关键词。这就包含了后来现代新儒家的各个支流（无论是生命儒学、道德儒学、政治儒学还是心灵儒学）的大部分论题，它们都可以通过或批判、或补充、或超越的方式，从梁漱溟那里找到发挥的空间。

总之，后人总结的现代新儒家的各种基本特征，在梁漱溟身上和他的《东西文化及其哲学》中都已经显露了出来。在梁漱溟身后逐渐形成了现代新儒家的队伍。现代新儒家不但延续了中国几千年的儒家传统，还构成了儒学发展史上的新阶段。

（四）乡村建设的实践和理论

1924年梁漱溟辞去北京大学的教职，投身乡村建设，前后十余年。1936和1937年他把自己在此期间的演讲结集出版，这就是《乡村建设大意》和《乡村建设理论》二书。这两本书是梁漱溟对乡村建设实践的理论总结，阐发了乡村建设的目的、意义、组织机构、原则、功能以及建立在此基础上的中国民主制度和社会制度的蓝图。

乡村建设运动的兴起有着深刻的社会背景。鸦片战争以后，中国的封建社会慢慢地解体，社会结构发生了深刻地变化。到20世纪20年代末，农村遭到国际与国内的两重压迫，天灾人祸的两种摧残，经济破产甚至崩溃。国民政府在"行政院"设立了一个"农村复兴委员会"，中国的民族资产阶级、小资产阶级和一些中间势力，发起了乡村建设运动，试图通过这一途径寻找解决中国农村问题的济世良方。梁漱溟、晏阳初、黄炎培、高践四等人，分别在山东邹平、河北定县、江苏昆山、无锡等地进行了试点。燕京大学、金陵大学、江苏教育学院等高校也都积极提倡。一时间，全国都在关注乡村建设，甚至一些外国人也想来救济中国的农村，形成了乡村建设的高潮。

梁漱溟认为，救济农村只是表面的目的，其真正的意义是要创造新文化。如果从文化变迁的角度观察，可以看到以乡村为本的中国文化，在以都市为本的西方文化的冲击下，节节败退，尤其是中西文化的冲突造成了农村的破坏。所以，要立足于中国的传统文化，从"老根"上发"新芽"，从旧文化里转变出一个新文化来。

梁漱溟指出，农民自觉性的确立和乡村组织的建立，是解决乡村问题的基本条件。而这正是文化问题。西洋有宗教，西洋人因此有过团体生活的组织。中国无宗教，中国人也就缺乏组织。这造成中国没有纪律习惯和没有组织能力两大弊病。最近几十年来，国际竞争日趋激烈。缺乏组织的中国在竞争中处于弱势，所以团体组织建立的必要性就突显了出来。现在中国特别需要乡村组织，其中有两个要义要注意：一是每个村民要积极参加团体并养成习惯；二是要使偏远乡村与外界沟通，引进西方科学上新的知识与方法。但是，乡村组织的运行，不能照搬西洋"权利为本，法律解决"的原则，而应该以中国的"老路"为根本精神，即"互以对方为重的伦理情谊"和"改过迁善的人生向上"。

乡村组织集文化、教育、政治、经济、军事为一体，其典型就是邹平的乡学村学。它由学众、教员、学董、学长四方面的人员组成。学众是本地乡民，是主力，起立法作用；教员是副力，起设计推动作用；学董在本乡本村遴选后由县政府聘任，起行政作用；学长由齿德并茂者担任，起监督教训作用。四方面缺一不可。

在乡学村学的基础上，拓展、分化出乡长、乡公所、乡民会议。乡长兼乡学村学的校长。这是农村的文化团体系统，但是要得到现政权的承认。乡公所和乡民会议属于现政权下之政治组织系统。乡学村学是核心。它与现行的地方自治组织有相似之处，但是管理原则不同。乡学村学不是用西方式的民主与法治，而采用更符合中国国情的尚贤尊师、合作商量与互相礼让的做法，这是对"中国古人'乡约'的补充改造"①。乡约是宋儒吕和叔发起的，主要内容有：德业相劝、过失相规、礼俗相交、患难相恤。乡约符合中国文化的根本精神——"理性"，充满了"人生向上之意"和"伦理情谊的意味"。现行的地方自治组织以西方政治中的"三权分立"为原则，强调彼此牵制以求均衡，讲权利本位，采用少数服从多数的伤感情的做法，不符合"理性"的精神。梁漱溟希望改变西洋的权利观念为中国互以对方为重的义务观念；变西方的民治、法治为中国的人治，即以村民积极参与为前提的贤人政治。中国不走法律的道路而要走情义的道路，把法律问题放在德教的范围内。

在对农村问题进行阐述的基础上，梁漱溟把他的思考上升到了社会、经济、政治、文化哲学的高度。他认为文化决定政治，政治的根本在文化，文化失调是旧中国社会崩溃的原因。中国社会特殊，没有阶级只有职业分途，所以"革命"根本不是革谁的命，而是改造文化、民族自救的问题。中国不能走欧洲民主政治的路，也不能走俄国十月革命的暴力革命的路，只能从乡农学校入手，重振中国的伦理道德，吸收西方科学技术，走"从农业引发工业"的经济发展道路，以建设一个新的社会。梁漱溟在这一时期萌芽的"伦理本位社会"的思想，在他的《中国文化要义》等著作中得到进一步的发挥。

（五）"以伦理为本位"的理想社会

《中国文化要义》是梁漱溟的又一部重要著作，它的写作历时九年，颇为曲折。1942年梁漱溟开始动笔，中间因战争与国事时时辍笔。1946年5月，梁漱溟以民盟秘书长的身份，代表当时的第三方面势力，参加了国共和谈。他坚决反对用武力解决中国国内问题，而提出国民党政治上让步实行宪政、共产党军事上让步交出军队的设想，未被双方接受。同年底，国共和谈破裂。对

---

① 梁漱溟.乡村建设理论[M]//梁漱溟全集：第二卷.济南：山东人民出版社，1990：321.

政治失望的梁漱溟遂退回书斋。他以"认识老中国,建设新中国"为研究课题,从文化层次对中国的过去和未来进行了一番清理,以便为中国今后的政治找到一条出路。《中国文化要义》于1949年6月写成,同年11月,由成都路明书店出版。

以宗教为中西文化的分水岭,因理性早启而形成中国文化的早熟,是该书的两个理论支点。建立"以伦理为本位"的理想社会,则是梁漱溟勾勒的政治蓝图。

梁漱溟把历史唯物主义按照生产关系划分社会形态的观点称为"楼梯观",而他自己持"流派观"。他认为人类社会形态可以归纳为两大流派、三种类型。一派是西洋社会,一派是中国社会。西洋社会又有两种类型:以英美为代表的个人本位社会和以苏联为典范的社会本位社会。而中国社会是"以伦理为本位"的最符合人的本性的理想社会。

所谓"以伦理为本位"的理想社会,就是基于人与人的天然关系、由家庭推广而成的社会。"人生实存于各种关系之上。这种种关系,即是种种伦理。""伦理首重家庭。父母总是最先有的,再则有兄弟姐妹。即长,则有夫妇,有子女;而宗族戚党即由此而生。出来到社会上,于教学则有师徒,于经济则有东伙,于政治则有君臣官民;平素多往返,遇事相扶持,则有乡邻朋友"。"全社会之人不期而辗转互相联锁起来,无形中成为一种组织"①。这种社会是以"情义"为基础的。"吾人亲切相关之情,发乎天伦骨肉,以至于一切相与之人,随其相与之深浅久暂,而莫不自然有其情分。因情而有义,父义当慈,子义当孝,兄之义友,弟之义恭。夫妇、朋友,乃至一切相与之人,莫不自然互有应尽之义……举整个社会各种关系而一概家庭化,务使其情益亲,其义益重。"②他认为这样的社会是没有阶级、只有职业分途的,"各人做各人的工,各人吃各人的饭,只有一行一行的不同的职业,而没有两面对立的阶级","其化阶级为职业,不使经济上趋于兼并垄断","为士,为农,为工,为商,各有前途可求"。这样的社会"注重伦理上彼此顾恤,互相负责",所以不需要法制和政权机构,只需用"乡约"来协调和规范。

梁漱溟的文化哲学、乡村建设理论、社会政治理论,包含着许多历史唯心主义观点,例如把文化当做政治的根本,把政治变革归结为文化改造,否认中国阶级分化、阶级斗争的存在,反对暴力革命,夸大伦理道德的作用等。但是,它的确是把现代新儒家与中国现实问题的解决紧密结合起来的代表作。它的具体结论有着时代的局限和梁漱溟个人的思想局限,这是不可避免的。但是,其中包含的许多探索和思考,仍然值得今天的人们回味和咀嚼。

二、德性儒学

自梁漱溟始,现代新儒家就都以继承、弘扬儒家思想和推进其创新为己任,而且他们的理论创新有一个特点,即主要是接着宋明儒学讲。梁漱溟未来得及完成的建立现代新儒家思想体系的任务是由熊十力及其弟子牟宗三、唐君毅等人完成的。他们和冯友兰、贺麟一起被称为"德性儒学"、"心性儒学"的现代新儒家。

(一)熊十力:由"内圣"开出"新外王"

熊十力(1885—1968),湖北黄冈人,原名继智、升恒、定中,号子真、漆园、逸翁。他是一位参加过武昌起义的革命斗士。如果说,梁漱溟是举起现代新儒家旗帜的第一人,那么熊十力则是现

---

① 梁漱溟.中国文化要义[M].上海:上海人民出版社,2005:73.
② 梁漱溟.中国文化要义[M].上海:上海人民出版社,2005:73-79.

代新儒家,特别是其中生命儒学的理论奠基人。他"沿着(梁漱溟确立的)主体主义的进路,兼顾主客体的统一,提出'本心'本体这一更具有儒家色彩的本体论观念,建立了'体用不二'的本体论和'翕辟成变'的宇宙论,为德性儒学奠立了形而上学根基"①。那么,他为什么要以这种方式来表达自己对挽救民族危亡的思考呢?在表面晦涩玄奥的"体用"范畴的背后,他的结论是什么呢?要回答这些问题,还得从他的传奇人生说起。

1. 深感"革政不如革心"的唯心主义者

熊十力出生于一个贫苦的农民家庭,十三四岁时父母相继病亡。他出生那年是清光绪十一年(乙酉年)。他十六七岁时,接受了维新派的影响,"以为清室不去,则民权无可伸张,何以御外侮!慨然有革命之志"②,欲物色四方豪杰,共图天下事。于是他投身武昌新军,宣传革命,联络同人,秘密结社,奔走甚力,遂被鄂军首领张彪通缉,幸得友人掩护脱险。武昌起义后,他曾任湖北督军府参谋。1917—1918年间,还参加了孙中山先生领导的护法运动。

按理说,辛亥革命成功、民国建立后,熊十力应该欢欣鼓舞才对,但他却陷入了深深的失望和痛苦之中。他后来回忆说,目睹革鼎以还,世风日下,党人竞权争利,革命终无善果,军阀官僚贪鄙、淫侈、残忍、猜忌、诈骗、卑屈、苟且、伪善,党祸至烈,士习偷靡,民生凋敝,人道灭绝,痛惜"党人绝无在身心上做工夫者","由这样一群无心肝的人革命,到底革到什么地方去呢?""目击万里朱殷,时或独自登高,苍茫望天,泪盈盈雨下。以为祸乱起于群众昏无知,欲专力于学术,导人群以正见"③。他深感"革政不如革心","于是始悟我生来一大事,实有在政治革命之外者。痛悔已往随俗浮沉无真志,誓绝世缘,而为求己之学"④。从此,他脱离了政界,走上了一条更为艰辛、更为漫长的学术研究道路。他绝不是为了逃避才躲到书斋里去的,他始终没有离开如何改造社会、如何改造人心这个大课题。在他的身上,充分体现了中外先进知识分子那种担当的精神和勇气。当我们指出他夸大了道德、精神的作用,是历史唯心主义的时候,其实也可以理解他为什么要把"人心"当做万物的本体,为什么要把提升人心、人性和道德作为解决中国一切问题的根本。

1919年前后,熊十力在天津南开中学执教,与梁漱溟结识。经梁介绍,到南京支那内学院欧阳竟无大师门下学习佛学,主要是唯识学和因明学。1922年,也是经梁先生推荐,受聘为北京大学特约讲师,讲授唯识学。在北大,由于蔡元培先生"循思想自由原则,取兼容并包主义"的方针,学术空气非常活跃,仿佛是"小百家争鸣"的中心。这种环境十分有利于熊十力开阔眼界,吸收当时各种先进的思想,包括西方的哲学,并有机会与学术界精英砥砺学问。在此期间他的思想发生了很大的转变。早年,他对儒学持批判的态度,自述曾"得一部格致启蒙,读之狂喜。后更启革命思潮。六经诸子,视之皆土苴也;睹前儒疏记,且掷地而訾"⑤。中年他转向佛学。到北大后,他"忽盛疑所学所信,极不自安",于是毁弃旧稿,草创新论。他不敢以观空之学为归宿,乃反求诸己,由佛归儒,由出世转为入世,根据自己的人生体验,契合于儒家《大易》。经过十年精思,熊十力构建了自己的体系——"新唯识论"。1932年他的著作《新唯识论》的文言文本由浙江省立图

---

① 宋志明.德性儒学的成就、困境与走向[J].中国人民大学学报,2006(1):10.
② 宋志明.现代新儒家研究[M].北京:中国人民大学出版社,1991:150.
③ 熊十力.十力语要[M].上海:上海书店出版社,2007:378.
④ 熊十力.十力语要[M].上海:上海书店出版社,2007:98.
⑤ 熊十力.十力语要[M].上海:上海书店出版社,2007:62.

书馆印刷发行,标志着他的哲学体系正式确立。《新唯识论》先后有文言文本、语体文本和删定本三个版本。他的主要著作还有《十力语要》(1935年)、《读经示要》(1945年)、《原儒》(1956年)、《体用篇》(1958年)、《明心篇》(1959年)、《乾坤衍》(1961年)等,这些著作构成了一个宏大的体系。此后,中华书局和湖北教育出版社分别出版了熊十力的论著集和全集。

熊十力思想之谓"新唯识论",一则表示其同唯识宗的渊源关系,二则表示对它的改造。新唯识论继承了唯识宗"万法唯识"的主观唯心主义,沿用"缘起性空"、"破执"、"二谛义"的论证方法,又批判了其割裂本体与现象二界的"种子"说、"轮回"说和出世思想等。新唯识论还借鉴了儒家、道家以及西方的哲学思想(主要有罗素、柏格森的过程哲学、生命哲学和直觉主义,也多少地受到了黑格尔的概念辩证法的影响)。更重要的是,新唯识论以探索在现代条件下复兴儒学的出路为使命,目的是"寻邹鲁久坠之绪,竟宋明未逮之业"。新唯识论对儒家思想的改造发展主要有四个方面:①

第一,承袭陆王"心外无物"的思路,提出"体用不二"的本体论。这在《明心篇》的"通义"一编里有比较系统、集中的论述。第一个原理是说宇宙实体具有复杂性,说它是单纯的物质或精神都不正确。第二个原理是"体用不二","体"即实体,"用"即功用。实体变动,成为功用,而实体即功用之自体,不可于功用之外求实体。第三个原理是心物不可分。心物是功用的两个方面,非异体,故不可分。本心是人的灵性,是本体;习心是日常的意识之心。人应该通过习心,"保住本心之明几",创立新的善习,以转化旧的杂染恶习,"以弘大本心之善端"。

第二,发挥《易传》的变易思想,提出"翕辟成变"的辩证法。"翕"与"辟"是本体显现为万殊功能的两个方面。"翕"即本体凝聚、收敛而形成物质的势用;"辟"即本体的发散、刚健、使物质复归于本体的势用。翕与辟是成对的,本体恒转而有翕,才有翕,便有辟,"一翕一辟之谓变"。但是翕与辟的地位不可互相转化,辟是反乎翕而不肯化于翕的,能运于翕中并为其主宰,使翕随己转。熊十力借用黑格尔的"矛盾论"范畴来阐述"翕辟成变",但是在他那里矛盾只是变化的表现形式而不是变化的源泉。

第三,循"明心见性"、"反求诸己"的思路,提出"性量分途"的认识论。熊十力认为人有性智和量智两种认识能力。"性量分途"是说它们的来源、对象和价值各不相同。性智指发自本心的认识能力,本心在新唯识论中既是宇宙本体,又是认识的主体,性智就是本体的自我认识。作为认识,它没有主客体之分,是自我同一;亦无过程可言,是对本心的觉悟和体验;同时,它还超越感官经验,不滞于感官经验。量智即"理智",与性智相对,指发自习心的认识能力。它包括感觉经验和概念思维,以日常经验为基础,以虚幻不实的外在事物为对象,因此它虽"原本性智",但是最终会"迥异其本",障蔽了真的自己,不能认识真理。不过,熊十力并不否认量智的价值,认为它可以成为"科学所凭以发展的工具"。

第四,提出"内圣外王"论,以克服宋明理学轻视事功的空疏之弊。下面我们重点阐释"内圣外王"的人生观。

2."内圣外王":现代新儒家理论的基本框架

熊十力"内圣外王"的思想建立在"体用不二"的本体论基础上,他既保留了这个框架,又对它进行了改造,注入了从西方文化中吸取的新观念、新思想。

---

① 参见:宋志明.现代新儒家研究[M].北京:中国人民大学出版社,1991:154-161.

"内圣外王"本来是中国文化经过漫长的融合发展而形成的一个基本命题。"内圣"指明明德、正心、诚意事,"外王"则指修身齐家治国平天下。它既是儒家的伦理思想、人格理想,又是政治理想、社会理想及其实现途径的构想,还是儒家的学术宗旨。

"内圣外王"的提法,首见于《庄子·天下篇》:"古之人其备乎?配神明,醇天地,育万物,和天下,泽及百姓。明于本数,系于末度,六通四辟,小大精粗,其运行无乎不在。圣有所生,王有所成,皆原于一。"古之人即圣人,配神明,醇天地,以存内圣之德;育万物,和天下,泽及百姓,以成外王之功。明于本末、小大、精粗,皆原于一,即所谓"内圣外王之道"。《庄子》成书于战国末期,类似的"内圣外王"思想儒、法诸家也有,反映了中国当时由乱而治、"天下一致而百虑、殊途而同归"历史转折的大趋势。孔子的仁学体现了"内圣外王"的统一,但是孔子之后,儒家出现了强调"内圣"和强调"外王"的两条路线。强调"外王"的路线,荀子开其端,汉唐儒学承其绪。强调"内圣"的即思孟学派,宋明道学承其绪,并尊其为儒家正宗。宋元明清时代,不论是程朱理学还是陆王心学,都偏向强调"内圣之学"而忽略了"外王"事功。到了近代,洋务派提出"中体西用",乃是试图把西式的"外王"机械地嫁接到中国传统的"内圣"的根基上。五四新文化运动中争论各方探讨的是中国的现代化问题,其中也包括传统文化与西方文化的关系问题,比如,"内圣之学"与西方科学、民主的关系。

熊十力对待"内圣外王"的基本态度是:原则上肯定,具体有改造,重点是攻克"内圣之学"与西方科学、民主的会通问题。

熊十力对待"内圣外王"的基本思路和内涵都是肯定的甚至可以说是维护的。他肯定"内圣"的地位作用高于其他,具有高尚品德的人才能成为"圣王"而成就伟业。他沿着儒家传统的"天人合德"的思路,把人生一切德行都看做是"性体呈露、全性成行",是人人都具有的纯洁、善良、美好的本性的表现。而美德的源头又是什么呢?他认为在这点上儒、释两家是有共识的,都认为来源于本体:"孔氏求仁,佛氏发大悲心,皆从本体滚发出来。""仁者本心也,即吾人与天地万物所同具之本体也。"[①]但是,佛老两家对待人生的态度比较消极,或归于出世,或致虚守静,不像儒家是积极入世的。他赞同的是儒家,说"识得孔氏意思,便悟得人生有无上底崇高的价值,无限的丰富意义,尤其是对于世界,不会有空幻的感想,而自有改造的勇气"[②]。

根据"体用不二"的原则,"内圣外王"的两个方面是不可分割的,两者并重是儒家的真精神。他说:"大中至正,上之极广大高明,而不溺于空无;下之极切实有用,而不流于功利。"[③]比如,孔子称赞路由、冉求、公西华等人,是因为他们都有"经邦定国"之才。可惜的是,"孔子内圣外王的精神,庄子犹然能识之。至宋明诸师,而外王之学遂废。自此,民族愈益式微。此非我辈今日之殷鉴耶?"[④]如今,时当民族危亡之际,尤其应当发扬内圣外王的精神。"今世变愈亟,社会政治问题,日益复杂,日益迫切,人类之忧方大。而吾国家民族亦膺巨难而濒于危。承学之士,本实即不可拨(本实,谓内圣之学),作用尤不可无(作用,谓外王或致用之学)。实事求是,勿以空疏为可安。深知人生责任所在,必以独善自私为可耻,置身群众之外而不与合作,乃过去之恶习。"[⑤]他

---

① 熊十力.新唯识论[M].北京:中华书局,1985:567.
② 熊十力.新唯识论[M].北京:中华书局,1985:348.
③ 熊十力.十力语要:第4卷[M].北京:中华书局,1947:39.
④ 熊十力.十力语要:第2卷[M].北京:中华书局,1947:68.
⑤ 熊十力.十力语要[M].上海:上海书店出版社,2007:167.

批评宋明儒"内圣强而外王弱"的观点,说:"宋明诸大师,于义理方面,虽有创获,然因浸染佛家,已失却孔子广大与活泼的意思,故乃有体而无用。于物理、人事,少所发明,于社会政治,唯诵知古昔。""从前那般道学家,一面规行矩步;一面关于人生道理,也能说几句恳切语、颖悟语。谈及世道人心,亦似恻隐满怀,实则自己空疏迂陋,毫无一技之长。尤可惜者,没有一点活气。"①为理学所忽略的外王之学却为陈亮、王夫之、顾炎武、颜元等人发扬。熊十力说自己正是受这些人的影响,才萌发革命之志的。他说:"余稍读船山、亭林诸老先生书,已有革命之志。"当然他也有批判:"少慕陈同甫,开拓万古心胸,推倒一世智勇,以此自负。晚而悔之。"他悔的是陈亮等人没有把事功与"本心"联系起来,而自己却一度对之盲从。"唯宋儒于致用方面,实嫌欠缺。当时贤儒甚众,而莫救危亡,非无故也。及至明季,船山亭林诸公崛起,皆绍述程朱而力求实用。诸公俱有民治思想,又深达治本,有立政之规模与条理,且皆出万死一生以图光复大业。志不遂而后著书。要之,皆能实行其思想者也。此足为宋儒干蛊矣。"②

熊十力极力要恢复孔子积极入世、学问要经世致用的精神面貌,主张"内圣"与"外王"不可分离。那么,他心目中的"外王"事业是什么样的呢?我们发现,被称为"文化保守主义者"的他实际上并不保守。首先,他对于封建礼教进行了批判;其次,他对于西方文化不但不排斥,相反,他拿中国与西方进行了多方面的对比之后,认为在社会改造、民主政治和人生态度等方面,西方都有值得我们学习、借鉴的地方。所以他主张的是包含了一定的西方先进思想的"新外王"。

例如,他批判封建礼教:"古代封建社会之言礼也,以别尊卑、定上下为其中心思想。卑而下者,以安分为志,绝对服从其尊而上者。虽其思想、行动等方面,受无理之抑制,亦以为分所当然,安之若素,而无所谓自由与独立。及人类进化,脱去封建之余习,则其制礼也,一本诸独立、自由、平等诸原则。人人各尽其知能、才力,各得分愿。虽为父者,不得以非礼束缚其子,而论其他乎?"他非常看重人格的独立,认为独立"乃无所倚赖之谓也","此云独立,即是尽己之谓忠,以实之谓信。唯尽己,唯以实,故无所依赖,而昂然独立耳。"③关于自由,他说:"古者儒家政治理想,本为极高尚之自由主义,以个人之尊严为基础,而互相协和,以成群体。期于天下之人人。各得自主而亦互相联属也;各得自治而亦互相比辅也。春秋太平之旨在此。"④"自由者,非猖狂纵欲,以非理、非法破坏一切纲纪。"⑤关于平等,他说:"平等者,非谓无尊卑上下也","然则平等之义安在?曰:以法治言之,在法律上一切平等。国家不得以非法侵犯其人民之思想、言论等自由,而况其他乎?以性分言之,人类天性本无差别。故佛说一切众生皆得成佛。孔子曰:'当仁不让于师。'孟子曰:'人皆可以为尧舜。'此皆平等义也。"⑥

又例如,中国"数千年来君主政治,时或遇着极昏暗,天下自然生变。到变乱起时,也只任互相杀伐。俟其间有能者出来,才得安定,仍然做君主。此便是顺事势自然,不加人力改造。若是

---

① 熊十力.十力语要:第4卷[M].北京:中华书局,1947:11.
② 熊十力.十力语要[M].上海:上海书店出版社,2007:166.
③ 熊十力.十力语要[M].上海:上海书店出版社,2007:250.
④ 熊十力.十力语要:第1卷[M].北京:中华书局,1947:75.
⑤ 熊十力.十力语要[M].上海:上海书店出版社,2007:251.
⑥ 熊十力.十力语要[M].上海:上海书店出版社,2007:251.

肯用人力改造局面时,他受了君主政治许多昏暗之祸,自然会想到民治制度,用来大改造一番。西洋人便是这样,中国人却不如此"。"西洋改造之雄,与夫著书立说,谈群理究治术之士,皆以其活泼泼的全部精神,上下古今,与历史万事万物,而推其得失之由,究夫万变之则。其发明真理,持以喻人,初若奇谈怪论,久而知其无以易也。如君民问题、贫富问题、男女问题,乃至种种皆是也。"相比之下,"宋儒反身工夫甚密,其于察世变,皆极肤也"①。在人生态度问题上,他又指出:"今谓中西人生态度,须及时予以调和,始得免于缺憾。中土圣哲反己之学,足以尽性至命。斯道如日月经天,何容轻议!至于物理世界,则格物之学,西人所发皇者,正吾人今日所当掇取,又何可忽乎?今日文化上最大问题即在中西之辨。能观异以会其通,庶几内外交养,而人道亨、治道具矣。吾人于西学,当虚怀容纳,以详其得失;于先哲之典,尤须布之遐陬使得息其臆测,睹其本然。融会之业,此为首基。"②

熊十力的新唯识论体系规模宏阔、构思奇特、驰骋古今、平章华梵、融贯中西,是独具特色的富有创造性的现代新儒家学说。尤其是他提出的"本中国内圣之学解决外王问题",奠定了现代新儒家"返本开新"的精神方向。后来牟宗三等人基本上是沿着这个方向前进的。熊十力的学说虽然不像前面的梁漱溟、后来的冯友兰等有那么大的社会影响,他是孤冷的、寂寞的,曲高和寡,"茫茫斯世,知我者希"。但是,他的学术影响却是最为深远的。

(二)牟宗三:从道德切入的形而上学

如果你有机会去山东栖霞旅游,应该到一个叫"牟氏庄园"的景点去看看。因为在这个庄园一隅,有一个小小的陈列室,里面展示的牟宗三的家世、生平、著作等,可以帮助我们更好地了解这位港台现代新儒家中坚人物的思想、情怀。

1. 生平和主要著作

牟宗三(1909—1995),字离中,山东栖霞人。牟氏为当地望族,耕读传家。但是牟宗三家这一支,在他的父亲牟荫清这一代就已经衰落了。所以牟宗三是在贫困中长大的。他聪颖、勤奋,1927年考上了北京大学预备科,两年后升入哲学系。从1933年毕业后一直到1945年当上中央大学哲学系的教授,这12年间,他是在动荡不安、颠沛流离、艰苦困顿中渡过的。他教过书,办过杂志,在抗战时期经历了逃亡、失业,最穷的时候,有两年多全靠朋友资助的生活费维持生计。即使在这样的逆境中,他也没有停止过思考和著述。1949年夏秋之交,他只身前往我国台湾,从此再也没有回过家乡。他先后在台湾师范大学、东海大学等校任教。1960年赴港,在香港大学、香港中文大学任教,1974年退休。1995年逝世。

牟宗三早年的思想发展经历了"由西向东"的转变。在北大期间,他的两位恩师给了他巨大的影响。一位是张申府,他使年轻的牟宗三"长期出入于怀特海、罗素、维特根斯坦及康德之间"。而牟宗三最终回归中学,并消融西学,重建道德的理想主义,又与熊十力的熏炙分不开。有人把牟宗三思想的发展划分为四个阶段:③第一阶段,大学毕业前,思想特征为直觉的解悟;第二阶段,大学毕业到1945年,思想特征为架构思辨;第三阶段,1945年至1968年,思想特征为人文理性的阐扬;第四阶段,1968年至去世,思想特征为哲学体系的建构和学思的圆成。他的著作非常

---

① 熊十力.十力语要:第2卷[M].北京:中华书局,1947:68.
② 熊十力.十力语要:第3卷[M].北京:中华书局,1947:73.
③ 颜炳罡.牟宗三[M]//方克立,郑家栋.现代新儒家人物与著作.天津:南开大学出版社,1995:266.

丰富,每一部都是其思想"层层演进、步步发展"的记录。我们可以参考上述四阶段的划分,把握其学说大致的范围、论题、范畴和脉络。

1949年牟宗三离开大陆去了台湾,这是他个人的一次重大政治选择,这次选择对他的学术研究也产生了重要的影响。他自述"吾以流浪天涯之心境,逃难于海隅。自念身处此境,现实一切,皆无从说起。唯有静下心去,从事文化生命之反省,庶可得其原委而不惑"[①]。他从文化的角度进行历史的总结,以期荡涤腥秽,开出中国文化健康发展之路。他这种文化意识与时代悲感,蕴蓄已久,甚至可以追溯到抗战时期。到台湾后乃喷发出来,持续了十年之久。其代表作就是融为一体的《道德的理想主义》、《历史哲学》和《政道与治道》三本书。其中《历史哲学》是系统的专著,其他两本为论文集。三本书共同的任务是"既欲本中国内圣之学解决外王问题,则所本内圣之学实不可不予以全部展露"[②]。牟宗三在这些著作中提出的"儒学第三期发展"说、"三统"说、"良知自我坎陷"说、"道德的形而上学"等,被视为是对熊十力"由内圣开出新外王"思想的丰富、发展和论证的四大贡献。牟宗三本人因此被誉为当代新儒学的集大成者。

《道德的理想主义》的出版、修改、再版从1950年一直持续到1986年,流传甚广,颇具影响。它虽然是论文汇编,但是有一中心观念贯穿始终,那就是"孔孟之文化生命与德慧生命所印证之'怵惕恻隐之仁'"[③]。"仁"是价值之源、理想之源。围绕"仁",牟宗三对中西学术、时代风气、文化建设等问题发表了自己的看法,并系统地阐述了儒学第三期发展的思想。牟宗三非常看重自己这本《道德的理想主义》,自认为后来所著的《才性与玄理》、《佛性与般若》、《心体与性体》等虽然也很有影响,但是都没有超出这本书所体现的文化意识的规模。

《历史哲学》1952年完成,1955年出版。到1984年已经出至第八版。此书"本历史以言哲学",其视历史为一个民族实践过程,以通观时代精神之发展和精神实体之表现形态;在中西文化的比较中,疏导出中国文化为何未出现民主与科学的原因,以及怎样才能顺畅中国文化之生命,转出民主与科学。

《政道与治道》也是牟宗三1949—1959年的论文汇编,1960年出版,1983年出增订新版。如果说,《道德的理想主义》侧重于"内圣",旨在彻法源底,则《政道与治道》就是侧重于"外王",旨在开出新途。所谓"政道"即是"关于政权的道理",所谓"治道"即是"治权的道理"。中国以往只有治道而无政道,只有吏治而无政治。其原因就在于中国的政治,只是理性的内容表现而缺乏外延表现,只是理性之运用而缺少理性之架构。只有经过"良知自我坎陷"才能解决这个问题,形成独立的民主、科学。

《智的直觉与中国哲学》、《现象与物自身》、《圆善论》是牟宗三20世纪70年代以后的作品。牟宗三是在儒学与海德格尔、胡塞尔、康德、佛学天台宗、华严宗以及道家、法家等的对话中,对道德形而上学问题进行了全面的梳理和总结,目的是完成康德所向往而未能完成的哲学体系。其内容是对此前自己思想观点的进一步发挥,并升华到形而上学的高度,为"由内圣开出新外王",完成儒学的现代转化奠定了根基。

2. 牟宗三的主要思想

牟宗三为完善熊十力提出的"由内圣开出新外王"思想,建立德性儒学的形而上学体系作出

[①] 颜炳罡. 牟宗三[M]//方克立,郑家栋. 现代新儒家人物与著作. 天津:南开大学出版社,1995:266.

[②][③] 牟宗三. 道德的理想主义·序[M]//牟宗三. 牟宗三新儒学论著辑要. 北京:中国广播电视出版社,1992:1. 转引自:方克立,郑家栋. 现代新儒家人物与著作[M]. 天津:南开大学出版社,1995:267-268.

了四大贡献,这集中体现在他的"儒学第三期发展"说、"三统"说、"良知自我坎陷"说和"道德的形而上学"中。

(1)"儒学第三期发展"说

牟宗三认为,儒家思想是中国文化之骨干,儒学内容既包括形上之原则,亦可表现为政治社会之组织,是内圣外王本末一贯之道。两千多年来,中国儒学已经过了两期发展,现在应该转入第三期了。第一期是秦汉,可分三个小阶段。孔、孟、荀为第一阶段。《中庸》《易·系》《乐记》、《大学》构成第二阶段。董仲舒为第三阶段。在这个阶段,由晚周至秦汉大一统后,学术文化之力量就凝结为政治社会了。董仲舒以后,由魏晋南北朝、隋唐至五代,儒学既失宗趣又无光彩,堕入黑暗。宋初大儒,始重建儒学,宋明儒为儒学发展之第二期。尤其明代王学,使儒学焕发了奇彩。清代以后,民族生命乃受曲折。降至清亡,以迄今日,仍未能恢复健康。如今要进入第三期,这时的儒学应该是什么样,又如何来建立呢?

牟宗三认为,第三期儒学与以往的儒学有两点不同:第一,以往的儒学,乃纯以道德形式表现,今则复须其转进至以国家形式表现;第二,以往之道德形式与天下观念相应和,如今复需一形式以与国家观念相应和。第三期儒学发展之实现,"端赖西方文化之特质之足以补吾人之短之吸纳与融摄"①。也就是要取西方科学、民主之长,补中国文化之短。

(2)"三统"说

牟宗三认为,儒学第三期的发展,就是儒家式的人文主义的实现,而儒家式的人文主义,其精髓是"三统并建"。"三统"指道统、学统和政统。道统之肯定,即肯定道德宗教之价值,维护孔孟所开辟之人生宇宙之来源;学统之开出,此即转出"知性主体"以融纳希腊传统,开出学术之独立性;政统之继续,此即由认识政体之发展而肯定民主政治为必然。三统之说建立,就是孔孟心性之学的全幅展露,亦即人文主义的真正完成。②但是,在传统儒学中,只"有道统而无学统与政统",所以应该想办法把学统和政统(也就是科学与民主)开出来。怎么办呢?他提供的途径就是"良知的自我坎陷"。

(3)"良知自我坎陷"说

现代新儒家面临的问题是,本儒家内圣之学如何开出科学与民主的新外王。牟宗三认为,这要靠"良知自我坎陷"。与内圣方面的生命智慧相比,知性方面的逻辑、数学、科学与客观实践方面的国家政治法律制度不属于最高境界中的事,而是"中间架构性"的东西。然而它在实现道德理想的过程中却是不可少的。中国文化正是缺少这一层,才使道德理性不能积极地向外实现,而只能内缩于个人的道德实践领域而有"窒息之虞"。中国文化是"仁智合一"的系统,此中"仁一面特别彰著",而对于"智"方面,即对于知识以及成知识的"知性"方面却从未予以注意。中国文化侧重于道德理性在德性人格中之神智妙用的"理性运用",是超越知识的;西方文化则侧重于知识理性在主客对立关系中展开的"理性构架",是知性层面的。所以,"中国不出现科学与民主,不能近代化,乃是超过的不能,不是不及的不能"。要开出新外王,就必须由道德理性"往下讲",以"转出知性",其途径是"道德理性(良知)的自我坎陷"。良知坎陷即是动态的成德之道德理性经过自

---

① 牟宗三.道德的理想主义·选篇——儒家学术之发展及其使命[M]//黄克剑,林少敏.当代新儒家八大家集:牟宗三集[M].北京:群言出版社,1993:141.
② 颜炳罡.牟宗三[M]//方克立,郑家栋.现代新儒家人物与著作.天津:南开大学出版社,1995:270.

我否定而转为静态的成知识之观解理性。"经此坎陷,从动态转为静态,从无对转为有对,从践履上的直贯转为理解上的横列。""坎陷"是自我否定,是一"转变的突破"。之所以需要"转"一下,是因为科学与民主虽与德性有内在联系,但不是直接的关系;科学民主有其独立的特性。因此,要从德性的"运用"表现贯通到"构架"表现,不可以"直通",即不可以只是主观实现、直接用逻辑推理来表明。要想得到客观实现,只能"曲通",即道德理性"所要求的东西必须由其自己之否定转而为逆其自性与反对物(即成为观解理性)始成立"。通过这一逆转,消融德性与知性之间的矛盾,德性即可达成客观实现。观解理性的自性、构架表现及其成果(知识)都是非道德的,即在科学与民主的活动中道德是"中立"的。但"若从人性活动的全部或文化理想方面说,则不能不了解其贯通",道德理性与观解理性经过"坎陷"以"曲通而明"。

"良知自我坎陷"说在理论界引起了极大的争议,多数是批评的意见。其症结在于,仅从道德理性的运动,离开改造自然、改造社会的实践活动,能实现科学、民主吗?这是建立在唯心主义本体论基础上的现代新儒家永远迈不过去的沟坎。

(4)重建"道德的形而上学"

牟宗三区分了"道德底形而上学"与"道德的形而上学"两个概念。前者是关于"道德"的形而上学解析或推述,其研究的题材是"道德"而不是"形而上"自身,如康德的道德哲学。后者才是形而上学的理论。他主张"自道德的进路入",通过道德实践达到形上本体,它标示的是一种构建形上学的进路和方法,所以亦称"实践的形上学"。道德的形上学反映了儒家对于"实在"的认识和体认"实在"的特殊进路,由此决定了儒学作为一种"道德宗教"的特性,决定了它的价值信念和终极关怀。新儒家必须融会中西,重建道德的形上学,以回应时代的挑战。牟宗三的"道德的形上学"是康德哲学与儒家思孟陆王一系列心性之学结合的产物。

牟宗三在对康德的道德学说进行批判时提出了"智的直觉"这一概念。康德全部哲学是建立在两个前提之上的:一是"物自身"与"现象"的绝对区分,上帝只创造了"物自身",没有创造"现象";二是人是有限的。第二个前提决定了第一个前提。所以他的自律道德的"绝对命令",实际上仍然是他律道德,他建立的只是"道德底形上学",而非"道德的形上学"。牟宗三先要推翻"人是有限的",然后把"物自身"和"现象"都归为本心仁体的产物,可以用"智的直觉"来把握。

"直觉形态的智","如用西方哲学术语言之,即是:其直觉是理智的,不是'感觉的';其理智是直觉的,不是辨解的,即不是逻辑的"。康德认为人作为有限的存在不能有智的直觉,只有作为无限存在的上帝才能有。牟宗三认为假如康德的结论成立,则"不但全部中国哲学不可能,即使康德本人所讲的全部道德哲学亦全成空话"。康德肯定天地间有两个实体,二者又不能同一,使道德界与存有界打成两截,终成"不透之论"。而"智的直觉之所以成立,须依中国哲学的传统来建立"。牟宗三认为,宇宙和道德的绝对而无限的实体,便是儒学中的本心仁体或性体。"它不仅是道德创造之源",而且也是"一切存在之源"。"本心仁体既绝对而无限,则由本心之明觉所发的直观必是智的直观"。本心仁体不是抽象的逻辑一般或"孤悬的理性体",而是即存有即活动,因此必然要在道德实践中呈现自身。中国哲学之儒释道三教,都肯定智的直觉,人虽有限而可无限,建立道德的形上学就是可能的,而康德哲学因否定了这一点,只能成一"道德神学"。

(三)冯友兰:"极高明而道中庸"

"阐旧邦以辅新命,极高明而道中庸"是冯友兰集句自题的座右铭,时间是1987年,当时他已经92岁。"阐旧邦以辅新命"句,语出《诗经·大雅·文王》:"周虽旧邦,其命维新。"关于此句作者曾在《康有为"公车上书"书后》中写道:"我把这两句诗简化为'旧邦新命'。这四个字,中国历史发展的新阶段足以当之。""旧邦",指中国源远流长的文化传统。"新命",指现代化和建设社会主义。"阐旧邦以辅新命"就是要"把中国古典哲学中的有永久价值的东西,阐发出来,以作为中国哲学发展的养料","马克思主义在中国也要接上中国古典哲学,作为来源之一,才会成为中国的马克思主义"①。"极高明而道中庸"句,语出《中庸》第二十七章:"故君子尊德性而道学问,致广大而尽精微,极高明而道中庸,温故而知新,敦厚以崇礼。""高明",谓性格高亢明爽。"中庸",谓不偏叫中,不变叫庸。儒家以中庸为最高的道德标准。冯友兰亲笔书写了这副对联并解释说:"上联说的是我的学术活动方面,下联说的是我所希望达到的精神境界。"因此,它既被冯先生用以自勉,又可以看做是他一生的写照,也为我们提供了了解其思想的重要线索。

1. 生平与著作:创立新理学

冯友兰(1895—1990),河南唐河县人,字芝生。他的父亲是前清的进士,几个叔伯都是秀才,家庭里浓厚的传统文化氛围使冯友兰从小就受到熏陶。但他与同时代的青少年一样,向往的是新时代的生活。借着新式教育为他插上的翅膀,他从家乡到上海、北京学习,一直飞到了美国。1918年冯友兰从北京大学哲学系毕业,考取了公费留学生,1919年进入美国哥伦比亚大学研究院,1923年毕业,获哲学博士学位。同年回国后,先后在几所大学任教,其中1928—1952年在清华大学(包括在抗战期间由清华、北大、南开合并组成的西南联大)。他亲自撰写了西南联大的校歌,调寄《满江红》:"万里长征,辞却了五朝宫阙。暂驻足衡山湘水,又成离别。绝徼移栽桢干质,九州遍洒黎元血。尽笳吹弦诵在山城,情弥切。千秋耻,终当雪;中兴业,须人杰。便一成三户,壮怀难折。多难殷忧新国运,动心忍性希前哲。待驱逐仇寇复神京,还燕碣。"抒发了和宋代抗金名将岳飞《满江红》同样的爱国情怀。1952年全国高校院系调整,清华成为纯工科大学,冯友兰被调到北京大学哲学系,在那里一直工作到去世。

冯友兰是一位爱国人士,同时也是一位在思想方面不懈地探索真理追求进步的知识分子,尽管他走过的路非常曲折。在美国留学期间,他受杜威实用主义、蒙塔古新实在论的影响较深,对柏格森的生命哲学也很欣赏。但他同时也形成了强烈的批判精神和创新精神。他的博士论文题名为《天人损益论》(又名《人生理想之比较研究》),对中西人生哲学进行了梳理和比较。此后,对人生的研究成为他毕生倾力的一个重点。回国后他在各大学教的都是中国哲学,他运用新实在论和逻辑分析的方法,整理了两千多年的中国哲学史,于1933年出版了两卷本的巨著《中国哲学史》。这本书论证了儒学在中国哲学史上的正统地位。冯友兰这本书被认为使用了与胡适和梁漱溟不同的研究方法,在学术水平和影响力度方面超越了他们二位。同时,这部著作也为冯友兰创立自己的新理学做了理论上的准备。

冯友兰与梁漱溟一样,也是从中西文化的比较入手,创立自己的新理学体系。不过,他不同意梁漱溟中西差异"在于'路向'不同",以及社会上某些人持有的东西差异源于"地域不同"等观点,认为中西文化之差异是"古今之别"。他主张深入地研究西方哲学史和西方现代哲学,找到一条把中西哲学内在地结合起来,丰富和发展传统儒家哲学的新路。他认为西方的新实在论与中国的程朱理学有很多相通的地方:首先,二者的实质相通,新实在论认为"共相先于殊相",理学认为"理在事先",都是客观唯心主义;其次,新实在论强调逻辑分析,有助于补救中国哲学强调直

---

① 冯友兰.三松堂自序[M].北京:人民出版社,1998:372,404.

觉体认的非理性主义偏颇,为其披上理性主义的外衣,以符合时代潮流。冯友兰这番改造的成果就是"新理学"。冯友兰认为新理学是"新"的,它虽然是"接着"宋明理学讲的,但却不是"照着"宋明理学讲的,它是一个"全新底形而上学"。他希望能以此为理论基础,阐释自己对社会人生以及历史文化问题的思想。1939年出版的《新理学》是冯友兰系统阐释自己学术思想的系列著作"贞元六书"的第一本。这本书在当时产生了很大的影响,1940年被国民政府教育部评为抗战以来最佳学术著作一等奖,奖金一万元。1946年,冯友兰应邀到美国宾夕法尼亚大学任教。1947年,在国民党南京政权崩溃前夕,冯友兰毅然回国,并选择了留在北京。他是第二、三、四、五、六届全国政协委员和第四届全国人民代表大会代表。

新中国成立后冯友兰接受了马克思主义思想,曾声明要与自己过去的学术思想进行决裂,在"文革"中也曾批判孔子。对此,我们不能脱离开当时的社会历史环境、他本人的学术立场和观点等复杂因素来评价。冯友兰在晚年曾回顾总结了自己的一生:"我生在一个不同文化矛盾和斗争的时期,怎样理解这个矛盾,怎样处理这个斗争,以及我在这个矛盾斗争中何以自处,这一类的问题,是我所正面解决和回答的问题。问题的范围很广泛,问题的内容很复杂,我在六十多年中,有的时候独创己见,有的时候随波逐流。独创己见则有得有失,随波逐流则忽左忽右。这个集子中所收集的文章,都是我走过的痕迹。"①追随着这些足迹,我们不仅可以了解一位中国文化的巨人,而且可以了解时代的变迁和历史创造的艰辛。

为总结自己的一生,他还拟了一联曰:"三史释今古,六书纪贞元"。这里所说的"三史",显然是指《中国哲学史》(两卷)、《中国哲学简史》和《中国哲学史新编》(七卷),而"贞元六书"指他抗日战争期间"贞元之际"所著的书名都以"新"字打头的六本书。分别是《新理学》、《新事论》、《新世训》、《新原人》、《新原道》和《新知言》。"三史"和"六书"从内容上看,可谓"极高明而道中庸",它们是冯友兰实践"阐旧邦以辅新命"的主要论著。另外还有"一序",指《三松堂自序》,实际是他的自传。"三史"、"六书"和"一序",是研究冯友兰学术思想的重要依据。

新理学思想体系从20世纪30年代初创立至40年代中期基本完成,历时十几年。1931年冯友兰就在《大公报》上发表了几篇《新对话》文章,讨论事物共相和殊相的问题。这些文章包含了后来《新理学》一书的基本观点。"卢沟桥事变"发生后,北平失守,北京大学、清华大学、南开大学南迁,先到长沙,后至昆明,组成了西南联合大学。冯友兰在逃难过程中,心情痛苦。他回忆说:"居于南岳,所见胜迹,多与哲学史有关者。怀昔贤之高风,对当时之巨变,心中感发,不能自已。"日本侵华战争不但没有使他屈服、消沉,反而激发了他的理论创作热情。他认为自己的理论探讨,涉及中国许多实际社会问题的解决,写出来一定会对中国的抗战和社会发展有所贡献。他借用北宋张载的四句话表明自己的写作动机是"为天地立心,为生民立命,为往圣继绝学,为万世开太平"②。《新理学》是在湖南写出初稿,在昆明修订、增补完成的,1939年由上海商务印书馆出版。

《新理学》从朱熹的"理在气先"、"理在事先"的观点出发,论述事物的共相和殊相的关系。"理"指事物的所当然之则、所以然之故。"气"指事物得以依照其理而具体存在的材料。"理""气"关系,是就具体存在的某某类事物的共殊关系而言的,上面还有一个更高层面的共殊关系。冯

---

① 冯友兰.我的学术之路:冯友兰自传[M].南京:江苏人民出版社,2000:369.
② 冯友兰.新原人·自序[M]//陈来.冯友兰选集.长春:吉林人民出版社,2005:139.

友兰使用自己创造的"真际"与"实际"这对范畴来说明。"真际"指虽不实际存在但又不是"无"者,实际上指共相世界——"理世界"。"实际"指具体事物构成的现实世界。冯友兰构建的本体论形而上学体系,由四个基本命题和四个基本概念构成。四个基本命题是:第一,某种事物之所以成为某种事物者,新理学谓之理;第二,事物必都存在,凡能存在的事物必有其所有以能存在者,有理必有气;第三,存在是一流行,凡存在都是事物的存在,事物的存在都是其气实现某理或某某理的流行,总所有的流行谓之道体;第四,总一切的有谓之大全,大全就是一切的有。四个基本概念即是上述的理、气、道体和大全。经验中的现象是气的世界,构成实际;理的世界构成真际;大全既包含了事物已表现出来的理,而且还包括将来要表现出来的潜存的理;道体则是气与理相结合形成众事物的过程。于《新理学》之后,冯友兰又陆续出版了《新事论》(1940年)、《新世训》(1940年)、《新原人》(1943年)、《新原道》(1945年)、《新知言》(1946年)。这一系列著作又名《贞元之际所著书》,或"贞元六书",取"贞下起元"之意。

《新事论》专门讨论20世纪40年代中国社会的具体问题,故名"事论",以区别于"理学"。书中包含12篇文章,分别为《别共殊》、《明层次》、《辨城乡》、《说家园》、《原忠孝》、《谈儿女》、《阐教化》、《评艺文》、《判性情》、《释继开》、《论抗建》、《赞中华》。冯友兰以"新理学"关于共相殊相的观点为基础,谈论文化和社会问题。称五四以来文化上的中西之争,实际上为古今之争。提出西方社会是"以社会为本位的社会",而中国社会则是"以家为本位的社会","所谓中西之分,又是城里与乡下之分"。强调"仁、义、礼、智、信",认为"现在所需添加者是西洋的知识技术工业"。[①] 此书反映了作者当时的政治倾向和哲学、伦理观点,故其名又为《中国走向自由之路》。值得注意的是,冯友兰在书中把中国社会问题的解决都归之为改变生产方法,变革社会经济制度,这显然是受到了马克思唯物史观的影响。例如,他认为政治民主实质上即是政治的社会化,生产的社会化是政治社会化的条件。政治上应该实行底主义是跟着经济方面底变动来底,有许多教育文化方面底事,都是这样底。与其空谈统一国语,不如多设几个广播电台。与其空谈应该破除省界,不如多修几条铁路。

《新世训》,又称《生活方法新论》,1940年由开明书店出版。书中糅合中庸之"道"及宋儒"为学之方",超出"家训"的狭小范围,面向社会提出"道德的规律",故称之为"世训"。认为"忠恕"之道及"中和"之道是永恒的道德准则,人们应当依据传统的道德,探索新的生活方法。

《新原人》,讨论人生观问题,1946年由商务印书馆出版。作者从"新理学"的"新统"观念出发,认为由于各人对宇宙人生及事物的意义的觉解不同,依照觉解程度的高低,可以分为四种精神境界,即"自然"、"功利"、"道德"及"天地"。而以进入"天地境界"的人为最高,是超越人间一切羁绊,达到"乐天"、"同天"境地的人。这样的人,实则是理念中的"圣人"。

《新原道》,1945年由商务印书馆出版,1947年译成英文在伦敦出版时,又名《中国哲学之精神》,共10章。本书着重阐述"新理学"在中国哲学中的地位,并评判各重要哲学派别的价值。自认"新理学"的体系足以代表"中国哲学精神的最近底进展",在方法方面,亦从宋明道学出发,糅合西方哲学,阐述新理学的内蕴,以肯定"哲学的作用就是提高人的精神境界"。将中国哲学的主要传统表述为"极高明而道中庸"。

《新知言》共10章,1946年由商务印书馆出版。着重讲述"新理学"的方法,即"最哲学底形

---

① 冯友兰.冯友兰选集(下卷)[M].北京:北京大学出版社,2000:205.

而上学的方法"。目的在于从方法论上完善"新理学"体系。指出真正形而上学的方法有两种：一种是"正底方法"，即"对于经验作逻辑地释义"；一种是"负底方法"，即"不说不可言说的东西是什么，而直说它不是什么"。用西方新实在论和逻辑实证来解释哲学问题。

"贞元六书"构成了冯友兰新理学体系，也是他思想成熟的标志。六书中，以《新理学》为总纲，合《新原人》、《新原道》及《新知言》为骨干，构成新理学的体系，实则是将传统的程朱理学与西方新实在论相糅合而成的体系。因其著于抗日战争时期，著书主旨也在于借宣扬历史的正统思想，借以帮助中华民族冲过难关，"出现中兴"。

运用西方逻辑分析方法对中国哲学史进行梳理，是冯友兰又一个方面的重要工作，先后有《中国哲学史》(1934年)、《中国哲学史新编》(1990年)出版。他的著作有很多被译成多种语言文字，向世界介绍中国文化，促进中西文化交流。晚年出版了《三松堂学术文集》(北京大学出版社，1984年)和《三松堂全集》(河南人民出版社，1990年)。

2. 人生"四境界"

冯友兰的新理学虽然有本体论、方法论、认识论的内容，但其中心和归宿还是人生哲学。这与他对哲学的本质和功能的基本看法是有关系的。中国的传统文化，非常重视人的问题，其中儒家对心性之学的重视已经构成了中国文化的一大特色。冯友兰从做博士论文起，就一直关心人生哲学，讨论了人生真相、人生目的、人性道德、自由意志等。他后来创立的新理学，其本体论、方法论可视为道德本体论，认识论是讲对德性本体的"觉解"，人生论更是直接讨论人的本质和人生境界。"知必然而行应该"——这就是他道德学说的核心。

冯友兰认为，人之所以成为人，与禽兽有别，关键在于对"人之理"、"社会之理"是否有"觉解"。"觉解"就是自觉地了解。人能自觉地按照对于"人之理"、"社会之理"的觉解去行事，其行为就是道德的，否则就是不道德的。即使是守规矩、不违法的行为，因为是不自觉的，被动的，那也不能算是道德的，而是"非道德"的。有了"觉解"的人，必然能做到"尽伦尽职"。"伦"即人伦，即人的社会关系，如中国的"五伦"；"职"即人在社会中的"位份"，即社会角色规定的职责。对于伦、职有觉解的人，都能知道其理想的标准，这种标准就是其"理"。人的行为达到标准，叫"合乎其理"，如此，就称"尽伦尽职"了。

冯友兰认为，"人对于宇宙人生底觉解程度，可有不同。因此宇宙人生，对于人底意义，亦有不同。人对于宇宙人生在某种程度上所有底觉解，因此宇宙人生对于人所有底某种不同底意义，即构成人所有底某种境界"①。他按照觉解程度的高低把人生境界分为自然、功利、道德、天地四种。

在"自然境界"中的人，只是"率性而行"，"性"指与生俱来的生存本能。所以这时的人，是混沌未开的，人生在他心目中不具有任何价值，亦无道德、非道德、不道德之分。高于"自然境界"的是"功利境界"。这种境界的特点是人"为我"、"为私"而活着，求名求利。所以处在"功利境界"的人，是一些英雄、才人。虽然对于自己已经有一定的觉解，但还是很有限的，还停留在"生物之理"的水平上。他们有时为了欲望、利益的满足，明知不对的事，也会去做。所以，"英雄、才人的行事，虽可成为赏玩赞美的对象，亦大都不足为法、不足为训的"②。从"功利境界"上升，就到了"道

---

① 冯友兰. 新原人·境界[M]//陈来. 冯友兰选集. 长春：吉林人民出版社，2005：152.
② 冯友兰. 新原人·功利[M]//陈来. 中国现代学术经典：冯友兰卷(下册). 石家庄：河北教育出版社，1996：575.

德境界"。处在这种境界中的人,已经意识到了人性中包含有社会性,社会性表现为各种各样的社会关系,并且能找到自己的定位,在行为上表现为尽伦尽职。他认为"道德境界"的特征是"行义",所以这"'义'与'利'"是相反亦是相成底。求自己的利底行为,是为利底行为,求社会的利底行为,是行义底行为[①],即"为公"。所以这是一种较高的境界。生活在"道德境界"的人,是贤人。贤人在"尽伦尽职"方面可以做到:不计伦职,不计对象,不计荣辱,不计成败,他所做的一切,都"只是成就一个是而已"。贤人做了自己应该做的事,是道德的楷模。但是,他们处于"天理与人欲交战"的阶段。他的"觉解"程度仍然有待于提高,才能上升到"天地境界"。

"天地境界"是人生的最高境界。在此种境界中的人是圣人。圣人有几个特点:一是他的行为是"事天"的。二是他的"觉解"最高。道德境界中的贤人,只能了解"社会的全"("全"即本体),而圣人除此之外,还能了解"宇宙的全",因此又能使其所得于"人之所以为人者"尽量发展。也就是说他能"尽性"。三是他已经完全知性、知天。因其知性、知天了,所以他不但是"社会的全"的一部分,而且已经成为"宇宙的全"的一部分了,也就是"自同于大全"了。四是圣人不但了解了社会、宇宙,还能为社会、宇宙作贡献。总之,圣人代表了一种理想人格。

那么圣人是不是高不可攀的?平凡的百姓要怎样做才能进入"天地境界",成为"圣人"呢?冯友兰认为不必人人都出家修行,或丢下父母妻儿隐居山林,做些"索隐行怪"之事。要成为圣人也不需要有特别的才能。每一个普通的人,都可以在日常人伦的生活中去锻炼自己,提高自己的境界。在这个过程中,只要注意两个方面就行了。哪两个方面呢?这就是"极高明而道中庸"。

"极高明"就是上文说的"自同于大全",是一种在思想境界方面的要求。它所达到的是"体与物冥",或者说"万物皆备于我"的状态。这时,"我"与"非我"的区别已经消失了。如果说"我"就是"有私",这时他是无"我"的,也就是说,他是"无私"的。但这不是说"我"的完全消灭,而是"我"的无限扩大。如果"我"超越了个别的小"我","超乎己私"了,那么"我"的主观精神就可以扩大为一般的"我",一般的"我"就可以与宇宙大全合而为一,人心可以囊括"真际","我心即天心",小"我"与大"我"融为一体了。这就进入了我国传统儒家、道家以及佛家讲的那种"仁者与万物一体"、"廓然大公"、"天人合一"的境界。

"道中庸"是在行为方面的要求。"庸"是平淡无奇的意思,也是芸芸众生的日常状态。但是,在日常生活中,担水砍柴,孝敬父母,友爱兄弟这些平常事,要是你做起来总是能自觉地按照"理"去做,久而久之,习惯成自然,达到"不思而得"、"不勉而中"的程度,就使得平常的事有了不平常的意义。人的境界也就在这不脱离日常生活、劳作的过程中得到了提升。

冯友兰认为把"极高明而道中庸"两方面结合起来,就能不断地超越自我。将个人有限的生命投入到无限的"宇宙"和广阔的"天地"去,就可以获得永恒的意义。他认为,"极高明而道中庸"就是"知必然而行应该",这正是新理学思想体系浓缩的精华。

3. "极高明而道中庸"与中国哲学的宗教性

冯友兰先后在《中国哲学史》、《新原道》、《中国哲学史新编》等著作中,梳理和论述了中国哲学发展的主要线索,并以此来论述自己的新理学在中国哲学史上的地位。他认为,中国哲学思想的主流或传统,是"极高明而道中庸"(在此,我们可以把"极"、"道"都理解成动词)。"极高明"是说,中国哲学去追求、攀登的境界,是超越人伦日用的、出世的;"道中庸"是说,中国哲学又是在人

[①] 冯友兰.新原人·境界[M]//陈来.冯友兰选集.长春:吉林人民出版社,2005:154.

伦日用中去践履、实行这种追求的,是入世的。中国哲学中的"本"与"末"、"体"与"用"、"内"与"外"、"玄远"与"俗务"、"动"与"静"、"出世"与"入世"等的对立,都可以说是"高明"与"中庸"的对立。统一这些对立是中国哲学的追求和精神;对这一问题的解决,则是中国哲学的贡献。

冯友兰认为,中国哲学都在讲"内圣外王",都力图把"高明"与"中庸"统一起来。那么,他们都做得怎么样呢?他逐一对各家各派进行了评点。

以孔孟为代表的儒家学说,可以说做到了"道中庸",却未臻"极高明",因为他们还不懂得区分"道德境界"和"天地境界"。杨朱、墨家的功利主义,惠施、公孙龙的名家,以及老庄道家,同样也未能做到"高明"与"中庸"的统一。但是禅宗很得冯友兰的赞赏。禅宗主张的"担水砍柴、无非妙道",已经意识到了"中庸"与"高明"的统一。但禅宗毕竟还是讲究出家修行的,所以不够彻底。宋明道学家才清楚地意识到"洒扫应对,与尽性尽命,亦是统一底事",使人们能够做到"万物静观皆自得,四时佳兴与人同"、"即其所居之位,乐其日用之常",在世俗的生活中,达到圣人的精神境界。但是,道学没有经过名家的洗礼,他们的概念是不精确不严格的。他们讲"理"、"气","理"虽然是"形而上"的、抽象的;但"气"却是"形而下"的,还在形象之内,所以道学家的理论仍有"拖泥带水"之嫌。宋明之后,中国哲学的精神发展受到了"逆转",直到冯友兰自己的新理学创立,才真正实现了"高明"与"中庸"的结合,可以使人们"知天"、"事天"、"乐天"、"同天",达到人生的最高境界。

冯友兰在新理学中,针对其思想体系中的不同的组成部分,用了不同的论证方法:对于"经验"的部分,运用逻辑分析方法;对于"形而上学",运用直觉体认的方法。前一种方法是理性主义的,后一种方法是非理性主义的。为什么会有这种区别?因为"经验"和"形而上学"本来就不同,"经验"是可说的,"形而上学"是不可说的。对不可说的对象,要用"负的方法"去说,即说它"不是什么"。

在冯友兰生活的时代,甚至更早一些,西方现代哲学中的实证主义就已经提出了"拒斥形而上学"的口号。同时,非理性主义也产生并流行起来了。关于"经验"和"物自体"、"此岸世界"与"彼岸世界"的划分,则来源于更早的康德哲学。冯友兰不可能不受这些思潮的影响。比如,分析哲学家维特根斯坦就说过:"对不可言说者,应保持沉默。"什么是"不可言说者"?即"形而上学"。同样,冯友兰也认为,"形而上学"是不能讲的。但他比分析哲学家积极,他认为虽然对形而上学不能做逻辑分析,但是也不必把它拒之门外、不予理睬,我们可以用直觉主义方法来讲。"讲形而上学不能讲,亦是一种讲形而上学的方法。""讲形而上学不能讲,即对于形而上学的对象亦有所表显。对形而上学的对象有所表显即是讲形而上学。""从形而上学不能讲讲起,即是以形而上学的负的方法讲形而上学","到结尾也讲了一点形而上学";"形而上学的正底方法,从讲形而上学讲起,到结尾亦承认形而上学可以说是不能讲"[1]。不管用什么方法,形而上学虽不能讲,却是存在的。就像画家画月亮一样,"只在纸上烘云,于所烘云中留一圆的白,其空白即是月"。用直觉主义表显形而上学,如"真际",它到底是什么东西,怎么个"有"法,都是只可意会,不可言传的。冯友兰承认,这种方法"实质上是神秘主义的方法"[2]。

---

[1] 冯友兰.论形上学的方法[M]//陈来.冯友兰选集.长春:吉林人民出版社,2005:252-259.
[2] 冯友兰.中国哲学在现代世界[M]//涂光译.中国哲学简史.北京:北京大学出版社,1985:394.

与康德一样,冯友兰把"形而上学"("真际"、"理世界")归入了信仰的世界。信仰是科学、理性、逻辑不可企及的领域。他自己论证"理世界"、"天地境界",是在讲哲学,不是讲宗教,但哲学与宗教之间没有截然分明的界线。尤其在论及"形而上学"、"最高境界"等问题时,二者更是相通的。他说:"宗教底思想,其最高处,亦能使人有一种境界,近乎所谓天地境界的。"①"多数底宗教都以为有一种超人底力量或主宰,以为其所崇拜底对象。此对象即是所谓神或上帝。超人底力量或主宰的观念,是人对于宇宙只有模糊底,混沌底知识时,所有底观念……天堂或天国,是人对于理世界只有模糊底,混乱底知识时,所有底观念……创世的观念,是人对于道体只有模糊底,混乱底知识时,所有底观念"②。哲学克服了宗教在理论上的这些缺陷,用"理"、"理世界"、"道体"这些概念使信仰的对象明确起来。哲学引导人们有追求,有精神支柱,有高尚的信仰,可以起到与宗教相同的作用。"极高明而道中庸"体现了中国哲学的宗教性。

冯友兰的新理学是现代新儒家的发展中重要一环,既不同于前面的梁漱溟、熊十力,又不同于后面的牟宗三。那几位从承继的角度看,侧重讲心性,接着陆、王心学往下讲,是主观唯心主义。而冯友兰则是接着程朱讲"理"、"气",客观唯心主义色彩比较浓重。因为冯友兰独树一帜。学界也有人因此而质疑冯友兰是不是现代新儒家。其实,从冯友兰基本的文化立场、思想主题、治学方向、对待中西文化关系的态度等方面来判断,应该说他不但是现代新儒家,而且是对其思想体系的构建作出了突出贡献的一位代表人物。

(四)贺麟:"新心学"——以西洋之正宗发挥中国之正宗

贺麟(1902—1992),字自昭,四川金堂人,中国社会科学院哲学所研究员。1977年恢复高考后入学的大学生,大多数人只知道贺麟是研究德国古典哲学、研究黑格尔的著名专家。随着现代新儒家思潮的传播,知道他还是现代新儒家的重要代表、"新心学"的创立者的人,才渐渐地多了起来。的确,贺麟在这两个领域都作出了杰出的贡献,这也是他终身不懈追求的结果。

1. 生平和著作

贺麟自幼受儒家思想的熏陶,对宋明理学尤感兴趣。1919年考入清华学校,1926年留学美国,先后在奥柏林大学和哈佛大学学习,获哲学学士和硕士学位。1930年到德国柏林大学学习,1931年回国,在北京大学、清华大学、西南联大任教。1956年调入中国科学院哲学社会科学学部(中国社科院前身)。在读书和教学的生涯中,他对西方哲学有了非常深刻的了解,积极推动西方古典哲学家如黑格尔、斯宾诺莎和现代哲学如新黑格尔主义思想在中国的传播,出版了一批有影响的译著。但是他研究西方哲学的目的仍然是为了创立中国自己的现代哲学。早在德国学习期间,他就写了一篇题为《朱熹与黑格尔太极说之比较》的论文并发表。这是他探索中西学术结合的最初的尝试。1940年他在《五伦观念的新检讨》一文中提出新心学的基本主张。后来又有《儒家思想的新开展》、《自然的知行合一论》等文章问世。从1943年起,《近代唯心论简释》、《文化与人生》、《当代中国哲学》陆续出版,标志着他的理论体系逐渐成熟。

---

① 冯友兰.新原人·天地[M]//陈来.冯友兰选集.长春:吉林人民出版社,2005:166.
② 同上,第165页.

贺麟是一位爱国、进步的知识分子。他抱着"学术救国"的想法,和冯友兰、金岳霖等同事一起,在抗日战争的艰苦条件下成立了中国哲学会,开展中国哲学研究以及中西文化交流。他们的主要著作大多数都是在这一时期完成的,在当时起到了鼓舞民族精神的作用。新中国成立后,贺麟曾担任民盟的中央委员。1982 年,在他 80 岁高龄的时候,加入了中国共产党。

《近代唯心论简释》(1943 年出版)是贺麟的第一本论文集,也是他表述新心学的第一本著作。虽然是论文集,但是贺麟的宇宙观、知行观、伦理观、文化观以及关于直觉与辩证法的思想都得到了阐述。1990 年商务印书馆出版贺麟的《哲学与哲学史论文集》时,收录了该书中的绝大多数文章。《文化与人生》(1947 年出版)是贺麟的另外一本代表作。贺麟自己评价这本书做到了三点:一是"有我",即有自己的思想,自成一家之言;二是"有渊源",主要是挖掘、阐发陆王心学的思想资源;三是"吸收西洋思想","以西洋之正宗发挥中国之正宗",加以融会贯通。他吸收的主要是新黑格尔主义。《近代唯心论简释》侧重于本体论和认识论,《文化与人生》侧重文化论与人生论,两本书相互补充。新心学的基本思想可以简要地概括为:①它是陆王心学与新黑格尔主义融合的产物。他(指贺麟)把新黑格尔主义视心为"绝对实在"的思想同陆王"吾心即宇宙"的思想结合在一起,提出"心为物之体,物为心之用"的本体论,并自觉地从思维与存在的关系这一哲学基本问题的角度加以论证;他接受新黑格尔主义"国家至上"的观念,用以印证儒家的"三纲五伦"说,提出五伦是礼教的核心、三纲是五伦的核心的观点,主张现代社会仍需奉行儒家确立的这些伦理规范。他承袭王阳明的知行合一论,并从心理学、生理学角度加以论证,提出"自然的知行合一观"。限于篇幅,我们在此仅介绍他的文化思想和伦理思想中的一部分内容。

2. 儒学的改造:哲学化、宗教化、艺术化

贺麟的论文《儒家思想的新开展》发表于 1941 年 8 月,那正是抗日战争最艰苦的时期。贺麟在这样的背景下仍然在思考中国文化的出路问题。他既不赞成全盘西化,也不赞成本位文化论,而是独创性地提出了"儒化西学"的发展儒学的主张。

贺麟在文章中首先评析了五四新文化运动所谓"打倒孔家店"的口号。他认为,儒学的衰微早在五四之前就已经成为事实了,新文化运动破坏和扫除的是儒学腐化的躯壳,"并没有打倒孔孟的真精神、真意思、真学术,反而因其洗刷扫除的工夫,使得孔孟程朱的真面目更是显露出来"②。儒家思想完全可以在变迁、发展、改造中适应新的精神需要和文化环境。他满怀信心地说:"我敢断言,广义的新儒家思想的发展或儒家思想的新开展,就是中国现代思潮的主潮。"③

那么,实现儒家思想新发展的关键是什么呢?贺麟认为在于能否认识西洋文化并且超越西洋文化。西洋文化的输入,表面上看好像是要推翻和取代儒家,实际上是给儒家文化的发展带来了挑战和机遇,必将大大地推动儒家的发展。他主张要认识、理解西学,征服、儒化西学,也要用西学来改造儒学。他提出了"儒学的哲学化、宗教化、艺术化"的改造思路。

---

① 宋志明.贺麟[M]//方克立,郑家栋.现代新儒家人物与著作.天津:南开大学出版社,1995:133.
② 贺麟.文化与人生[M].北京:商务印书馆,1996:5.
③ 贺麟.文化与人生[M].北京:商务印书馆,1996:4.

首先,必须以西洋的哲学发挥儒家的理学。在贺麟心目中,苏格拉底、柏拉图、康德、黑格尔是西洋哲学的正宗,孔子、孟子、程朱、陆王为中国哲学的正宗。这两种哲学都是人类的精神财富,其实质又是相通的,所以它们完全可以融会贯通。"儒家思想能够把握,吸收,融会,转化西洋文化,以充实自身,发展自身,则儒家便生存,复活,而有新开展。"①融会贯通的原则是"以儒家精神为体,西洋文化为用",儒化、华化西洋。一方面,可以在儒学的范畴中注入西学的内容,例如用新黑格尔主义"心即绝对"的观点解释"仁",从而建立"仁的宇宙观、仁的本体论"。另一方面,可以用西方哲学的思想方法论证儒家的命题,使之达到现代理论思维水平的高度。

其次,必须吸收基督教的精华以充实儒家的礼教。"基督教的精华"即现代理性精神。传统礼教家庭制束缚人,缺乏鼓动性,现代基督教"到民间去"的殉道精神正好可以弥补礼教的不足。它可以给儒家道德注以热情,鼓以勇气,把道德信念提高到"终极关怀",可以冲淡礼教的宗法色彩,使之趋于社会化、平民化。现代基督教的"自由、平等、博爱"与儒学的"仁学"基本精神一致。他说:"仁即是救世济物,民胞物与的宗教热诚。《约翰福音》有'上帝即是爱'之语,质言之,上帝即是仁。'求仁'不仅是待人接物的道德修养,抑亦知天事天的宗教工夫。儒家以仁为'天德',耶教以至仁或无上的爱为上帝的本性。足见仁之富于宗教意义,是可以从宗教方面大加发挥的。"②

再次,必须领略西洋的艺术以发扬儒家的诗教。儒学本来是合诗教、礼教、理学为一体的,是艺术、宗教、哲学的和谐体,但是"因《乐经》佚亡,乐教中衰,诗歌亦式微。对于其他艺术,亦殊少注重与发扬"③,因而失之于严酷、枯燥,缺少以情动人的艺术风格。西洋的浪漫主义精神可以冲淡后儒迂腐的道学气味,恢复儒学的艺术感召力。以"诚"的观念为例,"就艺术方面而言,思无邪或无邪思的诗教,即是诚。诚亦即是诚挚纯真的感情。艺术天才无他长,即能保证其诚,发挥其诚而已"④。

贺麟认为,不仅儒学要改造,儒者的形象也应该重新塑造。儒者就是那些既有学问又有修养的人。在今天工业化的社会中,应该有越来越多的工人、商人成为儒工、儒商。现代儒者应该具有什么样的品格呢?贺麟认为应该做到合理性、合时代、合人情三者的统一。所谓合理性,就是"揆诸天理而顺",以儒家的道德为"安身立命之地"。所谓合时代,就是审时度势,因应得宜,接受现代的民主、法治观念。所谓合人情,就是"反诸吾心而安","求人心之共安",使理欲得以调和。三者必须配合,缺一不可。"只求合时代而不合理性,是为时髦。合时代包含有'时中'之意,有'权变'之意,亦有合理之意。只重抽象的理性而不近人情,合时代即陷于'以理杀人',以主义杀人,或近代所谓以自由平等的口号杀人。只求合人性而不合理性及时代,即流为'妇人之仁'、感情用事或主观的直觉。"⑤他认为孙中山堪称现代儒者的楷模。

---

① 贺麟.文化与人生[M].北京:商务印书馆,1996:6.
② 同上,第10页。
③ 同上,第9页。
④ 同上,第10页。
⑤ 同上,第13页。

3. "对理念尽忠"

在新文化运动中批判儒家封建思想时,有两个经常被批判的命题,就是"存天理灭人欲"、"饿死事小、失节事大"。它们的背后是"三纲五伦(常)"①。贺麟对此有什么看法呢?

如前所述,贺麟在本体论、认识论、历史观等方面持唯心主义立场,这就决定了他在社会伦理问题上的基本立场。他不赞成历史唯物主义"经济决定道德"的观点,相反,认为是"道德决定经济"。他说:"为经济所决定的道德非真道德。而真正的道德或不道德均非经济所能转移、所能决定。为经济所决定的道德,可随经济的改进而改进,可随经济问题之解决而解决,因为其本身即纯是经济问题,而非真正的道德问题。但真正的道德即非经济所能转移,所能决定,故不随经济状况之改进而改进,亦不随经济问题之解决而解决。"②所以,道德的根源不在经济基础之中,而在"天理良心"之中。"真道德"是永恒的。

因此,贺麟对儒家的伦理纲常抱着同情的态度,他不赞成五四新文化运动对儒家封建礼教的批判,他认为有另外的解读。他说:"伊川的错误,似乎不在于提出'饿死事小,失节事大'这概括的伦理原则,只在于误认为妇女当夫死后再嫁为失节。""至于他提出的'饿死事小,失节事大'这个普遍性的原则,并不只限于贞操一事,若单就其为伦理原则而论,恐怕是四海皆准,百世不惑的原则,我们似乎不能根本否认。"③礼教"吃人",自由平等的观念、宗教上的信仰、政治上的主义,同样"吃人"。所以,仅凭"吃人"这一点就要求推翻礼教,理由是不充分的。

对于"三纲五伦",贺麟认为五伦很契合近代的人本主义精神。五伦说不十分注重人与神、人与自然的关系,而特别注重人与人的关系;不十分注重宗教、艺术、科学的价值,而特别注重道德价值。五伦观念几千年来一直在支配着我们中国人的道德生活,而"西洋自文艺复兴以后,才有人或新人的发现。17世纪和18世纪内,人本主义盛行。足见他们也还是注重人和人与人的关系,我们又何以放弃自己的重人伦的观念呢"④。但他认为,与五伦说相比,三纲更应该提倡。"三纲说实为五伦观念的核心,离开三纲而言五伦,则五伦说只是将人与人的关系,方便分为五种,比较注重人生、社会,和等差之爱的伦理学说,并无传统或正统礼教之权威性和束缚性。"⑤同

---

① "三纲"是"君为臣纲,父为子纲,夫为妻纲"。"五常"即仁、义、礼、智、信。"五伦"即"父子有亲,君臣有义,夫妇有别,长幼有序,朋友有信"。"三纲"、"五常"这两个词,来源于西汉董仲舒的《春秋繁露》一书。但作为一种道德原则、规范的内容,它渊源于孔子。孟子进而提出"五伦",用以调整、规范君臣、父子、兄弟、夫妇、朋友等人伦关系。董仲舒按照他的大道"贵阳而贱阴"的阳尊阴卑理论,作了进一步的发挥,三纲皆取于阴阳之道。阳永远处于主宰、尊贵的地位,阴永远处于服从、卑贱的地位。董仲舒以此确立了君权、父权、夫权的统治地位,把封建等级制度、政治秩序神圣化为宇宙的根本法则。董仲舒又认为,仁、义、礼、智、信五常之道则是处理君臣、父子、夫妻、上下尊卑关系的基本法则,治国者应该给予足够的重视。从宋代朱熹起,"三纲""五常"经常联用。

名教观念是儒家政治思想的重要组成部分,名即名分,教即教化,名教即通过上定名分来教化天下,以维护封建社会的伦理纲常、等级制度。名教观念最初也始于孔子,认为为政首先要"正名"。董仲舒倡导审察名号,教化万民。西汉武帝时,把符合封建统治利益的政治观念、道德规范等立为名分,定为名目,号为名节,制为功名,用它对百姓进行教化,称"以名为教"。其内容主要就是三纲五常。但"名教"这个词的出现是在魏晋时期,用来指孔子的"正名"思想为主要内容的封建礼教。宋明以后,名教被称作"天理",成为禁锢人们言行的桎梏。如有违犯,即被视为"名教罪人"。

三纲五常和名教观念,为封建阶级统治和等级秩序的神圣性和合理性而辩护,成为中国封建专制主义统治的基本理论,为历代封建统治阶级所维护和提倡。2000多年来,它一直影响着中国人的国民性。当然,这种思想在一定时期也起到了维护社会秩序、规范人际关系的作用。

② 贺麟. 文化与人生[M]. 北京:商务印书馆,2005:28.
③ 贺麟. 文化与人生[M]. 北京:商务印书馆,1996:192.
④ 贺麟. 文化与人生[M]. 北京:商务印书馆,2005:52-53.
⑤ 贺麟. 文化与人生[M]. 北京:商务印书馆,2005:58.

时,他认为三纲说包含了更深刻的道理,在它所强调的"不平等"的、片面的义务中,包含着对神圣不可侵犯的"理"的尽忠,是有宗教意味的礼教。

五伦表示相对的人际关系,对双方都有约束,每一方都以对方是否尽了义务为前提条件。如果对方不尽义务,那我也可以不尽义务。贺麟指出:"这样一来,只要社会上常有不君之君,不父之父,不夫之夫,则臣杀君,子不孝父,妇不尽妇道之事,事实上理论上皆应可发生",这就势必导致社会不得安宁,乃至流血革命,改朝换代。三纲说正是有鉴于此,"要补救相对关系的不安定,进而要求关系者一方绝对遵守其位分,实行片面的爱,履行片面的义务。所以三纲说的本质在于要求君不君,臣不可以不臣,父不父,子不可以不子,夫不夫,妇不可以不妇。换言之,三纲说要求臣、子、妇,尽片面的忠、孝、贞的绝对义务,以免陷于相对的、循环报复、给价还价的不稳定的关系中"①。三纲说比五伦说深刻的地方在于,它的基础不是人际关系,而是人对于理念的关系。"先秦的五伦说注重人与人的关系,而西汉的三纲说则将人对人的关系,转变为人对理,人对位分,人对常德的片面的绝对的关系。故三纲说比五伦说来得深刻而有力量。举实例来说,三纲说认为君为臣纲,是说君这个共相,君之理是为臣这个职位的纲纪。说君不仁臣不可以不忠,就是说为臣者或居于臣的职分的人,须尊重君之理,君之名,亦即是忠于事,忠于其自己的职分的意思。完全是对名分、对理念尽忠,不是作暴君个人的奴隶。"②

通观中西文化,贺麟发现,"最奇怪的,而且使我自己都感觉到惊奇的,就是我在中国特有的最陈腐最为世所诟病的旧礼教核心三纲说中,发现了与西洋正宗的高深的伦理思想和与西洋向前进展向外扩充的近代精神相符合的地方"③。这指四个方面的相符合:与柏拉图的"范型"说、与康德的道德"绝对律令"、与基督教"道德是目的、不是手段"的思想、与西方浪漫主义者对女子"竭尽其片面的爱"的精神一致。"总之,我认为要人尽片面之爱,尽片面的纯义务,是三纲说的本质。而西洋人之注意纯道德纯爱情的趋势,以及尽职守忠位分之坚毅的精神,举莫不包有竭尽片面之爱和片面的义务的忠忱在内。"④贺麟的这些思想,反映了中国伦理思想之"行应该而求心安"的精神,要求人们坚定信念,做自己认为应该做的事情,不要以别人的行为为转移,不要受那些不讲道德的人的言行的干扰。直到今天,这还是很有价值的。

但是,贺麟也指出,宋明儒学"存天理灭人欲"太过偏激,这种把两者绝对对立起来的思想已经过时了。他也不赞成梁漱溟等人贬抑功利主义的观点,批评他们不懂得追求功利的过程、追求的精神本身就有价值。"他们因为自己敝屣福利,乃忽视他人的福利;自愿牺牲福利,便不尊重他人的福利,强迫别人也去牺牲福利。自己逃避人生,便斥肯定人生的人为向外追逐,这是不对的。"⑤

他主张"理欲调和"、"假人欲以行天理"的新功利主义,也就是从人性、本心、人情的角度,重新认识道德与功利的关系。他认为二者是体用关系,不但不冲突,而且相辅相成。例如,"我们不能说求金钱是人生的目的,但可利用金钱作为发展个性、贡献国家、服务社会的手段"⑥。他认为,我们不应该要求消灭人的私心、欲望,但是,也要看到,"人是不愿意自私的,人之作利己的事,

---

① 贺麟.文化与人生[M].北京:商务印书馆,2005:59.
② 贺麟.文化与人生[M].北京:商务印书馆,2005:60.
③ 贺麟.文化与人生[M].北京:商务印书馆,1996:60-61.
④ 贺麟.文化与人生[M].北京:商务印书馆,2005:61.
⑤ 贺麟.文化与人生[M].北京:商务印书馆,2005:59.
⑥ 贺麟.文化与人生[M].北京:商务印书馆,1996:209.

是势之不得已的。他的最后的归宿,他内心深处的要求,是想打破人我的隔阂,泯除人我的界限的。所以站在道德理论的立场,我们无法承认'人应该利己'的学说"①,他所倡导的新功利主义,不是个人的功利主义,而是"为全体为社会设法谋幸福,为平民求利益的道德理想"②,是社会的理想主义或社会福利主义。

贺麟的思想中有许多与封建时代儒家相区别的特点,这是时代和阶级的变化在他头脑里的反映。例如他非但不否定资本主义市场经济的发展对道德发展的积极作用,而且还批评了在道德上鄙视商人的传统观念。他说:"我觉得几千年深入人心重农轻工商的旧观念,实应加以修改。""其实平心而论,且就大多数看来,农人固属勤劳自食其力,商人亦曷尝不自食其力,商人亦曷尝不夙兴夜寐,操其业务。""且从道德生活言,商贾大都比农人好动,远离乡井,旅行冒险,精神可佩。农人则比较安土重迁,好静守旧。于维持传统的道德文化,颇有力量。商人游历的地方多,见闻亦多,每每非故乡的旧习惯所能束缚。故商人于打破旧风俗习惯,改革旧礼教,促进新道德的产生,常有其特殊的贡献。"③他希望将来中国不仅有传统的儒医、儒将、儒农,而且会涌现更多的儒工、儒商来做社会的柱石。

三、政治儒学

上述几位现代新儒家的代表人物在新的历史条件下对儒学进行了重建,但他们的焦点一直集中在文化问题上,关注的是生命与心性的问题,因此他们的学说也被称为"心性儒学"、"德性儒学"。此外,现代新儒家中也有一类人注重从政治制度角度阐发儒学思想观点,我们将之称为"政治儒学"或者"民主仁学"思想。学术界对"心性儒学"的研究可谓十分细致全面,而对于"民主仁学"的研究,似乎重视的不够,因此,我们试图通过对三位具有代表性的人物张君劢、钱穆以及蒋庆的生平著作及其主要政治思想的阐述,去揭示"政治儒学"的思想面貌。

(一)张君劢:民族立国与"修正的民主政治"

1. 生平与著作④:"徘徊于学术与政治之间"

张君劢(1887—1969),本名嘉森,字君劢,又字士林,号立斋,别署世界室主人,1887年出生于江苏嘉定(今上海宝山)。1897年,年仅10岁的张君劢考入上海一个洋学堂——广方言馆。英文课使张君劢第一次知道"世界上除了做八股及我国固有的国粹外,还有若干学问"⑤。除了学习必修的英文和国文课程以外,张君劢还阅读了大量的古籍,如《资治通鉴》、《曾文正公全集》等。据说,他每天天不亮就起床,焚烧一炷香然后读朱熹的《近思录》,以示虔诚。少年时代受到的儒学教育,对张君劢的思想体系有着极大的影响,成为他思想的主要来源之一。

1898年,戊戌政变后,各处张贴的被通缉的康有为、梁启超的照片,引起了年少好奇的张君劢对政治的兴趣。后来,因为参加响应留日学生爱国行动而组织的"拒俄义勇队"(后改为"学生军"),被学校勒令退学,使得张君劢第一次感受到了政治的严峻性与残酷性。退学之后的张君

---

① 贺麟.文化与人生[M].北京:商务印书馆,1996:69.
② 贺麟.文化与人生[M].北京:商务印书馆,2005:59.
③ 贺麟.文化与人生[M].北京:商务印书馆,2005:235-236.
④ 郑大华.张君劢传[M].北京:中华书局,1997.
⑤ 张君劢.我的学生时代[M]//黄克剑,吴小龙.当代新儒学八大家集:张君劢集.北京:群言出版社,1993:42.

劢,进入长沙明德学校任英文教员。他对时政非常关心,在给学生讲课的时候,经常抨击时政,议论国内外大事。不仅如此,在这里,他结识了从日本回来秘密从事革命活动的革命党人黄兴。虽然两个月后黄兴便调到常德一所学校任教,但他的革命精神对张君劢也是有一些影响的。

1906年,张君劢被宝山县选为公费留日生,开始了他的留学生涯。受到当时知识界"求学问是为改良政治,是为救国"风气的影响,张君劢选择了法律与政治作为自己的主修科目。在早稻田大学学习期间,张君劢学习了洛克(John Locke)的《政府论》、威尔逊(Thomas Woodrow Wilson)的《国家论》、拉萨·奥本海(Lassa Francis Lawrence Oppenheim)的《国际法》等著名著作,从而开始崇拜西方民主政治。1906年11月,张君劢在《新民丛报》上发表了他第一篇译著《穆勒约翰议院政治论》,奠定了他一生民主政治思想的基础。也正是这篇维护立宪派立宪主张的文章,使得张君劢一时名声大噪,并与梁启超结识。1907年10月,张君劢参与发起了由梁启超实际领导的政闻社。1909年8月,他创办了生平第一个刊物《宪政新志》,开始了对宪政思想的解读与宣传。1910年夏天,张君劢从早稻田大学毕业,获得政治学学士学位。不久,他便回国参加了清政府最后一次殿试,以实际行动去实现他所说的,派政闻社的社员进入政界、扩充势力的政治谋略。然而,1911年5月当他获得翰林院庶吉士封号,准备实现自己的政治谋略时,辛亥革命爆发了。张君劢继续进行立宪活动。他担任过县议会议长,创建过国民协会,策划过"另造一个大的政党",还曾创办过周刊抨击时政。1913年,由于政治原因,张君劢远走德国,进入柏林大学攻读博士。

1914年,第一次世界大战在欧洲大陆爆发,热衷于政治的张君劢留在了德国观察欧战。这场规模空前的战争给张君劢留下了深刻的印象。与此同时,张君劢也加入了国内反对袁世凯、张勋复辟等政治斗争,并与梁启超等人一起成了北洋军阀斗争的牺牲品被送进监狱。这一系列的打击,使得张君劢认为治国应该先治自己,只有通过道德修养才能实现政治抱负。1920年1月,张君劢到德国师从倭伊铿(Rudolf Eucken)攻读哲学,并于1921年底回国。这一时期,可以说是张君劢思想的重要分水岭,也可以说是他从"政治国"转入"学问国"的标志。此后他就在这"两国"之间徘徊。

1922年至1929年间,张君劢在国内主要致力于讲学与办学。1929年秋,张君劢第三次去德国,在耶纳大学讲课。教学之余,张君劢还潜心研究了黑格尔哲学。1931年,张君劢又回到了国内,接受燕京大学聘请讲授黑格尔哲学。20世纪30年代,受英美宪法理论与黑格尔伦理国家思想的影响,张君劢提出了著名的民族本位的国家观和"修正的民主政治"宪政思想。在著书立说之余,张君劢也一直为其宪政理想而不断地进行着政治实践。他担任过国防参议会参议员以及国民参政会驻会委员;先后组建或参与组建过中国国家社会党、中国民主政团同盟和中国民主社会党;还参加过两次宪政运动,起草过《中华民国宪法》,因此被后人誉为中国"宪政之父"。

抗日战争爆发后,毛泽东作了政治报告《抗日民族战争与抗日民族统一战线发展的新阶段》,提出在统一战线中既统一、又独立自主的原则。而张君劢则认为,这一原则将影响全民族的团结抗战。为此,他还专门写了一封致毛泽东的公开信。1940年毛泽东发表了《团结一切抗日力量,反对反共顽固派》的演讲,对张君劢的错误主张给予了义正词严的批评。后来,在理解共产党抗日主张和统一战线政策、认清国民党反动独裁的真面目之后,张君劢才改变了这种对共产党的反对态度。但是,1946年11月,国民党单方面召开伪国大,张君劢被蒋介石假意的"宪政"和"宪法"条件所诱惑,领导中国民主社会党加入伪国大。由于张君劢一直以来并不赞同中国共产党的政治路线,中华人民共和国成立后不久,张君劢便离开大陆,开始讲学于各地、宣扬中国文化。

从 1951 年起张君劢定居美国,从事儒学研究。1958 年元旦,他与唐君毅、徐复观、牟宗三共同署名发表了著名的《为中国文化敬告世界人士宣言——我们对中国学术研究及中国文化与世界文化前途之共同认识》(又称《文化宣言》)。由于张君劢对儒家文化(尤其是宋明儒学)极为推崇,对儒学在当代的发展作出了重要贡献,因此他被后人归为现代新儒家。1969 年 2 月 23 日,张君劢于旧金山伯克莱康凡勒生疗养院去世,终年八十二岁。

张君劢主要的学术作品有:《国宪议》(1922 年)、《人生观之论战》(1923 年)、《明日之中国文化》(1934 年)、《民族复兴之学术基础》(1936 年)、《立国之道》(1938 年)、《中华民国民主宪法十讲》(1947 年)、《义理学十讲纲要》(1955 年)、《新儒家思想史》(上册)(英文版)(1955 年)、《新儒家思想史》(下册)(英文版)(1963 年)、《辩证唯物主义驳论》(1958 年)、《张君劢新大陆言论集》(1959 年)等。这些著作基本体现了其宪政立国的政治思想,以及作为新儒家代表人物的观点。

综观张君劢的一生,他既作为政治风云人物处在历史的风口浪尖上,又曾潜心学术悠游于"学问国"之中;既做过北洋军阀、国民党的宾上客,也曾沦为国民党的"阶下囚"。正是这种政治上的不得意,让他转入传统儒家文化,期望通过道德修养来实现自己的政治理想。因此,可以说张君劢在政治上是一个自由主义者,而在文化上又是一个保守主义者。

2. 民族立国和"修正的民主政治"宪政思想

张君劢是中国著名的资产阶级政治家、思想家,中国现代宪政学的开山鼻祖,同时他也是中国现代新儒学思想的积极倡导者之一。他一生活动最大的特点,就是融政治与学术、哲学与政治学、政治理论与政治实践于一体。他既反对国民党的专制独裁,又不同意中国共产党走俄国社会主义革命的道路;他所坚持的路线,是一种具有中间特色的民主宪政路线。

当然张君劢的政治思想并不是一蹴而就,也不是一成不变的。历史背景的变化,使得他的思想有一个前后演变的过程。郑大华对张君劢一生政治思想转变的评价可谓恰如其分,他认为,"概而言之,20 年代初,鉴于国内军阀连年混战,他主张'理性政治',反对'武力政治';30 年代,受国际政治风潮和国内民族危机的影响,他主张'修正的民主政治';40 年代初,面对国民党政权的政治迫害和对人权的践踏,他呼吁保障基本人权;抗战胜利后,他要求实行民主政治,把中国建设成为一个民主国家,而他所说的民主是政治民主与经济民主的统一"①。

尽管不同的时期,张君劢强调的重点有所不同,但其大体思想还是一致的。其中,他在 20 世纪 30 年代提出的民族本位的国家观,以及"修正的民主政治"宪政思想比较具有代表性。此外,他在 20 世纪 40 年代初提出的保障基本人权等思想也很值得重视。

第一,民族立国思想。

张君劢在其《东西政治思想之比较》一文中,首先指出,东西方国家政治思想的不同可以用一句话来说明:"东方无国家团体观念而西方有国家团体观念。"②他认为,中国以文化的标准为立国的基础,只要异族承认汉族的文化就把他当自己人看待,这是一种天下观念而非国家观念;而西方近代国家则是以民族为立国的根本,是民族国家。在他看来,以文化为立国基础固然有长处,但是也有很多弊端。以民族立国,建立民族国家则有很多优势。他在《东西政治思想之比较》

---

① 郑大华. 张君劢学术思想评传[M]. 北京:北京图书馆出版社,1999:76.
② 张君劢. 东西政治思想之比较[M]//黄克剑,吴小龙. 当代新儒学八大家集:张君劢集. 北京:群言出版社,1993:234.

中列举了我国与欧洲近代国家观念的十四点不同,比如他认为,我国政体是君主专制,领土主权成为君主的私人财产,而近代国家的主权受宪法的限制;我国行政权力不集中,所以没有真正的统一,而近代国家是以民族为本的国家,所以能够保持中央权力的统一;我国数千年都是君主专制体制,所以没有个人自由,近代国家确认了各个阶级中每个人的根本权利;中国因为没有宪法,所以是以德治国,而近代国家以立法为法律之源,是依法治国,因此其统治注重人的理性。[①]

由此可以看出,张君劢推崇民族主义的国家观。那么如何建立民族国家呢?在《立国之道》一文中,他指出,首先应当要有民族自信力。而要提高民族的自信力就必须先立志,他说:"今后中华民族复兴之柱石,既在吾民族之立志;立下志愿,自有成功之一日,不要把自己看轻。"[②]当然,立志的同时还应当学习别人的长处。不过这种学习是有选择的学习,对于别国的制度只能以本国为本位有选择性的吸收,而不能无条件的移植了事。

其次,他认为,民族与国家意义并不相同,民族建国的重点应当摆在国家上面。只有知道国家的内容、基础是什么,才能达到民族建国的目的。而国家组织的两大源头就是法律和道德,法律和道德是民族建国的最高准则。因此,他推崇法治与德治相结合的治理方式。既注重国家法律制度的建设(尤其是国家根本大法——宪法)以切实保障人民的各种权利,又要加强对人们的道德教育,以逐步养成集体的道德人格。

不管张君劢民族建国的思想是否可行,他这种对自己民族文化的肯定与自我批评,对他国文化愿意有选择性地吸收的精神是值得肯定的,他提出德治与法治相结合的主张并对之进行的分析也是很有道理的。

第二,修正的民主政治方案。

20世纪30年代,国内外政治形势发生了重大变化。在国外,西方议会民主制遭遇到了危机。经济危机导致各国政治动荡、社会不稳,意大利、德国先后走上法西斯独裁统治的道路。而中国国内1933年到1935年间,知识界曾开展过一场关于"民主与独裁"的大讨论,张君劢也加入到了这一大讨论中去。他对民主政治和独裁政治分别进行了比较分析,不仅反对独裁政治,同时也认为民主政治在中国还不完全具备条件,中国政治前途只能超越二者另寻办法。因此,他提出"民主独裁以外之第三种政治"的主张,即修正的民主政治。

首先,在修正的民主政治应坚持的原则上,张君劢认为,孙中山对于民国的建立有不可磨灭的功劳,尤其是他所确立的"民族、民权、民生"三大原则应该成为今后不变的方针。但是,因为世界形势的变化,国家的政治思想与立国方针也应当随着时代的进步而进步。因此,要建立修正的民主政治需要注意两点:既要保存民国缔造的传统,又应当不断注意世界潮流,斟酌之后取用。[③]

其次,在立国制度上,张君劢认为,一个国家中最不能缺少的就是政府的权力和人民的自由。这是因为"国家行政贵乎统一与敏捷,尤须有继承性,故权力为不可缺之要素;一国之健全与否,视其各分子能否自由发展,而自由发展中最精密部分,则为思想与创造之能力。所以自由发展亦为立国不可缺之要素"[④]。然而,在现实中权力与自由应当如何平衡,确是一个难题。为此,张君

---

① 张君劢.东西政治思想之比较[M]//黄克剑,吴小龙.当代新儒学八大家集:张君劢集.北京:群言出版社,1993:239-240.
② 张君劢.立国之道[M]//黄克剑,吴小龙.当代新儒学八大家集:张君劢集.北京:群言出版社,1993:247.
③ 张君劢.立国之道[M]//黄克剑,吴小龙.当代新儒学八大家集:张君劢集.北京:群言出版社,1993:81.
④ 张君劢.立国之道[M]//黄克剑,吴小龙.当代新儒学八大家集:张君劢集.北京:群言出版社,1993:265.

劢提出了修正的民主政治十一条总原则,并在这十一条原则的基础之上详细阐述了其政治方案,主要包括以下几个方面的内容:① 建立全国一致的政府。他认为政府的成立是为了国家的利益,而政党政治下的政府往往都是各自主张,使得党重国轻。因此,各党派应当牺牲党见,以国家的利益为重,以一心为国的精神组织政府。从这里可以看出,张君劢赞同的是一种多党联合制。② 加强政府权力,限制国民代表大会权限。张君劢认为,国家权力与个人自由的权重应当由时代的要求决定。当国家处于战争、危难、动荡之时,应该加强政府的权力。当时的中国就处于这样一种状况,因此,要加强政府的权力,限制国民代表大会的权限。具体来说,国民代表大会不能行使对政府的不信任权,其权限仅限于监督财政和议定法律两项。③ 建立文官制度,提高行政效率。张君劢认为,政务官与文官应当严格区分,除了部次长以外,其他官吏的任命应当采取超越党派之外的文官制度。即这一部分官吏实行常任制,不以政府的更迭而变化。这样有了常任的熟练文官,各项行政自然就容易推进,从而提高行政的效率。④ 任用专家制。张君劢认为,国家行政上关于管理经济的事务很多,这就需要这方面的专家来讨论这方面的问题。因此,他认为国民代表大会应当吸纳一定比例的懂农工商等技术知识的专家充当议员,这样制定的行政与经济计划才更具科学性。⑤ 推行政府责任制。张君劢认为,政府虽然对国民代表大会制定的政策大纲不负有政策变更上的责任,但是仍然有两种责任需要承担。如果在财政上有舞弊或违法行为,或是在任期内未能实现自己的许诺,各部部长都要负行政效率上的责任,自行去职。① 可以看出,张君劢的政治方案体现了他试图解决权力与自由(国家与个人)、国家政体、集权与分权、民主与效率等矛盾的努力。

对于历史人物,我们不能以现在的条件、标准去评判其功过得失,而应以历史的观点去看待。张君劢在特定的历史背景下提出的"修正的民主政治"方案,自然有其合理之处。从其对国家与权力关系,以及文官制度、行政责任制度等方案的分析来看,也不乏闪光的地方。当然,我们也应当看清"修正的民主政治"的实质。即"修正的民主政治"是对英美代议制民主政治制度进行修正的民主政治理想,是对民主政治与独裁政治进行调和的产物。虽然张君劢的目的是为了在权力与自由之间求得一个平衡,但实际上他的政治设计并无法真正地解决民主政治中权力与自由之间的矛盾;虽然他认为修正的民主是中国安定国家的唯一办法,但是实际上他的政治蓝图在中国并未实现。

第三,保障基本人权。②

20世纪40年代,国民党不顾共产党及中间党派人士提出的结束党治、实施宪政的要求,越来越暴露出一党专政的野心,包括张君劢在内的许多民主党派人士都遭到了迫害。张君劢因积极参与第一次宪政运动,尤其是参与组建中国民主政团同盟遭到国民党长达两年的软禁。重新获得自由后的张君劢积极参加了第二次宪政运动,他与其他民主人士一起呼吁国民党开放党禁,实施宪政,保障人权,改革政治。1944年他发表了著名的《人民基本权利三项之保障——人身自由、结社集会自由、言论出版自由》一文,呼吁保障人民的自由权利。此后,张君劢又先后发表了《两时代人权运动概论》《威尔斯氏政治思想及其近作人权宣言》《法国人权协会之人权宣言》等文章,系统介绍西方的人权思想,以进一步唤起人们对人权问题的关心与重视。总体来说,张君

---

① 张君劢.立国之道[M]//黄克剑,吴小龙.当代新儒学八大家集:张君劢集.北京:群言出版社,1993:268-271.
② 郑大华.张君劢传[M].北京:中华书局,1997:345-397.

励认为所谓"人权就是一个人所以为人之必要权利……是一种基本权利,没有这种基本权利,便不能算是人"①。人权包括信仰思想自由、结社集会自由、迁徙居住自由、通信秘密、人身自由、选举权和任公职权等,其中人身自由、结社集会自由和言论出版自由是最基本的三项人权。人权的保障是宪政的基本,只有这三项权利得到了保障,才会有后面宪政的基础。此外,他还从政治、经济和国际三个方面分析了当今人权遭到践踏和蹂躏的原因。他认为,只有既强调和保障个人自由权利,又重视集体和社会的利益和需要的人权思想才是最好的人权思想。

张君劢在国民党一党专政、人民权利遭到肆意剥夺和践踏的情况下,提出保障基本人权的观点,体现了他反对专制独裁,追求自由、平等价值理想的勇气,具有重大的进步性。但是我们也应当看到,他所提倡的保障基本人权思想,在根本上是为其民主立宪政治理想服务的。

(二) 钱穆:建立现代"士人政府"

1. 生平与著作②:"学术领导政治,学说超越政统"

钱穆(1895—1990)出生于人杰地灵的无锡。十岁的时候,他与兄长一道考入无锡荡口镇新式小学——果育学校。果育学校是辛亥革命前无锡一所典型的新式学校,既有旧学根底深厚的宿儒任教,又有从海外学成归来具有新思想的学人教授。钱穆既接受了良好的传统国学的熏陶,又能够接触新学,开阔了眼界。果育也开启了他日后喜欢历史地理,重视历史观念、民族意识,而又兴趣广泛、博学多思的治学风格,为他日后从事学术研究打下一个良好的基础。

1910年,钱穆转入南京私立钟英中学,结果赶上武昌起义,学校停办,于是辍学回家。此后,他经历了无锡乡郊小学教学10年、中教9年、北平8年大学教书生涯。在北平这8年间,是他学术生涯中最重要的时期。他不仅在学术上取得了令人瞩目的成就,而且交游日广,与当时北平学术界许多著名人物相互切磋学问,如傅斯年、孟森、汤用彤、熊十力、陈寅恪、吴宓、贺麟、张荫麟等人,学问上更进了一步。

1949年,对共产党认识不清,对国民党抱有希望的钱穆决定南下香港办学。钱穆南走香港,既有偶然性,同时又具有一定的必然性。所谓偶然之因,就是他1949年春受聘于广州华侨大学,是年秋季,因时局不稳,在香港创建迁到广州的侨大又迁回香港,所以钱穆自然会跟着去香港。必然之因,就是他不赞同共产党的主张而对国民党政权抱有信心。蒋介石提倡宋明理学,与他的意见相合。而中国共产党信仰马克思主义,马克思主义是西方的理论,这与他所坚持的民族文化立场相背。再加上1949年八九月间,毛泽东发表了对美国白皮书的6篇评论,其中在《丢掉幻想,准备斗争》一文中点了胡适、傅斯年、钱穆三人之名,这就使得本来就对中共有抗拒之心的钱穆更坚定了留居香港的决心。后来,他的老师吕思勉以及好友顾颉刚写信或带言给他,劝他回归大陆时,也都被他拒绝。

在香港创办新亚书院,既是钱穆一生中最忙碌的办学时期,同时又是他著述讲演硕果累累的时期。1967年10月,钱穆夫妇正式迁台定居。1990年8月30日,96岁高龄的钱老逝于台北市杭州南路寓所。

钱穆出生之年正是中国甲午战败、割让台湾之年。时代忧患的大背景,使得他以后的治学始

---

① 张君劢.宪政之道[M].北京:清华大学出版社,2006:376.
② 参见:陈勇.钱穆传[M].北京:人民出版社,2001.

终充满了强烈的民族忧患意识和热爱国家、弘扬民族精神的炽情。钱穆为学以弘扬、捍卫传统文化为己任,其学术思想主要渊源于中国传统。浩瀚的传统学术思想,是他营造学术思想体系的生长点。他充分地吸取了先秦诸子学、两汉经学、宋明理学,以及魏晋隋唐佛学的传统,创立了独特的学术思想体系。其弟子严耕望对他治学的路径,有这么一段描述:"……再就先生治学途径发展程序言,先由子学入门,壮年时代,最显著成绩偏在考证功夫,中年以后以通识性论著为重。但不论考证或通识论著,涉及范围皆甚广泛,如政治、如地理,亦涉及社会与经济,惟重心仍在学术思想,此仍值基于青年时代之子学爱好,是以常强调'学术领导政治,学说超越政统'。"①

钱穆一生著作等身,其学术著作共八十余部(不包括文章),主要包括三类:学术思想著作,如《国学概论》(1931 年)、《中国近三百年学术史》(1937 年)、《中国思想史》(1952 年)、《宋明理学概述》(1953 年)、《庄老通辨》(1957 年)、《朱子新学案》(1971 年)、《中国学术思想史论丛》(1976—1980 年)等;历史政治著作,如《国史大纲》(1940 年)、《中国历史精神》(1951 年)、《中国历代政治得失》(1952 年)、《国史新论》(1953 年)、《秦汉史》(1957 年)、《中国历史研究法》(1961 年)等;文化方面著作,如《文化与教育》(1942 年)、《中国文化史导论》(1943 年)、《文化学大义》(1952 年)、《民族与文化》(1960 年)、《湖上闲思录》(1960 年)、《中国文化精神》(1971 年)、《晚学盲言》(1987 年),等等。钱穆用力最勤、著作最多的是学术思想史,但总体而言,他研究学问的最终归旨是落在文化问题上的。即使是历史研究,他也是把历史当成一种广义的文化来研究。可以说,"他毕生治学的宗旨,人生的终极关怀就是关心中国文化的传承。也就是在西方文化的强烈震荡冲击下,中国文化传统何去何从的问题"②。

2. 建立现代"士人政府"

当代新儒家学者思考的立场与解决问题的方法,一般是将所有问题归结为心性,从而认为只要解决好了心性的问题,就能由内而外开出"新外王"。同时,他们还力图构建一种形而上学儒学本体论,以解决中国人精神信仰层面的问题。与此不同,钱穆思考问题、解决问题的着眼点不在心性,而在于制度层面。他认为中国政治的根本问题,在于制度问题。在这样一种理念的支配下,我们似乎可以理解钱穆对中国传统政治所采取的态度。

第一,中国传统政治非专制论。

钱穆认为任何一种制度都不会绝对有利无弊,同理,中国传统政治并不是完美无缺的东西。他在 1950 年发表的《中国传统政治》一文中指出,传统政治在本质上有几个缺点:"第一,是它太注重于职权分配的细密化。好处在于人人有职,每一职有它的独立性与相互间的平衡性,因此造成政治上之长期稳定,而其缺点,则使政事不能活泼推进,易于停顿麻痹化。第二,是太看重法制之凝固性与同一性……全国在同一制度的规定下,往往长期维持到一两百年……但遇应兴应革,总不能大刀阔斧,彻底改进,而仅求修补弥缝,逐渐趋于敷衍文饰虚伪而腐化,终于达到不可收拾之境界。"③在《中国历代政治得失》一书中,他也指出中国传统政治有这样一些不好的趋势:中央

---

① 严耕望. 钱穆宾四先生 行谊述略·治史三书[M]. 沈阳:辽宁教育出版社,1998:237.
② 陈勇. 钱穆传[M]. 北京:人民出版社,2001:359.
③ 钱穆. 国史新论[M]. 第二版. 北京:三联书店,2005:96-97.

政府有逐步集权的倾向;中国历史上的传统政治,已造成了社会成为平铺的社会,缺乏凝聚的力量;皇权逐步加强,政府的权力下降;中国政治制度一天天繁密化,束缚人的发展。①

可以说,这些剖析体现了钱穆对传统政治难能可贵的解剖精神。但他的解剖又是十分有限度的。因为他认为,自秦以来,中国两千多年的传统政治并非专制政治。他说,"中国秦以后的传统政治,显然常保留一个君职与臣职的划分。换言之,即是君权与臣权的划分。亦可说是王室与政府的划分。"皇帝是王室的领袖,宰相是政府的首脑。"皇帝不能独裁,宰相同样地不能独裁"②,即使因为皇帝长期雄踞高位,造成一些不好的影响,那也是人事问题而不关政治体制。不能根据这些人事来衡量整个政治体制。因此,钱穆认为,中国传统政治比较富于合理性,毛病多出在人事上,与整个制度无关。说中国传统政治是专制政治,那是近代中国人的偏见和固执,是没有认清中国历史真相的表现。从这里可以看出,钱穆对中国传统政治制度采取的是一种基本肯定和维护的态度。

虽然对于中国传统政治并不专制黑暗这种观点,我们不一定赞同,但是钱穆对中国传统政治非专制论的提出,以及他对中国传统政治的解说也有他合理的地方。如果说秦汉以来两千多年的传统政治是专制黑暗、一无是处的,那么为何它能在中国的历史舞台上存活两千多年?其影响又是那么的深远?因此,钱穆提出的中国政治非专制论这一观点,值得我们注意,至少它为我们研究中国传统政治提供了一个新的视角。

第二,西方政党制度不适于中国,中国传统政治就是一种"中国式之民主政治"。

除了从中国传统政治本身来阐述他对中国传统政治的基本肯定之外,钱穆还从中西政治的差异比较中得出中国传统政治是一种"中国式之民主政治"的结论。

首先,西方是权力的政治,中国为责任的政治。钱穆认为,中西政治的差异来源于政治心理与政治理论的不同。西方人的政治心理是外倾型,因此西方政治理论为政治主权论。也就是说西方政治理论的首要问题,是分清主权属于谁。因此,西方的政治重心始终脱离不了强力与财富,是一种权力的政治。不管是保守党、自由党、社会党还是共和党,等等,都代表着一定的阶级利益,并不能代表全民的意愿。而中国就不同了,中国人的政治心理是内倾型的,中国的政治理论根本不在主权的问题上着眼,而是看重政府的职分与责任,始终脱离不了知识与学养。因此,中国传统政治理论是一种政治责任论。不管是君主还是臣子,他们关注的是自己的职责是什么,是否尽了职等问题。所以,这样的政府是责任和道义的代表,对全民负责,而民众也有对国家应负的责任。如此,中国的政治就会始终和谐,并一以贯之地走下去。

其次,西方是间接民权,中国为直接民权。钱穆认为,由于中国是一种责任的政治,因此,必然连带出选贤与能的问题。自汉朝以来,中国传统政治的考试选举制度逐步严密和完善。知识分子一般需要经过教育、行政服务的实地考察、选举与考试四项程序才能正式进入政府,而且这种选拔分配的名额在全国各地都有。因此,这样一种严密的选举制度可以说得上是在开放政权和选拔人才。正是这种制度,"使政府与社会紧密联系,融成一体。政府即由民众所组成,用不着另有代表民意机关来监督政府之行为"③。而且,这种民间代表,"并不来自社会中某一特殊身份

---

① 钱穆.中国历代政治得失[M].北京:三联书店,2001:170-174.
② 钱穆.国史新论[M].第二版.北京:三联书店,2005:73-76.
③ 钱穆.国史新论[M].第二版.北京:三联书店,2005:86.

或特殊阶级,像古代的贵族政权与军人政权,像近代的富人政权即资本主义社会的政权,与穷人政权即无产阶级专政的政权,而实系一种中性的政权,即全国各地,包括贵族军人富人穷人一切在内,而只以德性与学问为标准的士人政权。"①因此,中国传统政治是一种直接民权。而"近代西方政府民众对立,由民众代表来监督政府,此只可说是一种间接民权"②。

再次,西方是契约政治,中国是信托政治。钱穆认为,西方的政治是建立在契约的基础之上的。当订立契约双方的权利与义务相互平衡时,这一契约才能实现。而一旦双方权利义务不平衡,那么契约政治也就失去了其存在的基础,政治就会存在不稳定的因素,因此契约政权时时带有监督性。而中国自汉代以来,政府的政权即属于"士人政权"。进入政府的这批读书人,受过高等教育,通过科举从民众中走出来成为中层阶级,他们深受忠、恕、孝、悌、仁、义、礼、智、信等儒家传统文化思想的熏陶,也熟知中国的传统历史文化与民族传统,代表着民众的意见。因此,民众对由他们组成的政府持一种信托和期待的态度,而非对立与监视的态度。

最后,西方的政党政治是多数政治,中国的士人政府是一种全民政治。在钱穆看来,欧洲近代民主政治起源于社会中层阶级的崛兴。中层阶级崛起后就要求争取自己的权益,因此,他们结成不同的党派,进入政府争取各自利益。但是,因为西方中层阶级大多凭借资产与财富组成政府,在内阁任替、通过法律法规等实际操作过程中,政府按照多数选举的原则进行。这种多数政治,实际上限于中层阶级,仍然是变相的贵族政治、富人政治或军人政治,普通的民众根本无法或极少能表达自己的意愿。因此,西方社会所谓的民意,实际上只是某党派的"党意"罢了。西方所谓的民主,不过是一种多数人的政治而已。如果说全民政治,那么西方,即使是政党制度较为发达的英国与美国,也是相去甚远。③ 中国士人中层阶级政治虽然也是一种多数政治,但有其自身的特点:首先,士人中层阶级不凭借资产与财富,而是凭借自身的道德与文艺进入政府。无论是贵族、军人、富人还是穷人,只要符合条件都有机会进入。政府代表了民意,因此,即使王室更迭,政府精神却依然可以一贯演进。其次,政府做决策的过程中,秉持一种"尚贤不尚众"的传统。因为,"惟其贤,乃能深获众人之公益公心而发皇条达之",所以"尚贤"无异于尚大众。因不重视多数,所以连带对党朋也很轻视。在政府中"人人有职可循,有道可守,用不到结党"④。中国人既然不好结党,自然也不乐于从事宣传。以上种种,说明中国传统政治既不代表阶级,也不代表政党,而是一种全民政治。

因此,钱穆认为西方的政党政治并不是放之四海而皆准的政治制度。中国传统政治虽然没有政党,没有国会,也没有民众选举,但是,不能因此轻言中国传统政体不是民主政体。在钱穆心中,这种"责任政治"、"直接民权政治"、"信托政治"以及"全民政治",实际上就是一种"东方式的民主,或中国式的民主"。而且这种政治体制更加符合中国的国情。

从上面的分析可以看出,钱穆对西方政党政治(多数政治)的考察与分析是很中肯的。他看到了西方多数政治的虚伪性及其局限性,也认识到了无视本国国情照搬照拿他国政治制度的危险性,这对我们现今研究世界各国政党政治无疑提供了一个新的角度。但是他对中国传统政治的过于肯定似乎有美化之嫌。他所说的中国传统政治是责任的政治、代表全民的政治等观点,我们也不敢完全苟同。

---

①② 钱穆. 国史新论[M]. 第二版. 北京:三联书店,2005:86.
③ 钱穆. 文化与教育[M]. 北京:三联书店,2009:108-109.
④ 钱穆. 国史新论[M]. 第二版. 北京:三联书店,2005:98-101.

第三,推崇"士人政府"。

通过中西方政治制度的比较,钱穆得出了传统政治救国的观点,他尤其推崇的是中国古代那种选贤任能的贤人政治(或称为"士人政府")。

钱穆认为,"一个国家不了解自己国情,不从历史传统源头认识,专门一意模仿外国,总得有危险"①。因此,他反对抄袭西方的资产阶级民主代议制,也反对苏俄式的共产极权制度。因为那种制度,只能使中国"陷于分党而争,分国而靠,政事属于我,而政论则仰于彼"②。相比之下,中国古代选贤任能组织的"士人政府"制度比政党政治更优越,更适应于中国。他认为,中国传统的士具有"上谋道而不谋食",即只为大群着想,不为一己着想的精神,具有共同的崇高理想。由士组成的"士人政府"不仅重视教育制度、选举制度和考试制度,而且还有赋税、监察和谏诤等相配合。因此,"中国传统的士人政府……学术与政治,并无严格划分,而政治常受学术领导。学术命脉则寄托在教育上,教育精神则寄放于自由民间"③,这样的政治更加安定稳固。而近代中国政治社会的种种变动,虽然仍操纵在社会中层一辈知识分子的手里,"但此辈知识分子,已然失却了中国旧传统士的精神,没有了共同的崇高理想,只杂取了几许西方的新理论、新知识,但又拼凑不成一整体。在其后面,既无文化传统的深厚背景,因亦不能得社会大众的亲切支持,亦无新兴的资产势力作其后盾,所以此一种政治力量只是悬空的,无法安定稳固"④。因此,此后的新政权要想获得安定稳固,至少"应以自己民族的传统文化作根源,至少应有一可以领导全社会前进的中阶层,而此一阶层,必具有共同的崇高信仰与崇高理想,由此发出力量,上面从事政治,下面从事教育,不使全社会各自在私的纯功利上作打算"⑤。

当然,钱穆也并不是一味排外的,他所说的从中国传统文化中去寻找的出路,实际上是融贯中西优秀政治文化之后的选择。对于究竟如何实现其理想的政治制度,钱穆没有给出具体的建设性方案,但他比较推崇孙中山的"三民主义"。他认为像孙中山先生的"三民主义"这种既立足本国文化传统,又吸纳世界政治潮流的政治理论,就是一种符合他所谓信托政治内在精神的政治体制选择。他说,"孙中山的政治理想,还是较偏于内倾型的。以其注意到国情。而目下其他意见,无论是主张英美民权自由,与主张苏俄共产极权,都是外倾型的,以其目光只在向外看,而没有肯回头一看我们自己的"⑥。今后国人或者新的政权所要努力的方向是,如何将孙中山的政治纲领配合现实、不断充实其具体内容,使它能够成为中国社会新的士人阶层的共同信仰、共同理想,不落入西方的圈套,只成为一个政党的政治号召。⑦

从上可以看出,钱穆并不是一个封建的卫道士,他是一位眼界开阔、学贯中西而又没有门户之囿的大儒家。难怪中国学术界尊他为"一代宗师",更有学者称之为中国最后一位士大夫、国学宗师。虽然他对中国传统政治的见解,以及回归传统寻求新政治出路的思想的确有其局限性,比如,未能指出政治制度的根源和变革的动力究竟是什么,未能对中国未来的道路究竟该如何走提

---

① 钱穆. 国史新论[M]. 第二版. 北京:三联书店,2005:84.
② 翁有为. 钱穆政治思想研究[J]. 史学月刊,1994(4).
③ 钱穆. 国史新论[M]. 第二版. 北京:三联书店,2005:111.
④ 钱穆. 国史新论[M]. 第二版. 北京:三联书店,2005:115-116.
⑤ 钱穆. 国史新论[M]. 第二版. 北京:三联书店,2005:116.
⑥ 钱穆. 国史新论[M]. 第二版. 北京:三联书店,2005:104.
⑦ 翁有为. 钱穆政治思想研究[J]. 史学月刊,1994(4).

出具体的方案等,但是他的那种关心国家命运与前途的赤子之心,对历史的那份温情与敬意,以及弘扬民族传统精神的那份孜孜之情是非常令人钦佩的。

(三)蒋庆:王道政治的"议会三院制"

1. 生平与著作:出入儒释道耶,安于儒教之学

蒋庆(1953—   ),字勿恤,号盘山叟,祖籍江苏徐州,出生和成长于贵州贵阳。青年时代正值求学之际的蒋庆,赶上了"文化大革命",初中毕业后,便进入工厂做了工人。在工作之余,他阅读了一些儒家经典和有关中国历史与文化的古籍。四年之后,他应征入伍,到云南楚雄当兵。服役期间,他也不忘读书,研读了马克思的一些名著。服役三年半后,蒋庆于1978年退伍。

此时,"文化大革命"已经结束,高考也已经恢复。他参加了高考并被西南政法大学录取。1982年,蒋庆毕业于西南政法大学法律系,并留校任教。这一时期,他阅读了梁漱溟先生的《东西文化及其哲学》,并深受鼓舞。他从研究梁漱溟和熊十力开始接触现代新儒学,一时间,现代新儒学成了蒋庆心中学理最好的学说。但是,他并没有完全沉浸在对儒学的研读和体悟中。儒家的入世观念与他出世的心态有所冲突,而佛学的清凉境界倒是吸引了蒋庆。一次去少林寺观光,他与寺院学识最高的住持有一番关于佛学精髓的畅谈,使他下决心专攻佛学。但是,在佛学中走了一遭之后他却发现,"佛教解决了生死问题,却无法解决人对历史文化的焦虑。于是,他又毫不留恋地走出了佛学"①。1988年下半年,为了和父母兄弟团聚,蒋庆移居深圳并调至深圳行政学院供职。这一阶段,他的主攻方向转到了基督教文化和西方文明演进史,并翻译了《基督的人生观》、《道德的人与不道德的社会》、《自由与传统》等多部西方名著。这一经历,使得蒋庆熟悉了西方文化的渊源和流变,也使他产生了从中国传统文化中去寻找建立现代政治制度的资源的决心。②1995年他的处女作《公羊学引论》出版,这是其归宗儒学、提出儒学研究新路向——政治儒学的标志。

2001年,他从深圳行政学院申请提前退休,并在贵阳龙场建立阳明精舍,任山长。2003年三联书店出版了他的著作《政治儒学——当代儒学的转向、特质与发展》,这本著作对政治儒学理论进行了详细的阐述。其他著作还有《以善致善:蒋庆与盛洪对话》、《生命信仰与王道政治——儒家文化的现代价值》等。除了著述之外,蒋庆还积极推动少儿读经运动,致力于儒家文化的普及。2004年5月,高等教育出版社出版了他花两年时间精心选编的12册《中华文化经典基础教育诵本》。同年7月,蒋庆与陈明、康晓光、盛洪等人在贵阳阳明精舍举行了"中国文化保守主义峰会"。峰会主题为"儒学的当代命运"。方克立认为,这一峰会的召开标志着以蒋庆、康晓光、盛洪、陈明等人为代表的大陆新生代新儒家唱主角的新阶段的到来。

蒋庆提出政治儒学、王道政治的观点是有特定时代背景的。首先,从20世纪初开始,儒学在中国渐渐失去了统治思想的地位,中国思想界主流对儒家思想进行了猛烈的抨击和批判。在五四运动和"文化大革命"期间,儒学更是受到了重创,在大陆几乎没有立足之地。儒学于是转战港台及海外发展,经过梁漱溟、熊十力、牟宗三、唐君毅、徐复观、张君劢、方东美等几代大儒家的努力,新儒学开始复兴。港台新儒家关于儒家政治哲学最具代表性的意见在于"本内圣心性之学开出科学与民主之新外王"的思想。可以说蒋庆提出的政治儒学,首先针对的就是港台新儒学。其次,20世纪80年代以来,自由主义在中国内地逐渐成为热门话题。马克思主义思想、自由主义

---

①② 陈冰,陈寅.蒋庆的儒学之路——晶报访谈录(上)[EB/OL].(2004-05-29). http://www.confucius2000.com/scholar/jqdrxzljbftl1.htm.

思想与新儒家思想形成三足鼎立之势。儒家思想既面对马克思主义者和自由主义者的批判,同时也出现了儒家思想与自由主义合流的现象。在这样一种背景下提出王道政治思想,也是从根本上拒斥诸如民主、自由等现代性价值的蒋庆对主张儒家与自由主义结合的人的一种激烈回应。

蒋庆因其政治儒学的观点被称为儒家政治保守主义者。大陆新儒家中,还有一位与蒋庆持类似观点的人物就是康晓光。其最重要的观点就是"现代仁政"说,他认为要建立中国的政治合法性理论,向外求索没有出路,只能返回中国的传统之中。尽管蒋庆与康晓光的观点为众多学者所诟病,他们的论证或许也是缺乏辩证思维的,但是,作为大陆新儒家政治保守主义者的代表,他们在当代中国儒家政治哲学中却构成了一道非常独特的风景线。这种政治保守主义的观点,被许多人认为是个人的狂妄之语、极端的民族主义思想,甚至有人认为应该将其剔除出新儒家的队伍。但我们认为这种思想不同于极端的民族主义,而是以儒家为本位探讨中国政治将往何处去的一种新的尝试,我们更倾向于把它当做当代新儒家政治哲学研究的一种转向。因此,政治儒学的兴起及其影响,是值得我们去关注和研究的。

2. 王道政治——儒家治国之道

这里讲蒋庆的政治思想,主要就是其政治儒学思想,出自于其著作《政治儒学——当代儒学的转向、特质与发展》(以下简称《政治儒学》)一书中。

蒋庆在其《政治儒学》一书的自序中讲到,"当代新儒家'本内圣心性之学开新外王'的路向已走不通"。原因有两点:"一是儒家内圣心性之学只解决个体生命意义的安立问题,不解决社会政治制度的建构问题;二是当代新儒家把儒家的外王事业理解为开出由西方文化所揭示的科学和民主(所谓'新外王')。"① 这样,当代新儒家有"变相西化"之嫌。"职是之故,当代儒学必须转向,即必须从'心性儒学'转向'政治儒学'。"② 他认为,政治儒学即公羊学,是孔子创立的儒学传统之一。而政治儒学所指的就是创立中国式的政治制度。

具体来说,蒋庆政治儒学思想的主要观点有以下几个部分:

第一,政治儒学是当代儒学的发展新路向。

蒋庆认为,"儒学有两大传统,一为心性儒学传统(即生命儒学传统),一为政治儒学传统(即制度儒学传统)"③,"政治儒学,源自儒家的经学,主要源自《礼》与《春秋》。最能发挥《礼》与《春秋》精神的是春秋公羊学,故儒家的政治儒学主要指春秋公羊学④"⑤。春秋公羊学开创于孔子,因此,同心性儒学一样政治儒学亦是儒学传统之一。在蒋庆看来,政治儒学与心性儒学相比,更能体现儒学的本义,更加关注社会、关注现实、关注当下历史,是主张性恶的儒学,是用制度批判人性与政治的儒学,是标出儒家政治理想的儒学。因此,政治儒学是能开出外王事业的儒学,代表着当代儒学的发展新路向。"当代新儒学走向政治儒学是理所当然、势所必然,毋庸置疑。"⑥

---

① 蒋庆.政治儒学——当代儒学的转向、特质与发展[M].北京:三联书店,2003:1.
② 同上,第2页.
③ 同上,第96页.
④ 所谓"公羊学",是指以《公羊传》为主来阐述《春秋》思想的学问。此外,儒家五经中反映孔子"春秋"思想的内容,汉代董仲舒以及何休等人阐发《春秋》含义的经说,以及汉代以后研讨《公羊》的各种思想,皆为"公羊学"所包含。蒋庆认为,"公羊学"关注的重点在于政治原则和政治制度,因此公羊学就是儒学传统中的外王儒学,代表了政治儒学。
⑤ 蒋庆.政治儒学——当代儒学的转向、特质与发展[M].北京:三联书店,2003:28.
⑥ 同上,第40页.

第四章 回应"双重困境"挑战的现代新儒家思潮

现代新儒学自20世纪20年代产生以来,在新的历史条件下对儒学进行重建的工作,一直集中在文化问题上。经过几代新儒家人物的不懈努力,他们探讨了中国文化与西方文化、传统文化与现代性转化、人文精神与科学精神等方面的关系,论证了儒学传统和现代社会可以相容共进。尽管他们力图恢复儒家传统的本体和主导地位的目标并未完全如愿,但文化儒学(心性儒学)的形成,以及此后依据对文化问题的思考创建出的形上儒学却成为20世纪中国思想界最有影响力的思潮之一。与此相反,为了塑造儒学并非维护专制统治的意识形态的形象,政治儒学在现代新儒学的重建过程中被刻意地抛弃了。在此情形下,蒋庆对心性儒学、"部分西化"进行批判,提出政治儒学是当代儒学发展的新路向,致力于政治儒学的重建,这种勇气和探索精神无疑是难能可贵、值得肯定的。

第二,民主不是人类的共法。

在蒋庆看来,中国就是中国,西方就是西方。西方的民主并不适用于中国,因为"民主思想不像科学技术,不是人类共法,而是西方历史文化传统的产物,深深打上了西方文化的烙印,不具有普世的真理性,只是世界上各种文化思想中的一种文化思想而已"①。而且,"民主并非尽善尽美,其所体现的形式理性存在着严重的问题,民主不能解决人类政治生活对实质内容的要求"②。所以,蒋庆认为,现代新儒学所提倡的内圣开出新外王(民主与科学),虽然立足的是儒学的精神价值,但开出的却是西方的政治制度,因此不免有"变相西化"之嫌,是不可取的,也是不可能的。今日中国政治文化的重建,不能一味地向西方的政治思想与文化形态认同靠拢,以之为标准。只有回归中国文化自身,保住中国文化、儒家文化的文化自性,在吸取民主精华的基础上超越民主,才能开出具有中国特色的现代政治制度。也即"回到自己文化的本源又吸取西方文化的精华,创造性地建构高于民主的中国式的政治制度"③。

在人人将西方的自由、民主、平等、人权等观念当成普世价值的现代社会,蒋庆敢于对此进行反思与批判,这种精神难能可贵。但是,他认为民主作为一种理念可以被中国人接受,但在制度层面上与中国历史文化传统存在矛盾与差异,因而由儒学开出西方民主不仅不可能也不应该,这种观点实际上是一种文化绝对主义的观点,它否认或降低了自由、平等、民主等现代性价值在中国的适用性,太强调区别与个性从而忽略了共性。可以说他没有充分理解现代性价值在人类社会历史演进中的必然性与现实的有效性和适应性,过分地肯定了传统的价值理想。

第三,王道政治"三重合法性"。

古今中外,凡政治秩序欲合法,必须同时具有神圣、民意和传统这"三重合法性"的基础。在蒋庆看来,中国古代圣贤提出来的王道政治,就是这样一种具有"三重合法性"的政治制度。"所谓王道政治,是指依王者之道所从事的政治,故王道是指古圣王之道;具体说来,是指禹、汤、文、武、周公、孔子一脉相承的治国平天下之道。"④王道政治的涉及面很广,主要涉及三个方面:天下归往的为民思想——确立政治秩序合法性的民意基础;法天而王的天人思想——确立政治秩序合法性的超越基础;大一统的尊王思想——确立政治秩序合法性的文化基础。⑤在蒋庆看来,王

---

① 蒋庆.政治儒学——当代儒学的转向、特质与发展[M].北京:三联书店,2003:284.
② 同上,第367页。
③ 同上,第368页。
④ 同上,第202页。
⑤ 同上,第203-207页。

道政治不仅包含了民主政治的理念还包括了生态政治的理念以及传统神圣政治的理念。也就是说,王道政治是"参通天地人、天下归往"的政治。王道政治,体现了儒家政治思想最核心的价值,是现代中国政治制度的最佳选择、理想模型。

如果说,中国的王道政治真的具备"三重合法性"基础,即天道、传统和民意的基础,那么依据儒家文化确立的政治制度也就的确具有超越西方政治文明的优越性。但令人遗憾的是,无论是天下归往的为民思想、法天而王的天人思想还是大一统的尊王思想,在已经发生了天翻地覆的历史性变化的中国,在政治制度、政治生活与古代的情形相去甚远的中国,要实现这"三重合法性"基础都不是那么容易的事情。至少,目前还只能算是蒋庆构建的一种乌托邦政治理想。

第四,超越民主政治的"议会三院制"。

蒋庆认为,在现代中国要重建政治制度必然要回归到儒家传统本源中去,也就是回归到能代表天意、民意及文化基础的王道政治理想。那么如何实现王道政治的理想呢?蒋庆为此设计了一套既体现王道政治思想,又吸收、超越西方政治思想资源的"议会三院制",即代表超越神圣合法性的通儒院、代表民意合法性的庶民院,以及代表历史文化合法性的国体院。在这三院中,"庶民院"按一人一票的原则由民众普选产生;"国体院"按血缘关系通过继承和任命产生,范围包括历代圣贤、历代帝王和历代历史文化名人的后裔(如孔子的后裔);"通儒院"根据德才兼备的标准,以考试、举荐和到民间察访等方式产生。① 同样是选举政治,但蒋庆认为"三院制"相比西方的民主政治而言,是更公平的选举政治。这三院互相制衡,中国的政治便不会成为如西方民主政治般的民意合法性一重独大的政治,而是具有"三重合法性"基础的政治。

通观蒋庆的"议会三院制"宪政理想,似乎较之西方的民主选举制度更为合理。但是仔细一想,仅三院人选的确定就似乎充满着不公平与不现实。如代表民意的"庶民院"按一人一票的原则由民众普选产生,实际上在今天的中国是不可能实现的。有可能产生各种各样的问题,反而不利于社会稳定与经济发展。再如代表超越神圣合法性的通儒院,根据德才兼备的标准,以考试、举荐和到民间察访等方式产生。那么这个标准又是由谁确定的呢?如何就能代表天意呢?由此可见,蒋庆这一套宪政构想也还仅仅只能称做构想而已。

蒋庆提出的政治儒学的理论尽管还比较粗糙,很多地方值得商榷,他所极力推崇的以儒家传统文化中的王道政治、大一统思想等内容重建现代化的中国式政治制度在当代也并没有实现。但是,它确实让我们注意到了被我们所忽视的政治儒学,也使得我们研究政治儒学多了一个角度。此外,蒋庆推行的少儿读经运动也掀起了一阵国学热,与康晓光、盛洪、陈明等人召开的"中国文化保守主义峰会"所产生的影响也是值得我们注意的。

(四)民主仁学的特征

前面分别阐述了张君劢、钱穆与蒋庆的政治思想,尽管他们并非同一个时代的人,其具体的政治理念、态度不尽相同,但我们还是不难发现他们思想中一致的地方。

1. 在比较的基础之上立论

从上面张君劢、钱穆与蒋庆的生平简介来看,三位学者都是融通中西方文化思想,在比较的基础上立论的。如钱穆与张君劢从小学时代开始,既接受了良好的传统国学的熏陶,又得以接触

---

① 蒋庆.生命信仰与王道政治——儒家文化的现代价值[EB/OL]. http://www.pinghesy.com/data/2007/0329/article_297.htm.

新学,打开了眼界。蒋庆不仅熟读儒家、佛家经典和有关中国历史与文化的古籍,也对西方基督教文化及西方文明演进史颇有研究,对马克思主义的著作也有研读。因此,三位学者都可说是具有博学多思的治学风格,他们对待外国的政治思想也并非简单的否定态度,而是主张本着儒家文化为本位,在吸纳西方优秀政治思想的基础上去实现超越。

2. 从心性角度转向政治制度角度阐发观点

三位先生都很注重制度的作用。张君劢认为中国一直以来没有宪法,是一种德治的形态,而德治与法治相结合的政治才是好政治。为此,他积极参加制宪会议,为制宪立宪理想而奔走呼号,这都体现了他对法律制度的重视。钱穆将中国的政治问题归结到制度层面,认为制度而非人性是解决中国政治出路的途径。蒋庆就更不用说了,在其《政治儒学》一书中,开篇就是在向当代新儒家学者们叫板。他认为当代新儒学(心性儒学)面临的最大危机是无法开出"新外王",只有从心性儒学走向政治儒学才是当代新儒学走出危机的唯一出路。他的政治儒学所指的就是中国式的政治制度。

3. 尊重、推崇中国传统文化,主张中国政治的出路应该从中国的传统文化中去寻找

尽管三位先生在对中西政治思想的具体阐释方面,话语表达的方式不尽相同,但是他们的中心意思却是非常相似的。三位先生都很尊重中国的传统文化(这里主要指儒家传统文化)。因此,他们都认为中国绝不能完全脱离中国传统去照搬西方的政治制度,而应当立足本国的文化传统,从本国的文化传统中去寻求政治出路。

(五) 与国内自由主义政治思想之比较

我们简单地把张君劢、钱穆、蒋庆三位的政治思想与国内自由主义政治思想进行比较,可以发现其主要论争点有两个方面,即对自由和对民主的认识。而对于这两大问题的阐述,我们又可以将之理解为对个人与社会以及特殊与普遍关系的争论。

1. 个人与社会

总的来说,国内自由主义者是以个人自由为核心和出发点的。他们认为,个人能够凭借自己人性中的理性,公正地去追求自身的利益而不危害他人,因此政府和社会不应干预个人的自由。自由主义将个人置于国家和社会之上,认为人权高于主权,法律和制度的制定最终是为了保障个人的自由。也就是说,从实质意义上看,国家权力是有限的,政府只有切实保障每个人的基本权利,才具有正当性和实质合法性。

而新儒家代表人物则认为政治自由必须预设道德自由。单从政治层面上主张自由与人权的自由主义,是一种无根的自由主义,自由与人权应当有一个道德基础。在对个人与社会的关系上,蒋庆的观点很具有代表性。他认为,自由主义者所倡导的个人主义至上的观点,"其结果必然造成个人自由的无限膨胀,人人都可以假自由之美名遂一己之私欲败坏人心社会而不受约束"[①]。尽管个人与社会国家都很重要,但是在实际上,由于"人的这种社会政治属性决定社会和国家往往要比个人重要,个人的自由人权只有当社会和国家处于自由、和谐、公正、稳定、合法的状态时才有可能"[②]。因此,他主张国家和社会先于个人而又不否认个人的存在。

---

① 蒋庆.政治儒学——当代儒学的转向、特质与发展[M].北京:三联书店,2003:122.
② 蒋庆.政治儒学——当代儒学的转向、特质与发展[M].北京:三联书店,2003:123.

2. 特殊与普遍

民主是自由主义的核心价值观念。中国自由派的政治理想,就是以宪政治国,实现西方式的代议制民主政治。他们认为,现代代议民主是一种优越的民主。因为它是一种间接的民主,"间接民主在很大程度上是一种对权力的限制和监督的制度",而"直接民主则是一种最简陋、最粗糙的政治结构,没有过滤器和安全阀,与高度分工的现代社会格格不入,容易导致专制主义";间接的民主又是一种混合的政体,"是宪政、共和与民主的混合,从而有效地结合了不同政体的优势,并借助其他政体的优势来克服纯粹民主的弊端"①。因此,在中国要实现民主政治、实现现代化就必须抛弃中国传统文化。

而张君劢、钱穆和蒋庆都不约而同地认为,不了解中国自己的国情,而一意模仿外国、照搬他国经验,是不可取的。三人都认为照搬西方代议制民主政治不适应中国的国情。中国政治只有立足本民族的历史传统文化,汲取西方优秀政治思想的精髓,才能找到新的出路。蒋庆更是认为,西方的民主是西方文化土壤中生长出来的制度,而并非人类社会的普世共法。

这里我们不对自由主义思想进行价值判断,但是从我们对个人与社会、特殊与普遍关系的理解来看,张君劢、钱穆及蒋庆三人坚持的国家社会优先于个人的集体观念,以及立足中国特殊国情弘扬中国传统文化的辩证观念似乎更加符合中国人的心理传统。

四、心灵儒学

心灵儒学的代表人物有方东美、唐君毅、徐复观等人。他们从人的德性层面进入到了心灵层面,探讨生命、心灵、审美、信仰、诗意生活等问题,与道家思想、宗教学、神学、美学、文学艺术等学科有更多的交叉、渗透和融合。

方东美(1899—1977),安徽桐城人。在学术上他经历了一个"由东向西,由西向东"的曲折过程。他出生于一个素以儒业立家的皖江望族,三岁就开始读《诗经》。大学毕业后他赴美留学,先后在威斯康星大学、俄亥俄州立大学研究生命哲学、黑格尔哲学和新实在论等。1924年回国后,进行中西哲学和文化的比较研究。抗日战争的爆发对于方东美产生了极大的震动,他觉得应该多注意自己民族的哲学和文化。1937年他应邀到广播电台连续做了八次讲演,给全国青年讲中国人生哲学,以激发青年的爱国热情。从1966年起,他彻底放下一切西洋哲学课程,把自己的全部精力都投入到中国哲学的教学研究中去。他逝世以后,他的学生刘述先、成中英继续发扬其精神,现已经成为现代新儒家的中坚力量。

方东美与德性儒学的几位代表人物有所不同。第一,他不是接着宋明儒学往下讲的,而是一直上溯《尚书》、《周易》,以此为原始儒家思想的源头,也是他创建自己思想的源头。第二,他做了中西哲学的比较研究,把《周易》的"生生"说与柏格森的生命"创化"说、怀特海的"创进"说融会贯通为生生创进的生命哲学,提出了"广大和谐"的生命观。第三,他没有什么门户之见,"其哲学品格,从儒家传统中熏陶;其哲学气魄,从道家精神中酝酿;其哲学智慧,从大乘佛学中领悟;其哲学方法,从西方哲学中提炼"②。不论儒道佛,无分东西,不拘泥理性、非理性之界限,所以他能够以自由的精神,阐释心灵的自由和生命的情调。第四,他关注的主题,不是道德形而上学、认识论、

---

① 刘军宁.共和·民主·宪政——自由主义思想研究[M].北京:三联书店,1998:212.
② 蒋国保.方东美[M]//方克立,郑家栋.现代新儒家人物与著作.天津:南开大学出版社,1996:191.

政治学之类的理性主义,而是具体个人的内心体验、直觉、自由意志、情感、情绪等,与西方现代哲学的生命哲学、存在主义非常相似。但是,他没有西方非理性主义的那种悲观、虚无的色彩,而是在面对现代人生存的焦虑和悲剧时,高扬生生不息、刚健有为的精神,鼓舞人不断地超拔、提升。

方东美能够形成自己别具一格的思想,与他对中国哲学史,特别是宋、明、清儒学的梳理、反思是分不开的。他晚年三讲中国哲学。在根据讲课录音整理而成的《新儒家哲学十八讲》中,他讲到要破除宋以后流行的"道统"观念。"道统"观念起于孟子,成于董仲舒,它意味着儒家精神由开放走向收敛,是精神"虚脱"、"衰退"的表现。其结果是对于人类的欲望、情绪、情感等方面都不敢沾染,宋儒的生命都萎缩了。宋儒以正统自居,排除异端,导致了肤浅、专断、偏颇的流弊。所以,与其讲"道统",不如讲"学统"。中国的"学统"精神即"穷天人之际,通古今之变"。首先要有广大的心胸,广取博采,融通万物;精思冥求,旁通统贯,直透宇宙,综观一切胜境,方可成广大和谐的心灵。他尤其反对以儒家为正统而排斥诸子,他自己的看法是,真正得六经真传的可能是道家而不是儒家。中国学术发展终将形成的是儒道佛之会通与融合。

唐君毅(1909—1978),四川宜宾人。他出生于知识分子家庭,从小就受到良好的传统文化教育。读书、教书、写书,就是他的一生。1949年他和钱穆迁居香港,共同创办了新亚书院,任教务长。他的主要著作有《道德自我之建立》(1944年)、《中国文化之精神价值》(1953年)、《人文精神之重建》(1955年)、《文化意识与道德理性》(1958年)、《人生之体验续编》(1961年)、《中华人文与当今世界》(1975年)、《生命存在与心灵境界》(1977年)等。他在这些著作里,在中西文化比较的基础上探讨了中国人文精神的发展、中国文化在世界的地位、人生正反的体验以及心境相即、九境回归一念等问题。

唐君毅的思想可以分为两个部分:一部分是道德理性主义,属于上文所言的德性儒学;另一部分笔者认为是属于心灵儒学。其代表作有《人生之体验》、《中国文化之精神价值》、《人生之体验续编》、《生命存在与心灵境界》,以及由他执笔,和张君劢、牟宗三、徐复观共同署名的《为中国文化告世界人士宣言》等。林安梧在评价唐君毅,牟宗三二人的时候说,牟宗三可以说成就了一"新康德派的当代新儒学",唐君毅则成就了一近乎黑格尔的"精神现象学式的当代新儒学","但也不限于黑格尔,而倒有着许多当代'存在主义'及'现象学'的影子"[①]。他对人生意趣、文艺境界、人格精神、宗教智慧、直觉思维方式有着丰富的论述。除了人们熟知的"心灵九境"说,在《为中国文化告世界人士宣言》中他也有比较集中的表述。比如,文化是人的心灵生命的产物,即使是死去的文化,此心灵亦能使之复活;文化研究必须"温情与敬意"同行;中国文化中蕴涵着宗教性内涵;西方可以学习东方的五种智慧,即"当下即是"与"一切放下"之襟袍,"圆而神"的智慧,如何使历史悠久,温润恻怛悲悯之情,天下一家之情怀等。

徐复观(1903—1982),湖北浠水人。他出生于一个贫穷的乡村知识分子家庭,从小就开始干农活,饱尝了农村生活的苦难与艰辛。童年的记忆使他终身认定自己是"大地的儿子",并要求在自己的墓碑上刻下这几个字。1918年他到武汉读书,大革命期间他投身于革命激流。1928年到日本留学,先后就读于明治大学经济系和陆军士官学校步兵科。1931年"九·一八"事变后回国,在国民党军队任职,一直做到总统随从秘书。抗日战争结束后,以陆军少将志愿退役,结束了十五年的军旅生涯。对徐复观产生重大影响、导致他后半生彻底转变轨迹的是1943年他前往重

[①] 单波.心通九境——唐君毅哲学的精神空间[M].北京:人民出版社,2001:315.

庆北碚金刚碑勉仁书院拜访熊十力先生。熊十力"亡国族者常先自亡其文化"的教诲,使他猛醒,深悟文化的重要性,最终选择从政治转向学术、从官场退回书斋。退伍后,徐复观开始创办学术刊物,为新儒家思潮提供阵地和凝聚队伍作出了很大贡献。《文化宣言》就是发表在他创办的香港《民主评论》杂志上的。他自己的著述也很丰富,有思想史研究,也有时政杂文。代表作有《学术与政治之间》(1956—1957年)、《中国人性论史》(1963年)、《中国艺术精神》(1966年)、《两汉思想史》(1972年)、《徐复观文录选粹》(1980年)、《中国思想史论集》(1967年)、《中国思想史论集续编》(1982年)。他提出了中国文化是"天的人文化"、中国文化的性格是非形而上学的、研究中国思想史要与古人对话等独特的观点。

徐复观的思想丰富多彩,其中就有对中国艺术精神的论述。透过对作品的具象的分析,达到了形上的艺术精神层面。他认为孔子和庄子是两个典型。孔子是"为人生而艺术",庄子是"为艺术而艺术"。庄子更能代表中国艺术精神,因为他讲的"大美、大乐、大巧的真实内容,就是使人的精神得到自由解放"①。

在全球化、市场化、信息化为背景的时代,这一板块的普遍价值、"后现代"价值会越来越突出。但是目前国内对它的研究还未充分开展。美学专家尤其可以大有作为。

五、儒学中的实学

"中国所谓实学,实际上就是从北宋开始的'实体达用之学'。"②宋明实学家认为,"内圣外王"是儒家的原则,但是只有将"内圣"转向"达用",将"内圣"之实体转化为"外王"之实体,才能成为真正的圣人。"达用"有两层含义:一曰"经世之学",即用于经国济民的"经世实学";二曰"实测实学",亦叫"质测之学"或"格物游艺之学",即用于探索自然奥秘的自然科学。③经过北宋以降的漫长历史时期,实学演变为"一个内容极为丰富的多层次的概念","它既包括有元气实体哲学、道德实践之学,又有经世实学和实测实学,还有考据实学和启蒙实学等。其中经世实学是中国实学的主流和核心"④。这一核心,在当代表现为关注儒学与科学技术、知识价值、市场经济、企业管理等的关系。例如,"不管在日本、朝鲜还是中国,实学家亦有将'实心'规定为'善',将'实学'规定为科学技术的含义,'实心实学'也就是'善'与科学技术的关系了"⑤。

在关于现代新儒家的研究中,往往在讲到宋明儒之后就直接跳到五四时期;讲到"新外王"之"科学",更加是一个纯粹的"舶来品",似乎与儒学毫无关系。对于"从北宋开始的'实体达用之学'"差不多忽略不计。这也难怪,因为德性儒学本来就不关心这一块。但是方东美例外。他在论宋明清新儒学时就给予了实学一派一个独立的地位。他认为,"从北宋五子到南宋的朱子为唯实论型态的新儒学;从南宋的陆象山到明代的王阳明及其学派为唯心论型态的新儒学;明代中叶以后所产生的旨在反王学的新儒学各家,统属自然主义新儒学,其中王夫之哲学是功能派的自然主义,颜元、李塨哲学是实用的自然主义,戴震哲学是物理的自然主义"⑥。王、颜、李、戴诸位,就是实学的代表人物。

---

① 李维武.徐复观[M]//方克立,郑家栋.现代新儒家人物与著作.天津:南开大学出版社,1996:311.
②③ 葛荣晋.中国实学文化导论[M].北京:中共中央党校出版社,2003:4.
④ 同上,第9页.
⑤ 同上,第400页.
⑥ 蒋国保.方东美[M]//方克立,郑家栋.现代新儒家人物与著作.天津:南开大学出版社,1995:210.

早在 1940 年,我国学者嵇文甫就在河南大学学报上发表一篇题为《陆象山的"实学"》的文章,拉开了中国现代实学研究的序幕。但是这仍然只是个人见解,和者甚寡。直到 20 世纪 80 年代初,中国大陆的学者才开始研究实学。至今近 30 年,才慢慢升温。但尚未形成热潮,而且研究成果集中在明清实学这一段上。而韩国在 20 世纪 30 年代、日本在 40 年代中期就已经开始了实学研究。这也表明,实学研究具有国际性、时代性。但是,中国目前处于落后地位。东亚地区的实学研究可以互相推动,一起努力为构建新的实学思想体系作出贡献。

实学是与"玄"、"佛"、"理"学相平行、相区别又相联系的儒学中的一部分,有自己的独立形态和发展线索。那么,中国现代实学研究与"现代新儒学"有什么关系呢?它们的关系是比较复杂的。中国现代实学的研究者中目前还没有出现堪与"现代新儒家"梁漱溟、熊十力、冯友兰、贺麟、牟宗三、唐君毅、徐复观等齐肩的大"家",他们到底是"客观地"研究实学还是以"继统"、"弘道"为己任还难以确认。学术界也没有人把他们归入到"现代新儒家"的行列。但是比较一下两者的背景、主题、渊源、思维方式等,就可以发现其实非常相似。因此,将中国现代实学研究纳入广义的"现代新儒学",以期引起人们的关注,应该是可以的。

第三节 在全球化视野下的中国文化与世界文化

离开中国大陆转移到港台地区和海外发展的现代新儒家(亦被称为"当代新儒家"),在困境中继续坚持着他们对中国儒家学说的现代转化的思考。但是环境的改变,也确实使他们获得了新的发展机遇,比如有了与西方学者更多交流的机会,拓宽了视野,丰富了思想资料的来源。从 1949 年至今的半个多世纪,现代新儒家不但新人辈出,而且现代化、系统论、后现代等越来越多的时代话题也进入了他们的谈论范围。本节将从《为中国文化敬告世界人士宣言》的发表说起,阐述他们关于现代化与传统文化、中国文化在世界文化中的真实地位等方面的思想。

一、现代化与传统文化关系的论纲:四君子《文化宣言》

《为中国文化敬告世界人士宣言》(副标题:我们对中国学术研究及中国文化与世界文化前途之共同认识)[①],发表于 1958 年,以中文同时登在香港《民主评论》及《再生》两本杂志 1958 年元旦号上,由牟宗三、徐复观、张君劢、唐君毅共同署名,张君劢提议,唐君毅起草,其他人"书陈意见","往复函商",集体创作。它是当代新儒家的思想大纲。文章长达四万字,分十二部分,全面论述了中国传统文化的诠释方法、精神生命、伦理价值、心理意义、长存根据,以及传统文化与现代科技、传统文化与民主政治、东西文化的差异和互补、世界文化的未来趋向等问题。文中表述的观点,成了 20 世纪六七十年代新儒家反复咀嚼的话题,直至今天,仍显得十分重要。起草时最初想用英文在国外发表,所以文章是写给西方人看的,内容和语气多针对西方人士尤其是汉学中"对于中国文化一些流行但并不真实的观念,而把中国文化根本上的几点性质加以指出"[②],以正视听。

我们将这篇文章简称为《文化宣言》,将四位作者简称为"四君子"。

---

① 载于:封祖盛.当代新儒家[M].北京:三联书店,1989:1-52.
② 同上,第 2 页.

下面按原文标题将《文化宣言》的主要观点作一简述。

(一)前言——我们发表此宣言之理由

作者首先说明此文的主题"是我们对中国文化之过去与现在之基本认识及对其前途之展望,与今日中国及世界人士研究中国学术文化及中国问题应取的方向,并附及我们对世界文化的期望"①。作者声称,这些问题他们已经思考很长时间了。但是八年前发生的那一场"大变局"(指1949年中华人民共和国成立、国民党败退台湾、四君子等一批新儒家代表人物流亡世界各地),使他们在"四顾苍茫、一无凭借的心境情调之下,抚今追昔,从根本上反复用心",否则不会对这些问题认识得如此清楚。"我们相信,真正的智慧是生于忧患。因为只有忧患,可以把我们之精神,从一种定型的生活中解放出来,以产生一超越而涵盖的胸襟,去看问题的表面与里面,来路与去路。"②

那么,既然是中国的文化问题,为何要向世界宣告?因为中国文化问题,有其世界的重要性。中国占世界人口四分之一,其生命与精神,何处寄托,如何安顿,实际早已为全人类的共同良心所关注。中国问题早已化为世界问题。

(二)世界人士研究中国学术文化之三种动机与道路及其缺点

中国学术文化成为世界学术研究的对象,被称为中国学或汉学,已有数百年之历史。但是,"中国学术文化之精神的中心在哪里?其发展之方向如何?中国今日文化问题之症结何在?顺着中国学术文化之精神之中心,以再向前发展之道路如何?"③这些问题,西方人士并没有真正了解。为什么西方人士未能真正了解中国文化?这又与西方人士了解中国文化的动机和道路有关。

第一种动机:立足于传教。最先(三百年前)来华并把中国文化传入西方的是耶稣会士。他们功不可没。但是耶稣会士立足于传教的立场,所以只注目于中国诗书中言及上帝,以及古儒之尊天敬神之处,而对宋明儒家之重理重心之所,则极力反对。耶稣会士的根本动机在于传教,援六经及孔子三教,以反宋明儒、反佛老,故对宋明儒的介绍不是顺着中国文化自身发展去了解。

第二种动机:来源于好奇心。近百年来,考古、收集中国文物,形成了所谓"敦煌学"之类的汉学,如中国美术考古、西北地理、边疆史、西域史、蒙古史、中西交通史、辽金元史、金石甲骨文字、方言、文字与语言特性等。此中的观念,是把中国文化当做已死的东西,与已死之埃及文化、小亚细亚文明、波斯文明没有本质区别。而中国清代治学之方向,原是重文物材料之考证(考据、经学);直到民国,新文化运动时"整理国故"之风,亦以清代之治学方法为标准。中西学风,两相凑泊,此类汉学,即宛成世界人士对中国文化研究之正宗。

第三种动机:兴趣在于中国近代史。近一二十年,由中日战争及中国大陆之共产党政治所引起。关心活的中华民族诸问题,由今溯古、由流溯源、由果推因,去研究中国历史。西方的中国学,对中国现实的关心,以及对中国政治与国际局势的关系的注意,与上述对文物的纯学术研究,正成一对反。但由于各研究者的主观态度、所接触的事实(偶然的,暂时的,片面的)、所拟定的问题等的不同,易陷入个人及一时一地之偏见。欲去此弊,则应循中国文化历史之次序,超越现实

---

① 封祖盛. 当代新儒家[M]. 北京:三联书店,1989:2.
② 同上,第2页.
③ 同上,第4页.

的局限,来把握中国文化之本质,以更好地了解中国近代史的意义,以及中国文化历史之未来与前途。

下面作者提出自己的研究动机和态度,请世人注意。

(三) 中国历史文化之精神生命之肯定

首先,作者恳求,国内外的研究者必须肯定中国文化还活着,去掉研究中国文化只是"凭吊古迹"的观点。在许多人心中,中国文化已经死了。如斯宾格勒①,就认为中国文化到汉代已死。中国五四运动以来,流行"整理国故"的口号,也是把以前的学术文化,统一于"国故"的名词之下,而不免视之为字纸篓中之物,只待整理一番,以便归档存案的。我们不否认"中国文化正在生病,病至生出许多奇形怪状之赘疣,以至失去原形"②,但它并没有死,仍有活的生命。它就活在我们的了解、凭吊、怀念的心灵中。纵使是已过去的死的东西,此心灵亦能使之复活。

其次,作者反对在文化研究中因强调"客观地研究"而把情感与理智割裂的研究态度。他们说,有人忘记了文化历史是由"无数代的人以生命心血,一页一页的写成的;总易忘记这中间有血、有汗、有泪、有笑,有一贯的理想与精神在贯注"③,总把它等同于自然界的化石。他们不能把历史文化当做一客观的人类之精神生命之表现,不承认其能在一代又一代的有血有肉的人手中继续发展下去,所以研究时,没有同情,没有敬意。他们主张所谓"冷静客观"的研究态度,认为情感是会妨碍客观研究的。这种研究者之根本错误,就在这里。他们不知道,对于一切人间的事物,没有同情与敬意,就不会有真实的了解。"因一切人间事物之呈现于我们之感觉界者,只是表象,此表象之意义,只有由我们自己的生命心灵,透到此表象之后面,去同情体验,其依于什么一种人类之生命之灵而有,然后能有真实的了解。""我们必须先能超越我们个人自己主观的生命心灵,而有一肯定尊重客观的人类生命心灵之敬意",才能超越个人的成见、奇想、误解等。所以,"敬意是导引智慧的光辉"。"敬意向前伸展一分,智慧的运用,亦随之增加了一分,了解亦随之增加一分。"④敬意停止,则智慧也就呆滞不前了。所谓"冷静客观",实则可能只是最主观的自由任意的猜想与解释。只能把中国文化当做一堆死的"化石"。

(四) 中国哲学思想在中国文化中之地位及其与西方哲学之不同

中国的历史文化学术,是中国民族之客观的精神生命之表现。而这个精神生命之核心,就是中国哲学思想。它是树干,其他的是树叶。研究中国历史文化的方法,应该从核心出发,一层一层透到树叶上去。而不是由分散的"文物"研究再去综合,"因为此分散的枝叶,同时能遮蔽其所托之根干"⑤,容易造成研究者之心灵,只在叶面上盘桓。研究中国哲学,不能用了解西方哲学之态度来了解。

之所以不能用了解西方哲学思想之态度来了解中国哲学,是因为二者不同。尤其是性质和来源上的根本差别,是不能忽略的。中国文化的性质乃指其"一本性",即"在本原上,是一个体

---

① 奥斯瓦尔德·斯宾格勒(1880—1936),德国著名历史学家、比较文明的研究者,代表作有《西方的没落》等。
② 封祖盛.当代新儒家[M].北京:三联书店,1989:7.
③ 同上,第8页。
④ 同上,第9页。
⑤ 同上,第9页。

系"①,有一"道统"相传。殷革夏命而承夏之文化,周革殷命而承殷之文化,即成三代文化之一统相承。此后秦继周,汉继秦,以至唐、宋、元、明、清,中国在政治上,有分有合,但总以大一统为常道。政治的分合,都未影响到中国文化学术思想的大归趋,此即所谓道统之相传。

西方文化有多种来源:科学哲学源于希腊,法律源于罗马,宗教源于希伯来。由于来源众多,难于建立一"统",乃以超现实世界之宗教信仰中之上帝为其"统"。因来源不同,使西方文化学术之内容,特显复杂丰富,同时就有明显的分门别类。其研究方法、态度、目标亦不相同,而各自成范围、各成界限。单就西方哲学而言,自古希腊以来,"即属少数哲学家作遗世独立之思辨(Speculation)之事。故哲学家之世界,恒自成一天地。每一哲学家,都欲自造一思想系统,穷老尽气,以求表现于文字著作之中。至欲表现于生活行事之中者,实寥寥可数。而此类著作,其界说严,论证多,而析理亦甚繁。故凡以西洋哲学之眼光,去看中国哲人之著作,则无不觉其粗疏简陋"②。此示世界之研究中国学术文化者,不愿对中国哲学思想多致力的原因之一。

但如果我们首先认识此中国文化之"一本性",则可知中国的哲学与宗教、政治、法律、道德,无不同源。中国哲学以要言不烦为理想,而疏于界定和论证,亦不足怪矣。要了解中国哲学家之思想,当不离其全人格、全生活。从其接谈、行事、渊源等去了解,由了解人去了解其学说,就会觉得,其思想从文字看粗疏简陋,而其精神的、文化的、历史的意义则正是极丰富极精深。所以,欲了解中国文化,必须透过中国哲学这个核心去了解,而真要了解中国哲学,还必须再由此哲学之文化意义去了解。

总之中西文化不同,中国文化来源为"一本",西方文化来源为多元,所以观察时不能一蔽于西方文化之情形而否定中国文化。

(五)中国文化中之伦理道德与宗教精神

在国际汉学界有一流行观点,即认为中国文化,是注重人与人间之伦理道德,而不重人对神之宗教信仰。这种看法,原则上并不错。但由此而认为,中国人不重宗教或只有粗俗的宗教性迷信;进一步以为中国文化只重视现实的人与人之间行为外表规范,以维护社会政治秩序,没有宗教性的超越情感,缺乏内心精神生活上的依据,则错了。

但是照我们的看法,中国没有制度的宗教教会和宗教战争,这是事实。原因是中国文化来源的"一本性",并无一独立的宗教文化传统。而西方因宗教与政治、伦理道德相分离,在来源上有一独立的希伯来文化,固特见其有宗教。又因其所结合之希腊、罗马、日耳曼的思想文化、民族气质不同,而有东正教、天主教、新教之分裂而导致宗教战争。而在中国,宗教与政治、伦理道德这几者本不分离,亦非即无宗教。中国诗书中重天之信仰是很明显的,行祭天地社稷之礼、供奉天地君亲师神位,是实际上的政教合一。而西方人对政教合一视为大忌。政权与教权,各有不同的来源。故无论以教权统制政权,或以政权统制教权,皆使一方归于委屈,因而必归于政教分离。而此政教分离,又使政治、宗教各得其所。

由于中国民族之宗教性的超越情感及宗教精神,与伦理道德精神,同来源于一本之文化,这几者遂合一而不可分。这是非常明白的道理。由古至今中国思想家都重视天人合德、天人合一、天人不二、天人同体之观念。虽然对于"天"有不同理解,但都是超越个人和人—人关系的。以对

---

① 封祖盛. 当代新儒家[M]. 北京:三联书店,1989:10.
② 同上,第11-12页。

待"死"的态度为例。凡是只知重现实的功利主义者等,都不能正视"死",因为"死"乃我的现实世界之不存在,故"死"恒为形上的宗教的思想之对象。然而中国儒家思想,自来是要人兼视生,亦正视死的。实践中也有对"道"之宗教性信仰。如君子杀身成仁,舍生取义,志士不忘在沟壑,勇士不忘丧其元,都是在生死的关头把仁义的价值超过个人生命的价值。其信仰的就是仁义之价值本身,可说是要留天地正气,或为要行其心之所安,而不必是上帝之诫命或旨意。中国伦理道德之"义理之学",乃自觉地依义理之当然以定是非,以定自己之存心与行为,目标在于道德人格之真正完成,而非表面的人际关系调整或者社会秩序的维持。此人格之完成,系于人之处处只见义理之当然,不见利害、福祸、得失、生死。尤不苟生苟存。中国儒者之言气节,可以舍生取义为最高理想,这里的信仰,即仁义之道本身。西方人对于殉道者,无不承认其对于"道"有一宗教性之超越信仰。中国人把仁义之价值超过生命之价值。此中若无对"道"、"义"的绝对信仰,又如何可能?这难道还不是宗教性的超越信仰吗?

所以,真正研究中国文化的人,"其真问题所在,当问中国古人对天之宗教信仰,如何贯注于后来思想家之对于人的思想中,而成天人合一一类思想的,及中国古代文化之宗教方面,如何融合于后来之人生伦理道德和其他方面的","如何能使'天人交贯'的"①,而不是简单的中国文化中有无神、有无上帝、有无宗教的问题。

而这又不是只用西方思想来直接类比就可解决的。

(六)中国心性之学的意义

我们从中国人对于"道"之宗教性信仰,便可转到论中国之"心性之学"。"心性之学"是"义理之学"之又一方面,即论人之当然的义理之本原所在者。它是中国学术思想的核心,也是中国思想中之所以有天人合德之说之真正理由。同时也是最为世界学者忽视,也为清代三百年重考证训诂之学术所厌谈的。

早年的传教士把中国经籍及宋明理学向西方介绍时,把宋明理学当做一般西方的理性主义、自然主义、唯物主义看待。而今人又把心性之学误认为是西方传统哲学中之"理性的灵魂"(rational soul)之理论,或认识论形而上学之理论,或心理学。甚至还将"人心人性"等同于人之自然的心、自然的性。由他们至今,中国的"性"字总是译成 nature。在西方自然主义哲学兴起之后,一词多义的 human nature,总让人想到人之自然心理、自然本能、自然欲望上去。这样去看中国心性之学,亦总是从平凡浅近处去解释,而不愿深入于人的精神生活内部之思想去解释。以上这些理解都属错误。

其实心性之学是讲人之道德实践的基础的。其包含的"形上学",乃近乎康德所谓的形上学,是为道德实践之基础,亦由道德实践证实的,而非指"客观存在于宇宙,由经验理性去推证"之形上学。

所以要了解心性之学,必须认真从事道德实践,并且不是消极被动地服从社会规范或神之命令,按圣经一章一句为事。它不容许人先取一冷静的对象,然后求知,知而后行。它要求实践与觉悟、知与行相依互进。实践的行为是对外面的,而此觉悟,则纯是内在于人自己的。人的实践向外扩大一步,人的觉悟也随之扩大一步,我们内在的觉悟,亦涵摄了此中的一切,实及于家庭、

---

① 封祖盛.当代新儒家[M].北京:三联书店,1989:16.

国家、天下宇宙、历史,及于一切吉凶祸福之环境。由此"人生一切行道而成物之事,皆为成德而成己之事"①。立德、立功、立言者,皆不外尽自己之心性。人之道德实践之意志,所关涉者无限量,而此自己之心性亦无限量,即印证吾人与天地万物实为一体,此心此性同时即通于天。尽心知性即知天,存心养性即事天。人性即天性,人德即天德,人之尽性成德之事,皆所以赞天地之化育。宋明儒由此而有天人合一思想。所以,此心性之学,乃通于人之生活之内与外及人与天之枢纽所在,亦即通贯社会之伦理礼法、内心修养、宗教精神、及形上学等而一之者。② 心性之学乃中国文化之神髓所在。心性之学讲内在超越。西方文化讲外在超越,如希腊传统,言形上学、哲学、科学必先假定一客观对象;希伯来言宗教必假定一上帝;罗马讲法律政治、礼制、伦理,先必置定其为自外规范人群者。心性之学,于三者皆不类。不了解心性之学,就不能了解中国文化。

(七)中国历史文化所以长久之理由

了解了中国心性之学的重要性,便可以进一步讨论中国历史文化何以能历数千年而不断的问题。

对于中国文化历史之长久的解释,通常有如下观点:斯宾格勒认为这是因为中国文化"自汉以后停滞不前"。有人认为这是中国人注重现实生活的维持;比较保守,习故蹈常以节约生命力;生育繁多,多子多孙,所以不至绝灭。

对这些观点,不应该全部抹杀,说其全无理由。但是应该从学术思想中去寻求根源。因为一个民族的精神生命的表现,是以学术思想为核心的。我们认为,中国文化历史长久的根本原因与其说是中国人重视现实生活的维护,不如说是能以超现实之心情,来调护现实之心情和生活;与其说是中国人保守、习故蹈常,不如说中国文化要求人们不把力气向外耗尽,而求向内收敛,以识取和培养生命力气的生生之原;与其说中国人喜欢生育,不如说从极早的思想中,即重视生命价值,因而重视生命之传承不绝。总之,是因中国人自觉的人生观念而使文化生命绵延长久。

中国"求久"思想源远流长。中国古代的宗教思想中有"天命靡常"、"以德降命"的观点。周代的周公,特别谆谆告诫周民族,以求延续其宗祀。正式提出"久"之哲学观念,则在儒家之《易传》、《中庸》中,有"可大可久"及"悠久成物"之观念。《老子》中有要人法"天长地久"及"深根固蒂长生久视"的观念。战国是古代社会发生急剧变化、一切皆不能长久的年代,却偏是"久"之观念在儒道两家被同时提出的时代。可知"求久"先是古人思想中的自觉,而后有各朝各代政治经济文化上的措施,各种求久的努力。这些由古代史官之记载与训诫,历史学家叙述之成败兴亡之故,与哲学家久与不久的原理,散布至全民族。

以上思想,以道家形态表现的,是以退为进的功利主义,"不能生故能长生"、"后其身而身先,外其身而身存",要人少私寡欲,见素抱朴,致虚守静,专气致柔,以归根复命,长生养命。

以儒家形态表现的,同样要求将生命之气内敛,以成就人与人之间的"礼"。儒承周礼,以温其如玉表君子之德。玉之特色是外温润而内坚刚。此种德性,能把人的生命力量都收敛积蓄在内;此种德性,又可通过身体透出来,润泽人之自然身体之生命,使此自然的身体之态度气象,能表现我们之德性。此谓"德润身"、"心广体胖"。西人多讲道德之规则,行为之社会价值,与宗教之关系等,很少能注重道德与身体的关系。而儒家所讲之德性,其本原乃在心性,此性是天理,此

---

① 封祖盛. 当代新儒家[M]. 北京:三联书店,1989:20.
② 同上,第21页。

心亦通天心。此心此性,天心天理乃我们德性的生生之原。此德性既能润泽我们之身体,则此身体之存在,亦即为此心此性之主宰,天理天心之所贯彻,因而得被安顿调护,以真实存在于天地之间。

至于中国人重视多子多孙,亦不能仅以保存种族的生物本能来说明,还有其宗教道德和政治的意义。正因为认识到生命来自父母、祖宗,才有孝思。由此孝思,而虑父母祖宗之无人祭祀。此正为超现实的求上慰父母之心、祖宗之灵的要求。"不孝有三、无后为大"乃重生子孙,以求现实生命之继续,而其望子孙万代不绝,亦复为一超越的理想。这正当以贯通于中国人之思想中,原以人之心当上通千古、下通万世,乃能显发此心之无限量来加以说明的。

至于孔子宗周攘夷,以及历代儒者讲夷夏之辨,固然是一事实。但此中亦有"夷狄而中国,则中国之"的思想。依心性之学来说,"则心之量无限,故凡为人之心性所印可的文化学术,即为吾人心性之所涵容摄取,而不加排斥。此即《中庸》上之所谓道并行而不相悖。由此以成就中国文化的博大的性格。而博大亦是悠久的根源。所以中国是对宗教最宽容的国家。佛教的三武之难,及义和团事案,其原因皆由政治因素而来,而不来自文化自身"①。如果要解释中国古人何以如此重视夷夏之辨,其真正之理由,只在中国之文化之客观价值,是较古代之四夷为高,故不应用夷变夏。至于其他民族中文化之好的部分,依此道理,中国人则当接受而保存之。总之,中国文化历史的保存之受重视,并在实际上已保存数千年,其核心理由就是我们之心思,上通千古,下通万世。

(八)中国文化之发展与科学

要想知道一种文化理想之不足,应先了解其向什么方向伸展,才更高更大,以反照出以前文化之缺点。作者提示在此应该从方法论上注意两点:一是"我们不能只以一外在的标准,来衡量中国文化之价值,指导中国文化之前途"②;二是不做简单的"加添法"(按照"加添法",应该把其他文化的理想都包括到中国文化的理想中去,使世界上所有的好东西,中国文化中都有。这未尝不是一理想的扩大,可以使中国文化更形丰富。但是别人有的我们没有,也并非什么严重的缺点),而是要注意"此文化之本身,要求向什么方向伸展"。

中国文化依其内在要求,不仅要使中国人由心性之学,以自觉其自我之为一"道德实践的主体",而且求其成为"政治主体"、"认识的主体"及"实用技术的活动之主体"。这就是说中国需要真正的民主建国,亦需要科学与实用技术。中国文化中须接受西方或世界文化,以使中国人之人格有更高的完成与民族之客观的精神生命有更高的发展,这是中国文化发展的途程中,原来所要求的。

在18世纪以前,在器物制造与工农业的技术方面,中国多高于西方。然而我们仍承认中国的文化缺乏西方科学中那种科学精神。西方科学的根本精神,乃超实用技术动机之上者。"西方

---

① 封祖盛.当代新儒家[M].北京:三联书店,1989:25."三武之难":在北魏太武帝和北周武帝即位期间,由于这两位皇帝偏向道教,并出于政治、经济等因素的考虑,曾两次在全国禁毁佛教。他们下诏平毁寺庙、没收寺产、限令僧尼还俗,甚至坑杀沙门。佛教史上将这两次灭佛,以及后来唐武宗、后周世宗分别发动的灭佛运动,称为"三武一宗灭佛"。因为其中前三次尤为苛厉,故又称"三武灭佛"、"三武法难"。但是北魏太武帝和北周武帝在毁佛后没几年都死了,新皇帝一即位就宣布改弦易辙,重兴佛教。北朝的皇帝多数是笃信佛教的,因此,佛教虽然遭受过短期的打击,但是继续一波一波地向前发展。驰名海内外的佛教雕塑群——云冈石窟、龙门石窟、麦积山石窟等,就是在此期间开凿的。

② 封祖盛.当代新儒家[M].北京:三联书店,1989:27.

科学精神,实导源于希腊人之为求知而求知"①。即暂时抛开一切实用的、道德的活动,以及利害的、道德的价值判断,让我们认识之心灵主体,一方如其所知的观察客观对象所呈现的现象,一方顺其理性之运用,以从事纯理论的推演;由此以使客观世界之条理,及此理性的运用中所展现之思想范畴、逻辑规律,呈现于心灵主体之前,而为其所清明的加以观照涵摄者。此种科学精神,毕竟为中国先哲之所缺。这才导致了中国的科学技术、利用厚生的活动不能尽量伸展。

而其根本症结,在于"中国思想之过重道德的实践,恒使其不能暂保留对于客观世界之价值的判断"②。于是由此判断,即直接的过渡至内在的道德修养,与外在的实际的实用活动,即由"正德",直接过渡至"利用厚生"。"正德与利用厚生之间,少了一个理论科学知识之扩充,以为其媒介;则正德之事,亦不能通到广大的利用厚生之事,或只退却为个人之内在的道德修养。由此退却,虽能使人更体悟到此内在的道德主体之尊严,此心此性之通天德天理——此宋明理学之成就——然而亦同时闭塞了此道德主体之向外通的门路,而趋于此主体自身的寂寞与干枯。至明末之王船山、顾亭林、黄梨洲,遂同感到此道德主体只是向内收缩之毛病,而认识到主体向外通之必要。"③然而,清代学者之精神虽欲向外通,然注意之点,仍归于诸外在之文物书籍,只知对其作考证训诂之功并以为能事。终乃精神僵固于此文物书籍之中,内既失宋明儒对道德主体之觉悟,外亦不能正德以利用厚生,遂产生中国文化精神之更大闭塞。

成为认识的主体,与成为道德的主体和实用技术的主体,三者之间的关系又是复杂的。比如,在从事认识活动时,要暂忘自己是道德的主体,只是成为认识活动的支持者。等到认识活动完成任务后,再施以价值判断,从事道德实践,并引发实用活动。这时道德主体,乃升进为能主宰三种主体之进退的主体,达到了最高的境界。最高的道德主体,是能主宰自身之进退,与认识的主体之进退者。"此即所谓人之最大之仁,兼涵仁与智者。在当用其智时,可只任此智之客观的冷静的了解对象,而放此智以弥六合,仁乃暂退隐于其后。当其不用智时,则一切智,皆卷之以退藏于密,而满腔子是恻隐之心,处处是价值判断,而唯以如何用其智,以成己成物为念。依此精神以言中国文化之发展,则中国文化,必当建立一纯理论的科学知识之世界,或独立之科学的文化领域;在中国传统之道德性的道统观念之外,兼须建立一学统,即科学知识之传承不断之统。而此事正为中国文化中之道德精神,求其自身之完成与升进所应有之事。亦即中国文化中道统之继续所理当要求者。"④

(九)中国文化之发展与民主建国

我们上文已说过,中国历史上缺乏西方近代民主制度之建立。除早期贵族封建政治外,自秦以下,皆为君主制度。其政治上的最高权原,在君不在民。这样,就发生了许多不能解决的问题,如君主承继、改朝易姓、宰相地位如何确定等。解决这些问题,全看君主的贤与能而得到不同的结果,以致中国之政治历史,显为一治一乱的循环之局。欲突破此循环,只有寄希望于民主政治制度之建立。

虽然中国迄今尚未能完成民主建国之事业,然而我们却不能说中国政治发展之内在要求不

---

① 封祖盛.当代新儒家[M].北京:三联书店,1989:28.
② 同上,第28页.
③ 同上,第29页。
④ 同上,第30页。

倾向于民主制度的建立；也不能说，中国文化内无有民主的种子。自中国最早的政治思想上说，即以民意代表天命。故承天奉命的人君必须尊重民意及接受民意之考验。史官直书，人臣在人君死后共同评定的谥法，都是对君主精神上的限制。后来又有代表社会知识分子在政府中的力量之宰相制度、谏铮君主之御史制度，以及提拔知识分子从政的征辟制度、选举制度、科举制度等，使君主的权力受一些道德上的限制，并使政府与民众之间经常有沟通的桥梁。只是这些制度本身，是否为君主所尊重，仍只系于君主个人之道德。如不尊重，并无宪法以限制之。中国的知识分子，仍可为君主及其左右所利用、压迫、放逐甚至屠杀。在此情形下，知识分子只能表现为气节之士。然此种"气节"，仍无救于政治之昏乱，国家之败亡，这一点反照出，中国政治权力内部的制约，应转为外部之人民权力，对于政府作出有效的限制。即由君主政治转为宪法政治。这样才能使由篡窃战争始能转移之政权，转化为政党之间作和平转移之政权。此即所谓中国君主政治制度的发展，以及中国文化对其的反抗与要求，倾向于民主制度之建立。

（十）我们对中国现代政治史之认识

为什么中国人民要求民主，而民主宪政终不能在辛亥革命后几十年间实现？则此中有社会现实的理由，亦有学术思想上之理由。

社会现实的原因：辛亥革命之成功，系依于早期变法图强的失败，汉民族主义意识的兴起，遂将清朝推翻。变法图强运动，虽亦要求立宪，然当时立宪之目标，只重在用新人以求富强。当时的思想中，虽然有民权民主之观念，但是人民并不清楚；或视民国之成立，只为中国历史上改朝换代之类。而中国社会自来缺乏各种宗教、经济、学术、文化之团体与地方自治之组织，及各阶级之对峙。民国初年之议员，多只是一种纯粹之知识分子，无社会客观力量以为其基础，亦不能真正代表社会某一组织某一阶层之利益。中国则一向唯以知识分子为中心，而此知识分子素未与工商界结合，又未与宗教、经济、学术、文化团体与地方自治组织结合。则民国初年之议会，必只成为社会中浮游无根知识分子之结合，其不能制裁袁世凯称帝、曹锟贿选，亦无足怪。我们看西方民主政治之起源，分明由于社会之各组织各阶层之利益，互相限制、互相争取而成立。而西方之议员，亦恒有社会之客观力量，以为其言论所以有效之基础。

学术思想方面的原因：中山先生之民权主义思想、民国初年之代议政治之理论，以至陈独秀办《新青年》之标出科学与民主之口号，固皆是民主思想。孙中山始终有由军政训政以达民主宪政之理想。然在国民革命的实际行动中，此民主宪政之观念，并不能凸显，为人所注意。而在国民党训政的廿年中，此观念几为党治观念所代替。

（十一）我们对西方文化之期望及西方所应学习于东方之智慧者

西方文化精神之最高表现，在其兼受希腊的科学哲学精神（理性）与希伯来之宗教精神（神圣）。至文艺复兴时，此二者即结合为个人人格尊严之自觉与精神上之自由之要求。由此而改革宗教、建立民族国家、运用理性形成启蒙运动。由改造自然而改造社会，二者相互为用，相得益彰，而政治上的自由与民主，经济上的自由与公平，社会之博爱等理想，遂相缘而生。"近一二百年来之西方文化，遂突飞猛进，使世界一切古老之文化，皆望尘莫及。凡此等等，盖皆有其普遍永恒之价值，而为一切其他民族所当共同推尊、赞叹、学习、仿效，以求其民族文化之平流竞进者也。"[①]

---

① 封祖盛.当代新儒家[M].北京：三联书店，1989：38.

然西方文明也带来问题。如宗教战争、劳资对立、民族压迫、核威胁、资本主义与共产主义的对立、欧美强国与亚非民族的矛盾等。这些问题虽多由自己解决,如以宗教自由原则平息了宗教战争。然问题之根源于西方文化本身之缺点者,至今仍存在。

西方人士初步反省,将之归为19世纪以来对亚非的侵略。进一步的反省是如罗素、斯宾格勒之说：西方人在膨胀其文化力量于世界时,同时有一强烈的权力意志、征服意志,于是引起被征服者之反感。照我们看来,此仅是表面的。真正的缺点,"乃在其膨胀扩张其文化势力于世界的过程中只是运用一往的理性,而想把其理想中之观念,直下普遍化于世界;而忽略其他民族文化的特殊性,对之缺乏敬意与同情,亦常不从其他民族文化自身发展的要求中,去看西方文化对其他民族文化的价值"①。

其实,希腊文化精神、希伯来精神、近代之实用技术精神三者结合正乃西方精神之长处、好处。西方文化欲更提升一步,除进一步发扬自身之外,尚可有学习东方之人生智慧之处。此有五点可说。

西方人应向东方文化学习之第一点,是"当下即是"之精神,与"一切放下"之襟袍。"西方文化精神之长处,在其能向前作无限之追求,作无穷之开辟。"但是在这种状态中,"人虽能以宗教上之上帝为托命之所,而在真实生活中,其当下一念,实是空虚而无可在地上立足"②。故西方之老人,多为凄凉寂寞之老人。西方历史上的强国,常为一仆不起、绝灭不世之强国。而中国文化以心性为一切价值之根源,故人对此心性有一念之自觉,则人生价值、宇宙价值,皆全部呈显,圆满具足。人之生命,即当下安顿于此一念中,所谓"无待他求,当下即是"之人生境界。中国以知进不知退为人生之危机,而此正是西方文化之特点。其所以不知退,则因在其当下精神中,实无可立足之地。学习"当下即是"之生活智慧,可增加西方文化自身之安全感与坚韧性。

其次,西方人重智,表现为概念之构成,以此为成就知识之必需条件。而沉浸于概念知识之积累者,无形中恒以概念积累之多少,定人生内容之丰富与否。此固有其一面意义。然因概念本身与具体人生就有一距离,且有局限性,易造成阻隔。人之精神中时时都背负着一种概念的东西,则胸襟不能广大空阔。造成与他人不可能有真实的(authentic)接触。我们与他人之真实接触,首先要心中全莫有东西,形成一生命之直接相照。概念虽可成为媒介(包括预定计划、抽象理想、标准、成见、习见等),亦可以成为阻隔。所以,为使人有真实的交接,都应一切放下。然后才可以与人有彼此生命间直相照射,直相肯定。此事似易实难,必须极深的修养。此平时工夫,是在我平日生活中,随时在自觉有东西时,随时超越之而放下。此放下之智慧,印度思想中名之为空之智慧,解脱之智慧。在中国道家称之为虚之智慧,无之智慧。中国儒家称之为"空空如也"、"毋意,毋必,毋固,毋我"、"廓然大公"之智慧。由此种智慧之运用,去看生活中之一切经验事物、理想事物,都使之成为透明无碍。于是人虽可照常的有概念的知识、理想,但他可以无执著,无执著则虽有而能超越此有,若无若有。这种智慧,要使百万富翁,觉其身无长物;使大政治家觉尧舜事业何异浮云过太虚。使一切大科学家、大哲学家之口,"如挂壁上";使一切大传教师,自觉"无一法与人";使一切外交家,自觉只是临时宾客。这种放下的智慧表现于印度的哲学宗教、中国之儒道禅思想风度及文学艺术中者,实值得西方人士先放下传统观念去体会、欣赏、涵泳,而后知其

---

① 封祖盛.当代新儒家[M].北京：三联书店,1989：39.
② 同上,第41页.

意味无穷。而其根源仍在于当下即是、一切平等之人生境界。

西方人应向东方文化学习之第二点,是一种圆而神的智慧。"一切放下"是消极的。"圆而神"则是积极的。"圆而神"是中国《易经》里的名词,与"方以智"对照的。西方科学哲学中的概念都是直的,一个接一个即成方的。这些普遍的概念原理都是抽象的,应用于具体事物,必对其有所忽略,有所抹杀。因此便不能曲尽事物之特殊性与个性。"要能曲尽,必须我们之智慧,成为随具体事物之特殊单独的变化,而与之宛转俱流之智慧。这种智慧之运用,最初是不执普遍者,把普遍者融化入特殊,以观特殊,使普遍者受一特殊者规定。但此受某一种特殊之规定之普遍者,被人自觉后又成一普遍者;仍须不执,融入特殊中,而空之。于是人之心灵,得再进一步,使其对普遍者之执,可才起即化,而只有一与物宛转之活泼周遍之智慧之流行。因此中对普遍者之执,才起即化,即如一直线之才向一方伸展,随即运转而成圆,以绕具体事物之中心旋转。此即一圆而神之智慧。或中国庄子思想所谓'神解''神遇',孟子所谓'所过者化,所存者神,上下与天地同流'。此神非上帝之神,精神之神。神者,伸也,人只以普遍之抽象概念原理观物,必有所合,亦有所不合。有不合处,便有滞碍。有滞碍,则心之精神有所不伸。必人能于其普遍抽象之概念原理,能才执即化,而有与物宛转俱流之圆的智慧,而后心之精神之运,无所不伸。故谓圆而神之智慧。此种智慧不只是一辩证法的智慧,而略近于柏格森之所谓直觉。"①但柏格森之直觉,只是其个人之哲学观念,而中国人则随处以此圆而神之智慧,体会自然生命,观天地化几,欣赏赞美活的人格之风度,以至以此智慧观时代之风会气运之变,并本此智慧,以与人论学,而应答无方,随机指点,如天籁之流行。我们在中国之文学艺术,与《论语》、《孟子》、《世说新语》、禅宗语录、宋明语录,及中国先儒论学书信中,皆可随处发现此种智慧之流行。是皆待于人之能沉潜涵泳于中国文化之中,然后能深切了解的。西方人亦必须有此圆而神的智慧,乃能真与世界之不同民族,不同文化相接触,而能无所阻隔,并能以同情与敬意与之相遇,以了解其生活与精神之情调与心境;亦才能于其传统文化中所已认识之理型世界、知识世界、上帝世界、技术工业世界,分门别类的历史人文世界之外,再认识真正的具体生命世界,与人格世界与历史人文世界中一切,与之感通。而西方学者,亦才能于各自著书立说,自成壁垒之外,有真正的交谈,而彼此随时能相悦以解。

西方人应向东方文化学习之第三点,是一种温润而恻怛或悲悯之情。西方人之忠于理想,及为社会服务之精神,与对人之热情与爱,都恒为东方人所不及,这是至可宝贵的。但人对人之最高情感,不只是热情与爱。人之权力意志与占有之念,都可透入于对人之热情与爱之中。要使之不透入,在西方主要赖其宗教信仰,所陶冶之谦卑,及视自己之一切功德,皆所以光荣上帝,服务于上帝,亦由上帝之恩典而来之种种心情。但是人之权力意志,亦可借上帝作后盾,自信自己之所行,已为上帝所嘉许,而更向前施展。要使问题解决,只有在开始对人之热情与爱中,便绝去其权力意志与占有之念之根。要去此根,则爱必须真正与敬同行。爱与敬真正同行,其涵义之一,是如我觉我对人之爱,是原于上帝,泉源是无尽的上帝之爱,则我们对他人之敬,亦同样是无尽之敬。而此中对人之敬,亦可是敬人如敬上帝。中国所谓仁人之"事亲如事天"、"使民如承大祭",即此之谓。此处不容许一个回头自念,自己是信上帝的,知道上帝之爱的,而对方却不是。如此一想,则觉对方比我低一级,而我对人之敬,则必有所不足。对人若须真实之敬,则必须对人有直接的、绝对的、无条件的、真视"人之自身为一目的"的敬。能有此敬,则人对人之爱,皆通过礼而

---

① 封祖盛.当代新儒家[M].北京:三联书店,1989:44.

表现之,于是爱中之热情,皆向内收敛,而成温恭温润之德。而人对人最深的爱,则化为仁者之恻怛之情。此可通于佛家的悲悯。① 恻怛悲悯,与一般之爱不同。一般之爱,只是以自己生命精神之感情,视人如己的向人流注,可夹杂"对人加以占有之念"之泥沙并下。而"恻怛悲悯,则只是自己之真实存在之生命精神,与他人之生命精神间一种忐忑的共感,或共同的内在振动。此中,人对人自然有真正的同情,亦有情流,向人流注。但这些情流,乃一面向外流注,一面亦为自己所吞咽,而回到自己,以感动自己;遂能将此情流中之夹杂的泥沙,加以清洗。

西方人应向东方文化学习之第四点,是如何使文化悠久的智慧。西方近代文化虽极精彩灿烂,但如何能免于如希腊罗马文化之衰亡,已有不少人忧虑及此。文化是各民族精神生命之表现。自然,一切表现,都是力量的耗竭。耗竭既多,则无一自然的存在力量能不衰。人之自然的精神生命之力,亦然。"欲其不衰,人必须一方面有一由上通古今,下通万世之历史意识,所成之心量,并由此心量,以接触到人心深处,与天地万物深处之宇宙生生之原。此宇宙生生之原,在西方称为上帝。在一般宗教生活中,只赖祈祷与信仰,来接触上帝。上帝对于人,终不免超越而外在。且由祈祷信仰来接触上帝,乃只是以人之超越向上的心灵或精神,与之相接触,此尚非直下以吾人生命存在自身与之接触。要使生命之存在自身与之接触,吾人还须有一段大工夫。此一段大工夫之开始点,乃在使吾人生活中之一切向外表现之事,不只顺着自然的路道走,而须随时有逆反自然之事,以归至此宇宙生生之原,而再来成就此自然。这正是我们以前所说之中国历史文化,所以能长久所根之智慧。它不只是一中国哲学的理论,而是透到中国之文学、艺术、礼仪之各方面的。"依这种智慧,中国人在一切文化生活上,皆求处处有余不尽,此即所以积蓄人之生命力量,使之不致耗竭过度,而逆反人之自然的求尽量表现一切之路道,以通接于宇宙生生之原者。"而以此眼光,看西方近代文化之只求效率快速,这中间正有一大问题存在。在当前世界,以中国人从前之尚宽闲之从容之态度来应付,固然有很多不适宜之处。但是近代西方世界,带着整个人类奔驰。人纵皆能乘火箭到星球世界,而一人飞上一个星球,还是终沉入太空之虚无。此并未得人类文化以及西方文化自身,真正长久存在之道。西方人亦终当有一日会感到只有上帝之永恒,而无历史之悠久,人并不能安居乐业于此世界,到星球中,亦不可久居。"② 这时西方人当会发展出一上通千古下通万世之心量。本此心量,以接触宇宙生生之原,而生活上处处求有余不尽之价值,并会本此心量,而真重视到父母祖宗之孝,并为存宗祀而生子孙,为继承祖宗遗志,而求文化之保存与延续,以实际地实现文化历史之悠久。

西方人应向东方文化学习之第五点,是"天下一家"之情怀。现代人,在其作为一国家之公民之外,必须同时兼备一"天下人"之情怀,而后世界真有"天下一家"之日。中国人自来喜言"天下"与"天下一家"。为养成此情怀,儒、道、墨、佛之思想,皆有所贡献。墨家要人兼爱,道家要人与人相忘,佛家要人以慈悲心爱一切有情,儒家要人本其仁心普遍涵盖之量,而以"天下为一家,中国为一人",本仁心而相信"人皆可以为尧舜",本仁心以相信"东西南北海,千百世之上,千百世之下之圣人心同理同"。儒家之讲仁,与基督教之讲爱,有相通之处,因基督教之爱,亦是遍及于一切人的。

但基督教要先说人有原罪,其教徒是本上帝之意旨,而由上至下,以救人。基督教是一制度

---

① 封祖盛.当代新儒家[M].北京:三联书店,1989:45.
② 同上,第47页。

的宗教,内对各宗派,并无真正的平等。异端与不信者,是要入地狱的。如此,则基督教对人之爱虽似一无条件,但仍可以有一条件,即信我的教。而照儒家的意思,只要是人,同有能成圣而与天合德之性。儒家并无教会的组织,亦不需要人皆崇拜孔子,因人本皆可成圣而同于孔子。此即使儒家之教,不与一切人之宗教成为敌对。儒家有天地观念,而无地狱观念,亦无地狱以容异端。"万物并育而不相害,道并行而不相悖",乃儒家之信仰。则人类真要有"天下一家"之情怀,儒家之精神实值得天下人学习,以为未来世界之"天下一家"作准备。

以上所说西方应向东方学习者,并不完备。尽可由人再加以补充。

(十二)我们对世界学术思想之期望

对于中国与世界之学术之方向,还有几点主张可以提出。

第一,现代人类学术的主要方向,是各民族对于文化缺点自己反省,把人类之前途问题,当做一整个问题来处理。除分门别类的专门研究外,人类还须发展出一大情感,以思索整个人类共同的问题。以对各民族文化的敬重与同情,对人类苦难真正的悲悯与恻怛之仁的大情感,来求各民族文化有价值方面之保存与发展,并为互相并存、互相欣赏、互相融合的"天下一家"之世界作准备。

第二,要培养此种大情感,运用理智对各种自然社会人类历史做客观冷静的研究,只是一个方面。人类应当还有一种学问,就是"把人类自身当做一主体的存在,而求此主体之存在状态,逐渐超凡入圣,使其胸襟日益广大、智慧日益清明,以进达于圆而神之境地,情感日益深厚,以使满腔子是恻怛之仁和悲悯之心的学问。这种学问不是神学,亦不是外表的伦理规范之学,或心理卫生之学,而是一种由知贯注到行,以超化人之存在自己,以升进于太神明之学。此即中国儒者所谓心性之学,或义理之学,或圣学"①。这一种学说,并未成为西方文化学术之核心。而人不能超化其存在之本身,以向上升进于神明,则人之存在本身不能承载上帝,而宗教信仰随时可以动摇;也承载不起自身所造之知识世界,与科学技术所造成之文明世界,故核子弹似随时要从人类手中滑出去以毁灭人类自己。亦承载不起由自身所定之政治社会之法制组织,对个人自由反施之压迫。此即为现代极权国家,对个人自由反施之压迫。产业社会之组织对个人自由,亦同有此压迫。人类承载不起人类自身之信仰及所造的东西,"此根本毛病,正在人类之只求客观的了解世界,以形成知识,本知识以造理想,再将此理想,不断客观化于自然与社会,成为如存在于人生以外之文化物财。其不断积累加重,而自成一机械的外在桎梏。遂非人力所能主宰。此处旋乾转坤的学问,则在人之主体的存在之真正自作主宰性之树立。而此主宰性之树立,则系于人生存在自身之超化升进。此一种学问,亦即中国人之所谓立人极之学问。人极立而后人才能承载之所信仰,并运用人之所创造之一切,而主宰之。这是这个时代的人应当认识的一个大学问"②。

第三,中国文化及世界文化发展的理想,是文化精华的大融合,而此目标之达到,即希腊文化中之重理智、理性之精神,由希腊之自由观念、罗马法之平等观念发展出之近代西方文化中民主政治的精神,希伯来之宗教精神,与东方文化中之天人合德之宗教道德智慧,成圣成贤之心性之学、义理之学,与圆而神之智慧、悠久无疆之历史意识、"天下一家"之情怀之真正的会通。此理想要何时实现,我们不知道。但要有此理想,我们当下即可有。当下有此理想,而回到我们各人自

---

① 封祖盛.当代新儒家[M].北京:三联书店,1989:50.
② 同上,第50-51页。

己现实之存在的地位来努力。

作者在《文化宣言》的结尾表示：中国和西方在历史上曾互相推崇和蔑视。现在是应以平等眼光互视对方的时候了。人类同应以一通古今之变、相信人性之心同理同的精神来共同担负人类的艰难、苦难、缺点，同过失，然后才能开出人类的新路。

二、现代新儒家对待世界文化的基本态度

《文化宣言》发表于半个多世纪之前，但是它的基本精神并没有过时。现代新儒家所申明的对待世界文化的基本态度，经受住了岁月风尘的洗刷，证明是正确的。四位作者的学生杜维明、刘述先、成中英等人，现在已经成长为国际知名的现代新儒家代表，活跃在世界各地的学术活动中。由于长期过着国际化的生活，他们对中国文化与世界文化的关系有了更多观察的机会，对中国文化，特别是儒家文化在世界文化中的真实地位有了更真切的体会。简而言之，他们对中国文化与世界文化的关系有如下几点基本看法：

第一，中国文化是世界多元文化中的一元，与其他文化是平等的关系。西方文化固然失掉了领导地位，可是中国文化也不可能取而代之。所谓"到21世纪中国文化必将成为世界的领导文化"只是一厢情愿，是无知的妄语。

第二，全球化时代文化的交流、融合是大趋势。中国文化应该保持自己的民族性、独特性，同时也应该积极、主动地参与世界文化的对话、交流和创造。

第三，中国文化有自己的独特价值，可以为人类的文明、进步继续作出贡献；同时，中国文化也可以向其他文化吸取更多的养分来发展、充实自己。

中国文化现在施行"走出去"战略，以更积极、更开放的姿态加入到全球化的激流中。在此时刻，现代新儒家的这些观点对我们是有重要的启示作用的。

第四节　现代新儒家思潮与青年

在本节我们将了解现代新儒家对青年有什么要求和期望，生活在现代社会的青年，他们对现代新儒家又有什么认识和感受，而产生这些认识和感受又是受到哪些因素的影响，我们应该如何引导青年正确看待现代新儒家。

一、现代新儒家对青年的期望

现代新儒家对青年的为人、处世、治学等方面，都有论述，对青年寄予了殷切的希望。他们对青年的期望可以归结为以下四个方面。

（一）关于人生

梁漱溟认为，人类生命的意义在创造。"人类为什么还能充分具有这大生命的创造性呢？就因为人的生命中具有智慧"[①]。他希望青年能在不断创造中，实现人生的意义。他很重视青年的教育问题，指出："教育就是帮助人创造。他的工夫用在许多个体生命上，求其内在的进益开展，

---

① 李凌已.梁漱溟学术文化随笔[M].北京：中国青年出版社，1996：17.

而收效于外。无论为个人计,或为社会打算,教育的贵重,应当重于一切。可惜人类直至于今,仍然忽视创造,亦就不看重教育(还有许多不合教育的教育),人类生命的长处,全被压抑而不得发挥表现。"①

唐君毅也谈到人生在世的意义,"人生在人伦人情中,也在人文中。离开了人伦关系与人情,莫有人生。离开了人在自然界所创造的文化,也莫有人生。人必须在家庭中生活,在朋友中生活,在社会国家中生活,在国际世界中生活,也在对于自然界之真理之认识、美之欣赏、及对自然界之一切文化活动中生活。"②他认为现在的世界,是一个人化于物的世界。人们忘了人生与植物之生和动物之生的区别。"人也或只知求生于自然世界,不知生于内心之世界。只知求我生,不知求人(他人之人)生。只知求暂生不知求永生。而求永生者,又或外于人伦人情人文而求永生;而不知即人伦人情人文中以见永生。鲁莽灭裂之论,火驰而不返,而生人之道苦,世界于以大乱。"③

唐君毅在论及青年的人生时谈到:"希望青年以其自觉的努力,充实培养其自然的德性。这样他到壮年才能如花繁叶密,枝干坚固,成就事业;中年才能如平湖秋月,胸怀洒落,功成不居;老年才能如冬日之可爱,以护念提携下一代之青年。春夏秋冬,四时之气,周行不息,而后岁岁年年,人道赖以永存。"④

(二) 关于做人

梁漱溟在论述合理的人生态度时,谈到:"大约一个人都蕴蓄着一团力量在内里,要藉着一种活动发挥出来,而后这个人一生才是舒发的,快乐的,也就是合理的。我以为凡人都应当就自己的聪明才力找个相当的地方去活动。总而言之,找个地方把自家的力气用在里头,让他发挥尽致。这样便是人生的美满;这样就有了人生的价值;这样就有了人生的乐趣。"⑤他对现代青年的只顾自己,不顾他人的自私自利观念,深表关切,"据我所见,我们一般青年真是可怜悯,像是大家都被'私的丝'缠缚了一身,都不能剥掉这种缠缚,超出私"⑥。

贺麟认为:"一个人要认真生活,认真做人,就需要有自觉的正大的使命,这样生活才有意义与价值。"⑦他希望青年人各自及早确定自己一生的使命,自己去寻求自己的终身工作,同时他认为,关于做人问题,是与道德修养密切相关,这种切身的人生问题,要靠青年自己反省、体察、自求解答,他人只能尽提醒启发之责。

钱穆在《告新亚同学们》一文中,谈到:"理想正是面对着忧与困而来。理想便正要在忧与困里打开一出路。你懂得面对自己的忧与困,你便会产生你自己个人的理想;你懂得面对社会大众的忧与困,你便会产生对社会大众的理想;你懂得面对国家民族乃全世界人类的忧与困,你便会产生对国家民族乃至世界人类的理想。在面对此种种忧与困中有学问,在面对此种种忧与困中

---

① 李凌己.梁漱溟学术文化随笔[M].北京:中国青年出版社,1996:18-19.
② 唐君毅.青年与学问[M].桂林:广西师范大学出版社,2005:90-99.
③ 同上,第90-99页.
④ 同上,第1-5页.
⑤ 李凌己.梁漱溟学术文化随笔[M].北京:中国青年出版社,1996:3-7.
⑥ 李凌己.梁漱溟学术文化随笔[M].北京:中国青年出版社,1996:3-7.
⑦ 宋志明.贺麟新儒学论著辑要——儒家思想的新开展[M].北京:中国广播电视出版社,1995:437-444.

有智识,因而有理想,因而有事业。"①他希望青年学子们由于自己的忧与困,进而了解社会大众国家民族乃至世界人类之种种忧与困,这便是青年该求的真学问,也便是青年该有的真智识。只有有了这样的学问与智识,自会有理想,自会有理想的人生。

谈到学者或求学的青年应否有政治信仰,贺麟认为:"凡是学者专家以及有知识的青年,均应有政治信仰。或均应设法培养成健全的政治信仰和正常的政治兴趣。无论个人的政治信仰与现政权契合与否,各人均应有其裨益于国家前途、人民福利的合理的态度。"②

（三）关于治学

熊十力论及如何为学时说到:"为学最忌有贱心和轻心。此而不除,不足为学。举古今知名之士而崇拜,不知其价值何如也,人崇而己亦崇之耳。此贱心也。轻心者,己实无所知,而好以一己之意见衡量古今人短长。此轻心也。贱心则盲其目,轻心且盲其心。由此二者,欲其有成于学也,不可得矣。"③他不但反对盲目崇拜,而且认为做学问的关键是要变化,要有所创新,若不能变化创新,则其所谓学问,亦不过粪渣的学问而已。

唐君毅主张青年治学问,用思想,都要向难处去,深处去,高处去,远处去,大处去。"先看分量重,而不大看得懂的书,先想不易想得通的问题,以及先求把握不能全把握的义理。诚然,全不能消化,也是不好的。但我们也不能先自以为不能消化而畏难才是。如果这样,学问又死了。"④

徐复观在《怎样当一个大学生?》一文中,对大学生如何治学,怎样才能成为一名优秀的大学生,做了详尽的论述。"就求学时的当下精神来说,一定是为学问而学问,为知识而知识。但就求学的根本动机,及求学的整个归结来说,则一定是为了对时代负责,对国家、民族,乃至整个人类来负责。"⑤他认为,"以天下为己任",今日有出息的大学生应该是如此。

熊十力在谈到读书时,说:"凡读书,不可求快。吾常言,学人所以少深造者,即由读书喜为涉猎,不务精探之故。天下事无幸成之功,学问是何等工夫,奚容以轻浮心,浅尝为辄耶!"⑥

唐君毅认为,读书可以增加思想的广度和深度。他在谈到读书的重要性时说:"好多年来,因中国社会急速变化,许多人主张读书不是学问中最重要的。所谓死读书,读死书,读书死。这诚然有毛病。但是不读书,而只自恃聪明智慧以思想一切,判断一切,也恒不免肤浅。这样虽未必死,但也是不能真活的。必须要以自己之活的聪明智慧,与书中人聪明智慧合起来。书活了,我自己也才真活了。"⑦

方东美曾对如何学哲学,提出了自己的独特见解:"我常告诉同学,学哲学的人第一课先要请他坐一次飞机。平常由常识看去,吾人生在人间世,但对人间世并没有充分的了解。甚至生在此世,对世界也不知欣赏只知诅咒。稍不如意,便由痛苦经验去误解、诅咒世界,认定它为荒谬。学哲学的人如果只认识此世之丑陋、荒谬、罪恶、黑暗,就根本没有智慧可言。"⑧他认为应该由高

---

① 钱穆.新亚遗铎[M].北京:三联书店,2004:25-27.
② 宋志明.贺麟新儒学论著辑要——儒家思想的新开展[M].北京:中国广播电视出版社,1995:445-460.
③ 郭齐勇.熊十力学术文化随笔[M].北京:中国青年出版社,1999:233.
④ 唐君毅.青年与学问[M].桂林:广西师范大学出版社,2005:24-35.
⑤ 胡晓明,王守雪编.中国人的生命精神——徐复观自述[M].上海:华东师范大学出版社,2004:140-145.
⑥ 郭齐勇.熊十力学术文化随笔[M].北京:中国青年出版社,1999:240-241.
⑦ 唐君毅.青年与学问[M].桂林:广西师范大学出版社,2005:6-10.
⑧ 黄克剑,钟小霖.当代新儒家八大家集——方东美集[M].北京:群言出版社,1993:44.

空以自由精神回光反照此世,把它美化;在高空以自由精神纵横驰骋,回顾世界人间,才能产生种种哲学和智慧。

（四）关于知识分子的使命

什么是知识分子,他们需要怎样的担当,怎样定位知识分子,也是现代新儒家所关注的重要问题。

牟宗三谈到:"知识分子立身处世之道,就是相应政治经济的现代化,依据个性原则(个人兴趣之所在,才分之所宜),充分发挥自己之所长与所好。若想兼善天下,从事政治,则必须遵守政治之常规;教主之意识必须废弃。若想移风易俗,扶持教化,则必须从文化教养的立场,依据道德宗教之本性,来从事个人的践履与修行,此则无穷无尽。成圣成贤,成仙成佛,尽需无限的智慧与才能以赴之,绝无'才智无用武之地'之境。若从事学术研究,则必须依据学问的客观规范,在学问的正当途径中,以内在的为学而学之兴趣,勤勉以赴。"①

徐复观主要论及中国知识分子的责任,他认为:"中国知识分子的责任,乃在求得各种正确知识,冒悲剧性的危险,不逃避,不诡随,把自己所认为正确、而为现实所需要的知识,影响到社会上去,在与社会的干涉中来考验自己,考验自己所求的知识的性能,以进一步发展、建立为我们国家、人类所需要的知识。"②

杜维明对知识分子的定位是:"典型的现代意义的知识分子是虽学有专精、业有专长但却因关切政治、参与社会和关心文化而能超越狭隘的职业主义,并能吸收人类文学的智慧,在理论探索与生活实践中体现人文精神的儒者。"③他认为这类知识分子(儒者)并非文艺复兴时代那种多彩多姿的理想人格的重现,也不是棋琴诗画面面俱到的文人雅士的翻版,而和孟子所谓左右逢源而深造自得的士君子,有一脉相承的痕迹。

综上所述,现代新儒家对青年人的期望表现为:关于人生,他们期望青年人能在不断创造中,在人伦人情中,在对于人生的不断了解中,在努力培养其自然德性中,实现人生的意义;关于做人,他们期望青年人首先要有合理的人生态度,认真生活,认真做人,及早确定一生的使命,勇于面对忧与困,树立远大理想,并且要设法培养健全的政治信仰和正常的政治兴趣;关于治学,期望青年做学问应该要踏实、有主见,而且要有所创新,以天下为己任,重视读书,不断增加思想的广度和深度;关于知识分子,他们期望青年人要真正承担起作为知识分子的责任,把自己的兴趣与社会的需要相结合。

二、当代大学生对现代新儒家的态度

青年永远都是各种社会思潮的最先反映者,是各种社会思潮的积极参与者、追随者、传播者和实践者,而青年知识分子群体,是青年思想意识活动的核心,大学生又是其中最活跃的成分。当代大学生对待现代新儒家是什么态度呢?

通过观察网络上与现代新儒家相关的论坛,并与对现代新儒家有一定了解的大学生和部分网友进行了交谈和讨论,笔者发现,可以将当代大学生对待现代新儒家的态度归为四种基本类

---

① 王岳川.牟宗三学术文化随笔[M].北京:中国青年出版社,1996:61.
② 胡晓明,王守雪.中国人的生命精神——徐复观自述[M].上海:华东师范大学出版社,2004:137-139.
③ 郑文龙.杜维明学术文化随笔[M].北京:中国青年出版社,1999:3-8.

型：第一种是对现代新儒家一无所知；第二种是有一定的了解，但很笼统模糊，称之为"模糊者"；第三种是比较了解而且很认同它所提出的思想理论，称之为"认同者"；第四种是比较了解但对它的主要观点和结论表示质疑和批评，称之为"质疑批评者"。下面通过对后三种类型的分析，归纳出当代大学生对待现代新儒家的基本态度。

（1）高度评价现代新儒家的人格魅力和学识修养。无论是"模糊者"、"认同者"还是"质疑批评者"，他们对现代新儒家各位大师都怀有深深的敬意。现代新儒家的各位大师，虽然他们的活动基本是在书斋和讲坛上，但他们透过文字，表现出对民族文化生命的高度责任感，体现了儒家知识分子的精神修养。梁漱溟、熊十力、贺麟、冯友兰、钱穆、方东美等几代大师，不仅自己学术成果丰富，价值极高，而且培养出一大批后来者，为中华民族文化的复兴不懈努力。他们并不只是有一种怀旧和思古的幽情，而是在强烈的民族情感的驱使下，肩负起对传统文化"好自护持，毋令断绝"的责任。尤其是他们在抗日战争中表现出来的民族精神，为中国知识分子乃至世人树立了良好的榜样。

（2）大学生普遍认为，对现代新儒家所作的贡献应该给予充分的肯定，现代新儒家在保持和继承中华民族优秀的传统文化上是功不可没的。现代新儒家学者弘扬民族文化，对于增强国人的民族自信心、振奋民族精神，起到了重要的作用。他们虽然被称为"文化保守主义"者，但是他们并不保守、僵化，他们做的工作，不仅仅是对传统的保守存留，更重要的是他们在不断地挖掘中国传统文化的现代价值，探索实现中国传统文化的现代转化的途径问题，推动中国的传统文化与世界文化交流、对话，吸收西方先进文化使之与中国文化融合、会通，以使中国传统文化能够适应时代发展的要求，更好地被大众所接受和传承。大学生们认为，儒家思想经过大半个世纪的沉沦岁月之后出现新的转机，如果没有现代新儒家几代人持续不断的努力，儒家思想绝不会有今天的面貌。

（3）对现代新儒家"返本开新"基本纲领的认同存在分歧。现代新儒家的"返本开新"说或"内圣开出新外王"说，是当代大学生中"质疑批评者"主要针对的观点。他们认为，一方面现代新儒家思想的产生和发展都深深地根植于中国传统文化特别是儒家文化，而在儒家传统中的外王层面，今天仍然可以借鉴的思想资源非常有限。另一方面，现代新儒家所提倡的由道德人格的完成而成就科学与民主事业的理想，缺少充分的理论依据和现实基础。

同时，大学生对现代新儒家过分地夸大道德的作用也提出了质疑。这一点明显地体现在对西方民主和法制思想比较认同的大学生中。他们认为在中国向西方学习的过程中，过去更多地是借鉴其科学技术和管理经验，所以民主和法治的发展仍然落后于西方。现在，我国的经济越来越发展，经济与民主法治现状的矛盾也越来越明显。在解决社会问题方面，道德不是万能的，只能起一定的作用。他们还认为，在物质文明高度发达的今天，现代新儒家"道德至上"的主张显得超凡脱俗，与现代人充满竞争和压力的生活环境格格不入。

（4）对现代新儒家未来发展前景的看法不一致。"认同者"认为，现代新儒家重视人与自然的和谐、物质生活与精神世界的和谐，重视伦理道德、家庭和睦、社会和谐等，高扬的是人文精神。这一特质将会使它在未来的世界文化多元格局中占有重要的地位。"质疑批评者"表示，现代新儒家提出的从"内圣"开出"新外王"的道路只是一种文化理想，缺乏可行性途径。因此，它已经失去了在当前社会存在的现实性，而逐步发展成为一个走向消解的群体。

以上三种类型的态度只是出于理论研究的需要而划分的,其实在每一个大学生身上,这三种态度往往是混合的:他们对现代新儒家有赞同,也有质疑甚至反对,但是总体上认识比较模糊。这种状况表明,一方面,多年来我们对大学生进行的马克思主义理论教育已经收到了成效,特别是历史唯物主义关于社会存在与社会意识、经济基础与上层建筑相互关系的原理,已经成为大学生分析、评价现代新儒家思潮的方法论指导;另一方面,这种运用还是比较初步的、稚嫩的,还需要加强指导和引导。

更值得注意的是,随着现代新儒家思潮的传播,第一种"无知者"会越来越少。现代新儒家思潮影响的扩散,是必然的趋势。

三、现代新儒家思潮影响扩散的原因

现代新儒家思潮影响的扩散,与20世纪以来中国社会思潮的基本格局、与中国近年的崛起、与"国学热"等文化现象都有关系。

(一)现代新儒家思潮影响的扩散与20世纪以来中国社会思潮的基本格局有关

在20世纪的中国,激烈变动的社会局面致使政治、经济、思想文化都呈现出十分复杂的情况。自五四运动以来形成了中国马克思主义、自由主义的西化派和以现代新儒家为主要代表的文化保守主义鼎足而三的局面。新中国成立以后,这三大社会思潮都还存在,但是它们之间的地位和力量对比发生了变化,形成了新的格局。马克思主义与中国革命和建设的实践相结合,取得了伟大的胜利,从根本上改变了中国社会的面貌,也在很大程度上对整个人类历史的发展进程起了重要作用,现在是中国社会主义事业的指导思想。虽然,对马克思主义中国化过程中成功和失败的经验教训,现在仍然在不断地进行探索和总结,但是毫无疑问,经过近一个世纪的传播和发展,马克思主义已经占据了中国现代历史舞台的中心,成为了主流。而西化派在历史的进程中,则逐渐降下自己的旗帜,但还不能说其思想影响已经消失。

三大思想潮流中,最为特殊的就是现代新儒家。方克立教授认为:"在现代中国的各种思想潮流中,除了马克思主义之外,比较具有继往开来意义、在理论上有一定的创造性、影响较大而且生命力较长久的,唯有现代新儒家。"①自20世纪20年代创立以来,现代新儒家薪火相传,不断扩大自己的影响。1949年以后,现代新儒家的中心由大陆转移至我国香港、台湾地区及海外,但其思想和队伍并没有停止发展,反而达到其鼎盛时期;经过近一个世纪的努力,直至进入21世纪,它仍然表现出不衰的生命力和影响力。

三大思潮之间一直存在着互动的关系。"互动"既意味着互相斗争、互相排斥,也意味着互相交流、互相启发、互相吸收。现代新儒家是非马克思主义思潮,它的内部成分相当复杂,有些代表人物有不赞成甚至反对中国走社会主义道路、反对中国共产党的言论。对此,我们应该坚持以历史唯物主义的观点进行分析评价。但是从总体上来看,现代新儒家不是马克思主义的敌人。"马"、"中"、"西"三学格局在比较长的时期内将继续存在。有些学者甚至提出了按照"马魂中体西用"的思路进行中国社会主义先进文化综合创造的思路。②

---

① 方克立.关于现代新儒家研究的几个问题[J].天津社会科学,1988(4).
② 参见:方克立.关于马克思主义与儒学思想的三点看法[J].高校理论战线,2008(6);李翔海.马魂中体西用论的文化意义[J].高校理论战线,2008(8).

（二）现代新儒家思潮影响的扩散与中国近年的崛起有关

1949 年现代新儒家的活动转移到我国港台地区之后，其状况可以用"儒门惨淡"、"花果飘零"来形容。转机出现在 20 世纪 70 年代。韩国、新加坡、中国香港和中国台湾的经济腾飞创造了"东亚奇迹"。当时世界经济刚刚经历了两次石油危机，后来 80 年代拉美国家债务危机又导致西方和拉美国家严重的经济衰退。"西方的没落"使一些学者把目光转向东亚，探寻其在经济上崛起的原因。研究的结果是不同的学者不约而同的都注意到了其中文化因素的作用，尤其是儒家文化的作用。这就为现代新儒家走向世界、成为一种国际性的思潮提供了机缘。它的乘风而起在一定程度上是借助了经济发展之势。

中国自 20 世纪 70 年代末起进行改革开放，三十多年来取得了伟大的成就。随着中国国力的不断增强，国际地位的日益提升，中国人民的民族自信心也大大地增强了。振奋民族精神，弘扬民族文化，增强民族凝聚力，成为全国人民的共识和普遍心声。在中国崛起的过程中，在改革开放中出生、成长的年轻一代，精神上受到极大的鼓舞，激发出高昂的爱国主义热情，积极投身到振兴中华的伟大事业中。在此背景下，中国青年在文化上迫切要求"寻根"，了解、学习、继承、弘扬民族文化，成为青年人的精神需求。现代新儒家思潮以探求传统文化与现代化的关系为主题，以及它的民族主义者形象，能够满足这种需求。这是它与青年的契合点。更因为它兼有深刻理性和强烈情感两方面的优势，增强了它的感染力、吸引力，在教育程度比较高的青年群体中扩散其影响是必然的。

（三）现代新儒家思潮影响的扩散与"国学热"有关

近年来国内兴起了一股"国学热"，现代新儒家思潮影响的扩散与之有一定的关系。

1. 国学的定义

国学，从广义上说是"一国所有之学"[①]，与海外"中国学"或"汉学"研究的对象、范围大体相同。学界目前所讲的"国学"，就其指称对象和时空范围来说，多数学者实际上已取得基本一致的看法，即作为与"西学"相对的概念，也即中国传统之学术。推而广之，又不仅限于指学术或学问，而实际上成为"中国传统文化的别称"[②]，既包括思想文化、制度文化、物质文化、行为文化，也包括生活方式、风俗信仰等。

2."国学热"的兴起和表现

20 世纪 80 年代末 90 年代初，中国大地上兴起了一股"国学热"，至今，这股"国学热"还呈现出一种持续升温的趋势，其主要表现有：

学者提倡——如 2004 年 9 月 5 日，许嘉璐、季羡林、杨振宁、任继愈、王蒙等 72 位著名学者在北京举行的"2004 文化高峰论坛"闭幕会上公开发表了《甲申文化宣言》，表达了"与海内外华人一起，为弘扬中华文化而不懈努力"的愿望。[③]

民间发动——本世纪初开始，国学启蒙性质的私塾和国学馆数量剧增，如北京的"安定门国学馆"，海口的"国学启蒙中心"，苏州的"菊斋私塾"，武汉的"童学馆"等，这些私塾和国学馆，基本都是以"读经"作为其主要的教学方法和教学内容，儿童读经运动盛极一时。同时，秉承"着汉家

[①] 邓实. 国学讲习记[J]. 国粹学报，第 19 期.
[②] 李中华. 对国学热的透视与反思[J]. 理论视野，2007(1).
[③] 王彦坤. 国学热的持续升温与值得思考的几个问题[J]. 济南学报，2009(1).

衣冠,兴礼仪之邦"的理念,着汉服、行古礼在当下颇为流行,汉服婚礼、汉风摄影也受到越来越多的人的接纳和欢迎。

媒体助阵——2001年7月9日,中央电视台正式开播讲座式栏目《百家讲坛》,内容为中国历史和中国文化,以通俗易懂的形式,将中国文化的经典之作传播于民众之中,如易中天"品三国"、于丹解读《论语》、《庄子》等。虽然这些学者的讲授受到一些人的质疑,但其影响也是超乎寻常的。2006年1月10日,《光明日报》正式推出《国学》专版,首期刊发文章《国学与二十一世纪》,阐述"国学"内涵与发展概况。

高校响应——国内许多高校纷纷成立国学研修班和国学研究院,如1992年北京大学成立中国传统文化研究中心(后更名为国学研究院),清华大学主办"应用历史与国学高级研修班",复旦大学哲学系主办"国学与文化高层精修课程班",2005年中国人民大学也成立了国学研究院。

政府支持——总的来说,"国学热"的兴起,是好事,合乎时代之潮流,顺乎人心之所向,对我国文化的发展,会起到一定的推动作用,因此很多地方官员,倾向于对"国学热"表示支持。但是,"国学热"在其发展过程中,也出现了一些需要警惕的问题:一是媒体过分地炒作,从而产生的所谓"快餐文化"现象,对大众有一定的误导作用;二是在商业利润的促使下,部分人以此作为牟利的机会,市场上出版的国学书籍良莠不齐,商业化运作的国学班收取"天价"学费;三是一些传统文化中的封建迷信糟粕借机沉渣泛起。这些都在群众中造成了不好的影响,需要我们谨慎对待。

"国学热"的出现和升温有其必然性和一定的合理性。国际方面,由于人与自然、人与社会、国家和民族之间、宗教之间的矛盾和冲突日益加剧。因此,中国传统文化中的人本思想,引起国际学术界的重视。国人受此鼓舞,激发起弘扬中国传统文化、复兴"国学"的热情。国内方面,民族意识勃兴,要求在对民族文化认同和推崇的基础上弘扬"国学",也就成了必然趋势。同时,在发展市场经济的过程中又遇到了比较普遍的道德问题,自然会把目光转向传统文化,试图从中找到解决的办法。中国的传统文化,特别是儒家的伦理道德修养与教育,就成了"国学热"的重点。

那么,"国学热"和现代新儒家思潮影响的扩散到底是什么关系呢?我们说,两者是有区别的,又是互相借势的。

3. "国学热"与现代新儒家思潮的区别

首先,"国学热"与现代新儒家的不同之处就在于二者的基本课题不同。"国学热"的基本课题是传播、弘扬中华传统文化,也有"文化搭台,经济唱戏"之目的。而现代新儒家的基本课题是回应"双重困境"的挑战,谋求现代条件下儒学的新发展。

其次,"国学热"与现代新儒家思潮属于不同的文化形态。现代新儒家思潮开始时是一种学术思想流派,属于精英文化,经历三级传播后逐渐被大众了解、接受而演变为社会思潮,它的核心仍然是精英文化。

从五四时期诞生起,现代新儒家的思想传播,就已经从学术界逐渐走向大众。尤其在20世纪70年代以后,在第三代现代新儒家的努力下,随着亚洲"四小龙"的崛起,现代新儒家思想才开始在更大的范围传播。在新加坡的文化再生运动中,为了在中小学开设《儒家伦理》这门课程,教育部门聘请了国际驰名的八位当代新儒学专家,来指导编写教学大纲、教材,培训师资。首席顾问就是美国哈佛大学教授杜维明。这是海外现代新儒家把儒家伦理民众化的一次成功实验。其步骤是先从学校课程开始,再推向社会,学校和社会互相促进。①

而我国的"国学热"从兴起之日起就走的是大众化、通俗化、生活化的路子,是不折不扣的大众文化。与现代新儒家思潮相比而言,"国学热"没有集中的主题和系统的理论;热点分散;参与的人群范围广泛,不仅有研究国学的专家学者,而且有众多的听众、观众、网民。"国学热"的传播方式更多样化,网络、电视、报纸、杂志一起参与,信息量更为丰富,大众更容易接受。

4. 有限借势——"国学热"与现代新儒家思潮传播的关系

"有限借势"是说,"国学热"抬高了现代新儒家思潮的受重视程度,并从现代新儒家学说中获得理论支撑。但是现代新儒家思潮的传播也受到"国学热"一定程度的阻碍。

由于"国学热"的兴起,使得越来越多的人对国学感兴趣,希望了解中国传统文化。在这样的社会需求下,现代新儒家思潮受重视的程度得到一定的提高。与此同时,"国学热"也在不断从现代新儒家的思想学说中吸收营养成分,获得理论支撑,以促进其自身的发展。

但是,"国学热"的世俗化和生活化,以及其快餐式的传播方式,容易误导大众,将博大精深的中华传统文化肤浅化。在这种情况下,在普通大众心里,现代新儒家高深的研究论著,例如"道德形而上学"、"良知坎陷"论等,就显得有点谈玄说妙,不切实际。古人讲学以致用、经世致用,这种务实的态度早已深入人心,成为中华民族的民族性格的基因。所以,现代新儒家维护传统、弘扬儒学虽然是得到群众的肯定的,但其实用性却遭到人们的质疑。因此,"下里巴人"的"国学热"的普及,对于"阳春白雪"的现代新儒家思潮的传播具有一定的阻碍作用。

四、用马克思主义引导青年正确对待现代新儒家思潮

马克思主义理论工作者历来对现代新儒家很重视。从五四时期起,在马、中、西三学的论战中,李大钊、陈独秀、邓中夏、瞿秋白、鲁迅、郭沫若、胡绳等人都曾撰写文章,对它进行分析和批判。

新中国成立后,留在大陆的现代新儒家代表人物基本停止了活动。大陆与港台及海外的儒学交流也处于隔绝、停顿的状态。直到改革开放以后,从20世纪80年代初才恢复了有关学术交流。从此,用马克思主义为指导进行现代新儒家思潮乃至整个中国传统文化的研究,就成为我国思想意识形态领域的重要任务。

张岱年先生曾提出了中国文化建设的"综合创造"论:"社会主义新中国文化的创建,必须以马克思主义普遍真理为指导,发扬继承中国文化的优良传统,同时吸收近现代西方文化的先进成就。这就是中国新文化建设必须遵循的客观规律。"②这样一种汇通中西的综合创新之路,与现代新儒家有许多理论上的共识。

我国研究现代新儒家思潮最著名的专家方克立教授也指出,在批评现代新儒家的某些错误的理论观点的同时,也要充分肯定他们在维护和发扬中国民族文化传统、谋求中国文化现代化方面所作出的努力和贡献,认真吸收他们所取得的理论思维成果,总结经验教训。③ 首先,在全盘西化论盛极一时,中国文化面临巨大危机的情况下,现代新儒家独树一帜,强调民族文化发展的

---

① 陈立思. 当代世界的思想政治教育[M]. 北京:中国人民大学出版社,1999:296-297.
② 张岱年. 文化与价值[M]. 北京:新华出版社,2004:12.
③ 关东. 现代新儒学研究的回顾和展望——访方克立教授[J]. 哲学研究,1990(3).

连续性和本位性,这是需要肯定的;其次,他们从人文主义角度探索中国哲学的特质和现代意义,留下了很多有影响的著作,具有很高的借鉴价值。

但是,自从以蒋庆等人为代表的"大陆新儒家"浮出水面,情况就发生了变化。"大陆新儒家"提出了几个核心观点,对马克思主义在中国的指导地位发出了挑战。[①]

首先,他们提出了"华夷之辨",把马克思主义看做是一种非我族类、入主中国的外来文化。他们坚持"华夷之辨"的立场,明确提出了"以儒学取代马克思主义"、"儒化共产党"、"儒化中国"的口号。他们的典型言论是"要马统则不能有儒统,要儒统则不能有马统,两者不可得兼"。还有人提出"鹊巢鸠占"说,意思是中国的国家意识形态这个位子,本来应该是儒学的,现在被外来的马克思主义占领了,所以他们极力要恢复儒学在古代的那种"王官学"地位,希望重新回到"独尊儒术"的时代。其次,他们提出了"儒家社会主义"论。其代表人物在"政治儒学"中提出了"通儒院"、"庶民院"、"国体院"三院制的"王道政治"方案,并主张重建以儒教为国教的"政教合一"国家。

对"大陆新儒家"以上言论,马克思主义理论家旗帜鲜明地进行了驳斥,指出:"大陆新儒家"要与马克思主义争夺主导意识形态的地位,这就不是一个简单的学术问题了,反映了当今中国意识形态领域斗争的复杂性和尖锐性,也说明马克思主义与儒学的关系已成为思想斗争的前沿问题之一。

儒学是在中国2000多年封建社会中长期占统治地位的意识形态。马克思主义则是当今中国的主导意识形态。二者在同一个国度里先后居于主导意识形态的地位,它们之间有没有关系?是什么关系?这个问题的实质是马克思主义怎样对待传统的思想文化,也涉及马克思主义本身的本土化即中国化的问题。

当代中国马克思主义十分重视发掘和批判继承儒学中的精华,包括道德价值、人文理想、民本主义、社会和谐思想等,都受到执政党和学术界的重视,注意研究马克思主义与儒学的相容相通问题。这是当前中国思想界的主流。

当代中国马克思主义已经从理论和实践上找到了一条解决马克思主义与儒学关系问题的正确途径,不论是中国特色社会主义理论体系还是社会主义核心价值体系,都从包括儒学在内的中国传统文化中吸取了不少思想资源。不过有一个重要前提,就是必须坚持以马克思主义为指导。马克思主义与儒学的关系是主导意识与支援意识的关系。马克思主义的一元主导地位越明确、越巩固,就越能以开放的胸襟吸收传统文化和外来文化的精华为我所用,综合创新,与时俱进。[②]

我们在青年接触现代新儒家思潮的过程中,要随时注意意识形态领域的动态,围绕理论争论的焦点、热点,指导青年学习运用马克思主义的观点、立场、方法进行分析,透过现象,认清实质,提高辨别能力。

思考题

1. 什么是现代新儒家?它的主题是什么?
2. 你对现代新儒家学说中哪些内容最感兴趣?为什么?
3. 在全球化时代你对中国的文化建设有什么看法?现代新儒家学说对你有启发吗?
4. 如何用马克思主义引导青年正确对待现代新儒家思潮?

---

① 方克立.关于马克思主义与儒学关系的三点看法[J].高校理论战线,2008(6).
② 同上。

第五章 "自我"的发现和消解：
科学主义、反理性主义、后现代主义

这一章我们将讨论西方"现代"和"后现代"的哲学思潮。

所谓"现代"西方哲学思潮，指的是与马克思主义同时代、在马克思主义诞生的前后，也就是 19 世纪 40 年代开始形成和流行起来的西方哲学思潮。它们为数众多，情况复杂。其中影响比较大的实证主义和意志主义，后来又分别演变成科学主义思潮和反理性主义思潮。现代西方哲学是在以黑格尔哲学为代表的古典哲学终结以后产生的，是西方哲学史上一个全新的时期。它们研究和回答的，全都是与现代资本主义的时代特征相关联、在现代资本主义社会中十分突出的现实问题，所以是"现代"哲学。

"后现代"从时间上看当然是"现代之后"。后现代主义产生于 20 世纪中叶，到 20 世纪末的时候，已经形成了对"现代性"的全面挑战。其实，现代哲学和后现代主义都是对自近代以来的理性传统、对工业社会进行反思的产物，只不过由于时代的前后差异，它们的面貌、风格和角度、重点不同而已。例如，虽然"自我"、"主体"仍然是它们共同的对象，然而它们的态度和结论是大相径庭的。正因为如此，本教材把它们放到一起，希望通过分析、比较，能够更准确、深刻地把握其精神实质。

科学主义思潮和反理性主义思潮流传到中国后已经在中国社会产生了较大的影响，而后现代主义思潮的影响正在扩散中。

第一节 科学主义思潮及其在中国的影响

科学主义思潮是指由实证主义发端，经马赫主义、逻辑实证主义、批判理性主义直到历史主义等学派组成的思潮。因其标榜以科学方法论为研究对象而得名。

总的来说，科学主义是对旧的思维方式进行批判的产物，产生于理论革新的要求之中。

从社会背景上看，19 世纪中叶，资产阶级巩固了统治地位，资本主义生产已进入机器大工业时期。资产阶级与无产阶级、劳动群众的冲突日益激烈。无产阶级已经作为独立的政治力量登上了历史舞台。资产阶级迫切需要一种能够调和阶级矛盾、安定社会秩序、统一人的思想和行动的理论。

从科学发展方面看，产业革命带来了科技的巨大进步，技术开始自觉地从科学中寻求指导。人们比以往更重视和崇拜科学，同时也要求哲学能及时总结自然科学的成就，为自然科学的发展提供指导。而西方古典哲学中的机械唯物主义和思辨唯心主义已不能适应这样的要求。

从哲学理论方面看，古典哲学暴露了极严重的理论缺陷。黑格尔无所不包的绝对观念体系，贝克莱、休谟的经验主义、怀疑论、不可知论、独断论，机械唯物主义，互相冲突，使得从认识论出发建立起来的哲学体系陷入了困境。

而上述历史条件,要求哲学家摆脱古典主义的思维方式的影响,走出一条不同于古典哲学的理论道路,实现由古典哲学向现代哲学的转变。科学主义应运而生。

科学主义拒斥"形而上学",企图以自然科学的"实证精神"改造和统一科学部门,建立统一的综合哲学体系,为科学提供方法论指导;它强调知识的"实证性",断言只有建立在实证基础上的知识才是确实可靠的,而只有经验知识即关于事物的现象知识才是这种确实可靠的实证知识。至于"经验"或"现象"背后存在的本质和规律,是无法认识的,只能交给神学家去论证。

一、实证主义

实证主义产生于19世纪三四十年代初的法国。它的创始人奥古斯特·孔德(Auguste Comte,1798—1857)是法国哲学家和社会学家。他曾经担任过空想社会主义者圣西门的秘书,因意见不合分手,在巴黎自设哲学讲座,任教授。后因患精神病入疯人院。主要著作有《实证哲学教程》(1830—1842年)、《实证哲学概观》(1848年)、《实证政治体系》(1851—1854年)、《主观的综合》(1856年)等。

"实证"(positive)一词来源于拉丁文 positivus,原意是肯定、明确、确实。实验自然科学称为"实证科学",以与经院哲学相对立。孔德称自己的哲学是"实证哲学",表明他的哲学是一种以近代实验科学为依据的"科学哲学"。① 他的主要观点如下:

(一)"实证主义原则"

孔德认为,实证哲学是人类理智发展的最高阶段。经过神学和形而上学走向实证哲学,是人类理智发展的根本规律。他说自己认真研究了人类智力在各个不同的活动范围的发展,发现每一个知识部门都先后经历了三个不同的理论阶段:神学阶段,又名虚构阶段;形而上学阶段;科学阶段,又名实证阶段。② 神学阶段是出发点,实证阶段是最高阶段,形而上学阶段不过是二者之间的过渡。

在实证阶段,人们认识到经验是一切知识的来源与基础。因此,主观经验是认识能力和科学知识的界限,无法超越。对于超出经验范围的事物是否存在这一类问题,实证主义的原则是"不予理睬",不予讨论。孔德说:"事实上非常清楚,我们的能力根本无法把握事物内在本性、一切现象的起源和目的之类的问题。""探索那些所谓始因或目的因,对于我们来说,乃是绝对办不到的,也是毫无意义的。"③人类精神如果不钻进一些无法解决的问题,而仅限于一个完全实证的范围进行研究,是仍然可以在其中为自己最深入的活动找到取之不尽的养料的。

孔德对待形而上学④的这种态度,很多学生都不理解为什么。所以我们有必要在此简单地回顾一下康德的认识论哲学,因为它是孔德思想的重要来源之一。

---

① "科学哲学"在英语中可以有两种表达方式:philosophy of science 和 scientific philosophy。它们在汉语中都可以译作"科学哲学",不过前者指的是"关于科学的哲学理论",后者指的是"具有科学性质的哲学"。孔德在前一种意义上称自己的哲学是"科学哲学"。他之后科学主义思潮各流派也都是在同一意义上使用这一概念。这里的"科学"指自然科学。参见:张志伟,欧阳谦.西方哲学智慧[M].北京:中国人民大学出版社,2000:189-190.
② 洪谦.西方现代资产阶级哲学论著选辑[M].北京:商务印书馆,1982:25.
③ 洪谦.西方现代资产阶级哲学论著选辑[M].北京:商务印书馆,1982:30.
④ "形而上学"一词在不同的语境中有不同的含义,大体有两种:一是指与辩证法对立的思维方法,即静止地、孤立地、片面地看问题;另一种是指关于世界本体的学问。在科学主义思潮中,大多数是在第二种意义上使用。

伊曼努尔·康德（Immanuel Kant,1724—1804）是德国古典哲学的第一位代表。如果说,黑格尔和费尔巴哈的思想对马克思有重要影响,那么科学主义和反理性主义思潮的早期代表孔德和叔本华都深受康德的影响。康德在1770年之前主要研究自然哲学,提出了著名的关于太阳系起源的"星云假说"。1770年后,他致力于创立以"三大批判"即纯粹理性批判（认识论）、实践理性批判（伦理学）、判断力批判（美学）为骨架的批判哲学体系。我们用图5-1勾勒他的主要认识论理论。

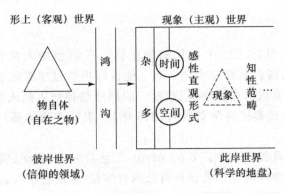

图 5-1　康德认识论理论的框架示意图

从图5-1我们可以看出,康德在形上（客观）世界和现象（主观）世界之间划了一条鸿沟。他假设客观世界中存在物自体（亦可翻译成"自在之物",图中用实线的三角形表示）,由它作用于人的感官,才有认识的发生。但是物自体并不是人的认识对象,它作用于人之后只是一堆"杂多",经过认识主体先天就有的时间、空间两种感性直观形式的加工、整理,以及知性范畴的改造,形成了"现象"（图中用虚线三角形表示）。"现象"才是人们认识的对象。康德认为,人的认识能力是有限的,只能认识现象,而不能认识物自体。假如人硬要超越自己的认识能力去认识物自体,就会陷入"二律背反"。怎么办呢？康德把鸿沟的左边叫彼岸世界,右边叫此岸世界。彼岸是信仰的领域、宗教的地盘,人们虽然不能够认识自在之物,却有必要坚信它的存在;虽然坚信它的存在,却必须承认它是无法认识的。此岸才是认识的领域、科学的地盘。如此一来,人们既可以放手去发展科学,又可保留信仰,各不相干,各有地盘,矛盾就解决了。

康德哲学是典型的折中主义、不可知论和主观经验主义。但是孔德却非常赞同"形而上学"应该留给神学讨论。孔德认为哲学史上争论了几千年而不能解决的那些问题,即主观经验之外是否有物质或精神存在,以及何者为第一性,何者为第二性的问题,是人类智力发展尚处于形而上学的阶段的产物,是非科学的,应该抛弃的。只有实证哲学与实证时代的精神是符合的。

（二）实证主义只是科学哲学

实证哲学"最大的雄心是发现各种现象的规律"。而规律是"经验"的,即经验中的或感觉之间的某种"不变的先后关系或相似关系",如两木摩擦后生热,这就是"先后关系",两木摩擦和两手摩擦均产生热,就是"相似关系"。科学的任务就是寻找这些关系,然后简化这些关系,把它们压缩到最小的数量,简化为最少量的关系。伽利略把各种物体下落时的时间和加速度的关系,简化为自由落体定律。开普勒、牛顿等人提出的定律,也是这样得出来的。这样做的目的是为了科学研究方便。以牛顿万有引力学说为例,引力理论只在"现象"（经验的现象）上解释了各种物体的重力,至于确定这种引力和重力的本身是什么,它们的原因是什么,这些问题我们一律认为无法解决,不再属于实证哲学的范围。我们有理由把它们让渡给神学家们去想象,或者交付给形而上学家们去作烦琐的论证。

孔德将科学分为五类,即天文学、物理学、化学、生物学、社会学。他的实证哲学不是处于这五种实证科学之外,而是用实证原则将它们联系起来,并给它们提供方法和原则,因而它绝不去讨论科学之外的问题,不去过问物质和精神的关系问题。实证哲学既不是唯物主义,又不是唯心主义,只是科学哲学。

约翰·穆勒(John Stuart Mill,1806—1873)和赫伯特·斯宾塞(Herbert Spencer,1820—1903)是实证主义另外两个重要代表。他们把实证主义传到英国并与英国经验论传统结合起来。穆勒用联想主义心理学来解释孔德的实证主义,斯宾塞则把实证主义运用到力学、生物学、社会学等方面,自称为"综合哲学"。

实证主义力图实现哲学主题的转变并倡导一种以实证研究为基础和准则的科学价值观。但他们对世界观、本体论问题的排斥限制了哲学研究的范围和功能,也使自己重蹈了主观经验主义哲学的覆辙。

二、马赫主义

马赫主义因其创始人恩斯特·马赫(Ernst March,1838—1916)而得名。马赫是奥地利著名的物理学家、生物学家、心理学家、哲学家,出生于现属于捷克的切尔利斯—图尔斯。马赫主义的另一位创始人是德国的理查德·阿芬那留斯(Richard Heinrich Ludwing Avenarius,1843—1896),他出生于巴黎,后来一直在德国(现瑞士)的苏黎世大学读书、任教直至去世。他俩素昧平生,但却在相同的历史条件下,从相同的立场得出了相同的结论。因为阿芬那留斯写过一本名为《纯粹经验批判》的书,所以马赫主义又可称之为"经验批判主义"。"经验批判"即对经验进行清洗,去弃其中的唯物主义成分。

马赫主义产生于19世纪70年代,流行于19世纪最后三十年和20世纪初,与尼采哲学、新康德主义大体同时。当时在自然科学中居于带头地位的物理学,正处在由古典物理学向现代物理学过渡的时代,许多新实验表明了牛顿力学的相对性。而许多物理学家,由于不能摆脱把牛顿物理学奉为绝对真理的形而上学观点的束缚,而陷入极端的思想混乱。马赫主义就是在这样一种背景下产生的哲学。它把自然科学发展对形而上学机械论的否定,等同于对唯物主义的否定;把对绝对主义真理观的否定,当做对绝对真理与相对真理相统一的辩证法的否定,宣扬一种主观唯心主义和相对主义的观点。它产生后,不但在自然科学家和哲学家中流行,而且还渗透到工人运动内部。马赫本人在物理学方面的突出成就也有助于扩大它的影响。为此列宁撰写了《唯物主义与经验批判主义》(1909年5月出版)这部名著,揭露和总结了它从绝对主义出发、经过相对主义滑向唯心主义的理论思维教训。之后,马赫主义本身江河日下。但它的理论直接影响了实用主义、逻辑实证主义和逻辑实用主义等许多流派。

马赫继续坚持孔德的"实证主义原则",反对德国古典哲学那种包罗万象、抽象思辨的研究方法,强调科学应当起源于把思想适应于一个确定的经验领域的过程。但他也对实证主义做了某些修正。马赫的主要观点如下:

(一)"要素(感觉)是第一性的"

马赫认为,孔德的实证主义主要是建立在生物学、物理学的巨大成就基础上的。但19世纪以来自然科学的发展表明,心理的事实作为认识的来源与物理事实同等重要。因此,科学要发展,当务之急是要把心理学与物理学的成果沟通起来,打破传统上物体、物质与自我心灵之间的严格区分。他把贝克莱的"物是感觉的复合"改为"物是要素的复合"。要素(element)也可译成"元素",万物由元素构成,这样比较容易让人接受。但"要素""既不是物理的,也不是心理的",而是"中性"的,超乎物质和精神的对立之上,是非心非物、心物同一的东西。但他又说,物体不过是颜色、压力、空间、时间这些我们称之为感觉的东西复合而成的。"自我"也不过是与一个特殊物体(身体)联结在一起的、显得相对恒久的记忆、心情、感情等心理感觉的"复合体"。在传统哲学中被看做最终的实在的物质、精神、物体、自我等,其实都"只是代表要素复合体(感觉复合体)的思想符号"[①]。

(二)"函数关系论"

马赫否认一切客观的因果关系。他说,既然世界是由经验构成的,在经验世界中,就只有或然性、相对性而没有必然性。经验只告诉我们过去,不能告诉未来。经验是变化的。欧氏几何认为两点间直线最短,而非欧几何却告诉我们两点间曲线最短。所以,自然界中没有必然性,必然性只是人们在科学实验中和生活中的一种有用的假设。所谓因果关系,只不过是经验事实之间的依存关系,是心理联想。所以应该用函数关系代替因果论。

(三)"思维经济原则"

马赫、阿芬那留斯都提出,对于事实要用最少量的思维上的消费,作出尽可能完善的陈述。这就是"思维经济原则"。本来,科学要求高效率,注意思维的确定性、简洁性,所以要求"经济的"思维并不错。但他的观点实际上是:构成科学理论的要领只是一些经济简便的符号,至于科学的内容是否来自客观世界,则是没有意义的问题,无须考虑。这就把符号与指称对象割裂了。既然如此,一切理论都不过是"作业假设",因此,它们没有什么绝对的正确与错误之分,只有方便与不方便之分。如天文学上的"地心说"和"日心说",都可以说是方便的。这些思想,与实用主义非常接近。

阿芬那留斯的观点与马赫大同小异。此外,马赫主义的重要代表人物还有俄国的波格丹诺夫、法国的彭加勒等,不一一详述。

列宁当年对马赫主义的批判是在一定的阶级斗争、国际共产主义运动内部斗争的背景下进行的,所以他的着眼点在于提出并坚持划清唯物主义与唯心主义界限的党性原则。在马克思、恩格斯相继去世后,原来被他们击败了的各种资产阶级、小资产阶级思潮纷纷卷土重来,并且出现了伯恩斯坦(Ed. Bernstein)的修正主义。奥地利社会民主党领袖阿德勒(Alfred Adler)甚至提出要把马赫主义与马克思主义结合起来,说它们的精神实质是一致的,可惜马克思主义只有社会历史观而没有自然观和认识论,因此历史唯物主义要在马赫主义提出的自然科学理论基础上进行"修正"。列宁揭穿了马赫主义的实质是主观唯心主义和不可知论,它标榜自己超越了唯物主义和唯心主义的对立是虚伪的、不可能的;指出要坚定地发展唯物主义哲学。《唯物主义与经验

[①] 马赫.感觉的分析[M].北京:商务印书馆,1986:23.

批判主义》于 1930 年第一次被译成中文出版，对我国思想界产生了巨大的影响，后来被指定为广大干部和党员必读的马克思主义哲学教科书。

以今天的眼光看，马赫主义的"要素说"试图从物理学与心理学相结合的角度确定哲学研究的自然科学基础，这是一个新的理论视角，引进了认识论中的主体因素，也做了跨学科综合研究的新尝试。他的"函数关系论"丰富了人们对于事物联系的多样性、可定量性的认识，为把数学方法、量化研究引入更多的学科提供了方法启迪。

三、逻辑实证主义

逻辑实证主义亦称逻辑经验主义，在广义上，它包括逻辑原子主义、狭义的逻辑实证主义（维也纳学派）和日常语言学派。它的构成和名称都比较复杂，更因为它以对科学命题进行逻辑分析为特色，又统称"分析哲学"或"科学哲学"。

逻辑实证主义产生于 20 世纪初，从 20 年代中期到 30 年代末是它的全盛期。30 年代末，由于德国希特勒的反动统治和迫害，维也纳学派解体，其成员大多移居美国。40—50 年代逻辑实证主义在美国蓬勃发展，取代了当时实用主义的主导地位，并在 50 年代产生了"逻辑实用主义"。

逻辑实证主义的产生离不开当时科学革命的两大成果：现代物理学与数理逻辑（符号逻辑）。现代物理学的高度抽象化、数学化的特征，使感觉经验世界与数学逻辑的关系，以及科学知识的客观有效性问题变得日益尖锐起来。逻辑实证主义顺应这种要求，企图以现代逻辑技术来解答这些问题。它把哲学问题归结为语言分析，追求思想及其表达的清晰性和确定性。以知识的精确性代替绝对的包罗万象的知识体系，这也是对新老黑格尔主义绝对唯心主义的反叛。它以符号语言分析为哲学的基本方法而独树一帜。众多的逻辑实证主义哲学家的理论建树，标志着科学哲学的成熟。从思想渊源看，它又是对实证主义的主观经验论和"拒斥形而上学"传统的继承，所以是第三代实证主义。

（一）逻辑原子主义：逻辑是哲学的本质

逻辑原子主义是逻辑实证主义的先驱，主要代表人物有罗素和维特根斯坦。

伯特兰·罗素（Bertrand Russell, 1872—1970），英国著名的数理逻辑学家、哲学家、社会活动家。1950 年获诺贝尔文学奖。他与怀特海合著的《数学原理》（1910—1913 年出版）奠定了逻辑分析的理论基础。《我们关于外部世界的知识》（1914 年出版）是逻辑原子主义的代表作。

罗素早期的思想是新实在论。1914 年后抛弃了柏拉图的客观主义，扩大马赫的主观经验主义，从而形成了自己的"逻辑原子主义"。

什么是"逻辑原子"？罗素把经验世界归结为许多孤立的"原子事实"的机械集合。原子事实不是客观存在的物质"事物"，而是人们主观感觉到的感觉事实材料。"原子命题"是"原子事实"的逻辑表示，是逻辑结构中不可再分的、最简单的原始命题，亦称"逻辑原子"。"逻辑原子"不是人们习惯理解的物质"微粒"，而是构成事物的观念。他说，要了解任何主题的实质的途径是分析，对某一事物不断进行分析，直至无可分析为止，那时剩下的就是逻辑原子。如"这朵花是红的"、"这朵花比那朵花香"等就是"原子事实"，而"花"、"红"、"香"这些单个的词，没有任何意义，不能构成语言和逻辑中的基本单位。"原子命题"陈述最简单的"原子事实"，几个原子命题连接起来就构成分子命题。许多原子命题、分子命题按照逻辑法则进行推理便构成语言系统。语言系统与经验世界的关系是表述与被表述的关系，二者一一对应。逻辑法则具有必然性，原子事实来自经验,但是逻辑法则的必然性决定了经验世界构成形式的必然性。"纯粹逻辑和原子事实是两个极端,一个完全是先天的,一个是完全经验的"①。

罗素对"什么是哲学"、"哲学是干什么的"这类问题,给出了惊人的回答:"逻辑是哲学的本质。"罗素认为,"只要是真正的哲学问题,都可归结为逻辑问题"②。这里的"逻辑",指的是数理逻辑。哲学是以数理逻辑为工具,对科学陈述(命题)进行分析的活动。据此,罗素为自己的新哲学提出了四条纲领,以区别于旧哲学:第一,认识必须局限于经验范围,否则就是独断论、形而上学;第二,新哲学的任务是对科学陈述进行逻辑分析;第三,逻辑分析不能给人任何新知识;第四,逻辑分析的意义是使科学的陈述逻辑清晰,不至于引起思想混乱和理智的迷惑。特别是第四条,表明罗素认为哲学的作用就是保证科学体系的严密性或正确性,科学的任务才是提供关于世界和人生的新知识。

路德维希·维特根斯坦(Ludwig Wittgenstein,1889—1951),生于奥地利维也纳,是罗素的学生。他的著作《逻辑哲学论》(1922年出版)还没有发表就曾对罗素产生过深刻的影响。但是从1933年起,他抛弃了逻辑原子主义,转向日常语言学派。因此人们以此为界划分了维特根斯坦思想的早期和后期。

早期的维特根斯坦赞同罗素关于"逻辑是哲学的本质"的观点,并且更进一步提出"全部哲学都是语言批判"。他认为,"哲学的目的是使思想在逻辑上明晰。哲学不是理论,而是活动。哲学的工作主要由解释构成的。"③语言是表述经验事实的,因而语言表达必须限于经验范围之内。经验范围之内的是可说的,说了有意义,人们听得懂。经验范围之外是不可说的,说了没意义,人们听不懂,因此就应保持沉默。他在《逻辑哲学论》一书中开宗明义地指出:"这本书的整个意义可以概括如下:凡能够说的事情,都能够说清楚,而凡是不能说的事情,就应该沉默。"④在维特根斯坦这个命题中,已经包含了后来逻辑实证主义的另一个重要的原则,即"经验证实原则"。

(二)逻辑实证主义:寻找意义

这里说的是狭义的逻辑实证主义,其核心是一个以维也纳大学为活动中心的哲学团体,亦称维也纳小组。德国哲学家莫里茨·石里克(Moritz Schlick,1882—1936)是维也纳学派的创始人。其他成员还有:鲁道夫·卡尔纳普(Rudolf Carnap,1891—1970),美籍德裔著名数理逻辑学家、哲学家;魏斯曼(1896—1959),奥地利数学家、物理学家、哲学家;纽拉特(Otto Neurath,1882—1945),奥地利科学家、哲学家、社会学家及经济学家等。1929年,维也纳小组在布拉格召开国际哲学会议,发表了题为《维也纳学派——科学的世界观》的宣言,正式宣告维也纳学派成立。1931年费格尔等发表了《逻辑实证主义:欧洲哲学的一个新运动》,由此获得逻辑实证主义的称号。逻辑实证主义在德国、波兰、英国、法国都有代表,是广泛传播的国际性思潮。

20世纪30年代是逻辑实证主义的全盛时期,但是到30年代末,维也纳学派解体。其内部原因是出现了现象主义和物理主义的学术分歧。外部原因则是希特勒执政后的政治迫害。1936年石里克惨遭枪杀,之后维也纳小组以及柏林学派、华沙学派的成员纷纷移居美国,活动中心遂

---

① 洪谦. 西方现代资产阶级哲学论著选辑[M]. 北京:商务印书馆,1982:238.
② 同上,第221页.
③ [奥地利]维特根斯坦. 逻辑哲学论[M]. 北京:商务印书馆,1962:44.
④ 同上,第20页.

转移到美国。40—50年代逻辑实证主义在美国蓬勃发展,并取代了当时实用主义的主导地位,后来又以各种方式与实用主义结合,形成了一些变种,如逻辑实用主义。60年代后,逻辑实证主义完全衰落了。这一方面是由于不可抗拒的自然原因,其主要代表人物陆续去世或者退休;另一方面是在理论上,遭到来自蒯因、波普尔和历史主义、日常语言学派等的批驳、挑战。但是,逻辑实证主义作为哲学运动的消沉,并不意味着它学术影响的消失。逻辑实证主义在西方哲学中仍然保持着持久的影响力。

逻辑实证主义的纲领是"捍卫科学和拒斥形而上学"。他们继承了罗素和维特根斯坦的观点,认为哲学的任务就是逻辑分析。石里克说:"哲学本来的工作就是寻找论断和问题的意义,并且把这些意义搞清楚。"①命题要有意义必须满足两个条件:一是符合逻辑句法的规则;二是必须和事实联系,成为事实的图像。科学的理论由有意义的命题组成,"形而上学"的理论由无意义的命题组成。因此逻辑实证主义的中心问题就是意义问题以及通过意义标准划分科学与形而上学的界限,进而清除形而上学。下面介绍其主要观点。

1. "经验证实原则"的困扰

如何划分科学与形而上学的界限呢?逻辑实证主义提出了"经验证实原则",即:一个命题的意义就是它的证实方法。所谓"证实",是指用经验来证实。凡是可以用经验来证实真或伪的命题,就是有意义的,否则就是没有意义的。这个原则的缺陷是太绝对了,所以自它提出之后,逻辑实证主义就花费了大量的精力不断地对它进行补充和修订。

首先,他们要说明,所谓经验的可否证实,是指"原则上"的可否证实,而不是技术上的一时可否证实。例如"火星上是否有生命"这个命题,在技术上一时证实不了,但原则上是可以的,所以是有意义的。而"经验之外是否有物质存在",就是伪命题、无意义的了。

其次,必须承认经验证实的间接性。因为科学应区分事物的本质,而本质是不能被经验直接证实的。所谓间接证实,就是在直接经验的基础上,通过演绎推理的方法证实。如"这把钥匙是铁做的"是一个有待证实的命题,它只能通过下列推理得到证实:"铁受磁铁吸引","这是一块磁铁","这把钥匙放在磁铁附近","这把钥匙会被磁铁吸住"。这样原命题"这把钥匙是铁做的"就得到了间接证实。但间接证实仍然有或然性,因为"磁铁能吸铁"只是一个经验归纳命题。此外,直接的经验证实也有不可靠之处,如感觉中有错觉和幻觉,感觉经验有主观性和私人性,彼此无法交流,不能确定究竟以谁的经验为准。

在这样的情况下有一部分哲学家放弃了经验的内容证实,而改以经验的表述的证实,即以共同的经验观察记录陈述作为判别命题真伪的基础。由此分歧,逻辑实证主义分成了两派。坚持内容证实的,叫"现象主义";以语言证实的,叫"物理主义"或"约定主义"。

2. "语言的两种职能"

按照经验证实原则,不仅"世界本体是什么"这一类形而上学问题被排斥在哲学之外,就连善恶美丑这样一些伦理学、美学中的价值问题都被视为"伪"命题而拒之门外。为此,他们遭到了"否弃道德原则"、"无视美丑区别"的社会责难。为逃避责难,卡尔纳普又提出了"语言两种职能"说。语言有表述职能(representative function)和表达职能(expressive function),分别表述经验事实和人的内心情感。相应的,命题也分两类:有意义的(在认识论或科学知识方面的,如真伪)

---

① 洪谦.西方现代资产阶级哲学论著选辑[M].北京:商务印书馆,1982:267.

和有价值的(如社会生活方面的,如美丑)。形而上学命题是无意义的,却是有价值的,因为它表达了哲学家的情感和心理倾向。"一元论"表达了哲学家内心的"和谐宁静",二元论表示"永久奋斗",唯心论表示"内向性",唯物论表示"外向性"等。而宗教神学也有价值,因为它能给人"安慰和希望"。他们之所以反对哲学研究形而上学问题并不是因为它没有社会价值,而是因为它的"欺骗性,给人以知识的假象,而不具备任何知识性"。他们表白说:"经验论者并不与形而上学有所矛盾。他对形而上学家说:'我不懂得你说的是什么'。"[1]可见他们否定形而上学命题的意义是仅就其认识论的意义而言的,他们并不否定形而上学有表达性的意义。"对于那些与我们一样被称为反对形而上学的人们来说,一切有意义的哲学问题,都是属于句法范围以内的。"[2]现在哲学的任务只应该是对科学作逻辑分析,更具体地说,是对科学的语言系统作句法分析。

3."物理主义——方法论的唯物主义"

逻辑实证主义宣称,他们只反对本体论的唯物主义,不反对方法论的唯物主义。相反,还坚持后者。卡尔纳普是主张"物理主义"的。这种理论认为,科学应该是统一的,任何科学的语言都应翻译成物理语言,即用色、声、味、方、圆、大、小等概念统一起来。那么,人的心理如何用物理概念来表达呢?如喜、怒、哀、乐、痛,怎么表达?卡尔纳普说可以用行为主义来解决,即用躯体的外部行为来代替内心的心理活动。描写心理的语言与描写躯体外部状态的语句是等值的,可以转换,如"发怒"可转换为"呼吸加快,脉搏加强,肌肉紧张"、"咬牙切齿"等。他认为物理语言为科学的统一化奠定了基础,凭借物理语言就能实现科学统一的任务。

卡尔纳普在批评现象主义的理论时,指出了它的两个缺陷:一是其语言缺乏公共性即缺乏"主体间性",无法用来交流。一个患有"思乡病"的人怎么能够把他的感觉传达给另一个从来没有离开过家乡的人呢?二是只能表述直接经验而表述不了抽象的概念。其中,"主体间性"概念的提出是他的一大贡献。

(三)日常语言学派

日常语言学派也是第三代实证主义,它和逻辑实证主义都断言讨论经验以外的问题就是"形而上学",都主张对语言进行分析。不过,逻辑实证主义属于形式语言或人工语言哲学。它反对日常语言,认为日常语言词义含混,是造成表述含义不清以及"形而上学"无谓争论的根源,因而主张抛弃日常语言,仿照数理逻辑,另创造一种理想化的人工语言或形式语言。这就是物理语言。而日常语言学派则认为,日常语言是完善的,各种"形而上学"争论和科学认识的根源,不在于日常语言本身,而在于人们没有正确了解和使用其规则和方法,错误地使用了日常语言。日常语言与人们的生活密切相关,丰富多彩,绝不是任何人工语言或形式语言所能代替的。

日常语言学派20世纪30年代发源于英国剑桥大学。第二次世界大战后流行于牛津大学。人们称为"剑桥学派"和"牛津学派",或合称为"剑桥—牛津学派"。广义的"分析哲学"也把它包括在内。

日常语言学派的主要代表是后期的维特根斯坦。1929年维特根斯坦从奥地利重返剑桥大学后,思想有了很大变化,抛弃了自己早期的"语言是现实的图像"、"是描写现实的逻辑结构"等"图像论"观点,接受并发展了新实在论哲学家摩尔关于日常语言分析的思想,从而为日常语言学

---

[1] 洪谦.西方现代资产阶级哲学论著选辑[M].北京:商务印书馆,1982:284.
[2] 同上,第288页。

派奠定了理论基础。日常语言学派的特点是关注语言与人、语言与语境、语言与社会的相互关系,与强调研究理想语言以及语言的结构和形式的人工语言学派有明显的区别。

下面简要介绍维特根斯坦的主要观点。

1."不问意义,只问用途"

维特根斯坦认为,我们在哲学上陷入困惑的重要根源,就在于不懂语言只是一种工具,只有在使用中才有意义。解决哲学难题的方法非常简单,那就是正确使用日常语言。正因为语言与人的活动不可分割地联系在一起,所以他认为应该向人们提出一个忠告,即不问意义,只问用途,如果能做这样的问题替换,我们就能从寻找"意义"的对应物这个束缚中解放出来了。

2."哲学的治疗"——"到日常语言的使用中去"

维特根斯坦指出不要脱离语言的作用、用途和规则去孤立地考察其意义。日常语言的确具有多义性,这使它能够适应不同的语境。一旦进入具体的语境,语言的意义就可以确定下来,不会有误解。例如,"皮包里有物",这绝不会引起争论。由于离开了语言的使用,才产生形而上学的争论。他说当语言休息的时候,哲学就产生了。哲学的混乱总是发生于语言像机器那样闲着的时候,而不是在它工作的时候。所以,要治哲学的毛病,就必须把哲学范畴的使用从形而上学的方式返回到日常语言的方式,回到它的日常用途上来。他说:如果哲学不能促进你对日常生活中重要问题的思考,不能使你比任何新闻记者更慎重、负责地使用那些危险的词句,那么研究哲学对你还有什么用处呢?

语言哲学的兴起和发展是 20 世纪西方哲学中的突出现象,有人甚至说它在 20 世纪西方哲学中占据了第一哲学的地位。语言哲学家们进入了过去哲学从未涉及的处女地,致力探究语言的意义与使用的关系,试图通过合理地运用语言来克服传统哲学的思辨性和抽象性,使哲学具体化、世俗化和社会化,但它同时也使哲学非世界观化了。

四、批判理性主义(证伪主义)

批判理性主义产生的时间、背景与逻辑实证主义相同,它们更像是"姊妹"而不是"父子"。不过逻辑实证主义强调的是现代物理学的数学化和逻辑化的特征,批判理性主义则强调的是物理学发展的否定性或辩证法。爱因斯坦提出的相对论打破了牛顿的绝对时空观,海森堡提出了测不准原理,指出微观世界的因果性是统计性的,服从概率规律,打破了机械决定论。爱因斯坦提出的不存在终极真理、科学理论是思维的自由创造等观点,对批判理性主义有着深刻的影响。

下面介绍它的代表人物卡尔·波普尔及其主要观点。

卡尔·波普尔(Karl Popper,1902—1994),出生于奥地利维也纳的一个犹太人家庭。第二次世界大战期间他移居新西兰,战后到英国伦敦经济学院任逻辑学和科学哲学教授,加入英国国籍,后获得英国女王授予的爵士爵位。波普尔的思想发展大体可分成三个阶段:第一阶段为 20 世纪 30 年代,主要研究科学哲学,重要著作有《科学发现的逻辑》(1959 年);第二阶段是 20 世纪 40 年代,主要研究社会哲学,代表作有《历史决定论的贫困》(1944—1945 年)、《开放社会及其敌人》(1945 年);第三阶段是 20 世纪 50 年代以后,继续深化对科学哲学研究,提出了著名的"三个世界"的本体论思想,代表作有《猜想与反驳》(1963 年)、《客观知识》(1972 年)、《趋向性的世界》(1990 年)等。

（一）强调对理性进行批判的"经验证伪原则"

波普尔同逻辑实证主义一样要讨论科学与非科学的划界标准，不过他的讨论是从批判归纳法和"经验证实原则"出发的。波普尔认为以经验来证实理论，在逻辑上是不能的。"证实原则"不仅不能作为区分科学与非科学的标准，而且还把可证实性、科学性与"有意义"完全混淆了。科学分界问题不同于意义问题以及命题的真假问题。证实理论的确实性只是信仰者的态度，而不是科学家的态度。人们对于科学的应用在于肯定它，对科学的研究则在于否定它，不是证明其永恒性，而是要找出其可证伪性。科学的发展就是否定旧的、创造新的理论。

（二）"理论是大胆的猜测"

波普尔反对归纳主义关于"科学始于观察"的观点，提出"理论先于观察"。首先，他认为任何观察都是有目的性和选择性的，在观察中有理解。其次，"科学开始于问题"，问题就是矛盾。第三，理论出于"灵感"，灵感是非理性、非逻辑的，等同于柏格森的"创造性直觉"。他说："我们的探索常常为灵感激发。"[①] 从而承认了非理性主义与直觉主义在科学发现中的作用。第四，"理论是大胆的猜测"。正因为它只是猜测，所以没有必要对它那么崇拜，总有一天理论会被证伪，并且为新的猜测所代替。

（三）"知识的增长"：关于科学的进步和进步的标志

波普尔提出"可证伪度"的概念。他认为一种理论的内容越丰富，普遍性越大和精确性越高，它的可证伪度就越大。理论的进步性的标准有两个：理论标准（可证伪度大小）和事实标准（经验确证）。在理论的检验问题上，必须区分"证实"与"确证"。"证实"是在内容方面证明理论是真理，在时间方面证明它永远正确，不再被证伪了。"确证"并不证明它是真理和永远正确，只证明它具有"逼真性"，暂时经受了经验的检验，将来还是可能被证伪的。

在真理观方面，波普尔承认客观真理，提出"真理是与事实符合"；但是他又说我们"不能认识真理，只能探索真理"。科学具有"逼真性"，意思是科学能够越来越接近真理；"逼真度"则是指这种接近的程度。不同的理论具有不同的逼真性。猜测——证伪——再猜测——再证伪，这就是科学接近真理的道路。"我们不知道距离真理有多远，但我们能愈来愈逼近真理。"

（四）科学发展的模式

波普尔科学哲学的中心问题是探索科学的起源和发展。他提出了一个以"试错法"为核心的科学发展的动态模式。科学发展要经历四个阶段：问题——猜测（试验性理论）——竞争、检验、筛选——新问题……他虽然同意康德的"理性给自然立法"，但认为理性也可能有错，所以自己的主张是"批判理性主义"。正因为科学的本质是"猜测和反驳"，所以发展科学的根本方法是"试错法"，即"尝试与清除错误"。此法为"进化的认识论"，只有"大胆尝试、严格检验"才能不断"逼近"真理。他号召人们"从错误中学习"，要提倡三种精神，即：敢于犯错误（尽快犯错误）的精神，批判的精神，"否定"或"革命"的精神。

（五）"三个世界"的本体论

波普尔与其他实证主义哲学家不同，不认为"形而上学"问题是无意义的。本体论不仅对科

---

① [英]波普尔.猜想与反驳[M].上海：上海译文出版社，1986：42.

学理论产生有启发,还往往能转化为现代科学。他在一定程度上纠正了实证主义"拒斥形而上学"的极端态度,提出了"三个世界"的本体论。波普尔认为宇宙进化划分为三个基本层次:物理世界;精神世界(意识状态、心理素质、无意识状态);客观知识世界(人类精神产物)。三个世界各自独立,具有自身的发展逻辑;但是它们又是互相联系、互相作用的。第三世界(客观知识世界)已经"客观化"于第一世界中。它必须通过第二世界的中介作用,才能成为改造第一世界的有力工具。但它是独立自主的,具有不以人的意志为转移的内在关系和发展模式。

波普尔认为,过去人们总以为科学家可以任意创造"第三世界"(科学理论),因此在研究科学的认识论和方法论时,总是把重点放在科学家的第二世界,即他们个人的心理和认识活动,而忽视对"第三世界",即科学发展的自主性的研究。所以应重视对科学发展动态模式的研究。

波普尔批判理性主义建立了一套完整的科学哲学,如试错法,增长的动态模式;重视本体论问题的研究并系统地阐述本体论的哲学主张,改变了"拒斥形而上学"的极端态度;突出地强调蕴含理性的批判精神以及批判精神对科学发展的重要性。这使他的理论发生了比较大的、积极的影响。

五、历史主义

逻辑实证主义和批判理性主义都是以经验检验原则作为理论基础。只不过一个强调"证实",另一个强调"证伪"。历史主义则批判了它们共同的理论基础,吸收了实用主义的许多观点。历史主义学派的内部分歧甚多,但在提倡科学哲学与科学史结合、重视科学发展的动态模式的研究等方面有共同的倾向,故而被统称为"科学哲学的历史主义学派"。历史主义学派的产生,反映了科学发展的整体化趋势和科学在社会生活中的作用日益加强的趋势。代表人物有库恩、拉卡托斯、费耶阿本德等。

历史主义与批判理性主义存在以下区别:① 批判理性主义把科学看成是许多各自孤立的命题的集合;而历史主义认为科学是由许多互相联系、互相依存的命题、定律和原则构成的有机整体,具有内在结构。② 批判理性主义强调科学发展中的否定或质变;历史主义不仅承认质变,而且承认量变,认为科学发展的模式是量变与质变交替的模式。③ 批判理性主义仅从人的理性,从纯逻辑中去寻找科学发展的模式;而历史主义强调从科学与社会生活的联系中,从科学史中去寻找和检验这种模式。④ 批判理性主义认为真理的标准是"经验"(由"证实"到"证伪");历史主义则认为标准应该是"有用"或"效果"。总的来说,历史主义在方法上的创新,是把社会学、心理学引入了科学哲学,比较注意研究知识与社会的关系,而不是孤立地考虑科学理论的形式结构,还考虑到了背景知识、其他理论的竞争、科学共同体以及社会历史和心理因素等。历史主义的另一个特点,是存在着较多的非理性主义、相对主义因素。所以自20世纪60年代末起,其内部又出现了一批"新历史主义"派,力图克服非理性主义,坚持科学是理性的事业。

历史主义的理论和方法影响更广,略举要如下:

(一)库恩的"科学革命的结构"理论

托马斯·库恩(Thomas Samuel Kuhn,1922—1996),美国科学哲学家和科学史家。他生于美国的俄亥俄州,曾在哈佛大学、剑桥大学、麻省理工学院学习,1949年获物理学博士学位。后在多所著名大学任教。代表作有《科学革命的结构》(1962年)、《必要的张力》(1977年)等。他把科学哲学研究与科学史研究相结合,并强调用心理学和社会学来说明科学的进步。他的基本观点是：科学的进步不仅仅是与科学本身有关，还与社会背景以及由这个背景决定了的科学家的意识形态和生活方式有关。

库恩提出了"科学革命的结构"理论，强调了科学的整体性。他认为科学是由许多互相联系、彼此影响的命题和原理有机构成的整体，而不是一些孤立的命题的集合。他的科学整体观首先体现在他的范式学说中。

1. "范式"理论

"范式"一词来自希腊文，意指"共同显示"，后引申为模式、模型、范例等含义，用在文法中则表示词形变化，如名词变格、动词变位的规则。[①] 库恩借用这个概念，对之进行了重新阐释，用来总结概括他在科学史研究中发现的科学发展的某种规律。"范式"理论大致包含几层意思：[②]首先，"范式"是一定时期内某一科学共同体共有的世界观、方法论、信仰和价值标准；其次，"范式"是科学共同体一致接受的专业学科的基本理论和取得的重大科学成就，如牛顿的经典力学、爱因斯坦的相对论等，它们是公认的范例，在一定时期内成为大家的指导；再次，"范式"包括符号概括、模型和范例。范例尤为重要，科研活动就是对范例的模拟和类比。"范式"就是以上各方面的"混合物"，是包含多种因素、多层次内容的整体。"范式"的形成，标志着学科的成熟，意味着它可以称为"科学"。

2. 科学发展的"危机"模式

既然"范式"是某一时期被某一科学共同体公认的并指导科学家思想的观念范例，对科研起定向作用，那么，"范式"就是划分科学发展不同时期的关键。从历史的角度看，科学的发展是一个进化与革命、积累与飞跃、持续与中断不断交替的过程，也是范式更替的过程。新范式取代旧范式是非理性的，没有规律可循，主要取决于科学共同体的社会心理因素，是信仰改变，是世界观的更换。

在"范式"理论的基础上，库恩提出了自己的科学发展动态模式，即：科学发展的过程是从前科学——常规科学——危机和科学革命——新的常规科学……是常规时期和非常规时期相交替的过程。"前科学"是还没有形成"范式"的时期，形成之后进入"常规科学"时期。"范式"在此时起着定向的重要作用，保证科学在量的方面的积累，缺点是容易限制科学家的视野，墨守成规，甚至压制重大的发现。到一定时期，科研活动中出现了越来越多的"反常"现象，造成常规科学无法解释，这时人们开始对原有的"范式"产生怀疑甚至失去对它的信仰，"危机"和"革命"就一起来临了。经过"革命"，人们又建立了新的"范式"，进而过渡到新的常规时期。科学就是这样不断地前进。

库恩的"范式"实际是指科学的结构、系统和框架，反映了科学发展的整体化的特点和要求，在当时引起了强烈的反响，为他赢得了世界性的声誉。他提出"范式"的改变是世界观的改变，这对于深受旧思想、旧观念束缚的某些老一辈科学家是非常痛苦的，而年轻的科学家往往是新"范式"的创立者和拥护者，代表了进步的力量。这些观点，给予了青年极大的鼓舞，激励着他们去大胆地探索和创新。

---

① 薛文华. 现代西方哲学评介[M]. 北京：高等教育出版社，1994：350.
② 同上。

(二)艾姆瑞·拉卡托斯:"科学研究纲领方法论"

艾姆瑞·拉卡托斯(Imre Lakatos,1922—1974),出生于匈牙利的犹太人家庭,曾加入过匈牙利共产党,担任过匈牙利教育部的高级官员。1956年匈牙利事件后逃往维也纳,后来去剑桥大学读研究生并定居于英国。他的代表作有《证明与反驳》(1963—1964年)、《证伪与科学研究纲领方法论》(1970年)、《科学史及其理性重建》(1971年)。主要观点如下:

1."精致的证伪主义"

拉卡托斯是波普尔的学生和同事,但是他对波普尔的经验证伪理论有不同的看法。他认为"经验不能证伪理论",理由是:经验有主观性;理论的正确性是有条件的;当实验事实与科学理论不一致时,是理论错还是背景知识错无法确定。任何理论都可以通过适当地调整它的背景知识,使它从经验的反驳中永恒地挽救出来,所以实验是不能简单地推翻理论的。他主张用系列理论模型取代波普尔的单理论模型,把证伪看做是相互竞争的理论和实验的至少三方以上的多重关系,而不是理论与实验的一对一的关系。拉卡托斯认为,波普尔的证伪主义是朴素的,他自己的才是"精致的"。拉卡托斯还主张用宽容原则取代朴素证伪主义过于严格的原则,当实验结果否决理论的时候,要允许"上诉",即让科学家去证明有问题的并不是理论,而是实验结果。

2."科学研究纲领方法论"

拉卡托斯对波普尔的经验证伪理论进行了改造,并且提出了其替代品"科学研究纲领方法论"。他强调理论的系统性,"科学研究纲领"就是科学的最基本单元即系统的理论。它应该取代孤立的理论或集合的理论成为研究对象。"科学研究纲领"具有内在结构,它由四个部分组成:"硬核"、"保护带"、"反面启示法"、"正面启示法"。"硬核"是"科学研究纲领"的基础理论,包括基础假设和基本原理。它是坚韧的、不许改变和不容反驳的。如果它被动摇了、改变了,整个"科学研究纲领"的大厦就倒塌了。"保护带"是辅助性假设的部分,当研究纲领与实验结果不一致的时候,它可以进行修改、调整,使其硬核免于经验的反驳。"反面启示法"和"正面启示法"是两条方法论规则。前者禁止科学家把反驳的矛头指向硬核,但是可以指向保护带。后者则是通过增加、精简、修改、完善保护带,积极地发展科学研究纲领。这样的结构,大大地增强了科学理论的韧性。

3.科学发展的动态模式:进化—退化—进化

拉卡托斯认为,任何理论都不会永远不被证伪,保护带调整会产生两种结果:科学研究纲领的进化或者退化。科学研究纲领的进化是说它有更强的解释力和预见性。科学研究纲领的退化是指它只能消极地替自己辩护。科学发展的模式就是"进化—退化—进化"。拉卡托斯特别重视竞争在科学史中的作用。他说,科学的发展就是科学研究纲领竞争的历史,即便是处于进化阶段也是如此。所以,"竞争开始得越早,对进步便越有利"。竞争的前提是必须有不同的理论存在,理论的"多元论"要优于理论的"一元论"。理论上的垄断地位是非常罕见的,即使有也不会长久。

拉卡托斯的学说综合了波普尔和库恩学说的合理部分,克服了他们的缺陷。他还创造了把科学哲学研究与科学史研究相结合的新方法。他关心科学与社会的关系,在科学史的研究中把"内史"和"外史"结合。他首先使用了案例研究方法;提出要以科学事实作为科学方法论或科学发展模式的评价标准,等等。这些都产生了较大的影响。

(三)保尔·费耶阿本德:"无政府主义的认识论"

保尔·费耶阿本德(Paul Karl Feyerabend,1924—1994),生于奥地利的维也纳,在维也纳大学学习历史、物理学和天文学,1951年获博士学位。后来去英国,先后师从维特根斯坦和波普尔。曾在英国、奥地利、德国、美国的大学任教,最后加入了美国国籍。代表作有《反对方法:无政府主义的认识论纲领》(1975年)、《自由社会中的科学》(1978年)等。

费耶阿本德是著名的科学哲学家,他提出了"无政府主义的认识论",他本人也以反对一切权力和权威控制科学的偏激言论名噪一时。当然,他并非政治上的无政府主义者,他只是有感于人们对科学的迷信、对理性的崇拜已经窒息了人们心灵的自由,人们的思想已经僵化,所以他要出来呼吁思想的解放。他的主要观点如下。

1. 科学非理性化

波普尔认为科学的"发现"是非理性的,产生于灵感或直觉。库恩提出不仅"发现",就是"检验"和"竞争"也是非理性的,因为科学理论不是认识只是一种信念。费耶阿本德更进一步认为方法也是非理性的,科学家依靠热烈的宣传、鼓动,甚至是精巧的诡辩来说服别人,诱使相信旧理论的科学家反戈,从而使自身队伍壮大,新理论得到传播。如哥白尼的胜利就是靠"伽利略的诡计"。他说:"没有'混乱',就没有知识。不经常排除理性,就没有进步。"[①]

2. "科学是最新的宗教"

费耶阿本德建议取消关于科学与非科学的划界标准的讨论,因为它们根本无需划界。"科学经常被非科学方法和非科学成果丰富",如医学得益于巫婆、接生婆和江湖郎中;巫术、宗教与科学在理论结构上有相似之处。科学只是人们应付环境的工具之一,而"不是唯一工具","它并不是绝对可靠的。现在它的势力太大,干涉过多了,如果任其发展,就会有过分的危险","科学是一种最新的、最具有侵略性的、最教条的宗教机构"。[②] 如果把科学神圣化,并使之成为一种专横和压制其他意识形态的力量,就形成了科学沙文主义。他宣称要打倒"科学沙文主义",把社会从一个意识形态僵化了的科学的束缚中解放出来。

3. "怎样都行"

他认为自己并不是主张政治上的无政府主义,而是反对科学方法论的研究,主张认识的多元化、理论的多元化、方法的多元化。他认为,"无碍于科学进步的唯一原则是:怎样都行","科学本质上是一种无政府主义的事业,理论上的无政府主义比认为应按法则和秩序行事的观点更符合人性、更容易鼓励进步"。他的意思是科学理论和科学方法应该在自由竞争中发展,在竞争中经受考验。世界是一个巨大的未知实体,我们必须对选择保持开放,不能预先对自己做任何限制,以束缚自己的手脚,所以要把一切"普遍性规则"和"僵化的传统"统统当做中国妇女的缠脚布那样彻底抛弃。

历史主义虽然有很多创新之处,但是他们理论中浓厚的相对主义和非理性主义却造成了科学哲学的危机,所以又有劳丹和夏佩尔为代表的新历史主义出现。劳丹以"研究传统"理论著称。夏佩尔则提出了"信息域"理论。

六、科学主义思潮的影响

我们对现代西方科学主义思潮,即由实证主义、马赫主义、逻辑实证主义、批判理性主义到历

---

① [美]费耶阿本德.反对方法:无政府主义的认识论纲领[M].上海:上海译文出版社,1992:124.
② 同上,第225页。

史主义所组成和延续下来的思潮,进行了一番粗略的考察。现在归纳一下科学主义思潮的特征和对大众的影响。

(一) 科学主义思潮的基本特征

科学主义思潮在尊重科学、事实与经验的名义下,推行的是不可知论和主观经验主义。

第一,科学主义思潮各流派基本上都是"拒斥形而上学"的,把哲学的研究对象、方向和任务局限在与科学有关的范围和领域,反对哲学研究世界观、本体论问题。之所以会这样,是反对传统哲学包罗万象和高度抽象思辨以至于走向脱离实际的烦琐论证、玩弄概念游戏。他们针对时弊,提出哲学应当建立在实证科学和经过观察得出的经验事实基础上。

第二,以"中性"哲学自居,回避哲学基本问题,试图超越哲学中唯物主义与唯心主义的对立。

第三,否认认识经验以外的事物的可能性与必要性,宣扬认识问题上的不可知论,认为哲学的根本任务只是记录感觉,描述现象及其相互关系。

第四,推崇科学和知识,关注科学取得的每一点新进展,强调运用实证科学的方法改造社会科学,努力实现不同学科的综合。科学主义也关心社会历史问题,但存在把社会历史自然化、社会历史理论自然科学化的倾向。

(二) 科学主义思潮对中国大众的影响

科学主义思潮以研究科学方法论为共同特征,标榜自己是"科学哲学"。因此有些人认为它是属于科技界的"小众哲学",在社会大众中影响很小甚至谈不上有什么影响。但是只要我们不是把目光停留在它的"源头"上,而是仔细观察它的"尾巴",就发现它在传播过程中,其"拒斥形而上学"的虚无主义、相对主义以及工具主义、多元主义、怀疑论、悲观主义等,对广大群众包括青年的世界观的影响不仅很大而且还很深。

现代西方哲学科学主义思潮从孔德的实证主义发端。孔德的"实证主义原则"和"拒斥形而上学",与其说是哲学观点,不如说是作为一种对待哲学基本问题的态度,深刻地影响了后来哲学的发展。它流传到民间,又演变为一种更广泛的对一切终极性的原则、信仰、理想的鄙薄、蔑视和鄙弃。

批判理性主义的代表卡尔·波普尔在我国青年中的知名度最高。他关于科学进步和科学发展模式的思想,在十一届三中全会后广泛宣传"解放思想,实事求是"的背景下,对青年一代对待马克思主义、毛泽东思想的态度产生了极大的影响。他提出了与经验"证实"原则相反的"证伪"原则,提出了一系列富于革命性、鼓动性的口号,比如"理论是大胆的猜测"、"科学开始于问题"、"理论出于灵感"、科学的本质是"猜测和反驳"、根本方法是"试错法"、要"敢于犯错误"、"尽快犯错误"、"从错误中学习",以及他对批判精神的提倡和尽情的歌颂赞美,甚至他那种说过头话的偏激方式,都契合了20世纪80年代青年的情绪和心理要求,引起了热烈的共鸣。

历史主义的出现,在科学主义思潮内部看来,是对钻进了牛角尖的、把哲学变成技术性的逻辑分析的发展倾向的一种反动。分析哲学在20世纪西方哲学中占据主流地位,后来被称为统治西方思想界的"学院式的理性法西斯主义",严重地束缚了人们的思想。从社会大背景来看,历史主义又是对现代科学技术造成人的"异化"的抗议,是西方社会中对科技革命带来的高度物质文明的诅咒,是对恢复人性、人的主体地位和创造更人道的生活环境的呼唤。这已经显示出科学主义思潮与反理性主义思潮相互接近的倾向。

综上所述,科学主义思潮的各种表现形式、它在各个时期的代表人物,大都是主张"拒斥形而上学"和相对主义的。拒斥形而上学与突出人的主观性、主体性的时代精神有关,在一定意义上也反映了一种求实的愿望。这是它能对 20 世纪 80 年代以来我国青年产生影响的基础。然而"拒斥"了形而上学,挖掉了世界观的基石,就会使人陷入虚无主义。在 70 年代末"文化大革命"刚刚结束的"信仰危机"状态下,社会根源和理论根源共同作用,造成了当时青年中比较普遍的信仰、理想失落,实用主义得以大行其道。相对主义不仅来源于经验的主观性、私人性,也来源于这些哲学家对于世界和知识飞速变化的敏感,以及对绝对化的教条主义思想统治的叛逆。但是由于它否定稳定性、绝对性,就由否定教条而走向了否定一切事物的确定性。在我国改革开放、新旧交替、社会转型的环境中,青年接受相对主义是不难理解的。

以上两种主要倾向的影响,是消极的。但是科学主义思潮积极、进步的影响也不少,尤其是批判理性主义和历史主义中的一些观点。比如波普尔关于"三个世界"的理论;卡尔纳普对两种命题(事实和价值)的区分,心理学与行为学的关系的理论;拉卡托斯的"科学研究纲领"中关于科学研究的系统、内在结构、科学发展的动态模式、科学"内史"和"外史"结合的整体观、案例研究方法、重视背景知识的作用的阐述;费耶阿本德对理性逻辑与非理性直觉关系的看法;他们共同鼓吹的多元主义、学术自由,等等。这些有价值的思想,就像糖衣一样裹着科学主义思潮的核心世界观,使它非常容易被人接受。世界观是人生的基石,它的影响是最深层次的。它的光芒会通过人生观、价值观折射到人们对国家、民族、社会、个人生活等所有问题的看法和态度上去。从大量的对青年做的调查(这些调查问及青年对社会主义、资本主义,对马列主义,对改革,对包括腐败在内的各种社会问题的看法等)问卷中,我们经常读到"说不清"、"无所谓"等词。老一辈认为现在的年轻人缺乏信仰,没有坚定的信念和明确的追求。青年自己也感慨失掉了精神上的家园,文化上没"根",成了精神世界的流浪者。不少青年干部身为共产党员,却对共产主义的理想、人类社会发展的方向、社会主义与资本主义的根本区分、共产党人的宗旨等问题不感兴趣、避而不谈。青年人产生如此广泛的困惑固然有很多原因,但不可否认其中有他们自身世界观方面的原因。而若进一步追问,他们为什么具有这样的世界观,则现代西方科学主义思潮的影响是不可忽视的一个方面。

第二节 反理性主义思潮

科学主义主张科学是哲学唯一的对象。反理性主义则把人作为哲学对象,与只重科学认识论不研究人生的科学主义相抗衡,形成了现代西方哲学中又一股重大思潮。

一、反理性主义的含义和特征

反理性主义发端于 19 世纪中叶的德国,叔本华和尼采的意志主义是它的第一代。将它进一步理论化系统化的生命哲学是第二代。第三代是以海德格尔、萨特等为代表的存在主义,它产生于 20 世纪 20 年代,盛行于 50 年代。50 年代以后又出现了一些新的流派,但存在主义的影响仍然最大。有些学者把弗洛伊德主义、法兰克福学派、现象学等也归入反理性主义。

(一)反理性主义的含义

反理性主义又叫做非理性主义或者人本主义、人文主义。不管叫什么名字,其实指的是同一个东西,那就是上述几种思潮。那为什么又有那么多不同的称呼呢?原因就在于不同的名称强调它的不同方面。"反"理性主义强调的是它对传统、对理性主义的叛逆和否定。"非"理性主义表明它关注的是意志、情感、体验、直觉、潜意识等"非理性"精神现象,这也是他们新开辟的领域,过去理性主义传统哲学对此是不关心、不研究的。人本主义、人文主义这两个词不是很能突出它的时代特点,因为从欧洲文艺复兴运动以来一直都有人本主义、人文主义思潮,都关心人的问题。不过,理性主义关心的是人"类",是抽象的人;而反理性主义关心的是人的个体,尤其是个体的人的具体生存和内心体验。不过,如果意在强调它是与科学主义思潮相抗衡的思潮,突出科技与人文的对立,在此场合叫它人文主义也未尝不可。本教材选择使用"反理性主义"这一名称。

(二)反理性主义的特征

反理性主义有广泛的公众影响。这首先与社会历史背景有关。我们将在具体介绍每一个思潮时详细分析。原因之二是它的内容。它研究人的异化,人与社会、人与人、人与自然、人与传统、人与宗教、人与道德、人与价值等以人为中心的问题,涉及人类生存的许多方面,引起大众的关注和心理共鸣。原因之三是它的表达方式。反理性主义既有大部头的晦涩难懂的哲学专著,又有通俗易懂的小说、戏剧等文学作品。阳春白雪与下里巴人相结合,实现了这一理论的大众化。最后一个原因,是它与社会运动结合在一起。

反理性主义虽然流派较多,但是还是具有如下共同特征。

1. 反对理性主义,都把人的问题作为自己哲学的对象和主题

反理性主义认为以黑格尔为代表的德国古典哲学,推崇理性,迷恋"绝对观念"等精神实体,无助于解决具体的个人在现实生活中的具体生存问题。而科学主义所关心的理性、科学以及语言,都只是些符号、工具,只有实用价值而不能解决道德、价值等精神问题。以科学和理性去把握活动着的人,难免歪曲、失真,越是发扬科学、理性,就越是压抑人的个性。各种反理性主义都崇尚个人的内心体验,要求改变传统的思维方式,重新考虑人的本质与人生意义;要求改变关于人与自然、社会及人与人之间关系的传统观念,谴责社会意识对人性的束缚,主张以直觉、体验、启迪、欲念等神秘主义方法,从根本上剥去理性主义对"人性"的压抑,回到人的本真的生存方式中去。

2. 反对工业社会的科学技术文明

反理性主义极力反对科学技术文明,认为科技是万恶之源,诅咒科技造成的一切后果。他们认为在工业社会中科技统治一切,人附属于机器,被工业异化为客体,成为万物之一,失去了人所应有的自主性与创造性,丧失了尊严。功利主义泛滥使人陷入了危机,人在自己设置的困境中无所作为,日益丧失个性与自由。

3. 注重个体的内在体验

他们认为个体的内在体验比客观真理重要。他们厌恶抽象地谈论人,指责以往的哲学混淆了全体和个体,忽视了个体的独特性。一般的人只是空洞的抽象,研究人"类"是徒劳无益的。人归结为孤独的个体,个体归结为自我的内在体验。这种体验不是理性,也不是感性的,而是神秘的意志情感、本能直觉等。这些不服从任何规律、绝对自由的内在体验,是人的真正本质,也是人达到实在之唯一方式。他们的理论中只有个人的痛苦与挣扎,没有人类的进步和希望,充满了悲观主义。

从总体上看,反理性主义是"精神危机"的哲学,它高扬人的主体性,在某种程度上表现了现

代人的意识和精神,具有积极的意义。

反理性主义思潮已经有一百多年的历史了,经历了几代人的发展演变。

二、意志主义

意志主义按照产生时间的先后分为叔本华的生存意志主义和尼采的权力意志主义。

(一)叔本华的生存意志主义

奥瑟·叔本华(Authur Schopenhauer,1788—1860),出生于德国的但泽(今波兰的格坦斯克)的一个大银行家家庭。从1809年起先后学习和研究过医学、哲学甚至印度哲学和佛学。1822年他到柏林大学担任无俸讲师,开了一个讲座,与黑格尔唱对台戏,结果只有一个学生来听讲。此事虽然被传为笑谈,却能反映出当时黑格尔如日中天的地位,而叔本华的挑战性叛逆性也表露无遗。他自信满满,对自己的悲观主义一点儿也不悲观。他的主要代表作有《作为意志和表象的世界》(1819年)、《自然界中的意志》(1836年)、《伦理学的两个基本问题》(1841年)等。

叔本华的哲学被称为"生存意志论",其主要观点如下:

1."世界是表象和意志"

叔本华从康德哲学出发来探讨世界问题。这是理解叔本华哲学思想奥秘的钥匙。在《作为意志和表象的世界》的序言里他说:"康德的哲学对于我这里要讲述的简直是唯一要假定为必须彻底加以理解的哲学。"[①]这本书分四篇,分别是"世界作为表象初论"、"世界作为意志初论"、"世界作为表象再论"、"世界作为意志再论"。

叔本华和康德一样把世界区分为现象和自在之物两个方面。现象就是"作为表象的世界",是"我的表象";自在之物就是作为意志的世界,是"我的意志"。他认为"世界是我的表象",是从主体(表象者)和客体(被表象者)的关系中推出的一条不证自明的真理。对于人来说,"他不认识什么太阳,什么地球,而永远只是眼睛,是眼睛看到太阳;永远只是手,是手感触着地球;就会明白围绕着他的这世界只是作为表象而存在着"[②]。"那认识一切而不为事物所认识的,就是主体。因此,主体就是这世界的支柱,是一切现象,一切客体一贯的,经常作为前提的条件"[③]。世界是永远与主体相连的客体,是呈现给主体的客体。"物体世界——它除了只是我们的表象以外,也就是在它自在的本身,在它最内在的本质上,又是我们在自己身上直接发现为意志的东西。""自在之物是什么呢?就是——意志"[④]。意志就是生存意志。"本体也就是构成一切事物的本质,是存在于一切事物中的那生命意志"[⑤]。意志包括两个方面:求生存和繁殖后代,前者是对个人生命的肯定,后者却是否定。人是如何发现自己有一个自在之物的意志呢?叔本华认为是通过向内发现的,是通过身体这个中介完成的。不仅我的身体是我的意志的客体化,而且整个自然界的一切事物都是它们的意志的客体化。

2.意志是不可深究的

意志是独立自由的。它没有根据,不服从必然性。意志是不可深究的,不能问为什么有意

[①] 叔本华.作为意志和表象的世界[M].北京:商务印书馆,1982:第二版序言.
[②] 同上,第25页。
[③] 同上,第26页。
[④] 同上,第177页。
[⑤] 同上,第511页。

志,为什么有这个意志。我们只能从它的呈现(客体化)知道它。意志是"一",是完整的。意志客体化具有不同等级。意志的呈现是:人高于动物高于植物高于石头。众多级别之间永远有冲突,争夺着物质、空间、时间。比如参天大树会被野藤缠绕而枯死,动物互相吞食,人对人是狼。不过各个级别之间也存在相互迁就和适应。比如眼睛和光适应,肺和血和空气适应,鱼鳔和水适应,骆驼胃和蓄水细胞是和沙漠干旱相适应。总之,自然界到处都有目的性。

3. 认识是意志的工具

在认识出现以前,意志是在黑暗中追求冲动的;一有认识出现,就为自己点燃了一盏明灯。不过,认识是一个常常出现差错的工具。直观知识容易产生假象和幻觉。而理性又常导致摇摆不定和踟蹰不决,意志之表现出的那种可靠性和准确性就丧失殆尽了,谬误的出现也就不可避免了。叔本华尤其对理性进行了非难,指出人类有好些事,不应用理性反而可以完成得更好些。

4. 人生就是痛苦

叔本华的名言是:"人生就是苦难,世界就是地狱。"意志的本质就是挣扎,固体由于熔化总是向液态挣扎,液体又总向气态挣扎。意志的本质又是痛苦,因为意志就是欲望。而"欲望按其实质也就是痛苦"。欲望无止境,痛苦也就无止境。人生是无聊。欲望的暂时满足又引起无聊。困乏是平民的日常灾难,无聊是贵族的日常灾难。对市民而言,星期天代表无聊,前六天代表困乏。人生从根本上就不可能有幸福,只能在痛苦和无聊之间像钟摆一样来回摆动。人生是利己的,一个个体的人就是一个小宇宙,整个世界只是相对于这个个体存在。尽管每个个体在宇宙中十分渺小,但却要把自己当做世界的中心,考虑其他之前首先考虑自己的生存和幸福。"每人都想一切为自己,要占有一切,至少要控制一切。而凡是抗拒他的,他就想加以毁灭"。"为了稍微增加自己一点幸福就要毁灭别人整个的幸福或生命,这是利己主义的最高表现"。正是人的自私本性,造成了"人对人是狼"的社会局面,使历史变成"永无终结"的一连串谋杀、劫掠、阴谋和欺骗。[①] 只有实行禁欲主义,才是拯救人生之路。一切利己主义都是放纵意志所致。被意志驱动的人,如同在一个灼热的红炭构成的圆形跑道上,看到有几处阴凉,便不顾一切地在上面奔跑,以求暂时的阴凉。然后又脚踏火炭,周而复始。而一个看透了个体化,领略了人生真谛的人,便会跳出这个跑道,彻底地否定生命意志,走禁欲之路。禁欲的路有三条:放弃性欲、甘愿受苦、自杀。尤其是绝食,这是最高度的禁欲。禁欲的人,表面看起来是贫困,缺这少那,然而内心却获得了深深的宁静和愉快,因此死而无憾。

叔本华的学说是悲观主义、禁欲主义和虚无主义。1819 年发表后受到冷遇。但是叔本华却乐观地宣告总有一天人们会接受它。30 年后他的学说果然一夜蹿红,因为它反映了 1848 年革命失败后德国资产阶级悲观失望的精神状态。叔本华是超前的思想家,他说的都是自己对时代的感受。他谈"意志"和"表象",实际上是在讲人的心灵和肉体、生理需求和精神生活的关系。他认为只有谈到这个方面才算是真正了解人了。如果我们不懂得这一层意思,就无法理解他和康德的区别。

(二)尼采的权力意志主义

弗里德里希·威廉·尼采(Friedrich Wilhelm Nietzsche,1844—1900),出生于东普鲁士邦

---

① 洪谦.西方现代资产阶级哲学论著选辑[M].北京:商务印书馆,1964:13.

萨克森省一个七代牧师的家庭。1864年尼采到波恩大学学习神学和语言学。1865—1876年,他深受叔本华的影响。1877—1882年逐渐否定叔本华的悲观主义,转而接受孔德、穆勒的实证主义。1883年以后,他改造叔本华的哲学,建立自己的权力意志哲学,其特点是把求权力、无理性和乐观精神结合起来。又称"行动主义"。1889年尼采患精神病直至逝世。主要作品有《悲剧的诞生》(1872年)、《人性的、太人性的》(1878年)、《查拉图斯特拉如是说》(1883—1885年)、《权力意志》(1885—1889年,未完成)等。

尼采哲学的核心概念也是"意志",这个概念是对黑格尔绝对意志论、叔本华悲观意志论、达尔文进化论等以往哲学成果的继承和发展,与他体弱多病的生理特征和矛盾、敏感的心理特征也有密切的关系。尼采的书初读时觉得是压抑中的爆发,是控诉,是宣泄,充满了叛逆的精神。再读时觉得在狂妄中充满了创造、开拓的冲动和激情。尼采的"意志"是乐观主义而不是悲观主义的。这也许是他本人内心世界的自然流露,但在客观上反映了德国在走向军国主义时资产阶级的心境。总之,它是时代的产物、环境的产物,也是自我探索的产物。中国学者认为,尼采是时代的先行批判者,他是19世纪最重要的思想家之一,他的学说20世纪才激起深远的回声。[①]

1."世界就是权力意志"

尼采是富有叛逆精神的思想家和诗人。他对旧思想、旧观念发出了激烈的挑战。他反对宗教神学以上帝为万物的本原,宣布"上帝死了";也反对思辨哲学理性作为世界的本原,他诅咒、谴责理性,认为"'理性'就是埋葬生命的危险的暴力"[②]。对于唯物主义的主张,他更是极其蔑视,宣称"根本就没有什么自在之物"。他非常赞赏古希腊神话中酒神狄俄尼索斯的精神即生命力强大的精神,把叔本华的生存意志改造成权力意志,作为万物的本原。权力意志,就是扩大自身、超越自身、具有旺盛生命力的意志。"权力意志即要求权力增长的意志",这要"宰制实在"、"奴使实在";"权力意志——不竭的创造性的生命意志"[③],"权力意志就是自我提高和自我强化","生命要升高,而升高时,它要超越自己","权力意志",从力的消耗方式来说,表现为扩张";从它对生命本质来说,是"谋求当统治者","它在被压迫者奴隶那里表现为要'自由'的意志","在强大的和即将掌权的种类那里,则表现为强权意志";从它对外物的关系来看,它表现为"征服外物"的"陶铸的意志、同化的意志"[④]。不但人的生命是权力意志即不断地表现自我,扩张、创造、发挥自己的强力,就连自然事物和自然过程的本质也取决于权力意志,比如物理界的引力和斥力,化学界的化合和分解,生物界的生存竞争,社会中的竞争,都是权力意志之间的争夺和征服。权力意志是世界运动变化的动力。在它的作用下,世界就是一个奔腾泛滥的力量海洋,永远在流转易形,永远在回流。

2."重新估价一切价值"

尼采认为"人们不该向理性屈服"。尼采特别反对黑格尔的理性主义,他说黑格尔到处寻找理性,而人们不该向理性屈服,不该满足理性。凡是驱动理性向前的人,也就借以驱动了……各式各样的神秘主义和愚蠢行为,对理性范畴的信仰乃是虚无主义的原因。

尼采这样否定理性,原因是他认为必须重新估价一切价值,确定新的价值标准,即应该以是

---

① 江怡.走向新世纪的西方哲学[M].北京:中国社会科学出版社,1998:467.
② 尼采.权力意志[M].北京:商务印书馆,1991:51.
③④ 尼采.查拉图斯特拉如是说[M].北京:文化艺术出版社,1987:119.

否能促进人的生命强大为标准。他以此为尺度,重新评价了当时流行的那些被人们认为是有价值的思想观点。比如虚无主义、悲观主义,以及旧道德、旧宗教、旧哲学宣扬的"正义"、"善良"、"同情"、"怜悯"、"仁慈"、"博爱"等,他认为都是有利于弱者愚者、不利于强者智者的,都应该抛弃,而重新建立有利于培养强者、智者、"超人"的新的价值观念。

对于虚无主义和悲观主义,尼采认为它们否定了真实的世界。他反对叔本华在痛苦面前悲观失望的态度,因为"人无法回避痛苦,毋宁说人始终需要痛苦","痛苦乃是权力意志的障碍",而"障碍乃是权力意志的兴奋剂",痛苦可以"理解为快乐之父"。"肉体和灵魂的一切美德和本领,都是不辞劳苦、一点一滴地积攒的。要不辞劳苦、自我克制、目标专一、坚忍不拔地重复同一劳作,吃同样的苦头……这样最终就会出现一个力大无比的巨人,他渴望肩负重任"。"苦难和偶然到处创造了强者的条件。"①

对于道德,他指出以基督教为代表的西方传统道德严重阻碍了生命力的增强,不利于人类生命的上升和超越。他把传统道德分为两种:一种是主人的道德,把强壮、勇敢、权力、奋斗看做善,把平凡、庸碌、粗俗、下劣看做恶,这也是英雄的道德;另一种是奴隶的道德,把熟悉、和平、无害、好意看做善,把不熟悉、不规则、危险、伤害、残酷看做恶。两种道德造成两种不同的人生境况。尼采认为,人要强大,要创造新人类、新文化,就必须用主人道德代替奴隶道德,用刚强、勇猛、冒险、进取来代替卑逊、和平、安稳、闲散。尼采认为道德不过是一种工具,它应该为生命强大服务。

尼采重估了旧宗教,着重批判了基督教。他认为基督教中的"原罪"和"救赎"的"真理"全是"骗人的鬼话"。但"超人"也需要精神支柱,所以他要改造旧宗教里关于"永生"、"不朽"的学说为"永久循环的因果律",用它来宽慰那些为超越自己而牺牲的信徒,使他们在心理上得到补偿。

尼采还重估了旧哲学。对苏格拉底以前的思想,特别是修昔底德否定道德,以强壮的日益健康的力量为快乐的希腊风格大加赞赏。而苏格拉底以后,一直到康德、叔本华的哲学,都是"颓废的象征",它们都忽视、禁锢或否定人的本能,甚至走向否定生命的虚无主义。

3. "'人类'不是目的,超人才是目的"

尼采认为人是由猿进化而来,最终要上升为超人,因此,人只是一个中间环节。"人是一个桥梁,而不是一个目标","'人类'不是目的,超人才是目的"②。

"超人"是一种新的"物种",是"生命健全"、"力量强大"、"充实、丰富、伟大而完全的人"③。超人是上等人或高贵者上升的结果,是整个人类的顶点。由于超人具有杰出的权力意志,因此他是旧世界和旧文化的挽救者,新世界新文化的创造者。他用诗一般的语言尽情地讴歌:"神们全死了,我们现在要超人生活起来!"④超人是"大海",它痛击旧世界的一切罪恶;超人是大地,它要创造地上的生活。超人要重新估价和创造一切价值。超人是自然界和社会的立法者,是社会组织和国家机构的创造者,是新真理和新道德的建立者,是一切真理和道德的评判者,是新世界的不断更新者。人类一经被超越而达到超人,就达到了他所说的"我的花园,我的幸福岛,我的新的美丽的族类"⑤。

---

① 尼采.权力意志[M].北京:商务印书馆,1991:137.
②③④ 尼采.权力意志[M].北京:商务印书馆,1991:135-137,171.
⑤ 尼采.查拉图斯特拉如是说[M].北京:文化艺术出版社,1987:338.

4."维护军事国家乃是最高和最后的手段"①

在尼采心目中,未来的超人社会应该是柏拉图理想国的翻版。国家不是由"契约"建立的,而是超人的权力意志的产物,是由超人统治的专制政体。社会分为三个等级:第一等级是贵族,是统治者、学者与将军兼于一身的人;第二等级是善于征战的军人和严格要求自己的管理人员;第三等级是庸众,即农民、工人和商人。他们以勤勉、俭省、规矩、节制、坚信的品格在底层构筑社会的基础。只有第一等级的优秀的贵族才是国家的当然统治者。尼采认为,在超人统治的国家,必须以"铁石心肠"来治理,对弱者和愚者不应有任何怜悯,才能把他们治得服服帖帖。所以他主张对内实行高压,以确保各个等级的差别和距离。

尼采歌颂战争,认为战争是人的本性的要求。因为人的本性就是"侵略和防御的利己主义",所以人类永远处于不可遏制的战争状态中。战争最大的意义就是淘汰"凡夫俗子",创造"上等人";战争又可以清洗腐败堕落,消除社会积弊,创造伟大业绩,恢复和提高整个社会机体的生命力。因此,战争是延续人的生命和提高质量的首要条件,是振兴民族和国家的重要途径。具体到欧洲,他宣称,欧洲的复兴和"统一"只能通过战争来实现,战争的结果是将来建立一个"超国家"的欧洲帝国,由在战争中形成的新的统治种族担任领袖。尼采的这些观点后来对德国走上军国主义、法西斯主义道路,发动第一次和第二次世界大战提供了理论依据。

三、生命哲学

生命哲学是由德国哲学家威廉·狄尔泰(Wilhelm Dilthey,1833—1911)、乔治·齐美乐(George Simmel,1858—1918)和法国哲学家亨利·柏格森(Henri Bergson,1859—1941)等人创立的。特点是把无理性的生命冲动作为世界本原,并力图把生命冲动、无理性和自由结合起来。我们选择柏格森的思想进行介绍。

柏格森是一位文学博士,1901年荣任法国科学院院士,1928年获诺贝尔文学奖。其代表作有《时间与自由意志》(1889年)、《形而上学导言》(1903年)等。其思想深得中国现代新儒家梁漱溟等人赞赏。由他的哲学思想而来的"意识流",成为20世纪文学创作的新流派。

(一)生命之流是世界本原

柏格森和狄尔泰等人都认为生命冲动或生命之流是世界本原。它像一条永流不息的意识长河,所以又称为"意识流"。生命之流是"心理的东西","绵延"就是"自我"、"自我意识状态","上帝与生命是同一个东西","上帝就是不断的生命、活动、自由"。柏格森认为生命之流是物种进化的动力和源泉,并具体阐述了生命进化的过程。他的阐述今天看来是那么幼稚、牵强,但他的目的还是很明确的:说明人类的生命之流在进化中受到的阻碍最小,因而人的生命可以克服物质障碍而获得自由。

对于这样的世界本原,柏格森认为人类的理智是不能把握的,只能靠直觉来把握。人类的理智形式(感觉、概念、判断等)和理智方法(分析、综合、抽象、概括、归纳、演绎等)都是凝固的、僵死的,无法把握不断运动变化的生命之流。而直觉是"一种理智的交融,这种交融使人置身于对象之内,以便与其中独特的,从而是无法表达的东西相符合"②;在直觉中,"我将不再从我处的外部

---

① 尼采.权力意志[M].北京:商务印书馆,1991:135-137,171.
② 柏格森.形而上学导言[M].北京:商务印书馆,1963:3-4.

来了解运动,而是从运动所在的地方,从内部,事实上就是从运动本身来了解运动"[①]。

(二)"封闭社会"和"开放社会"

柏格森从生命之流出发,目的是去解释人和人类社会,提出了"封闭社会"和"开放社会"的学说。他把人看做是生物,把生物本能当做社会生活的基础。人们由生物上的共同性而结合的社会是"封闭社会"。这种社会把一大堆人封闭在部落、城市和国家之内,个人要服从社会,受社会的法律法规、道德规范、宗教教条的限制。封建社会和社会主义社会都是"封闭社会"。而由直接体验到生命之流并直接和上帝接触的个人组合的社会是"开放的社会"。在开放的社会里个人享有绝对的自由,不受任何约束。这种人是历史发展的动力,是社会进步性的体现,但是他们的人数很少,是少数天才的艺术家、哲学家和政治家。其他大多数人由于缺少直觉能力,只能听任他们的指挥,接受由他们制定的道德和宗教的束缚。

四、存在主义

存在主义是西方20世纪影响最大、流传最广的哲学思潮。20世纪20年代产生于德国,很快流行于法国,50年代后又流传到欧、亚、非洲各国,60年代又流行于美国。70年代后期至80年代在中国大陆也掀起过"存在主义热"。存在主义的影响不仅表现在它的国际性,还表现在它广泛地渗透到文学、艺术、社会运动、道德、教育、宗教各个领域。有人认为它已经成为西方许多人的思想方法和行为准则。

存在主义的发展大致分为三个阶段。第一阶段为20世纪20—30年代。主要代表人物是德国的马丁·海德格尔(Martin Heidegger,1889—1976)。他的代表作《存在与时间》标志着存在主义的诞生。另一位代表人物是德国的雅斯贝尔斯(Karl Theodor Jaspers,1883—1969)。第二阶段为20世纪30—50年代。其代表人物是法国的保罗·萨特(Jean-Paul Sartre,1905—1980)、马塞尔(Marcel,1889—1973)、卡谬(Camus,1913—1960)、梅洛·庞蒂(Maurece Merleau-Ponty,1908—1961)等。第三阶段为20世纪50—60年代,存在主义发展成一种社会运动。它在美国的代表人物有马雷特(Marett,1913—)、蒂利希(Paul Tillich,1886—1965)等。从60年代后期起存在主义开始走向衰落,其地位渐渐被结构主义取代。

存在主义内容十分复杂,派别林立。法国哲学家富尔基埃说过,有多少存在主义哲学家就有多少存在主义。比如,有无神论的存在主义(海德格尔、萨特)和有神论的存在主义(雅斯贝尔斯、马塞尔)。在政治态度方面,海德格尔一度是希特勒的支持者。雅斯贝尔斯被纳粹革去教职。萨特和卡谬却是抵抗运动的积极参加者。尽管有这些分歧,但所有的存在主义者还是有一些共同的特征。首先,他们都把"个人"的存在作为哲学的对象和研究的出发点;其次,都有公开的非理性主义倾向;第三,都有强烈的悲观主义和虚无主义倾向。他们把当代资产阶级、小资产阶级的危机意识和压抑、苦闷、彷徨和盲目的反抗情绪集中地表现了出来。

(一)马丁·海德格尔:"有根"的本体论

马丁·海德格尔,德国存在主义的代表,其著作《存在与时间》(1927年)标志着存在主义的诞生。他的主要观点如下:

[①] 柏格森.形而上学导言[M].北京:商务印书馆,1963:2.

1. "亲在"在本体论中的优先地位

海德格尔首先思考哲学究竟应该思考什么问题。与科学主义不同,他并不拒绝讨论本体论问题。相反,他认为哲学首先应该解决的就是本体论——关于"在"的问题。但是,遗憾的是,从柏拉图、亚里士多德直到黑格尔,两千多年来人们都没有真正理解"在"的意义,以至于时至今日仍对此很茫然。传统哲学之所以没有解决这个问题,关键是混淆了"在"与"在者"。"在"是整体,是无条件、无规定的;"在者"是现成的、被规定了的东西。"在"在"在者"之先。传统哲学往往把"在者"当做"在",所以不能回答本体论的根本问题,是"无根的本体论"。海德格尔宣称要摧毁这种"无根的本体论",建立"有根"的本体论。

海德格尔认为研究"在"就是让"在"自我显现出来。而一般的"在者"是不能自我显现"在"的,只有人这一特殊的"在者"才能将"在"显现出来。人的"在"就称为"亲在"("此在")。"亲在"有两个基本性质:第一,它总是"我的存在",具有个别性、单一性、不可重复性、不可替代性;第二,它的本质在于"它的生存",它没有任何事先被规定的本质,它的本质是在它的生存过程中获得的。他认为,哲学追求的本原就是应该从"亲在"中去寻找。从对"亲在"的"在者状态"的描述和分析中,便可找到本体论的答案。这就是"亲在"在本体论中的优先地位。

海德格尔对自己的这番见解给予很高的评价,称之为哲学上"哥白尼式的转变"。他认为过去的本体论本末倒置,结果什么也没说明白。而今往后,哲学应该优先研究人的存在,尤其是人的生存状况。

2. 通过情绪体验发现自己的"本真状态"

海德格尔认为"亲在"的"在者状态"就是"在世",即在世界上。"在世"又有"混世"和"共在"两种状态。在"混世"中人常常和外物打交道,把它们当做工具来使用。结果人虽然在日常生活中得到了需要的东西,却把自己降低成为万物之一。而当人"与人共在"时,自我与他人无情竞争,结果反被公众的好恶所制服,养成了人云亦云、模仿他人的习气。这样,人就丧失了个性,成了无个性的"常人"、"普通人"。这样"亲在"在"在世"中,"沉沦"于日常生活,连自己也不知自己身为何物。这便是人的"沉沦"或"异化"。它们都是"亲在"的"非本真状态"。

不过,"沉沦"并不是道德上的过错,而是不可避免的存在状态。人是无法通过改变环境、摆脱"与人共在"的关系来脱离"非本真状态"的。但是,人可以通过对自己内心情绪的体验,发现自己的"本真状态"。情绪是"亲在"的现身。人总是在情绪中领悟自身的。

"亲在"的情绪状态就是"烦恼"、"畏惧"、"死亡"。人与周围世界打交道,称斤算两,无不麻烦;与他人打交道,钩心斗角,无不烦心。人正是在这种烦恼中才体验到自己的存在。"畏惧"是指个人面临与其敌对的,以及使他遭到沉沦的社会而产生的恐惧心理。"惧"是指惧怕外界的具体对象对个人形成的威胁。而"畏"是一种无形的、不可名状的东西对个人形成的威胁。"畏"比"惧"更可怕,它浸透自我的心灵深处而永远无法解脱。而"死亡"是通向真正的存在的入口。因为人们终日沉湎于日常琐事,通常并没有意识到自我,只有当死亡降临时,才能真正把自己与他人、社会、集体完全分开,突然面对自我,懂得自己的存在与其他存在的不同,生与死的区别,懂得个人生存的意义。死亡是别人无法替代的。面对死亡,才能使人醒悟,获得个性,成为自我,成为独一无二的个人。所以,"畏将'亲在'从其消散于世界的'沉沦'中抽回来了","畏如此把'亲在'

个别化并开展出来成为唯我（solusipse）"①。

3. 自由地为死而"在"才给"亲在"以绝对目标

海德格尔认为，人们只有在"畏"中，才能领悟时间和历史的真实含义。在日常生活中，人们把时间当做按过去、现在、将来的次序流逝的无限过程，于是时间、历史都被当做外在的形式。而在"畏"中人们就体会到，过去、现在、未来并无先后之分，人的存在只是为了等待死亡的到来。"死是未来的一种方式。自我的存在从自我存在的那一刻起，就把这种方式接了过去。""人一出生，他就老得足以死去了。"②所以，存在就是虚无。人一旦体会到了这种"时间"，他便从外在的时间中抽身回来，面向自身的未来的可能性并从中选择自己了。自由地选择死亡，为死而在，才给"亲在"以绝对目标。

（二）萨特：存在主义是一种人道主义

让·保罗·萨特，法国著名的哲学家、文学家，存在主义的著名代表。他的哲学代表作有《存在与虚无》（1943年）、《辩证理性批判》（1960年）。此外他还有大量的戏剧、诗歌、散文等作品。1964年，萨特获诺贝尔文学奖，但是他拒绝领奖。萨特参加过抗击法西斯的地下抵抗运动，参加过法国共产党（1956年匈牙利事件后退党），积极投身世界和平运动、反战运动等。他和法兰克福学派的马尔库塞被20世纪60年代末欧美国家"五月风暴"中的青年奉为精神领袖。1980年萨特因病去世。举行葬礼那一天，整个巴黎万人空巷，数万人冒着蒙蒙细雨为他送行，送葬队伍长达3公里。

萨特曾在德国的柏林法兰西学院和弗莱堡大学学习，是德国著名现象学哲学家胡塞尔的学生，潜心研究过克尔凯郭尔、海德格尔、黑格尔、胡塞尔的著作。他在海德格尔和胡塞尔学说的基础上，提出了自己的存在主义学说。与德国的存在主义略有不同，他更强调人的选择自由、责任和行动。下面简要介绍萨特的观点。

1. "存在先于本质"——存在主义的第一原理

萨特所说的"存在"即人的实在、自我，有时也称之为"主观性"。"存在"大致上接近海德格尔的"亲在"，是在可受任何概念予以规定之前就已存在的。这个存在物就是人。万物"本质先于存在"。即先有概念、模型，然后把它造出来。例如裁纸刀就是这样生产出来的。可是人出生时并不知道自己能成为什么样的人。但是人能自由地选择自己、塑造自己，"人不外是自己造成的东西"。"存在先于本质"这句话的意思是说，首先要存在、露面、出场，然后来说明自身。人之初是空无所有，只是后来人要变成某种东西，于是人按照自己的意志塑造了自己。所以说，人世间并无人类本性，因为世间并无设定人类本性的上帝。

2. 人是绝对自由的

萨特认为自由是选择与否定的自主权。首先，自由是选择的自由。因为人之初是一种虚无，没有任何规定性，而外界作为自在的存在又是偶然的、荒诞的，因此人的选择只能是无条件的，荒谬的，而这正是自由的表现。其次，自由选择必须付诸行动。"存在主义是一种乐观的行动的学说"③。他提倡反抗，认为反抗是人生课题中的一个重要选择。为了个人的自由选择，就必须推

---

① ［德］海德格尔.存在与时间[M].北京：三联书店，1986：228.
② 同上.
③ ［法］萨特.存在主义是一种人道主义[M].上海：上海译文出版社，1988：12，18.

倒一切压抑自己的力量。虽然这种反抗不能消除世界的荒诞，但却能使个人内心得到完善。自由选择应负道德责任。"人在出发之前一无所有，生活才给予人一种意义，这就是人的责任。所谓价值，也只是你所挑选的责任。"①比如对待战争，我本来可以逃避它的——开小差或自杀。但我没有这样选择，而是参加了战争，于是我成了它的同谋。为此我要承担战争责任。当然这不是法律责任，而是道德责任。人通过自由选择选定自己的形象时，同时也在选定人类的形象，确定人类的本质，所以要向全人类负责。个人的选择是自由的，因此，"每一位决定论者都是不老实的人"②，因为他想开脱自己的责任。

3. 建立"存在主义的马克思主义"

萨特早年曾经读过马克思主义的相关著作，第二次世界大战结束后他在思考社会历史问题时再一次把目光投向了马克思主义。他认为马克思主义是"不可超越的哲学"，它还很年轻，好像刚刚在发展。但是马克思主义已经被当前的教条主义和官僚主义弄得"僵化"了，"停滞"了，"患了贫血症"，尤其把人"吞没在观念里"，使之成为一种"非人的哲学"。所以，萨特要把存在主义补充到马克思主义中去以医治它的"贫血病"。

用什么来补充马克思主义呢？就是用存在主义关于人的学说当做"人学的基础"。由此，萨特提出了"人学辩证法"。人学辩证法是关于人的实践和行动的逻辑。萨特认为社会历史活动必须从个人实践中才能说明。而自然界是没有什么辩证法的。他认为自己的人学辩证法正是对马克思主义历史辩证法的坚持。

要了解萨特的存在主义思想，除了研究他的哲学著作之外，阅读他的文艺作品也是一个重要的途径。他的文艺作品包括小说、戏剧、文学评论等，其中戏剧的成就最有影响。他一生创作了十几个剧本，其中很多都成了现代戏剧舞台上的保留剧目。《禁闭》(1944年发表并首演)就是其中最经典的一部，1947年在美国获得了"最佳外国戏剧奖"。

《禁闭》只有三个角色：加尔森，男，报社编辑，逃兵，以叛国罪被枪毙；伊内丝，邮政小职员，女同性恋者，因煤气中毒而死；艾丝黛尔，巴黎贵妇人，色情狂，因肺炎不治而死。这三个生前作恶、心灵有污点的幽灵下地狱后，被关在同一间屋子里。这间屋子没有门窗，始终亮着灯。他们个个心怀鬼胎，既想刺探别人的隐私，又想从别人那里得到好处。伊内丝追求艾丝黛尔，艾丝黛尔却对加尔森产生兴趣，加尔森对她们都没有好感。任何一个人的举动都会引起另外两个人的连锁反应，每个人都生活在别人的目光下，一举一动都受到他人的审视和评判。伊内丝说："我要全神贯注地盯着您，我要撕破情面跟您斗……我们这几个人永远在一起。"加尔森说："地狱原来就是这个样。我从来都没想到……提起地狱，你们便会想到硫黄、火刑、烤架……啊，真是莫大的玩笑！何必用烤架呢，他人就是地狱。"

萨特的其他作品还有剧本《苍蝇》、《死无葬身之地》、《可敬的妓女》等，小说有《墙》、《自由之路》三部曲、《厌恶》等，以及演讲《存在主义是一种人道主义》，都通俗形象地反映了他的思想，并且使存在主义更广泛地传播。存在主义的文学家还有卡夫卡、加缪等人。

弗洛伊德主义是反理性主义思潮中有着巨大影响的一个流派。它因其创始人、奥地利医生西格蒙德·弗洛伊德(1856—1939)而得名。弗洛伊德主义的理论体系由三部分组成：① 精神病的治疗方法与理论，属于精神医学的范畴；② 潜意识的心理过程的科学，属于深蕴心理学的范

---

①② [法]萨特.存在主义是一种人道主义[M].上海：上海译文出版社，1988：12,18.

畴;以上两部分合称精神分析学;③ 精神分析在人文科学领域中的扩展和运用,属于哲学的范畴。它的发展演变有两条并行的线索:一条是弗洛伊德本人不断提出修正、补充和完善这一理论的过程;另一条是精神分析学派内部分裂和演变的过程。

$$
\text{弗洛伊德主义}\begin{cases}\text{古典弗洛伊德主义:1910年前后发展成国际性学派}\\ \text{新弗洛伊德主义}\begin{cases}\text{奥地利的阿德勒(个体心理学)}\\ \text{瑞士的荣格(分析心理学)}\end{cases}\\ \text{20世纪30年代以后}\begin{cases}\text{美国的社会文化学派}\\ \text{美国的自我心理学派}\\ \text{英国的克莱因学派}\\ \text{瑞士的存在主义分析学派}\end{cases}\end{cases}
$$

弗洛伊德主义以人为研究对象,突出人的非理性,努力揭示现代西方文化危机的人性根源,对人类的理性和文明的进步持悲观态度。它与众不同的特征是:① 从人的深层心理结构和内在心理动力去探索理解人性;② 对性的问题给予特别的注意,把性的作用扩大为整个社会文明的基础和动力;③ 既有科学实证的作用,又带有宗教神秘的色彩。弗洛伊德学说一问世就对人类思想产生极大的冲击,引起了普遍的震惊和迷惘,招致众多的非议。但这反而使它得到更广泛的传播。它的理论和方法深刻地影响了科学主义、人本主义、结构主义等哲学派别,甚至还出现了"弗洛伊德主义的马克思主义"。

五、反理性主义思潮的影响

反理性主义思潮在青年中的影响也很大。很可能,一般人不知道孔德、罗素和维特根斯坦,但却知道尼采、萨特和弗洛伊德。在这个意义上,可以说,反理性主义的影响甚至超过了科学主义和实用主义。但是,反理性主义思潮的影响在主题和方式途径上有别于科学主义和实用主义。它是表层的又是通俗的。它没有多少理论,也有一点不知所云,比如什么"本我"、"非我"、"亲在"、"存在"、"虚无",青年中很少有人能弄清楚。但是,这并不妨碍他们接受它。因为通过它,他们能够释放青春期躁动的能量和宣泄郁积的焦虑、恐惧、愤怒、孤独等情绪。这一思潮的兴起本身就标志着反叛和抗议。它诉诸人们的情绪而不是理性,它的传播载体主要不是大部头的学术著作而是文学作品。"跟着感觉走"、"我是谁"、"一无所有"等,这些流行歌曲和电影,都是中国20世纪80年代产生的存在主义代表作。

如果说,青年从科学主义思潮和实用主义思潮那里接受了如何处世的思想,那么,在反理性主义思潮中他们则"发现了自我"。反理性主义研究现代社会中人的生存,表达了人在生存困境中的内心体验。

反理性主义的产生和流行是资本主义社会矛盾和文化危机的反映。20世纪60年代末席卷西方世界的学生造反运动就是以它为思想武器的。在学生运动的冲击下,当代资本主义进行了自身调整,各种矛盾得到不同程度的缓和。反理性主义影响下的学生运动在不同国家走向了不同的结局:在法国出现了红色恐怖主义;在美国,"愤怒的一代"进入90年代以后已经不再愤怒,而是回归了主流社会;在德国它发展成绿色和平主义。总之,反理性主义已经退潮。但是当年它横扫西方的威力给人留下了极其深刻的印象。我们应当吸取前车之鉴,认真研究这场风暴的社会背景和条件、学潮兴起的过程、阶段、重要的契因,做好预测和防范工作。

反理性主义在我国青年中的流行大约从20世纪80年代初期开始,中后期达到高潮。"老三届"和"6082"一族(指60年代以后出生、1982年以后大学毕业的群体)几乎无人不知当年在《中国青年》杂志上开展的"潘晓讨论"。"潘晓来信"的标题是"人生的路啊,为什么越走越窄?"对于这场人生观大讨论中的具体观点和讨论所造成的社会后果,至今仍有不同看法,本书不想在此发表全面的评论意见。但必须指出,正是在这场讨论中,许多青年开始到反理性主义中去寻找思想武器。言必称"自我"(自我设计、自我奋斗、自我实现)成了新时尚,与经久不衰的成才秘诀、名人传记、致富门路等图书的热销交相辉映,与从政、经商、厌学、出国等阵阵浪潮交织互动,成为观察当代青年兴奋点的一个标记。改革开放后成长起来的青年是非常幸运的。改革打破了计划经济体制对人的束缚,在我国青年面前展现了丰富多样的可能性,为他们实现自我提供了广阔的天地。主体性的高扬,为社会生活注入了清新的活力。但是,在个人与他人、与集体、与社会的关系等方面,反理性主义又给青年带来了消极的影响。在这些方面,理论界同行已经有很多的论述,限于篇幅,在此不赘。自20世纪90年代以来,随着我国社会生活的稳定,青年精神生活的日趋成熟,热点分散,反理性主义"热"已经降温,但是它潜在的影响仍然不可低估。作为一种精神危机的哲学,它的情绪基调——悲观主义,在某种气候下仍然有可能冒头。

第三节 后现代主义

一、后现代主义的产生和发展

(一) 后现代主义的界说

后现代主义(post-modernism)是20世纪中期以后在西方广为流行的一种文化思潮,它最早出现在建筑学中。后来这个概念被广泛地运用到文学、艺术、哲学、社会学等领域。关于"后现代主义"的界说,学术界一直以来众说纷纭、莫衷一是,至今都没有一个公认的定义。事实上,认识和理解的角度不同,对后现代主义的界说也就不同。综观学者们对后现代主义的定义,主要有以下几种:

(1) 从时间角度理解:有学者认为,后现代主义是对现代主义的继续与发展,后现代性仅仅是现代性的一部分。[1]

(2) 从思维角度理解:部分学者认为,后现代主义就是反现代主义或者超现代主义,它不具有时代意义,只要思维方式上符合后现代的标准,哪怕产生时间较早也可当做是后现代主义。

(3) 从科技角度理解:有专家认为,后现代就是现代科学技术得到普遍应用的年代,即高科技年代。与此相反,有学者认为,后现代恰恰是科技统治解体的时代,是科技时代的终结。

(4) 从社会角度理解:一些学者认为,后现代的本质是一个四分五裂的社会重新归于统一,但相反的意见是,社会实际在日益分化,多元化和非一体化,才是后现代的真正特征。

---

[1] 谈到后现代主义,不能不谈"现代主义"。"现代"一词源于拉丁文的modernus,早在公元5世纪末至6世纪初就已出现并被用来表示随着基督教时代的到来而产生的新的文化潮流和生活态度。从时间意义上讲,史学家们一般把15、16世纪的文艺复兴和宗教改革运动视为"现代"的真正开端,高扬主体主义旗帜,倡导理性主义精神,尊崇科学主义权威成了现代主义的重要标志。从文化的角度看,现代主义是人类历史发展到现代社会而出现的文化思潮,是对各领域现代主义文化现象的理论抽象。现代性是现代主义的特性。

事实上,后现代主义是一个极其复杂的概念,在这个名称下甚至集合着彼此矛盾的态度和理论。但是,学术界如今大多把"后现代主义"作为一种事实接受下来,并且普遍地把后现代主义当做一种包括后现代艺术、社会学、哲学等在内的文化思潮。笔者认为,后现代主义是 20 世纪中叶兴盛于西方世界的一种文化思潮,是晚期资本主义工业社会的一种文化现象,是对文化哲学和精神价值取向进行批判和解构的文化运动。它由现代主义发展而来,旨在质疑、批判现代文化传统所推崇的现代理性。顾名思义,后现代主义是"现代主义之后",是对现代主义的反动和批判,同时也是对现代主义的继承、发展和超越。从根本上讲,后现代主义是对当代资本主义经济、政治、社会生活的反映。作为 20 世纪最重要的文化运动和社会思潮之一,后现代主义在社会观念层面和实践层面都产生了重大影响。

(二)后现代主义产生的社会背景和理论渊源

1. 后现代主义产生的社会背景

与其他社会思潮一样,后现代主义思潮的产生有其深刻的社会历史根源。

首先,资本主义由自由竞争发展到垄断阶段,帝国主义经济政治矛盾与冲突的加剧,是后现代主义产生的历史大背景。两次世界大战的爆发,给全世界人民造成了极大的灾难,使人性的残忍、精神的堕落与工业文明、科技进步形成了强烈的反差,苦难悲惨的现实和资产阶级宣扬的以"人道主义"和"理性主义"为核心的现代主义背道而驰。在对两次世界大战进行深刻的反思中,后现代主义者们看到了现代主义价值体系的失效。于是,他们以各种否定的、批判的、解构的和破坏的方法对现代主义进行了全面的批判,提出了后现代主义的新的理论体系。

其次,新技术革命的兴起促进了当代资本主义生产力的发展,也引起生产关系的调整及其他方面的变化,是后现代主义产生的社会现实基础。从 20 世纪四五十年代开始的新技术革命,大大增强了人类征服自然、改造自然的能力。但是,由于人类对利润的无止境追求,在 20 世纪六七十年代出现了严重的人口问题、能源问题以及环境问题等。后现代主义者认为,这是现代主义造成的恶果。"知识就是力量"以及"理性是谋求人类幸福的工具"等观念,都受到后现代主义者的怀疑、否定和批判。同时,随着资本主义市场经济的发展,资本主义生产分工更加细化,"人"在这种分工中异化成了谋求利润的工具,成了机器上的一个齿轮。针对"人"在现代社会中的处境,后现代主义者惊呼"人死了"、"知识分子死了"、"主体消失了"!

第三,当代资本主义社会文化的扩张、文化工业的兴起,使文化成为人们日常生活的大众消费品。文化丧失了传统的神圣地位,使得当代资本主义社会出现了文化危机。高雅文化与通俗文化、艺术与生活、商品与文化的界限消失了。科学活动、学术活动、艺术活动和其他精神创造活动已经丧失了传统的价值意蕴和社会地位。现代艺术家、人文学者和科技工作者对自身前途产生了忧虑。这一忧虑又导致对整个西方文化前途的忧虑,使得当代西方文化在整体上出现衰落。这种文化危机催生了后现代主义。

2. 后现代主义的理论渊源

后现代主义并不是一个完全独创性的思潮,而是现代西方学术中一些背景不同、来源各异的各种思潮、流派、观念的混合或拼凑。应该说,后现代主义思潮同多种社会思潮或流派具有理论渊源关系。

第一,后现代主义者从社会批判理论那里汲取了对工具理性和现代技术、对现代社会媒体作用的怀疑。他们赞成西方马克思主义者霍克海默(M. Max Horkheimer)和马尔库塞(Herbert

Marcuse)等人的见解。霍克海默认为,现代科技的发展,意味着统治者对被统治者的统治力量的日益增长,对人性的压制和异化的日益增长。现代科技已经成为压制人性、束缚人的自由的罪魁祸首。马尔库塞认为,当前的发达工业社会是一个使个体全面遭受压制的社会,社会文明对个性实行了全面的管理和统治。后现代主义从批判的理论家那里汲取了对于工具理性和现代科技的怀疑,对于人类尤其是个体前途的忧虑。

第二,后现代主义者从法国结构主义者对于人道主义、对主体的怀疑中得到启示。结构主义者强调结构具有不以人的意志为转移的客观作用,否定人的主观能动作用。他们认为,一切社会现象和文化现象的性质和意义都是由其先验的结构决定的,个体只是结构中的一个"代码"或"符号"。历史不是个人或自我的自由创造,而是某个先验结构的产物。后现代主义者如福柯等,吸取了结构主义的观念。

第三,后现代主义者从法国存在主义者萨特等人那里汲取了虚无主义观点。由于受两次世界大战的影响,法国存在主义者对生活持一种悲观主义的态度,强调人类生存状况的随机性、不确定性和不可捉摸性。加缪和萨特等人借助自己的艺术创作来展示自己的理想,他们打通了文学和哲学之间的界限,使得理论与实践、文学创作和文艺批评成为互相交融、互相印证的东西。虽然后现代主义的兴起是以对存在主义哲学的批评和漠视为起点的,但是,我们仍然在后现代主义思潮中不时地看到存在主义哲学的影子。

第四,后现代主义者从萨特、海德格尔、弗洛伊德等人那里继承了反人道主义的传统,他们更多地从消极意义上来理解人的当代处境,并对人的"责任"、"良心"、"自由"、"抉择"作出了新的解释。他们认为,道德问题更多的是一个习惯问题,它只有相对的和约定的意义而不具有绝对的、与生俱来的意义。依附在人身上的这些东西都带有很大的偶然性、外在强制性,是人应该进一步予以摆脱的枷锁。

此外,后现代主义者还从文本主义者那里继承了"一切事物都是文本"的观点;从德国现象学中汲取了关于重新考虑主观知识,抛弃逻各斯中心主义的世界观,怀疑历史遗留下来的经验教训的可靠性等主张;从美国通俗主义、大众主义的艺术运动那里继承了反智性主义和拒斥理论、拒斥解释的思想倾向;从伽达默尔的哲学解释学那里吸取了对于经验主义、合理性、普遍性科学以及直接的机械的因果性等方面所作出的批判;从德国浪漫主义那里继承了一种与客观性相对立的批判立场;同无政府主义者一样,他们怀疑权威,怀疑任何来自官方的或主流的解释,他们宽容地对待所有的文本和所有的解释,等等。

20世纪60年代,美国批评界对后现代主义进行了一场影响深广的大讨论。70—80年代,利奥塔与哈贝马斯之争,把这场源于北美批评界的讨论争鸣,提高到了哲学、美学和文化批评高度。80年代中期,国际比较文学学会先后筹办三次国际研讨会,正式将后现代主义作为一个前沿理论课题研究,后现代主义的发展进入鼎盛时期。从此,后现代主义成为一个西方家喻户晓、广为运用的文化术语,在哲学、美学和文学艺术等领域被广泛使用。进入20世纪90年代以后,后现代主义开始走向衰落并发生了分化。

(三)后现代主义的理论特征

作为一种重要的社会文化思潮,后现代主义具有区别于其他社会思潮的显著特征。从整体上把握后现代主义的理论特征,对于进一步深入研究和全面理解后现代主义大有裨益。在对现代性进行批判和反思的过程中,后现代主义文化思潮主要体现出以下理论特征。

1. 反对理性和传统

西方自文艺复兴和启蒙运动以来,以理性为根本原则的现代性成为西方发展的主旋律。后现代主义解构现代理性,反对近现代以来形成的文化传统。

2. 反对基础主义和确定性

后现代主义否认世界本原的存在,否认"基础"、"原则"等问题。同时,在后现代主义者看来,一切都是变化的、不确定的、模糊的、解构的。

3. 反对本质主义和中心论

传统哲学有一个假设,即有一个人无法更改的本质存在,人用语言去发现它,这是逻各斯中心主义和语言中心主义。后现代主义否认本质的存在,反对中心论。

4. 反对人类中心主义和主体性

后现代主义宣告了人类中心主义的破灭,消解了作为主体的人,取消了二元模式中主体的中心地位,具体表现出反主体性、反主客二元等。

5. 反对普遍性和同一性

后现代主义者强调差异、边缘、独特,认为无差异的世界是苍白枯燥的世界,传统文化以普遍性和同一性为人的最高本质,只能使人成为丧失个性、无血无肉、无情无义的抽象的人。

二、后现代主义的主要代表人物及观点

后现代主义代表人物众多,下面我们介绍几位主要的代表人物,并综合其基本观点。

（一）后现代主义文化思潮的代表人物

1. 米歇尔·福柯

米歇尔·福柯(Michel Foucault,1926—1984),法国后现代思潮的前卫人物,20世纪最伟大的思想家之一。福柯1926年10月26日出生于法国维艾纳省省会普瓦捷,父亲是该城一位受人尊敬的外科医生,母亲是一位外科医生的女儿。福柯在普瓦捷完成了小学和中学教育。1946年,他离开家乡前往巴黎的法国高等师范学校学习哲学。1951年通过大中学教师资格会考,1952年受聘为里尔大学助教。1961年,福柯获得文学博士学位。1962年,福柯前往突尼斯大学就任哲学教授。福柯在突尼斯经历了1968年5月的学生运动风潮。他投身于其中,发挥了相当的影响。1972年12月,福柯就任法兰西学院思想体系史教授。70年代的福柯积极致力于各种社会运动,他运用自己的声望支持旨在改善犯人人权状况的运动,并亲自发起"监狱情报组"以收集整理监狱制度日常运作的详细过程;他在维护移民和难民权益的请愿书上签名;与萨特一起出席声援监狱暴动犯人的抗议游行;冒着危险前往西班牙抗议独裁者佛朗哥对政治犯的死刑判决……所有这一切都促使他深入思考权力的深层结构及由此而来的监禁、惩戒过程的运作问题。1984年6月25日,福柯因艾滋病在巴黎萨勒贝蒂尔医院病逝,终年58岁。福柯的主要理论贡献是用自己独创的"考古学"和"系谱学"方法,拆解传统历史观的因果性和必然性,将研究对象转向癫狂、监狱、权力和性欲等边缘的、局部性的课题,反对对历史进行系统化、总体化的归纳。其代表作有《词与物》(1966年)、《知识考古学》(1968年)、《性史》(1976年)等。

2. 雅克·德里达

雅克·德里达(Jacques Derrida,1930—2004),当代法国哲学家、符号学家、文艺理论家和美

学家,解构主义思潮创始人。德里达 1930 年生于法国统治下的阿尔及利亚地区的一个犹太家庭。19 岁获得学士学位后,旋即进入法国高等师范学校攻读哲学。1956—1957 年在美国哈佛大学深造,潜心攻读了黑格尔、胡塞尔、海德格尔以及法国哲学家巴塔耶、布朗肖等人的著作。德里达的硕士论文《记忆》,写的就是胡塞尔现象学的意义、结构和发生。1962 年,在巴黎任教两年后,他翻译了胡塞尔写于 1936 年的《几何学的起源》,并撰写了影响超过原文的一篇序言。在长序中,德里达已经察觉了语词本义和隐喻义之间的复杂关系,这使得他开始质疑哲学话语的基本假设。1966 年,美国约翰斯·霍普金斯大学请来法国思想界的名流召开会议。会上,德里达以《结构、符号与人文科学话语中的嬉戏》开门见山地对结构主义提出挑战,指出结构主义将使其成为逸出结构性的超验之物,这种不彻底的结构主义与传统形而上学并没有实质区别,论文进而对西方的整个思维传统提出质疑。20 世纪 60 年代,他是《泰凯尔》杂志的核心人物。60 年代末,德里达与该杂志分裂。后一直在巴黎高等师范学校任教。曾任美国霍普金斯大学和耶鲁大学的访问教授、法国社会科学研究所研究员。2004 年 10 月 8 日夜,德里达因胰腺癌在巴黎一家医院去世,享年 74 岁。德里达的主要理论贡献是解构主义。德里达的解构以反传统、反权威为己任,它以被传统哲学视为无关紧要、居于边缘地带的片断为突破口,向居于神圣地位的"中心"发难,打破传统文本结构的恒定性和意义的确定性,解构二元对立,确立多元平等。德里达并不企图通过解构重新构造一种哲学理论,他倡导的是一种新的阅读文本的方式,通过解构性阅读达到重写哲学史的目的。其代表作有《论文字学》(1967 年)、《立场》(1972 年)等。

3. 简弗朗索瓦·利奥塔

弗朗索瓦·利奥塔(Jean Francois Lyotard,1924—1998),当代法国著名哲学家,后现代思潮理论家。1950 年至 1952 年,利奥塔在法属阿尔及利亚的君士坦丁一家中学担任哲学教师,1955 年成为激进团体"社会主义或野蛮"的阿尔及利亚分支的领导成员,并对法国占领阿尔及利亚持积极批判态度。他先后声援过阿尔及利亚民族解放斗争,参与组织农泰尔学院新左派师生联盟。1958 年,利奥塔获得法国大学与中学教师学衔,1971 年获文学博士学位。利奥塔曾在中学任教 10 年,在高等教育机构供职 20 年,在"社会主义或野蛮"及以后的"工人权力"团体从事了 12 年的理论和实践工作。利奥塔在《后现代状态》(1979 年)和《异争》(1984 年)等著作里展示语言学应用倾向,并紧追欧美文化哲学新潮,上升为有关后现代主义论争的中心人物。1998 年 4 月 20—21 日夜间,因患癌症去世,终年 74 岁。利奥塔开启了将后现代主义与科学哲学相结合的先河,他在《后现代状况》中着重探讨当代西方高科技社会中的知识状态嬗变,试图以语言实用学(简称语用学)的观念和方法解释当代资本主义的社会变异和文化症状,并深入论证作为西方文明维系网络与认知基础的"元叙事"的衰竭枯萎以及因此产生的"叙事危机"。利奥塔把科学知识看做是语言游戏及其规则,并通过对科学知识借助权力追求合法化的探讨,实际上解构了现代主义或现代性中科学的霸主地位。其主要著作有《现象学》(1954 年)、《后现代状况》(1979 年)、《海德格尔与犹太人》(1988 年)、《政治性文字》(1993 年)等。

4. 弗雷德里克·杰姆逊

弗雷德里克·杰姆逊(Fredric Jameson,1934—   ),美国著名的左翼文学理论家、批评家,后现代主义的代表人物。杰姆逊 1934 年 4 月 14 日生于俄亥俄州克利夫兰,1954 年毕业于哈佛大学,随后赴耶鲁大学师从德国著名流亡学者、《模仿论》的作者奥尔巴赫教授攻读法国文学及比较文学。杰姆逊读博士期间主修法国文学,曾先后到法国和德国留学,这使他得以阅读了大量原文版的法国的理论和德国的哲学著作,拓宽了他的视野和思路。其博士论文《萨特:一种风格的起源》运用现象学的方法对萨特的问题风格和思想特征进行了具体的分析。1959 年获博士学位。他最初在哈佛大学和加利福尼亚大学任教,后成为耶鲁大学法国文学教授。1985 年后任杜克大学讲座教授、文学系主任、批评理论研究所所长。2003 年辞去系主任职务,继续担任批评理论研究所所长,兼任杜克大学人文科学学术委员会主任、学术刊物《南大西洋季刊》主编。杰姆逊的主要理论贡献是把马克思主义和后现代主义结合起来,创建一种针对晚期资本主义的新的综合性的文化阐释理论。他认为后现代文化是由发达资本主义的发展逻辑造成并支配的,后现代主义是晚期资本主义的文化主导。杰姆逊提出了现实主义、现代主义、后现代主义三种文化形式。他对后现代文化持辩证态度,认为后现代主义体现的精神分裂的特点与资本主义的瓦解趋势相关。他分析了工业化渗透到文化生产和娱乐领域的状况,指出后现代文化去除了现代派艺术中异化、焦虑的主题,突出了"文化的物化"特征。在艺术中表现为历史淡化,中心消解,时空倒错,缺乏深度,玩世不恭伟大的作家和有个人风格的作品不复存在。晚期资本主义疯狂的物质生产和消费享乐造成了这一精神分裂、意义紊乱的文化系统。其代表作有《萨特:一种风格的起源》(1961年)、《马克思主义与形式》(1971 年)、《政治无意识》(1981 年)、《后现代主义,或晚期资本主义的文化逻辑》(1991 年)等。

当代后现代主义的代表人物还有很多,如伽达默尔、拉康、罗蒂、费耶阿本德、格里芬等人,在此不一一介绍了。后现代主义者们立足于当代西方的社会现实,着眼于"后工业社会"中失去秩序感、充满无力感的个人,为结束人在精神上无家可归的漂泊状态,对当代西方社会进行了一场文化大寻根,并在文化基因的水平上展开了对资本主义现代社会的人文批判。他们的后现代主义理论和方法为当代人提供了一种新的批判角度,有助于深化我们对当代西方社会本质的认识。

(二)后现代主义文化思潮的代表性观点

后现代主义文化思潮内容驳杂,观点繁多。关于后现代主义的介绍要想做到面面俱到,实属不易。而且,如果介绍得过于繁多复杂,也不利于更加清晰地理解和把握。后现代主义对现代意义中的自我进行了消解,使得自我表现出平面化、碎片化、零散化等特点。同时,后现代主义者还喊出了"人死了"、"作者死了"、"主体死了"等口号,批判和解构了传统意义上的"主体"。因此,我们重点介绍后现代主义的代表性观点——自我和主体理论。

1. 自我的消解和破碎

自我(self)是现代性中的一个核心概念。关于自我的概念,现代西方心理学对于自我的界定强调两个方面,即自我依靠(self-reliance)和自我坚持(self-assertion),注重的是个体自身的需要状态。后现代主义则强调从人与人之间的关系角度来谈论自我,"以强调内在的关系的实在性为特征"[①]。可见,后现代主义对"自我"这一逻各斯中心概念进行了消解。关于自我的结构,传统描述往往局限于自我的稳定性特征。在后现代主义看来,自我结构应该是从自我的稳定性和可变性两个方面来划分的。在人的自我中,持久不变表现的是自我的连续性和稳定性,随机应变代表自我的可变性和不确定性。可以说,后现代主义通过对自我的消解从而颠覆了自我中心的神圣梦幻。

---

① [美]大卫·雷·格里芬.后现代精神[M].王成兵,译.北京:中央编译出版社,1998:21-22.

总体而言,后现代主义文化思潮对自我的消解主要采取了如下两种策略:

第一,通过对历史的消解进而消解自我。比如说,后现代文学普遍表现了对历史与往事的兴趣,很多小说干脆以时间作为作品的题目,如《一九三四年的逃亡》、《一九八六年》、《四月三日事件》等。对于历史与往事的兴趣恰恰体现了后现代文学对历史进行消解的策略。不妨以我国作家李晓的小说《相会在 K 市》为例来说明。在小说当中,"我"对主人公刘东生平的每一步调查其实都在瓦解着历史本文。一方面现在的"我"的活动与穿插叙述体现了历史的被叙述性与虚构性,一方面又使得刘东的身份一直在"汉奸"与"烈士"之间不断转换,从而显出历史的扑朔迷离与不可知。《相会在 K 市》从三个方面对自我进行了消解:一是消解了历史经典所企图意指的历史实在本身;二是消解了"我"对这一历史实在的追寻过程本身,从而又强化了历史的虚构性;最后,叙述者的消解归趋就是完成了对作为历史实在的刘东的"自我"的消解。可以说,《相会在 K 市》代表了我国后现代文学消解历史和消解自我的最高成就。当历史受到残酷的消解时,便使"历史—自我"的互相生成性的关系彻底断裂,从而消解了自我的历史性与时间性,自我只能是存在于现时的瞬间存在。正如杰姆逊所说,"那种从过去通向未来的连续性的感觉已经崩溃了,新时间体验只集中在现时上,除了现时以外,什么也没有"①。

第二,通过对自我的直接消解从而使自我平面化。拿我国作家格非的先锋小说《迷舟》来说,《迷舟》中的主人公萧是平面化后现代自我的典型代表。他似乎被有意抽去了本应具有的个性特征,成了一个毫无生气的平面化人物。他对一切都是不可思议地无动于衷。他来到阔别几十年的故乡边上竟然毫无感觉,听到父亲的死讯也"没有丝毫突兀的恐惧和悲痛的感觉","显得格外平静"。重见老母,他只"像是有一根纤细的鹅毛在拨动内心深处隐藏的往事",然而,"这种感觉转瞬即逝"。他甚至"面对老母的呕泣也是无动于衷"……可以说,《迷舟》里的萧只不过是一个没有过去、没有未来、只存在于"现时"的了无生气的生命的空壳。在近年的后现代文学中随处可见这种秕糠一样的生命空壳,自我只是漂浮于本文表面的模糊的暗影,或者说,只不过是一个死亡了的"自我"。平面化的后现代自我并不包含任何的意念或人性深度。

在后现代的视野中,"自我"遭到了彻底的粉碎与消解,从而造成了自我的破碎和零散化。后现代主义中的"自我"并不是作为一个具有人格、情感和感觉的"自我"而存在的,他只是一堆散乱的、毫无秩序的木块而已。因此,我们无法把这些各自独立、互相之间毫无内在联系的"碎片"秩序化。正如杰姆逊所言,"在后现代主义的零散化中,一切都变得把握不住了,而且也不可能将诸种相异的碎片统一并协调起来"②。在后现代文学中,"自我"的碎片化、零散化特征表现得相当明显,比如在英国当代著名的后现代主义小说家约翰·福尔斯的巨作——《丹尼尔·马丁》中就有突出的表现。《丹尼尔·马丁》是一部完全由碎片构成的作品。福尔斯在《丹尼尔·马丁》中,采取灵活变换式不定人称叙事视点,"你、我、他"混用,叙事中心被消解,改变了独断专一的传统叙事视点。它共有 48 章,每一节都有一个标题,如"丰收"、"游戏"、"芦苇丛中的女人"、"门"、"雨伞"等。仅从标题看就知道各节之间没有连接因素,见不到因果关系。在小说中,"情节成了一种借口",不见时间顺序、空间联系和因果关系,情节的事件独立出现,孤零零的成了一个个碎片,都可构成一个独立的叙事单位。福尔斯在小说中还采取了新的叙事艺术,这些叙事艺术表现了后

---

① [美]杰姆逊.后现代主义与文化理论[M].西安:陕西师范大学出版社,1986:207.
② 同上,第 208 页。

现代主义语境中的"自我"的本质。对福尔斯来说,自我不仅是一个"孤独幽闭的地方",而且也是一个人与自我联系处于分裂状态的地方。"统一自我"的破碎和意识破碎成为《丹尼尔·马丁》占主导地位的主题。福尔斯坚决摒弃任何形式的整体叙事,消解了传统叙事的连续性、完整性,完全打破时间的顺序。他用分裂的叙事和分裂的文风进行叙事,使小说主人公成为日益破碎化的自我。

2. 上帝死了

"主体"是现代社会理论的一个核心概念,关于这一概念的哲学思考,可以追溯到笛卡儿和康德的思想中。笛卡儿的"我思故我在"的公式确立了"我思"的优先地位,康德的"哥白尼革命"又将人的主体性提高到"人为自然界立法"的新高度。至此,人的主体性达到了顶峰。然而,19世纪,尼采却惊呼"上帝死了"。在西方思想史上,自觉而彻底地反上帝,反基督,反基督教,因而杀死上帝,尼采当属第一人。

为彻底地摧毁现代哲学,尼采对西方哲学的基本范畴——主体进行了犀利的批判。更重要的是,他对真理,特别是对现代理性进行了激烈否定。虽然承认世界的变化性,但尼采认为这是个由破坏而创造、再由创造而破坏的无限循环过程,人无法、也无须以理性认识世界,因为只有自由意志才是世界的本源所在,主体不过是语言和思维的产物而已。概括尼采的批判话语,可以说,他以解释取代事实,以躯体欲望取代现代理性。尼采对西方哲学传统的批判播下了后现代哲学的种子。他要求建立一种能够发现和表达人的深层存在的哲学,在这种哲学中应该以人的生活和行为为中心,所以在他的著作中一再宣布"上帝死了"。"上帝死了"实际上是宣布以上帝或绝对理念为基础的基督教和理性派传统哲学的终结。尼采的"上帝之死"使批判的精神取代了盲从迷信,基督教神学一统天下的局面被打破了。后现代主义思想家继承了尼采的思想,对主体性进行了前所未有的反省。消解和解构主体随之成为后现代思想家批判"现代性"的一个重要内容。

3. 人死了

后现代主义认为,所谓无所不能的"主体"是"有限的"人,总是以有限的方式去认识世界,其认知并不具有确实性和确定性,所谓的理性能力因而是一种虚妄的假设。因此,启蒙思想的"主体"概念成为后现代话语试图解构的主要对象。以福柯的观点为代表,他认为现代理性通过社会制度、话语和实践等方式实施着对"主体"的束缚而非解放,由此造成了"在我们这个时代,哲学仍然或再次处于终结的过程当中……人正在消失。"[①]20世纪,福柯宣称"人死了"。他洞见到,"尼采表明上帝之死不是人之出现,而是人之消失,人与上帝有着奇特的亲缘关系,因为人与上帝同时是孪生兄弟和互为父子的关系:上帝死了,人不能不同时消失。"[②]福柯接着尼采"上帝之死"所进一步论述的"人之死",意味着主体性的人类学意义上的人不断消失。如果说尼采的"上帝死了"表达了传统思想的终结,那么,福柯的"人之消亡"理念就标志着后现代社会的来临。宣判人的死亡并不是告诉人们人类真正的死亡,而是揭示作为主体的形而上学意义上的人的终结。

在后现代主义看来,"既没有个体的主体,也没有集体的主体……人只是历史的产物,其本身

---

① [法]福柯. 词与物[M]//后现代性的哲学话语. 杭州:浙江人民出版社,2000:34.
② Michel Foucault. Foucault,lephilosophe,estentraindeparler. Pensez(1973)[A]. Ditsetécrits Ⅱ,970—1975[C]. Paris:Gallimard,1994:423-424.

是由话语实践决定的"①。福柯从知识考古学的角度出发,论证了作为主体的人的消亡的必然性。他认为,在知识的形成和发展中,起主要作用的并不像主体性哲学所说的那样是"人",人不是能动的创造者,而只是被各种文化密码所建构的虚幻外型。他宣称,"人是像海市蜃楼一样可以消失的东西","人将被抹去,如同大海边沙地上的一张脸"②。福柯这种否定人的主体性、将人虚无化的学说,在后现代主义文化中成为一种主调。福柯说:"我相信不存在独立自主、无处不在的普遍形式的主体。"③他还说:"从被体验和经历为语言的内部,在其趋向于极点的可能性的游戏中,所显示出来的,就是人'已终结'了,并且在能够达到任何可能的言语的顶峰时,人所达到的并不是他自身的心脏,而是那能限制人的界限的边缘:在这个区域,死亡在游荡着,思想灭绝了,起源的允诺无限地退隐。"④福柯最后宣布"人不再独尊于世界王国之上,不再独霸存在的中心"⑤。不过,我们也应该看到,福柯反对主体,反对的是"主体的暴政"及其"现代性恶果"——人类学主义与自我中心的意识主义范式,反对的是一元的、绝对的、拥有话语特权的主体,而非主体本身。福柯"要取消主体的特权、中心地位、奠基作用,倡导主体的多元化、实证性、非中心化,用经验主体来反对先验主体。因此,虽然福柯讲'人之死',但他并不一概排斥主体、取消主体。福柯毕生都在研究历史主体、经验主体、个体化主体的构成及其与理论和实践的具体关系。在这个意义上,我们可以说福柯哲学也是一种主体哲学,只不过是一种实证主义的主体哲学"⑥。

4. 知识分子死了

以利奥塔为代表的后现代主义者继承和发展了尼采等人的思想,对西方传统哲学中的理性、主体进行了尖锐的批判,指出理性是种霸权,主体根本就是形而上学的虚构和假设。利奥塔宣布,主体"正在语言游戏的散播中消解自己"⑦。1984年,利奥塔发表了题为《知识分子的坟墓》一文,发出了"知识分子之死"的宣言,直截了当地宣布"普遍的知识分子"已寿终正寝。"知识分子"乃是基于本体论实体思维方式前提下所构建的一个神话。这一神话涉及了知识分子的气质、特征、职责以及使命诸方面的问题。利奥塔指出,后现代知识状态改变了传统知识分子的形象,而后现代知识话语的异质性使"知识分子"的功能正从普遍性转向专门性、技术性。随着普遍的知识分子的神话赖以生存的两大基础——德国的思辨哲学与法国的启蒙主义思想在20世纪50年代后现代社会的罹难,现代知识分子的神话也就失去了现实土壤与知识背景。"英雄圣贤、伟大的探险、崇高的终极"这些原动力全消失了。在这个意义上,后现代知识敲响了教授时代的丧钟,因为在传递现有知识方面,一个教授与信息库系统是没有什么区别的。面对后现代这一知识状况,利奥塔得出了不应该再有"知识分子","知识分子"已经死亡的结论。

利奥塔所宣称的"知识分子之死"蕴含着极为丰富的社会历史与文化的内涵。从尼采所宣布的"上帝死了"到福柯所说的"人死了",以至发展到利奥塔所疾呼的"知识分子之死",这是一个合

---

① 李惠国,黄长.重写现代性[M].北京:社会科学文献出版社,2001:85.
② [法]福柯.词与物[M].莫伟民,译.上海:上海三联书店,2001:506.
③ [法]福柯.权力的眼睛[M].严锋,译.上海:上海人民出版社,1997:19.
④ [法]福柯.词与物[M].莫伟民,译.上海:上海三联书店,2001:501.
⑤ 江安民.后现代性的哲学话语[M].杭州:浙江人民出版社,2000:47.
⑥ 莫伟民.莫伟民讲福柯[M].北京:北京大学出版社,2005:131.
⑦ Lyotard,Jean-Francois. The Postmodern Condition: A Report on Knowledge[M]. University of Minneso Press,1984:4.

乎发展逻辑的思想递进过程,尽管这一进程渗透着"后现代"的理论色彩。"上帝"显然是无所不在、无所不能的理性化身,是"形而上学"的幽灵。人无法容忍这种残酷的"监护者"角色的"上帝"的存在。随着"上帝"的隐去,人丧失了其"中心"的意义,人的逐渐"边缘化"使"人类逐渐消失了","人的死亡"标志着人的良知形象——"知识分子"已经退出历史舞台。

三、后现代主义的评析

(一)后现代主义的成就和局限

后现代主义文化思潮是西方社会内部发生的批判资本主义现代化的一场文化革命,它取得了很大的成就。从认识论的角度讲,后现代主义以一种深入骨髓的怀疑、挑战和拒绝,激活了生存和语言临界点上的可能性,拓宽了人类的思维空间,代表了一种开放的、丰富的、建设性的文化精神。从文化价值观的角度讲,后现代主义最杰出的贡献是倡导和普及了当代社会的文化多元主义,表现了比自由主义更有张力、更为本质的文化宽容精神。后现代主义的横空出世,否弃了理性主义的霸权,宣告了普遍主义的失效,并容忍多元主义的文化价值选择。文化多元主义宣告了主流性、中心性、一元化价值的终结,它指斥理性主义是"文化帝国主义",为边缘文化、边缘人群反抗西方主流文化价值提供了新的文化批判支点。可以说,后现代主义是对资本主义现代化的文化超越。后现代主义的文化批判入木三分,极大地动摇了西方的主流价值观,发人深省,引人深思。

然而,后现代主义也暴露出明显的局限性。首先,作为一种思维方式,后现代主义在很大程度上并没有摆脱现代西方哲学的思维方式。我们知道,现代西方哲学反对传统的形而上学、认识二元论等思维方式,而后现代主义者们主张解构"逻各斯中心主义"和"在场形而上学",反对基础主义、本质主义,反对主体性而主张"语言游戏说"等,这实质上是现代西方哲学思维方式的继续和深化,或者只能说是在一定程度上实现了对现代西方哲学的超越。其次,后现代主义强调差异比同一性更重要,强调意义和力量在于无限的不确定性,强调所有语言、文化、实践方式以及社会自身的任意性和约定俗成性,不承认任何客观性、确定性、一致性和系统性,这也就否认了任何真理共识的存在。后现代主义作为一种绝对的相对主义,将怀疑主义推向了极致,因此,它消解了"永恒的普遍真理",同时也消灭了一切真理,摧毁了知识领域的全部客观标准,一切事物对它而言都既无真理性也无稳定的意义。

后现代主义对"主体"的批判,同样具有两面性。一方面,后现代主义者敏锐地看到了现代主体观的弊端,试图通过对主体的"解中心化"来消解主体至高无上的地位。它反对人类过高地宣扬人的主体地位,认为主体在认识过程中,不过是一个"符号"和"代码",是语言的某种功能的执行者,而不是世界万物的意义和价值的最终创造者。在人与自然的关系中,反对把人理解为自然界的主宰和主人,反对为了人类自身的需要和利益而无限度地掠夺和破坏自然。在人与人之间的关系上,反对个人主义传统,要求人与人之间应该和谐相处,避免为了一己之利而相互争斗。这些无疑都具有积极的意义。另一方面,后现代主义对于主体这一重要的哲学问题,采取了简单化的立场,试图通过宣布它已经死亡,从而回避主客体问题。而实际上,我们永远都无法回避它。问题的真正出路在于,如何在批判性反思的基础上对主体进行重新建构,重新确定主体在认识过程中的作用及其限度,重新确立主体在世界中的地位。同时,后现代主义在剥离了人的主体性存在的同时,也否定了人的责任和理想。有的后现代主义者鼓吹要使人成为无中心,无本质,无长远目标和理想,不负担社会责任、道德义务和历史使命的人,成为不受任何外在的或内在的制约,只享用当下的、现实的生活的人。在他们眼里,只有这样的人才是真正自由和自主的人,才能充分展示人生的价值和意义。这显然是不符合事实的,也不利于人类社会的发展进步。鉴于后现代主义主体理论的两面性,我们必须反对两种倾向:一种是"人类沙文主义"即人类中心主义倾向;另一种是完全抹杀人类主体地位的倾向。

(二)后现代主义对青年的影响

后现代主义文化思潮在世界范围内流行的过程中,对社会各个方面和领域都产生了不可忽视的影响。基于本书研究的主题,这里重点探讨后现代主义对青年和教育的影响。

从对青年的影响来看,后现代主义因其反传统、反权威等反叛性特点,极易为广大青年所接受,并能迅速传播开来。一方面,后现代主义的广泛传播对广大青年产生了积极影响。具体表现在:后现代主义对现代资本主义的揭露和批判,有助于广大青年加深对资本主义社会的了解,使他们坚定资本主义必然灭亡、共产主义必然胜利的理想信念;后现代主义给广大青年注入了时代性和娱乐性的文化产品,开阔了青年的文化视野,满足了青年多方面的精神生活需要;后现代主义反对整体性和同一性,为广大青年彰显个性提供了精神支持,有助于青年的个性培养等。另一方面,我们也应该看到,后现代主义文化思潮对广大青年还具有不可忽视的消极影响。具体表现在:后现代主义强烈地渗透着怀疑主义、虚无主义和价值论上的多元主义,这些都触动着青年最为敏感的神经,他们怀着天生的反抗与怀疑,体验着后现代主义批判的没有绝对的道德、没有绝对的权威、没有最高的信念和终极目标的现代社会。这都使得青年无所适从,将自己的精神寄托在虚无缥缈的后现代主义的虚无境界,对一切都持无所谓的态度,不追求、不思索,消极麻木。同时,在后现代主义的影响下,一些青年对任何事物没有明确的界定,高雅与粗俗、高尚与卑鄙、真诚与虚伪、正义与邪恶、圣洁与污浊,完全消除了价值区别,把整个社会涂抹成一个颜色。这些使部分青年难以正确地鉴别和选择,最终陷入精神上的空虚和心灵上的孤独。

青年是国家的未来和民族的希望,鉴于后现代主义对青年的重要影响,我们应该注意充分发挥其积极作用,尽量避免其消极影响。

(三)后现代主义的未来展望

关于后现代主义之后的理论与思潮展望,荷兰学者伯顿斯在将后现代主义论争描述至20世纪90年代初以后指出,虽然在西方文艺理论和文学界,出现了一系列"他者"(other)现象,并出现了"回归表现"的动向,但作为一种社会文化思潮,后现代主义本身还远没有结束,它不断地包容、吸收,并以新的面目出现。

杰姆逊对后现代主义文化的未来发展前景作了预测。他认为,资本主义不会很快终结。既然资本主义不会很快终结,就还会向前发展,那么后现代主义文化自然也要继续发展。在杰姆逊看来,伴随着晚期资本主义资本的全球扩张,后现代主义文化也将必然走向全球化。他指出,在经济全球化的时代,经济上的扩张必然伴随着文化上的扩张。很多地方的文化现在已经被以强大经济实力为后盾的美国后现代主义文化所同化,美国电影电视、美国音乐、美国食品、美国服饰以及美国教育被作为标准和样板风靡全球,并有取代一切之势,而与此相应的是很多地方文化或地方传统被放逐并逐渐丧失发言权。

作为一种重要的社会文化思潮,后现代主义必然有其自己独特的兴衰史。在经历了20世纪七八十年代的巅峰之后,后现代主义文化思潮在法国明显地走向衰落。但是,后现代主义仍然在法国之外的国家和地区发展着。在北美等地区,后现代主义不仅没有衰落,而且正在成为某些人文科学研究活动的代名词。当代西方学术中的某些最新思潮都与后现代主义有着千丝万缕的联系。它们都毫不犹豫地从后现代主义那里汲取各种灵感、术语、观念、方法与话题。因此在世界范围内,关于后现代主义文化思潮的研究和讨论还将继续下去。

思考题

1. 科学主义和反理性主义各有哪些基本的观点、立场?它们在研究对象和思想主题上与传统哲学有何区别?
2. 科学主义和反理性主义对我国青年产生了哪些影响?试举例(人物和代表性观点)说明。
3. 如何评价科学主义和反理性主义对人类精神文明发展的影响?
4. 后现代主义产生的社会历史背景和理论特征有哪些?
5. 后现代主义的主要代表人物有哪些?其代表性观点是什么?
6. 后现代主义思潮对我国青年和教育有何影响?

第六章　新老实用主义

实用主义产生于19世纪末与20世纪初的千年之交,是美国土生土长的哲学流派。当时"清高"的欧洲人无不对它嗤之以鼻,认为那种"没文化"的地方只能出产这种商业气息十足、极其庸俗的哲学,甚至不配叫"哲学"。但是,恰恰正是这因美国哲学家厌倦了欧洲人的"清谈"才产生出来的实用主义,对美国资本主义的发展起到了巨大的推动作用,成为美国民族精神的重要支柱,被誉为美国的"国家哲学"。20世纪前30年是实用主义的全盛时期。30—50年代,实用主义受到分析哲学的排挤,一度跌入低谷。60年代实用主义又迎来了中兴,产生了新实用主义。不仅如此,实用主义在中国也经历了潮起潮落。20世纪20年代,实用主义在中国广泛传播。新中国成立后,由于政治的原因,实用主义作为"美帝国主义的学说"遭到严厉的批判。改革开放以后,实用主义在中国不仅死灰复燃,而且大有泛滥之势。尤其在年轻人心目中,实用主义是"臭豆腐",闻起来臭,吃起来香。但深究起来,他们对实用主义又不甚了了。实用主义一百多年的历史表明,它具有顽强的生命力和在世界范围的影响力,是我们不可忽视的一种社会思潮。所以,对实用主义进行客观科学的剖析,是一项重要的任务。

第一节　古典实用主义

我们把实用主义的历史分为两段:从创立到杜威时期叫"古典实用主义",杜威之后的叫"新实用主义"。本节阐述前者。

一、古典实用主义的形成、发展和特征

实用主义(pragmatism)一词来源于古希腊文pragma,其原意是行为、行动和实践。"实用"(pragmatical)一词表明科学活动与人类特定的目的之间的必然联系即逻辑联系。实用主义又自称为"实践哲学"、"行动哲学"。从它的名称我们已经可以感受到,它标榜自己是一种推崇人类经验、着眼于现实生活、注重行动的哲学。

(一)古典实用主义的形成和发展

古典实用主义的形成和发展,与它的三位里程碑式的代表人物有关。第一位是查尔斯·皮尔士,他首先提出了实用主义的原理,是为创始人。第二位是威廉·詹姆士,他将皮尔士的思想做了重新阐述和大大发挥,使之体系化,从此在美国形成了实用主义运动。他改变了皮尔士的抽象性特点,使实用主义通俗易懂并且能方便地运用于日常思考和生活。第三位是约翰·杜威,他之所以享有比前两位更大的知名度,是因为他在阐述和传播实用主义方面起了更大的作用。他不仅致力于实用主义的不断革新——使之"工具主义"化,而且还身体力行地将之运用到社会、政治、道德、教育等广泛的领域中去。

(二) 古典实用主义产生的根源

实用主义产生的根源,可以从社会历史背景、思想理论渊源和自然科学依据三方面考察。

实用主义的代表人物和活动中心都在美国。从社会历史背景看,在实用主义诞生的19世纪70年代,美国正处于从自由资本主义向垄断资本主义过渡的重要时期,面临的任务就是要赶超英、法等先进的资本主义强国。为了尽快把物质生产搞上去,就要求发展功利主义的务实态度,发挥每个人的主观性和创造性。1872年,富兰克林曾经劝告欧洲人,如果他们仅仅是出身高贵而别无所长的话,就别去美国,因为美国人对任何人都是不问出身只问"你能干什么"的。可见远在"实用主义"这个名称尚未问世之前,美国人中间就已经盛行这种价值观了。而资产阶级对于获取最大利润的追求,又总是不择手段。这就在客观上产生了一种需求,期望有一种理论来为其做辩护。实用主义正是适应这种要求产生的。它的主题——追求成功,追求实效,正是美国资产阶级精神面貌和行为方式的写照。

从其思想实质来看,实用主义是主观唯心主义。它的理论来源主要是英国经验论、德国康德学说和新黑格尔主义。对它发生直接影响的是孔德和马赫、叔本华和柏格森。前两个人的经验理论和后两个人的行为理论糅合在一起,就成为实用主义所强调的"经验行为"。

实用主义的科学基础是当时达尔文进化论和实验生理学及心理学的研究成果,它们揭示了动物的心理意志和本能行为是同一的。这些成果直接转化为实用主义关于人类经验与行为同一的主张。现代自然科学在这一时期的迅速发展,暴露了真理的相对性,也使人们改变了原来的真理观,认识到真理也是"进化"的,应该把它当做工具。

(三) 古典实用主义的理论特征

学术界对实用主义理论特征的总结是从不同的角度出发的,因此有不同的意见。

一种意见认为,实用主义最突出的理论特征是鼓吹工具主义的"价值至上"观。它将认识中的价值关系、效用关系置于事实关系之上,甚至以人的主观需要的满足程度来排斥认识的客观性。"有用即是真理"这句实用主义的"名言",给人以强烈的印象,集中地反映了实用主义的特征。这一特征,在实用主义的本体论、认识论和社会历史观方面,分别表现为折中主义、相对主义和多元主义。

另一种意见注目于实用主义带来的社会效果,尤其是它对于人们的思想方法、价值观念和道德等方面产生的影响,从它的效果来总结它的理论特征。比较有代表性的观点有以下两种:

一种观点认为,实用主义是美国资产阶级的意识形态、主观唯心主义哲学。但是它对传统哲学有重大革新,重视哲学的用途,具有有效地指导人类实践行为方面的方法论功能。在总结概括自然科学和社会科学的发展方面也取得了某些局部性的积极成果。实用主义的主要缺陷是:不管经验的来源,只管对付的方法;不研究人的本质和价值,而着重研究人的行动怎样带来满意的效果;不是探究目的的合理性,而只强调方法的合目的性。这样就导致了道德价值和功用理性的分离,与它自我标榜的"人本主义"相分离。[①]

还有一种观点认为,实用主义是美国工业文明中的竞争哲学,也是"美国精神",对美国的现代化起了很大作用。它有三个主要特点:强调行动以求生存;注重效果以定优劣;提倡开拓进取

---

① 薛文华. 现代西方哲学评介[M]. 北京:高等教育出版社,1993:151-152.

以求发展。它主张哲学的改造,认为哲学应该关注人生。这对于 20 世纪哲学的发展方向有着重大的影响。①

二、古典实用主义的代表人物及观点

古典实用主义的代表人物有皮尔士、詹姆士和杜威,他们各有不同的贡献。

(一)关心方法和效果的皮尔士

查尔斯·皮尔士(Charles Peirce,1839—1914),美国哲学家、逻辑学家、实用主义的创始人。他出生于美国马萨诸塞州的剑桥。从这个地名我们就可以感受到当地居民对于故土的眷恋和浓郁的英国文化气息。皮尔士的父亲是一位著名的数学家。良好的家庭环境使皮尔士从小就可以接触到哲学和各门科学。皮尔士 1859 年进入哈佛大学,1863 年毕业于劳伦斯学院,后在美国大地和海岸测量局工作,并且曾在哈佛大学和霍布金斯大学任兼职教授。而他成年后的真正志向却是建立一门能够适应于各个学科的科学逻辑。因此,研究哲学对于他只是一种业余爱好。1871—1874 年间,他在哈佛大学组织了一个名为"形而上学俱乐部"的哲学协会。这个协会后来成了实用主义的发源地。

不过,皮尔士生前并未能享受作为名人的风光。他在"形而上学俱乐部"发表过多次演讲,但只公开发表过两篇论文:《信念的确立》(1877 年)和《怎样使我们的观念清楚明白》(1878 年)。不仅数量少得可怜,而且还是在一家《通俗科学月刊》上发表的。他的《文集》(共八卷)是死后由他的学生整理出版的。从这两篇文章的标题看,似乎皮尔士关心的是"信念"和"意义"的问题。因为这正是"形而上学俱乐部"首先应该讨论的问题,也是当时欧洲哲学中的时髦话题。然而读下去,我们就会发现他关心的实际上是确立信念的方法和概念、命题的效果。他对"哲学应该干什么"这个问题也有着与欧洲哲学家不同的答案。

1. 宁愿要"廉价而平庸的东西"

皮尔士认为,要把我们的观念讲清楚,就必须把一句话里模糊的、抽象的概念"翻译"成具体的术语,用来表示人的具体活动与可观察的结果之间的联系。他认为在这个意义上,实用主义就是实证主义。它反对形而上学,要把它从云霄高处拉下来到经验的层面。如果有人认为只有谈论形而上学才够"高雅"的话,皮尔士则认为"在观念问题上,大家宁愿要廉价而平庸的东西"②。总之,皮尔士认为哲学应该把目光转向人们的生活,剥去神秘的外衣,成为人们解决生活难题的工具。

2. "实用主义原理"——以实际效果来确定意义

皮尔士提出,我们为什么要进行认识活动呢?认识的任务并不在于反映客观世界本来是什么样子的,而是要为行动提供信念。他说:"思维的唯一职能在于确立信念。"而"信念就是在我们的本性中建立的一种行动的习惯","人不过是习惯的组合"。他认为,认识的发展过程是"怀疑——探索——信念"这三个环节的不断循环。他认为,环境总是处在无规律的变化中,它改变了,原有的信念就丧失了,信念就变成了怀疑,于是需要重新探索以建立新的信念,使行动能适应

---

① 王元明. 美国实用主义哲学新析[J]. 南开学报,1994(5):1-6.
② 陈启伟. 现代西方哲学原著选读[M]. 北京:北京大学出版社,1992:132.

新的变化。正因为如此,所以"思想不是别的,它无非是探索的手段"。思维的作用就是平息怀疑,确定信念。

确定信念通常有四种方式:①"固执的方法":否定任何客观准则,各人按自己的意愿行事;②"权威的方法":由国家或其他暴力机关规定的人们的信念,代替他们的意志而行动;③"先验的方法":肯定每个人的理性中有共同的先验原则,通过集体讨论以确立信念;④"科学的方法":把信念建立在实验效果的基础上,通过实验或行动而建立信念。皮尔士认为,前三种方法常常导致行动的失败,只有第四种方法才能导致成功,只有它才是唯一可靠的方法。

皮尔士曾经非常关心语言意义的分析。但是跟随在欧洲人后面谈论一阵"概念"、"命题"的逻辑分析之后,他就感到这种空洞、抽象的议论是毫无意义的,因为它对于帮助人们更好地生活毫无用处。他说:为了确定一个理性中的概念的意义,人们应当考虑一下从那个概念的真理性中必然可以产生出什么样的实际效果,这些效果的总和就构成了这个概念的全部意义。真理不同于谎言的地方,只在于以真理为依据的行动必然达到我们指向的地方,而不是离开它。他断言:"意义就是效果。"

皮尔士虽然是因为詹姆士的大力推介而被称为"实用主义"(pragmatism)的创始人的,但是他其实更愿意用"实效主义"(pragmatisicism)这个词来表示自己的学说。他也不愿意把自己的主张混同于"实践"(practical),后者是康德学说中的"道德活动",而他认为实验科学家在道德领域是无能为力的。

皮尔士所阐释的实用主义思想的核心就是:我们的信念就是我们的行动准则,要弄清一个思想的意义,只需要断定这个思想会引起什么行动,那个行动就是那个思想的唯一意义。

后来实用主义的几位代表人物都循着皮尔士这条主观经验主义的道路走了下去。所以,尽管他自己不乐意,人们称皮尔士为实用主义的奠基人还是恰如其分的。

(二)提出"有用就是真理"的詹姆士

威廉·詹姆士(William James,1842—1910),美国心理学家、哲学家。他出生于美国纽约的一个宗教家庭,深受宗教神学和唯心主义的影响。1869年在哈佛大学获医学博士学位。起初詹姆士的研究是集中在心理学方面,他是美国机能主义心理学派的创始人之一。1872年他加入皮尔士的"形而上学俱乐部",与皮尔士的交往导致他的学术方向从心理学转向哲学。但是他的心理学研究是他哲学研究的基础,特别是在意识流、自我意识、纯粹经验等方面。1898年8月26日,他在加利福尼亚大学伯克利分校发表题为"哲学概念和实际结果"的演讲,将皮尔士的思想进行了发挥,第一次正式提出"实用主义"这个概念。此后,詹姆士又到多所大学做过多次演讲,系统、全面而且详尽地阐述了实用主义思想,从此在美国形成了实用主义运动,确立了实用主义在美国的重要地位。1907年他发表了代表作《实用主义——某些旧思想方法的新名称》,使实用主义成为较为全面和系统的哲学体系。他的著作还有:《心理学原理》(1890年)、《信仰的意志和通俗的哲学论文集》(1897年)、《宗教经验类型》(1902年)、《真理的意义》(1909年)、《多元的宇宙》(1909年)以及他死后出版的《彻底经验主义》(1912年)等。

1."彻底的经验主义"

詹姆士把人的活动引入哲学,表白自己的哲学是"彻底的经验主义"。首先,他认为人面向现实世界时遇到的是经验的事实,而不是客观事物的本来面目。他说:"实在的实在,由他自己;实在是什么,却凭取景;而取景如何,全凭我们。实在的感觉部分和关系部分全是哑的,它们根本不能为自己说话,而要我们代它说话。"①对同一个事实,人们的看法却各异。所以,要想知道"实在"是什么,就应该从主客体的关系中来把握它,而不能离开这种关系去追究它"原来是什么"、"离开了我们它是什么"。其次,人们面对的"实在"是变化和流动的,经验呈现给人们的是一个现象的流,人们的观念必须随它而变化流动。真理性的观念与实在的符合,只能意味着我们被一直引导着适应环境,不使我们的前进受挫,如果能有这种效果,这种观念满足了我们的要求,它就是真的了。"实在"是变化的,概念永远不能恰如其分地代替知觉,所以,实在之更深远的特点只能在知觉性的经验中找到。

詹姆士声明自己是一个"认识论的实在论者"而非"形而上学的实在论者"。为什么他要从"经验主义"的立场出发来解决本体论问题呢?这与他对哲学的功用和研究哲学的目的的看法有关。他说:总有无数的事项呈现于我的感觉之前,但是只要我对它们没有兴趣,它们就丝毫不能进入我的经验之中。我的经验乃是我所注意的东西。他认为,如果我们要求解决具体的生活问题,哲学就不能把静止的物质实体或抽象的精神实体作为本体。实用主义要面向生活,就要把经验本体规定为一种生活之流,即一种处在不断运动变化中的主观感觉与客观存在的关系。只有这样,才能使哲学真正成为介入生活的指导工具。

2."有用就是真理"

詹姆士认为,人为什么会需要真理?就是因为真理可以对人起引导的作用。比如我在森林里迷路了,忽然发现有一条有牛蹄印子的小路,我想小路的尽头一定有住家,只要我沿着这条小路走,就一定会得救。这种想法就是真理。而且,我的确终于看到了真正的房子,我的想法得到了完全的证实。这就是说"它是有用的,因为它是真的"。詹姆士认为这句话与"它是真的,因为它是有用的"②意思完全一样。也就是说,观念之是否是真理,是由它导致的后果来决定的,而不是由它摹写眼前事实的精确程度和符合过去原则的程度来决定的。

真理在现实生活中得到直接证实的机会不多,所以詹姆士提出了真理的间接证实。我们假定某个东西存在,我们所知的一切都符合这个假定,不引起矛盾、冲突或挫折,就可以认为这个假定是真的。他说这是真理的"信用"。他说:"事实上,真理大部分是靠一种信用制度而存在下去。我们的思想和信念只要不遇到阻梗就可以'通行',正像银行钞票一样,只要没有谁拒绝接受它们,它们就可以流通。""你接受我对这一件事的证实,我接受你对另一件事的证实,我们拿各人的真理交易。"③

3."实用主义是一种方法"

詹姆士认为,实用主义是通过实践效果来检验观念的方法。它的格言是"不讲原则,只讲效果"。实用主义要抛弃职业哲学家的积习,不能去追求原始的东西、抽象的原则和封闭的理论体系。实用主义方法"不是什么特别的结果,而只不过是一种确定方向的态度。这种态度不是去看最先的东西:原则、范畴和必须的假定,而是去看最后的东西:收获、效果和事实"④。如果大家都从效果出发,自然可以平息许多无谓的争论。

---

① [美]詹姆士.实用主义[M].陈羽纶,孙瑞禾,译.北京:商务印书馆,1979:125-126.
②③ 洪谦.西方现代资产阶级哲学论著选辑[M].北京:商务印书馆,1964:158,160.
④ [美]詹姆士.实用主义[M].陈羽纶,孙瑞禾,译.北京:商务印书馆,1979:31.

詹姆士认为实用主义方法有两个特点：一是功利主义，二是唯名论①。他说实用主义从来不在字面上解决问题，它要求面向事实和将来。实用主义和经验主义唯名论有共同的地方，即都认为世界上只存在个别的、特殊的东西。他认为一元论哲学导致固定的教条主义态度，而多元论哲学将为偶然性、自由选择和新奇事物留有余地。人们对于客体的每一个认识都是独特的、具体的，因此，可以允许对同一事件作各种不同的解释。

詹姆士认为，"我们思考事物时，如要把它完全弄明白，只须考虑它含有什么样可能的效果，即我们从它那里会得到什么感觉，我们必须准备作什么样的反应。"②这就足够了。本着实用主义这种态度可以解决历史上争论不休的一切重大难题，例如理性主义和经验主义、一元论和多元论、意志自由论和宿命论之间的斗争，都是毫无意义的。也就是说，对于这些形而上学争论，人们不应当单说这方面或那方面是对的，而应当指出肯定这方面或那方面对了以后的实际结果上的差别。

（三）致力于实用主义理论革新和推广的杜威

约翰·杜威（John Dewey，1859—1952），美国最有影响的实用主义哲学家。没有他，可能世界上没有那么多的人知道实用主义。他出生于美国佛蒙特州布灵顿的一个杂货商人家庭。1884年，杜威以《康德心理学》为题的论文获得博士学位。他先后在密歇根大学（1889年）、芝加哥大学（1894年）、哥伦比亚大学（1904年）等大学担任哲学系主任。他的名气来自于他在哲学、教育学、社会学、伦理学等众多领域的辛勤劳作以及在这些领域取得的突出成就。他一生出版了30多部著作和近千篇论文。其中的哲学代表作有《哲学的改造》（1920年）、《人性和行为》（1922年）、《经验和自然》（1925年）、《确定性的追求》（1929年）、《人的问题》（1946年）等。

1. "哲学的改造"

杜威认为，哲学是随历史的发展而不断变化的。近代哲学对古典哲学进行了改造。弗兰西斯·培根把探索自然的实证方法置于亚里士多德的逻辑论证之上，舍弃了对终极的绝对实体的研究。人们学会了从经验的起源和经验的利害得失来判定真理。到了20世纪，科学更发达了，哲学的改造可以实现了。他说有两件事使我们对于经验产生了一种新的看法，并且对于经验和理性的关系形成了一个新的观点。第一个因素是经验在实际性质上发生的变化，即实际活动的经验在内容和方法上的变化。另一个因素是一种以生物学为基础的心理学的发展，它使我们有可能对经验的性质作出一种新的科学表达。由于有了这样两个条件，杜威对传统的"经验"概念作了改造："生物受着自己的行为后果的影响。行动和遭遇之间的这种密切联系，就形成了我们所谓经验"。"经验变成首先在于做的事情。有机体并不是站在那里……静等着事情的发生。它并不被动地、死板地等待某种东西从外面逼到它身上。有机体是按照它自己的简单或复杂的构造对环境发生作用的。其结果，环境所造成的变化又反过来对有机体及其活动起反作用。"③环境与人相互作用，形成了经验。可见，经验是属于生活和实践的。于是，洛克、休谟、康德、新康德派们辛辛苦苦制造出来的那些概念、范畴都没什么用处了。杜威认为，哲学作为一种智慧，就是

---

① 唯名论与唯实论都是中世纪经院哲学派别。在"一般"和"个别"的关系上，唯名论认为"一般"是名、符号，"个别"才是实在的；唯实论与之相反。
② [美]詹姆士.实用主义[M].陈羽纶，孙瑞禾，译.北京：商务印书馆，1979：27.
③ [美]杜威.哲学的改选[M].北京：商务印书馆，1985：46.

为了给人们的生活实践提供一种工具和方法。哲学,只有当它成为哲学家们探究解决人的问题的方法时,才能恢复元气。

2."真理是工具"

杜威认为,一切知识都不过是人们制造出来用以应付环境的工具。思维是工具性的,真理也是人造的工具。一切概念、学说和理论系统,不管它们怎样精微和坚实,都必须视为假设,"它们是工具,和一切工具一样,它们的价值不在于它们自身,而在于它们所能造就的结果中显现出来的功效"①。

3.多元主义的社会历史观

杜威的社会历史观包含三个部分:多元论、人性论和庸俗进化论。

杜威批评以往的哲学历史观都犯了简单化的毛病。"因为正如必然性和追求一个包罗一切的单一规律是20世纪40年代学术空气中典型的东西一样,几率和多元论则是当前科学状况的特征。因果必然性这个旧观念的解释业已遭到了巨大的打击。这一点对于那些熟悉最近发展的人们来说,是无需赘述的。"②杜威提出,社会组成因素是多元的。其中人性和文化两大因素及它们的相互作用决定了社会历史。

在杜威看来,社会是建立在人性基础上的。他说,有一种需要和兴趣,自然会有一种人群发生。譬如男女之欲,是一种天性的情欲。有了这种需要,然后有男女居室,组成一个家族。又如有了饮食和自卫保身之欲,然后有工商业、交通业。人类有权力的天性,所以有纷争;有纷争然后有政府、有法律,所以有国家。人类有信仰的天性,所以有宗教,等等。经济关系和政治制度都不能与人的习性分开。人性中的分化性产生出人的利己心,人性中的结合性产生出人的利他心。一切社会冲突都是个人天性中保守因素和更解放的、新的因素之间的冲突。人们因此需要各种团体的、教育的、道德的、法律的文化因素来对人性加以调节和平衡,以求得社会的安宁和进步。

在社会如何进步的问题上,杜威既反对激进的改革派也反对顽固的保守派,而主张渐进的改良。他认为社会政治之所以发生,是因为一部分人的利益和愿望受到保护,而另一部分人的利益和愿望受到压抑,于是引起不满和愤怒,双方发生冲突。他呼吁政治家们要关心这些具体的社会问题,一个一个去解决。这就是"一点一滴的进化","一点一滴的改进"。他说:"要知道进化不是忽然从天上掉下来的,而是零零碎碎东一块、西一块凑就起来的","进化是零买的,不是批发的,是杂凑的,不是整包的"③。杜威认为人们应该关注的是解决社会中存在的具体问题,而不能停留在关于社会问题的一般概念上。由于社会构成因素的多元性,一般观念的解释和指导根本不能满足改造社会的要求,必须提出社会具体问题的改造方法。而这,正是实用主义的新贡献。

杜威把自己的理论关注点放在"实际的、活动道德和社会问题"上,提出了自己伦理学、教育学的一系列理论。

4."境遇"伦理学

杜威是用达尔文的生物进化论来观察社会的,所以把人看做是生物进化过程中具有许多特殊的心理因素或生物本能的个体,而不是社会的人。社会仅是"自然人"生存、生长的一种"环

---

① 杜威.哲学的改造[M].北京:商务印书馆,1985:78.
② 杜威.哲学的改造[M].北京:商务印书馆,1985:63.
③ 杜威.社会哲学和政治哲学[M]//涂纪亮.从古典实用主义到新实用主义.北京:人民出版社,2006:473.

境"、"境遇"。人的一切行动包括道德行动,都是为了使个人能适应自然和社会具体环境,以求得生命的保存、延续和发展。因而人的道德观念和道德行为归根到底也都源于人类为求得生存而在进化过程中所形成的"人的本性"。

杜威曾经说过:经验就是生活,生活就是应付环境。每个人生活在世界中,每时每刻都要应付各种不同的环境,解决各种疑难问题。每个人必须在变幻不定的"境遇"中独立地寻找正确的决策,找出解决疑难的办法。如果世界上只有一个人,那就不会有"道德行为",也不能过"道德生活"。实用主义伦理学就是要把指导人们行为的道德规范和原则,改造成为人们应付具体环境,解决日常生活中疑难问题的方法。这就是实用主义的"境遇"伦理学。道德境遇是实用主义伦理学中的中心概念和重要环节。

所谓"境遇"就是指个人所处的一种状态,在这一状态中,每个人都会遇到许多对立的、不相容的决定,以及许多追求着不同目的而行动着的其他人。道德问题也就产生在其中。杜威曾指出,平常的行为,本没有道理不道理的区别。疑难的境地,可以这样做,也可以那样做;但这样做便有这样的结果,那样做又有那样的结果。究竟是这样做呢?还是那样做呢?到了这个选择去取的时候,方才有一个道德的境地,方才有道德和不道德的问题。例如,一个人如果既想去海滨观海景,又想到山中去看瀑布,处于这种境遇中,没有价值冲突,不产生道德问题,而只是个美的欣赏问题。如果一个人既想去海边散步,又想去赴朋友的约会。这时,是去散步而失约呢?还是不去散步而赴约呢?在这两者之间必择其一的困惑情况下,产生的就是道德问题了。杜威这里所指的主要是个人的一种矛盾的、困惑的心理状态。用这种主观的"境遇"概念,来代替外在的客观环境。他还提出只有在个体的境遇中,才能有道德或不道德、善与恶的问题。道德或不道德,全凭人的"智慧"的选择。

杜威把"善"看做是人在个体境遇中的要求的满足。他不仅坚持道德选择要根据个人的利益和需要,而且强调只能根据眼前的利益、"今天的利益"。这里的"利益"可以理解为人的一种主观态度,即个人对某一对象所产生的愿望、爱好、兴趣等。按照杜威的看法,善不仅是满足我们愿望的东西,而且是为我们所赞成的东西,而恶不过是被拒绝的善。与詹姆士一样,杜威也否认善与恶的对立,认为道德冲突不是善与恶之间的冲突,而是"诸善之间的冲突"。善,就是一种"有助于和推动着活动,并使活动向前发展"的东西。个人在具体境遇中,按照自己的愿望构造道德价值,决定自己的行动。

5. "新个人主义"

杜威在对个人主义与集体主义的关系进行系统考察的基础上提出了"新个人主义"的理论。

杜威认为围绕个人与社会的关系大致有三种基本观点:社会必须为个人而存在;个人必须遵守社会所设定的各种目的和生活方法;社会和个人是相关的,社会需要个人的效用和从属,同时也需要服务于个人。简单地说,这三种观点也就是个人主义、社会集体主义和个人与社会有机关联的观点。杜威赞同第三种观点。他认为"个人"包括人性的各种反应、习惯、气质和能力;社会是指人的合作、结合、协同、共同分享。在杜威看来,个人与个人间的共同关系是同等重要的,共同关系的作用在于使个人之间相互合作。但是,共同关系也只能是工具性的。它的建立和服务目的只是个人的发展。

杜威所谓的新个人主义是指与社会革新相连的个人的"首创性"、"发明力"、"进取心"等现代个人价值精神。它不同于单纯的经济上、政治上、宗教上的"个人主义",而是一种价值哲学意义上的个人主义。与传统个人主义不同,它非但不排斥社会的必要性,而且认同和肯定了社会的积极意义。只是在杜威看来,与新个人主义相适应的社会是为个人创造条件的,并处于开放和改变共同经验的进程中。只有这样的社会,才能为个人的自由创造提供充分的条件和机会。社会和社会的活动愈开放、愈丰富,给个人创造自由的机会就愈多,个人才能的发展也就愈快,其价值实现就愈大愈高。

杜威实际上并没有真正放弃个人主义这一欧美国家的根本价值观念,不同的只是他对个人主义的解释更为圆通。

6."教育即生活"

杜威的教育理论非常系统,主要包括教育的本质、方法和原理。

关于教育的本质,他提出了"道德即生长"、"道德即教育"和"教育即生活"、"学校即社会"等著名观点。"道德即生长"命题包含三个方面的含义:第一,道德和教育一样,是人的自然生长和发育的过程,既包括肉体的生长,也包括智慧的生长;第二,道德既然就是"生长",是"学",那么,道德就是人类自发的、没有预先目的的活动,同时也是人内心自生的、不受外在社会关系制约的东西;第三,道德生长就是道德的发展变化。就个体而言,个人道德的生长就是善的观念和善的行为无止境的增加;就社会而言,社会道德的生长就是"进化"。"道德即教育",是说教育是道德作用得以发挥的一个基本方式。因为人的本性总是在与外部环境的相互作用过程中不断改变的,所以才使道德成为必要的,使教育成为可能。"教育即生活",也就是把教育看做是一个生活的过程、经验的过程。最好的教育就是"从生活中学习",儿童"现在"的生活经验是一切课程的主要内容,教育的本质就是"经验的不断改组或改造",让儿童从经验中受到教育。"学校即社会",是说学校就是一个"小型的社会",使教育在真实的社会环境中进行。

关于教育方法论,杜威提出了"儿童中心"和"从做中学"这两个口号。他宣称:一切教育应以"儿童为起点,为中心,为目的"。他认为教育不是要儿童获得前人积累的文化科学成果,而是要儿童自己去获得知识和技能,来适应生活环境。教育的意义,不在于传授知识,而在于鼓励儿童"从做中学"。教育的目的就是诱发儿童潜在的本能(语言和社交、制作、研究和探索及艺术)。杜威打破了传统教育中的"三个中心",即打破以传授知识和训练技能为中心,而代之为以经验为中心;打破了以学科教材为中心,而代之为以生活为中心;打破了以教师为教学的中心,而代之为以儿童为中心。但是,他的这种"儿童中心主义"教育思想走向极端,就否定了教育的系统性和目的性。并且教学中将"活动作业"作为课程的主要内容,使学生只能得到零碎的、浅薄的经验,降低了科学文化知识和技能、技巧的系统化和水平,使学生在基础教育阶段无法打下扎实的功底,可能造成基础教育质量下降。1958年以后,美国政府针对此弊病展开了一次又一次的教育改革,试图消除杜威教育思想的影响。

关于教育原理,杜威认为应该回答两个方面的问题:一个是社会方面的,即"做什么"(what),这是关于教育目的、内容的原理;另一个是心理方面的,即"如何做"(how),这是关于教育的方法和精神。对于"做什么",杜威认为应该为资产阶级民主主义社会培养充分生长和发展的人,他应该具有科学素质、民主的素质与理想、职业素质。关于教育的内容,即使杜威在专门谈职业教育时,也反对只开设纯粹实用性质的课程,而主张开实用学科和文雅学科两大类。关于"如何做",杜威则特别强调晓之以理、动之以情、导之以行。

第二节　新实用主义

古典实用主义在 20 世纪 30 年代末开始衰落。我们在此介绍的是古典实用主义之后的实用主义即广义的"新实用主义"的情况。它又可分为两个阶段。第一个阶段是 20 世纪的 40—50 年代，出现了以布里奇曼、刘易斯、莫里斯、胡克等人为代表的哲学家。他们在不放弃实用主义基本立场的前提下，以不同方式汲取逻辑实证主义的某些观点和方法。这是实用主义与其他哲学的第一次结合。第二阶段是 60—80 年代，以蒯因（也译作"奎因"）为代表，包括古德曼、塞拉斯、戴维森、普特南、罗蒂等人。他们是在坚持分析哲学或者后现代主义基本立场的前提下，汲取实用主义的某些传统观点，实现了实用主义与其他哲学的第二次结合。第二阶段的这些人被称为狭义的"新实用主义"者。

一、布里奇曼：操作主义

珀西·威廉姆斯·布里奇曼（Percy Williams Bridgman，1882—1961），著名的实验物理学家、科学哲学家、操作主义的创始人。1946 年，他由于发明超高压装置以及在高压物理学方面的发明而获得诺贝尔奖。提请大家注意这个事实是想说明，正是因为对最新的自然科学的疏远和隔膜，导致了老实用主义的衰落；而始终站在自然科学发展的前沿，使布里奇曼得以把实用主义向前推进一步。

皮尔士、詹姆士、杜威，这些老一辈的实用主义者，他们主要的科学依据是达尔文进化论以及心理学，他们也比较注重社会、教育、道德、文化领域的研究。对数理逻辑、相对论、量子力学等新兴学科，他们既不重视，也不在行，没有能力去运用逻辑分析方法对科学语言和哲学语言进行精确严密的分析，而这些正是崇尚新兴科学的美国年轻一代知识分子所关注的。而布里奇曼以及刘易斯、莫里斯等人，他们的专业背景知识结构与老一辈不同，恰好具有物理学、数理逻辑、符号学等方面的优势，所以他们能把实用主义与分析哲学结合起来，形成了实用主义再一次中兴的前奏。

布里奇曼不但在物理学方面取得了卓越的成就，他的哲学造诣也很深。操作理论分很多种，布里奇曼的理论是建立在仪器操作基础上的。不仅如此，他还吸收了詹姆士、杜威等人的真理观和分析哲学关于科学命题的意义分析，形成了自己独特的操作理论。

（一）行为论的意义理论

语言哲学中的意义理论包括行为论和语义论两大类。皮尔士、杜威、蒯因属于前一类，戴维森属于后一类。简言之，行为论的意义理论反对用意识中的观念来说明语词的意义，而力求用公共的可观察的行为加以说明。皮尔士主张把意义、信念和行为这三者联系起来考察。他强调，概念意义的确定是一个实际操作的过程，也是一个逻辑的过程，这两个过程是一致的。人们不能静止地观察某一名词的可感觉的效果，而应当给对象施加适当的操作或行为，并从这种操作或行为中去感受其效果。

皮尔士虽然指出了我们对概念的意义的把握、确定离不开行为操作，但还是语焉不详的。杜威则说得更明白，层次更为丰富。首先，他肯定操作可以显示观念的实际含义。其次，操作也可以显示对象以及对象之间的关系。一个静止的对象是显示不出它与别的对象的关系的，只有通过操作才能把它与其他对象的关系显示出来。例如,只有用尺子去测量,才能显示出"长度"这个概念。再次,操作活动也显示了感觉素材的意义,因为感觉素材是在操作活动中把自己呈现出来的,同时又只有在某种操作意向的指导下才具有实际的认识意义,才能发挥其作为检验理论的尺度的作用。

布里奇曼继承了皮尔士、杜威关于"操作"的主要观点,又结合当时自然科学中大量有争议的前沿问题进行了阐述,所以显得更深入、更具体,具有更大程度上的方法论意义。

布里奇曼赞同实用主义"有用就是真理"的观点,但是他不会像詹姆士说话那么极端。他比较强调真理的相对性,而这种相对性来自科学家的选择。他认为,在科学研究中有很多种理论,也许它们都是正确的,但是科学家选择哪一种,要看当时科学进展的需要,采用哪一种理论更方便、更简单。比如,"恒定化学量"这个概念后来被"原子"这个概念取代,并不是因为"原子"概念比较准确地反映了原子这种客观实在,而只是它比较方便和简单。与此相似,"超距作用"这个概念之所以被"场"这个概念取代,也是因为"场"这个概念更方便、更简单,特别是在运用数学方法处理电磁现象方面。但是,随着新的实验发展,如果在解释另外一些物理现象时,科学家们发现采用"超距作用"概念更方便,那时,抛弃"场"概念而回头重新采用"超距作用",也不是不可能的。"因此,我们必须承认,物理学家们在实际工作中作出的两种概念之间的区别,是言语的区别,与其相应的操作是言语的操作。毫无疑问,关于场与超距作用这两种观点之间的区别的描述,已经成为物理学家活动中的一个重要部分,因而可以把它看成是文字的协商。"①

(二) 语词的意义离不开操作

科学研究离不开科学家共同体之间的交流,由此便产生了科学概念、命题的语言问题:表达、陈述、意义、解释等。布里奇曼比较了语言学家和科学家对语词意义的不同看法。语言学家比较看重的是语词在日常生活中被使用时的意义。同一个语词,在不同的时代、不同的情境、不同的人的使用中,不可能具有完全相同的意义,而只能有大致相似的意义,由此形成了日常生活中语词意义的模糊性、不精确性等。但一词多义不一定是坏事,反而是必要的,可以使语言更丰富。而在科学研究中,则不能使用模棱两可的语词。科学家对于不精确的语词简直无法容忍。那么,为了在科研中进行有效的交流,究竟应该以什么作为语词精确性的标准呢? 布里奇曼认为应该把这个问题与使用这个语词的活动(即操作)联系起来考察。任何一个概念,只有借助于人们在使用和检验这个概念时所进行的操作活动才能确定其意义。布里奇曼说自己之所以要这样想,是受到从经典物理学向现代物理学转变过程的启发。比如"同时性"这个概念,在经典物理学里就意味着两个事件不是一先一后发生。它不考虑如何测定同时性的方法怎么样,从而认为同时性是绝对的,是由这两个事件的特性决定的。与此不同,现代物理学的狭义相对论则认为应该把如何测定"同时性"的操作程序包括在"同时性"的定义内,也就是要根据测量者在一定的测量系统中测量到的光信号的顺序来给"同时性"下定义。在一个坐标系统中看来,两个事件是同时发生的,在另一个坐标系统内部却不一定是同时发生的。所以,"同时性"是相对的,而不是绝对的。布里奇曼认为,他主张的这种按照有关的实验操作来给概念下定义的方法,就是爱因斯坦在狭义相对论中采用的方法,也是许多科学家在现代物理学,特别是量子力学中采用的方法。

---

① 布里奇曼.我们某些物理学概念的本性[M]//涂纪亮.从古典实用主义到新实用主义.北京:人民出版社,2006:240.

皮尔士已经提出过两种操作的概念:"科学实验操作"(指在实验室进行的物理操作或化学操作)和"经验行为操作"(指人的活动)。布里奇曼提出了类似的"实验室操作"、"仪器操作"和"精神操作"、"智力操作"的概念。通过这些概念,布里奇曼表达了自己对形而上学问题、对"实在"的看法。他认为,从常识性的观点来看,我们可以把日常生活中的对象概念化为一种不依赖于仪器或观察方法的存在。在常识范围内这个概念是清楚的。但是如果把它照搬进科学中,甚至以为物理学对象也是不依赖于观测方法的存在,那我们的思想就被常识带歪了。他坚持在科学中不能采用"常识的方法",而应该用"把物体归结为活动和操作的那种更好、更可靠的分析方法"①。物理实在不是存在于操作活动之外的东西,而是科学家们在一定时间地点条件下通过所使用的仪器确定下来的东西。比如什么是"带电粒子的实在"?那就是威尔逊云室中和核乳胶上所能观察到的轨迹,而不是指任何处在仪器之外的客观实在。又如,微观客体如电子、质子、中子,在一类仪器的操作下表现出波动性,在另一类仪器的操作下又表现出微粒性。微粒子的波一粒二重性是科学家仪器操作的结果。同样,场、真空和光也不是脱离开仪器操作的所谓客观实在。在现代物理学中,为了确定"场"的客观存在,通常要通过想象把电荷引入场内。可是,当人们把电荷引入场内时,电荷就改变了场的本来面目,我们看到的已经不是场自身的情况,而是被电荷干扰过的情况了。我们不带仪器进入所谓的"真空",就不能证明它的确是个"真空"。而一旦引进了仪器,这个里面就不再是真空了。光的所谓客观存在,也可以用同样的方法加以否定。

(三)在操作中确立时间和空间

对时间和空间的概念,布里奇曼认为也必须用操作来分析。以"长度"(空间)为例。经典物理学的"接触长度"概念,是由于采用测量者直接接触静止物体的测量方法而形成的。现代物理学在测量高速运动的物体的长度时,采用光速的测量操作,从而形成了"光年"这样的长度单位,提出了"光学长度"的新概念。可见"长度"概念,取决于我们选择的测量方法。"同时性"概念,在狭义相对论中已经把测量顺序包含在内了。所以,时间、空间的概念都不反映纯粹客观的"客体实在",它们是仪器操作的同义词。

布里奇曼对现代物理学和经典物理学做了多方比较后得出了什么结论呢?首先,他强调仪器和观察对象这两者构成了一个不可分割的整体,其中一方如果和另一方割裂开来就没有意义。"从操作观点来看,企图在用以确证和验证事物存在的仪器之外去确认任何事物的存在,总是不会有结果的,总是没有意义的。"②其次,他认为他主张的这种操作主义实在论,超越了传统哲学中唯物主义与唯心主义实在论之争。因为他认为不存在脱离操作之外的独立的"实在",无论它是"物质实在"还是"精神实在"。他还进一步地肯定了康德关于人的认识能力和认识活动的界限的思想,断定操作活动是人类的认识能力和科学知识的界限,人类所能认识的只是操作活动范围以内的事情,超出这个范围的议论是没有意义的。第三,他的操作主义观点对于科学的发展具有重大的意义。他说人们在日常生活中为什么不怀疑宏观对象和微观对象的存在?因为人们只关心这些对象的用途,关心它们能否满足生活的需要,而不去在意认识这些对象的方法手段。而在科学研究中,方法手段却处于非常重要的地位。如果不结合操作方法来认识研究的对象,就不能正确地确立概念和解释概念的意义。而陈旧过时的概念,比如经典物理学的时空观,会阻碍科学的进步。

---

① 布里奇曼.一个物理学家的沉思[M]//涂纪亮.从古典实用主义到新实用主义.北京:人民出版社,2006:60.
② 布里奇曼.我们的某些物理学概念的本性[M]//涂纪亮.从古典实用主义到新实用主义.北京:人民出版社,2006:63.

布里奇曼的哲学思想比较集中在与科学活动有关的实在、真理、意义、操作等方面,那么,他是不是只把科学家当做科学研究的机器或工具呢?换句话说,他是不是把科学家当人来看待?他有没有关心过科学家的内心世界,比如他们的情感、信仰等问题?他自己在科研工作中有些什么心得体会呢?下面我们就来看看相关资料。

(四)科学有情

布里奇曼非常不赞同当时流行的一个观点,即认为科学中不包含任何情感成分,它是残酷无情的、逻辑性的、纯粹唯物主义的。而"唯物主义"又被理解为一个遭人鄙视和谴责的哲学派别,它只关注知觉世界,无视人类精神中的崇高之物。布里奇曼不同意把科学理解得这么狭隘,他不认为科学是一个冷冰冰的东西。他认为科学不仅是物理学和生物学等自然科学,还应包括心理学和社会科学,甚至凡是需要运用智慧的一切活动都应包含在科学范围之内。

也有人提出,科学是否与宗教一样是一种信仰,科学是不是就意味着对宇宙结构怀有特殊的信念?布里奇曼回答说,科学家并没有这样的信念,并没有把"自然界中存在普遍规律"当做不需要证明的信条。科学家的目标是要去发现那些存在的规律,但是不能承诺在这方面可以到达多么远的地方。

科学究竟是公共的还是私人的?布里奇曼的回答与逻辑实证主义者截然不同。逻辑实证主义者,尤其是其中的统一科学派,认为科学是公共的,应当以物理语言为基础实现各门科学的统一。布里奇曼毫不含糊地宣称"科学从本质上是私人的"[①]。他承认,我们的一切活动都是具有社会的性质,在逻辑学、美学、数学等学科的建立过程中,人们都是相互联系、相互支持的作出种种贡献,社会因素在其中起决定性的作用。但布里奇曼同时也非常重视科学与社会的关系,认为科学家应该关注科学对社会的影响,尽管科学家不能对科学发现成果的使用负责。至于科学活动,则完全是另一回事。在科学家的活动开始之前,科学对于他而言可以说尚未形成。诚然,图书文献中记载着许多知识,这些知识也能指导他的活动,但是,在科学研究中做出的那些评定、检验、判断等,都是由"我"做出来而不是由其他人做出来的。"它们都是私人的,正如我的牙痛是私人的一样。"[②]他还认为,在科研工作中,科学家要自由地和最大限度地发挥自己的智慧,而不是遵循任何事先制定的某种普遍适用的科学方法。在科研工作中,不要受权威、个人偏见、先例的干扰和影响,而是要针对面临的具体问题、具体条件做出正确的回答。"简言之,科学就是科学家所做的事情。有多少位科学家,就有多少种科学方法。"[③]布里奇曼在这里谈到的科学家的独立人格,科学创新与科学规范的关系,科学知识的社会性、公共性与科学活动的私人性、个性的关系,对于我们是极富启迪意义的。

克拉伦斯·艾尔文·刘易斯(Clarence Irving Lewis,1883—1964),哲学家、逻辑学家,"概念实用主义"的创始人。查尔斯·威廉·莫里斯(Charles William Morris,1901—1979),哲学家、指号学家,倡导把实用主义与逻辑实证主义结合起来的"科学的经验主义"。西德尼·胡克(Sidney Hook,1902—1989),哲学家,倡导"实用主义的自然主义"。他们三个人都和布里奇曼一样,致力

[①] 布里奇曼.一个物理学家的沉思[M]//涂纪亮.从古典实用主义到新实用主义.北京:人民出版社,2006:410.
[②] 同上,第411页。
[③] 同上,第412页。

于实用主义与分析哲学的结合,保留了实用主义的影响,为 20 世纪 60 年代以后新实用主义的崛起进行了铺垫。

二、蒯因:"两江合流"与"花开两枝"

威拉德·范·奥曼·蒯因(Willard Van Orman Quin,1908—2001),美国哲学家、逻辑学家。他一生经历丰富,著述勤奋,在逻辑学、语言哲学、认识论和本体论等方面都有新颖独到的见解。1951 年他发表了《经验主义的两个教条》一文,对逻辑经验主义也就是整个分析哲学进行了批判。此文同样被视为标志着实用主义复兴的代表作。蒯因在美国当代哲学发展中起到了承先启后的关键作用。他既做到"两江合流",综合了美国的分析哲学和实用主义两大成果,使分析哲学实用主义化;他的思想影响又"花开两枝",一方面通过影响库恩(T. S. Kuhn)等人在科学哲学从逻辑实证主义向历史主义的转变中发挥了重要作用,另一方面通过对实用主义的利用与彰显导致了罗蒂的新实用主义(亦称后分析哲学)的诞生。西方哲学史家艾耶尔、施太格缪勒称他为继罗素和维特根斯坦之后影响最大的当代哲学家。

(一)生平、渊源和影响

蒯因 1908 年 6 月 25 日出生于美国俄亥俄州阿克朗郡。1942 年 10 月至 1945 年底在美国海军服役,退役时为海军少校。除了第二次世界大战期间这三年的从军经历,他的一生都是在学习、教书和研究中度过的。

1926 年蒯因进入奥伯林学院数学系,1930 年毕业后到哈佛大学读研究生,受教于怀特海、刘易斯等人——这两个人,一个是逻辑主义者,一个是实用主义者。1932 年蒯因获博士学位,然后去欧洲做访问学者。1933 年回到哈佛,从初级研究员做到副教授。1946 年从海军退役后又回到哈佛任教,直到 1978 年退休。其间 1958—1959 年在斯坦福大学行为科学高级研究中心任研究员。"数学"、"逻辑"、"实用"、"行为"这几个关键词贯穿了他全部的学术生涯。

下面我们先来看看对蒯因发生重大影响的三个人物:弗雷格、卡尔纳普、杜威。

弗雷格(Gottlob Frege,1848—1925),生于德国维斯玛,在耶拿大学数学系度过了他的大部分人生。他和罗素都是在 20 世纪初从数学走向哲学的,是分析哲学的开创者。蒯因对弗雷格十分尊重,办公室里摆放的唯一一张照片就是弗雷格的。蒯因对罗素和怀特海合著的《数学原理》也下过很大的工夫,接受了其中的逻辑主义思想。他认为《数学原理》的精华是"全部数学可以翻译为逻辑","一切数学原理都可以还原为逻辑原理"。他认为《数学原理》的逻辑概念构成了"集合论、算术、代数和分析的基本概念","几何学、抽象代数理论也可以从中推导出来"。这是一种"比亚里士多德提供的逻辑更强有力的工具",是对逻辑史的伟大贡献。但是,《数学原理》还存在不够严格、过于复杂等缺陷。"数理逻辑的进步就在于对《数学原理》的改进"[①]。蒯因全部的奋斗都是为了改进《数学原理》系统,以此作为演绎出全部数学的基础。

如果说在以上科研工作中蒯因的角色主要是数学家或者数理逻辑学家的话,那么他对逻辑实证主义的"扬弃"则表现了他作为哲学家的一面。他与逻辑实证主义的主要代表人物卡尔纳普(Rudolf Carnap)以及纽拉特(Otto Neurath)的关系非常有意思。卡尔纳普对于蒯因,首先是"亦

---

① 江怡.走向新世纪的西方哲学[M].北京:中国社会科学出版社,1998:95.

师亦友"的关系。30年代初蒯因到欧洲游学,在维也纳与石里克(Moritz Schlicklisten)相识,在布拉格和卡尔纳普交往,给他留下了温馨的记忆:"我们一开始就性情相投。卡尔纳普非常的好客和慷慨,不嫌麻烦地为我和妻子在布拉格的逗留寻找住所。我去听他的讲座,在他空时便去他在城郊的住所一起长时间地讨论问题……对于我来说,这段日子特别富有收益。"[①]蒯因曾把自己的主要著作《语词和对象》题献给卡尔纳普,深情地肯定了卡尔纳普对自己的重大影响:"我在六年的时间里一直是他的门生……甚至在我们之间出现意见分歧的情况下,主题仍然是由他确定的;我的思路主要是由在我看来他曾对之发表见解的那些问题决定的。"[②]其次,他们俩又有异有同。卡尔纳普是蒯因在反对逻辑实证主义教条时的主要论敌,同时两人在基本的哲学立场上又是一致的,比如坚持认为经验或感觉是整个科学的基础,肯定逻辑对于哲学的重要性等。蒯因对逻辑实证主义不是全盘否定,而是批判继承。他的整体主义经验论,还是用纽拉特的自然主义精神对维也纳学派进行修正的产物。

蒯因与杜威的渊源可以上溯到他的学生时代。1931年他在哈佛读研究生期间,聆听了杜威所做的第一个詹姆士讲座。37年之后,1968年他在哥伦比亚大学担任了第一任杜威讲座教授。杜威的自然主义、行为主义、工具主义等思想对蒯因的哲学产生了重要影响。

蒯因是一位高产的哲学家。有人统计过,截止到1990年,他总共出版了19部著作[③]:《数理逻辑》(1940年)、《逻辑方法》(1950年)、《经验主义的两个教条》(1951年)、《从逻辑的观点看》(1953年)、《语词和对象》(1960年)、《集合论和逻辑》(1963年)、《悖论的方式及其他论文》(1966年)、《本体论的相对性及其他论文》(1969年)、《逻辑哲学》(1970年)、《信念之网》(1970年)、《指称之根》(1974年)、《理论和事物》(1981年)、《真理的追求》(1990年)等。这么多的论述,却是多而不乱,成体系的,即"以一阶逻辑为标准框架,以自然主义语言观和行为主义意义论为理论基础,以自然化认识论的中心论题为主题,有统一主旨和一贯脉络的严整体系","由理论基础和中心论题展开的一系列逻辑推论,如翻译的不确定性、指称的不可测知性、本体论的相对性、整体主义知识观、拒斥经验论的两个教条、经验论的逻辑哲学等"[④]。这段论述为我们提纲挈领地勾画了蒯因学说的轮廓。

对于大多数既不懂数理逻辑也不是搞语言学的人来说,逻辑实证主义分析哲学家的著作无异于天书,既深奥难懂,又枯燥无味,甚至不知所云。普通人不明白他们所做的工作有什么超出专业以外的意义,不明白他们的研究话题从何而来,不明白这些学问与现实有什么关系。只有讲清楚这三个现在我们还搞不清楚的问题,我们才能理解蒯因理论的意义。

(二)"自然化认识论":"语言学习"和"证据支持"

蒯因学说的主题是"自然化认识论"。什么叫"自然化认识论"? 就是把认识论归结为对于语言学习过程的经验研究,认识论也就因此而成为神经生理学和心理学的一章,成为自然科学的一章。"自然化认识论"有时也被当做名词——"自然主义认识论"。

认识论讨论思维与存在的关系、主体与客体的关系。过去人们从本体论角度讨论二者谁为

---

① 陈亚军.哲学的改造[M].北京:中国社会科学出版社,1998:45.
② 江怡.走向新世纪的西方哲学[M].北京:中国社会科学出版社,1998:95-96.
③ 同上,第79页。
④ 同上,第80页。

第一性的问题。后来又深入到探究"人的思维是如何反映外部世界的?"实践论回答了认识的源泉、动力、目的、标准等问题。脑科学和心理学则从思维活动的生理基础和机制的角度进行了研究。分析哲学却发现了我们的实验观察与我们使用的语言(概念、命题、陈述、表达)之间的复杂关系,从而实现了认识论研究的语言学转向(这部分内容在第五章讲科学主义的发展脉络时已经讲过)。因此,蒯因对认识论的研究是对分析哲学的继续,仍然没有离开语言研究的道路。蒯因认为,各种不同的理论(包括我们总的世界观理论)都可以看做是语句体系。"我们的理论是如何从观察中产生的?"这个问题可以转化为"我们的理论语句是如何从观察中产生的?"或者说,从"贫乏的"感觉刺激的基础上是如何"汹涌的"输出科学理论的? 他的创造就在于把对这个问题的回答在自然主义语言观和行为主义意义论的基础上统一了起来,并且在方法上,他首次使用了发生学的方法。

我们的理论与观察的关系如何? 这个问题是"自然主义认识论"的中心。但是,由于"观察"一词在使用中有很多问题,所以蒯因把它替换成"观察语句",上述问题就转换为"理论语句与观察语句的关系问题"①。蒯因认为这个问题分为两个方面:其一,我们的感觉证据是如何支持我们关于世界的科学理论的? 简称证据支持关系;其二,我们关于世界的科学理论是如何从感觉证据中生长出来的? 或者说,我们的理论语言是如何从经验证据中获得意义的? 简称语义关系。由此蒯因提出了两个理论:一是语言学习理论,回答语义关系问题;二是整体主义知识观,回答证据支持关系问题。②

蒯因认为,人类学习科学理论的过程就是学习理论语言的过程。因此,人类认识和学习的机制就是学习和掌握语言的机制。认识论首先应该对从感觉转入到观察语句的学习的机制,提供详尽的神经生理学和心理学的解释;其次,应该对语言习得的步骤给予形式精确的说明。前者就是他倡导的"自然化认识论",后者则是他的"一阶逻辑"即"谓词演算"(量化和真值涵项的逻辑)。

蒯因提出自然主义认识论是针对传统哲学的。传统将哲学视为"科学之科学",凌驾于所有科学(指自然科学)之上。哲学追寻"形而上学",靠的是反省、思辨等方式。由哲学来寻找知识的基础,说明知识的本质,解释知识的合法性。哲学是科学的"法官",成了"第一哲学"。而自然主义却认为,哲学并不高于科学,哲学的问题和方法与一般科学并无两样。蒯因认为正是因为自然主义的观点,他才与杜威发生了紧密联系。他说:"和杜威一样,我主张知识、心灵和意义都是它们与之相关的同一个世界的一部分,我们都应以和自然科学所采用的同一种经验的精神来对它们加以研究。不存在第一哲学。"③

(三)"本体论的承诺":关于"有"和"说"

与逻辑实证主义者"拒斥形而上学"的态度不同,蒯因认为本体论问题是任何科学理论和概念结构所固有的,因此本体论与自然科学具有同等地位。所以他不但不排斥本体论,而且还对本体论进行了独到的研究。

蒯因是从逻辑和语言的角度来审视本体论的。他把本体论问题分为两类:一是本体论事实问题,即事实上有什么东西存在? 二是本体论承诺问题,即一个理论说有什么东西存在? 本体论

---

① 涂纪亮.从古典实用主义到新实用主义[M].北京:人民出版社,2006:170.
② 江怡.走向新世纪的西方哲学[M].北京:中国社会科学出版社,1998:81.
③ 陈亚军.哲学的改造[M].北京:中国社会科学出版社,1998:49.

应该研究的是后者,它本质上是一个语言问题,属于知识论范围。蒯因运用现代逻辑的工具,讨论了一个理论的本体论承诺的识别、认可、还原等问题,并使其严格化、精确化、程序化。①

蒯因的本体论承诺理论建立在约定论的基础上。按照约定论的观点,科学认识以约定为基础。唯物主义者说"物质存在",就是约定物质存在,承认物质是本体。唯心主义者说"精神存在",就是约定精神存在,承认精神是本体。至于物质或精神是否真的存在,在制定一种理论之前问这个问题是没有意义的。因为在制定一种理论之前,没有确定该理论中的概念的意义,概念所指的东西是否存在也就无从谈起。

蒯因认为,不存在任何客观地评判各种本体论承诺真假对错的标准,所以他主张要本着宽容精神和实验精神来对待这个问题。他说:"我们提出的明显的忠告就是宽容和实验的精神。"②所谓"宽容",就是任何本体论承诺都是被允许的,每个人都可以自由地选择自己愿意接受的那一种。所谓"实验精神",就是要本着最简单、最方便的原则,采用最简单、最方便的概念体系和语言框架。因为任何科学理论都是一种概念体系和语言框架,是根据过去的经验预测未来的工具。本体论承诺也是一种工具,我们应当挑选简单、方便的来使用。可见,蒯因所说的"实验精神"就是实用主义精神。

(四)"经验主义的两个教条":转向实用主义

《经验主义的两个教条》一文是蒯因的成名作。这"两个教条"是指什么?借批判这两个教条,蒯因表达了什么?我们来简单了解一下。

"经验主义的两个教条"简单地讲是指:① 关于逻辑真理和经验真理(也即分析命题与综合命题)的严格区分;② 经验证实原则。这是逻辑经验主义在真理观方面最重要的基石。蒯因在批判这两个教条的过程中,表达了自己经验论的立场和整体主义的真理标准观。蒯因认为,逻辑真理中包含经验内容,因此,两种真理无法严格区分。

从 17 世纪的莱布尼兹,18 世纪的休谟、康德到 20 世纪的弗雷格,都把真理分成了两种类型:先天的分析命题和后天的综合命题。前者是可靠的,后者是不可靠的,两者之间有严格的界限。先天知识都是分析的,它的真理性仅仅来自这种命题所包含的词或者符号的意义。逻辑和数学中的命题就是这种命题,因为它们的真理性不需要求助于经验,是不证自明的。而蒯因却认为,整个科学理论、我们全部的知识和信息都与经验有关系。他把整个科学比作一个"场",它的边界条件是经验。科学内部分成好几个层次,离经验最近的是处在边缘的关于感觉经验的命题和物理对象的命题,其次是普遍的和最普遍的自然规律,处于最中心的是逻辑规律和本体论命题。在这个"场"周围与经验的冲突,引起"场"内部各部分的调整。从最外围、最边缘开始,逐渐影响到中心。这种调整的速率,和它们与经验的距离成反比。也就是说,距离越近,调整越快;距离越远,调整越慢。但是不等于说,处于中心位置的逻辑规律和本体论理论永远不需要调整。在分析命题和逻辑真理中同样包含有经验的内容。蒯因的结论是:"尽管分析命题和综合命题的区分具有它先天的合理性,可是分析命题和综合命题之间的界限其实并没有划出来。所谓要划出来这样一条分界线的想法,只能是经验主义的一个非经验的教条,一个形而上学的信条。"③蒯

---

① 江怡. 走向新世纪的西方哲学[M]. 北京:中国社会科学出版社,1998:93.
② 蒯因. 从逻辑的观点看[M]. 江天骥,译. 上海:上海译文出版社,1987:18.
③ 蒯因. 从逻辑的观点看[M]. 江天骥,译. 上海:上海译文出版社,1987:174-175.

因对逻辑经验主义关于理性与事实、分析与综合之间要严格划分界限的观点的批判,符合实用主义者詹姆士和杜威的反二元论、经验论的精神,强调了知识的偶然性、可错性、相对性,反映了科学一日千里飞速发展的时代背景。

逻辑经验主义的另一个教条是"经验证实原则"。它是说,任何一个科学命题,只有当它能被经验证实或者证伪时,它才是真的、有意义的。蒯因指出,这实际上是"还原论"的观点。也就是说,理论可以还原为感觉命题,同时又将感觉命题与经验事实相对应。按照这种观点,命题和经验之间的关系是一种直接论述的关系。每一个有意义的关于物质世界的命题,即使与其他命题分离开来,也是能加以证实或证伪的。而蒯因认为,这种观点不能成立。单个命题虽然有一定的经验意义,但整个知识体系才是经验意义的传递手段。因此,我们应该把整个知识体系,而不是其中孤立的个别命题,当做经验检验的单位。按照这种整体论的经验检验理论,当我们发现假说与观察结果发生矛盾的时候,我们可以通过对假说、原初条件、观察结果或者用以推出观察结果的原理进行否定或者修正,从而使假说与观察结果一致。

蒯因始终认为,整个科学都是人们创造出来用以认识、控制和利用自然的工具。科学虽然是对"实在"或者世界的探索,但它并不是对实在的真正反映。科学知识或理论是用语言来表达的。科学体系是人工编织而成的,它是被"发明"而不是被"发现"的。人们对科学理论进行调整,要遵守两个原则:一是"保守性原则",就是尽可能不打乱总的理论体系,尽量用已经熟悉的原理来说明新的现象;二是"简单性原则",就是希望经过修改后的体系尽可能简单,尽可能用较少的规律来解释较多的现象。因此,一个假说是否被科学家接受,不仅取决于有关的观察或实验的结果,而且取决于科学家们所要求的保守性和简单性原则能否得到满足。①

批判逻辑实证主义的两个教条会造成什么后果?蒯因非常明确地说:"一个后果是模糊了思辨形而上学与自然科学之间的假定分界限。另一个后果就是转向实用主义。"②

蒯因还从行为主义出发讨论了语言的意义问题。他从"语言翻译"的研究中得出这个结论。例如,一个外人,来到了热带丛林中某个与世隔绝的土著部落,怎样才能听懂他们的语言并进行翻译呢?他认为语言是一种人人都能观察的社会活动。意义是这种社会性的语言活动的特征,因此必须在人的行为中去学习语言,了解它的意义。由于他看到了"翻译的不确定性",继而得出了"本体论的相对性"结论。"翻译的不确定性"理论和整体主义论题被视为蒯因哲学的两大重要贡献。③ 他非常重视"刺激—反应"这个公式,并提出了"刺激意义"这个概念。他关于"意义"问题的观点与杜威的行为论是继承发展的关系。

(五)论道德价值:从语言学角度看

到 20 世纪 80 年代,西方哲学中关于事实和价值、伦理学与科学的关系形成了一个热点。本来,分析哲学家对社会问题是不太关心的,为此,也曾招致过一些社会舆论的批判。从石里克开始,分析哲学家开始讨论道德、审美以及伦理学与科学的关系等问题,蒯因《论道德价值的性质》这篇文章可以看做对此的回应。

---

① 涂纪亮.从古典实用主义到新实用主义[M].北京:人民出版社,2006:418-420.
② 蒯因.从逻辑的观点看[M].江天骥,译.上海:上海译文出版社,1987:40.
③ 江怡.走向新世纪的西方哲学[M].北京:中国社会科学出版社,1998:86."翻译的不确定性"在赵教华著的《现代西方哲学新编》(北京大学出版社2001年2月出版)中译为"译不准定理",参见该书第208页。

蒯因首先考察了道德价值和非道德价值的区分。他举了一些例子,说明这二者一般是很难区分的。一个人着装、谈吐适当得体,为此他不得不放弃肉体的某些舒适快乐,使自己的行为符合某种社会习俗,因而是符合道德的。可是,一个人在夏天不吃未经冷冻的牡蛎,这种行为虽然也是对某些快乐的放弃,但它毋宁说是谨慎行事而与道德没什么关系。如果有一个基督教原教旨主义者遵守礼仪和帮助邻居只是出于害怕受到地狱之火的惩罚,那他表现出来的也只是行为小心谨慎,而不是道德价值。那么,人的行为哪些是道德的,哪些是非道德的,如何来区分和判别呢?蒯因认为,只有从手段与目的转化着手才能分得清。他说:"只有在这些手段变成目的之后,才能把他的行为看做是道德的。"①通过一些道德的训练、社会奖惩的引导,把手段变成了目的,就能增进道德的增长。

蒯因还认为,单一的道德价值是很难找到的,较好的办法是我们承认有两类基本上相互交错的道德价值:一类是利他主义的,一类是礼仪的。二者都可以不考虑自身的满足。利他主义的价值中有一部分被制度化了之后,就可能呈现出一种附加的礼仪的魅力。而在力求不触犯邻居的礼仪中,也包含有利他的价值。蒯因和石里克一样,把道德价值置于感性价值和审美价值之间,使它们处于平等的地位。

石里克坚定地认为伦理学可能而且应当是科学的,他从探求人们道德动机这个问题入手,把伦理学归结为心理学,进而归结为科学。②而蒯因则是从语言学的角度来探求这个问题的。他认为道德法则跟语言规则有异有同。二者相同的地方是:都是在社会中的,都有奖励。不同的地方是:人们在社会生活中学习语言是为了用语言来交流思想、沟通信息,使人们的行动协调一致。而道德法则则是通过消除矛盾,从而促使每个人都获得满足这种方式,来调节个人的实际价值尺度。语言和道德一样,它的一致性是通过上一代人教给下一代人的,但是出现不一致的时候,道德要使用糖果和教鞭,乃至流放、罚款、监禁等来维持,而语言则很少求助这些,它的奖罚就包含在语言中。在道德中,越轨行为(如盗窃)可能使个人获得较多满足。而在语言中,越轨只能使自己的信息变模糊,对自己不利,因此不需要像对待道德上的越轨那样通过惩罚加以抵消。

蒯因认为科学和道德也是有异有同的。相同的是二者都可以建立在观察的基础上。不过,科学的检验可以去对照可观察的自然界的独立过程,而道德方面,我们只能根据自己的道德标准去判断一种行为的道德性质。所以二者的标准是不同的。蒯因还设想,能不能用某种把伦理学和科学"合法地"混合起来的做法,解救伦理学的困境呢?比如,让一个陷入道德争议的人求助于因果联系,把一些价值还原为另一些价值,使双方都可以接受,这样不就消解冲突了吗?

除了蒯因,把实用主义与分析哲学结合起来的美国哲学家还有塞拉斯、古德曼、戴维森等人。不过他们和蒯因一样,都拒绝"新实用主义"这个称号。

威尔弗利德·塞拉斯(Wilfrid Sellars,1912—1989),科学实在论的主要倡导者。他的主要研究成果有:关于"明显影像"和"科学影像"的关系分析、对"所与"神话的批判以及在真理理论和意义理论方面的研究。

内尔逊·古德曼(Nelson Goodman,1906—1998),哲学家、逻辑学家。在实用主义方面给他

---

① 蒯因.论道德价值的性质[M]//涂纪亮.从古典实用主义到新实用主义.北京:人民出版社,2006:379.
② 江怡.走向新世纪的西方哲学[M].北京:中国社会科学出版社,1998:58-59.

影响最大的是他在哈佛读书时的老师刘易斯。在分析哲学方面给他影响最大的是卡尔纳普。古德曼比蒯因大两岁,但却是蒯因的学生,两人关系密切,曾合著《走向建设性的唯名论的步骤》一文。但是后来蒯因放弃了唯名论的观点,而古德曼却始终未变。

唐纳德·赫伯特·戴维森(Donald Herbert Davidson,1917—2003),著名的语言哲学家。他的最大贡献是在塔尔斯基的真理论的基础上,提出他的真理论的意义论。这种理论是当代西方最重要的意义理论之一,被称为"戴维森纲领"。作为蒯因的门生和密友,他深受蒯因的影响,他接受了蒯因整体论的经验检验理论,以此作为意义理论的一部分。当然,他们之间也存在着不少的分歧。

蒯因等人是努力使分析哲学实用主义化,而又拒绝承认自己是实用主义者。下面要介绍的普特南、罗蒂等人则不仅明确标榜自己是实用主义者,为老实用主义辩护,而且把实用主义与分析哲学、后现代主义相结合,推进了实用主义的发展,使之重新焕发了生机。

三、普特南:"接着讲"的实用主义

希拉里·普特南(Hilary Putnam,1926—),是20世纪70年代以后成名的美国哲学家,新实用主义的重要代表。普特南1926年生于美国芝加哥。早年受教于逻辑经验主义者赖欣巴哈(H. Reichenbach),后来又在蒯因门下学习逻辑。1951年他在加利福尼亚大学获得博士学位,随后在西北大学和普林斯顿大学任教。1961年担任麻省理工学院的科学哲学教授。1965年到哈佛大学任哲学教授和皮尔逊讲座的现代数学和数理逻辑教授,直至退休。他是美国国家科学基金会成员,并曾担任美国符号逻辑学会主席和科学哲学学会主席。

早期的普特南是一位分析哲学家。他在20世纪50年代的数理逻辑研究、60年代关于科学实在论的主张,都给人们留下了深刻的印象。似乎他就会沿着这个方向走下去了。但是1965年他转聘到哈佛工作,这样一个生活事件,却改变了他的思想进程。哈佛大学哲学系的整个氛围触动了他,尤其是蒯因和古德曼的逻辑实用主义、罗尔斯的政治伦理哲学以及卡维尔(S. Cavell)等人所代表的维特根斯坦后期哲学,使他看到了与哲学实在论不尽相同的思维方式。他很快对这种思维方式发生了兴趣,重新回过头去思考过去接触过的实用主义观点,尤其是实用主义重视实际、重视人文、事实和价值相互渗透等观点,开始向实用主义转变。

普特南思想的转变还受到另一个重要事件的影响。60年代中后期,正是美国国内政治大动荡的时期。反越战、争民权、学生造反运动,高潮迭起。这场政治风暴变成了推动普特南改变观点立场的另一股力量。普特南回忆说,当年他曾冒着入狱的危险帮助年轻人逃避服兵役;也曾充任学生组织的顾问,为学生运动出谋划策。[①]普特南说:"我从那段岁月中获得的一个观点是,哲学不仅仅是,也不可能仅仅是,而且也不应该仅仅是一种纯学术的学科。"正是这段生活经历使普特南终于摆脱了分析哲学的狭隘视野的限制,不再把哲学看做是一种与社会实践无关的技巧,不再以"旁观者"的身份来观察世界和人。他越来越重视社会、历史、文化、价值等人文因素在人类认知活动中的地位和作用。一句话,他变成了实用主义者。

普特南在学术上以视野开阔、运思周密而著称于世。他的研究兴趣广泛,涉及逻辑、数学、心智哲学、语言哲学、科学哲学、物理学、历史学、伦理学等。代表作有:《逻辑哲学》(1971年)、《哲

---

① 陈亚军.哲学的改造[M].北京:中国社会科学出版社,1998:54.

学文集》(一、二、三卷),分别为《数学、物质和方法》(1975年)、《心灵、语言和实在》(1978年)、《实在论和理性》(1983年);《意义和道德科学》(1978年)、《理性、真理和历史》(1981年)、《戴着人类面孔的实在论》(1990年)、《重建哲学》(1992年)、《语词与生活》(1994年)、《实用主义》(1995年)、《三合一的绳索:心灵、身体和世界》(1999年)等。

我们在此仅介绍他的实在论,他对事实与价值、科学与伦理学关系的看法,他对实用主义的继承和发展等内容。

(一)"科学的"、"内在的"、"戴着人类面孔的"实在论

普特南对于"实在"的看法,是从语言学中的"指称"概念分析的角度来阐释的。"指称"就是语言中的词汇所指代的内容。从很早的时代开始,人们就有一种朴素的观点,认为人的语言(特别是名词)与它所指称的对象是对应的。只要人们知道了某人某物的真实名称,就会获得征服它的力量。这种力量来自名称和它的承担者之间的那种魔力般的联系。普特南把这种观点称为"指称魔力论"。许多现代哲学家虽然不再强调"魔力",虽然承认语词并非全部必然地与外部对象一一对应,但仍然认为还有一些基本语词的确是指称某些外部对象的。普特南认为这种观点实际上主张认识对象独立于人的认识,他把这种观点称为"形而上学实在论"或"外在实在论"。按照这种实在论,"世界由一些独立于心灵的对象的确定总体构成。对于'世界的存在方式',肯定能做出一种真实而且完全的描述。真理涉及词或思想记号与外界事物和事物集的某种对应关系"①。普特南对诸如此类的实在论进行了思索、讨论,并不断地修改自己对于"实在"的观点。他的思想经历了从"科学实在论"即"趋同实在论"到"内在实在论"再到"自然实在论"的转变过程。

1. "科学的"、"趋同的"实在论

在20世纪60—70年代,普特南持"科学实在论",亦称"趋同实在论"的观点。当时,关于理论实体(质子、电子、中子等)是否存在的问题成为科学哲学激烈争论的焦点。科学已经向前发展了,原有的一些理论概念(如1900年以前玻尔—卢瑟福理论给"电子"下的定义)已经与新的观察结果不尽一致了,那么"电子"是不是存在?后来玻尔理论中的"电子"与早先玻尔—卢瑟福理论中的"电子"是不是同一个实体?新的理论是不是必然要排斥、否定原来的理论?如何解释科学的进步?……逻辑实证主义对于这些问题的回答坚持经验证实原则。卡尔纳普把理论术语的意义(无论通过什么方式)最终归结为经验观察,而电子、DNA这些无法用经验证实的,他们就不承认其真实存在。

普特南认为这将导致新的唯心主义。而科学主义中的历史学派库恩、费耶阿本德等人又坚持"理论不可通约"的观点。库恩认为,新旧不同的理论有不同的范式;不同范式中的相同名词,不可能有相同的指称,因此,每一项重大的科学发现,都要求科学家对原有范式做理论上和观念上的调整。"只有承认牛顿的理论是错误的,爱因斯坦的理论才能被接受"②。费耶阿本德则认为,在不同的理论中,某些科学术语既不可能有共同的指称,也不可能有共同的意义。普特南坚决反对这些观点。他说,如果我们用今天的理论提出这样的问题:当年玻尔用"电子"这个词时,他指称的是什么?库恩的答案就会是"什么也不指称"。普特南则认为,对于玻尔称做"电子"的

---

① 普特南.理性、真理和历史[M]//涂纪亮.从古典实用主义到新实用主义.北京:人民出版社,2006:86.
② 库恩.科学革命的结构[M]//江怡.走向新世纪的西方哲学.北京:中国社会科学出版社,1998:450.

这个实体,我们可以有一种不同于玻尔的新理论,但在新理论中称做"电子"的实体与玻尔所称的"电子"是同一个东西。所以,新旧两种理论是可以相通的、可以比较的。

普特南认为,科学的进步在于后来的理论对于相同的对象认识得更精确;同一个领域内新的理论比旧的理论更逼近真理,后来的理论往往是把原先的理论作为一种极限情况包含在内的。科学进步靠的是积累和渐进,科学通过积累而增长。他认为:"科学知识中有某种趋同的观念……科学家们试图尽可能地维护先前理论的机制(或者表明它们是新机制的'极限情况'),这通常是寻找一种理论使之既保留曾经是正确的旧的观察预测同时又容纳了新的观察材料的最艰难的方式。科学家们总是努力去这样做——例如,尽可能地维护能量守恒,而不是要违背它,这是事实。但是这种策略总是导致重大发现(从海王星的发现到正电子的发现),这也是事实。"[①]如果我们承认科学知识的趋同或会聚,我们就能说明为什么我们能够从一种已接受下来的理论的观点,把指称赋予另一种与之相关的理论的名词。例如,"我们可以从相对论的观点把指称赋予牛顿理论中的'引力场'(虽然不能赋予'以太'或'燃素'),可以从目前分子物理学的观点把指称赋予孟德尔(Mendel)的'基因',可以从量子力学的观点把指称赋予道尔顿(Dlton)的'原子'"[②]。

普特南的"科学实在论"或"趋同实在论"的中心,是强调"电子"等理论实体的客观存在,强调成熟的科学理论中的名词是有明确指称的,前后相继的科学理论中的名词具有共同的指称。其理论针对性主要是反对科学主义哲学家的经验证实原则和科学革命理论。他在谈论"实在"问题时阐释的关于语言意义、真理、指称和必然性等问题的看法为当代西方哲学增添了新的内容。

但是,在激烈的"实在论"与"反实在论"论战中,他也意识到了自己的不足,尤其是自己忽略了在科学实验中的"观察者"、"观察工具"的作用。所以,到了80年代,他放弃了"科学实在论"的立场,不再强调理论对象的实在性,转向了"内在实在论",即强调理论对象对人的依赖性、科学知识对认识主体、认识工具的依赖,主张真理的多元性和实用性。

2. "内在的"实在论

"内在的实在论"又叫"实用主义实在论"。这种观点认为,只有在一种理论或者一种概念框架的范围内,才能有意义地讨论"世界由什么对象构成"的问题。普特南援引了卡尔纳普和波兰的一些哲学家讨论过的一个问题来表明自己的观点。假如某个世界里只有 X_1、X_2、X_3 三个个体,请问这个世界里有多少个对象?卡尔纳普可能会回答:只有3个,他们是相互独立的"逻辑原子"。而波兰哲学家却回答有7个,即 X_1、X_2、X_3、X_1+X_2、X_2+X_3、X_1+X_3、$X_1+X_2+X_3$。那么,谁的答案正确呢?普特南认为没法回答,因为他们是根据不同的理论做出的不同描述。他反复强调,我们不可能不在某种理论或概念框架的制约下讨论对象的存在;指称只有在一种理论或概念框架的内部才能加以确定,它只能是某个语言共同体的行为,是在人们的语言、文化等的范围内进行的。由于社会实践的多样性、概念框架的多样性,因此不同的语言系统、理论系统就具有不同的描述世界的方式。我们不可能也不应当撇开我们的概念框架去谈论什么"对象的客观存在"或者什么"客观的认识对象",不可能也不应当去追求一种处于我们人类生活之外、唯一地对应于世界的形而上学基础。对象始终是一种依赖于人类语言系统或理论系统的内部存在,而不是独立于人类语言系统或理论系统的外部(客观)存在。

[①] 普特南.意义和道德科学[M]//江怡.走向新世纪的西方哲学.北京:中国社会科学出版社,1998:451.
[②] 普特南.意义和道德科学[M]//涂纪亮.从古典实用主义到新实用主义.北京:人民出版社,2006:84.

3. "戴着人类面孔的"、"自然的"实在论

1987年秋,普特南在美国斯坦福大学做了两次讲演,题为"实在论"和"相对主义"。两次讲演的稿子整理后于1990年以《戴着人类面孔的实在论》为题收入同名文集中。

普特南从一个来自量子力学的实例入手,探讨我们究竟能不能对"实在"给出一个完全的描述和解释。在20世纪初,量子力学刚刚建立不久,"如何解释量子力学"的问题就在科学家和哲学家中引起了讨论。因为在经典物理学中,关于任何系统的解释和理论都是自足和完备的。而在量子力学中,存在着没有被包含在系统内的"仪器"和"观察者",它们对于量子力学却是根本的和基础性的。"系统的每种特征都被看做只有在与个别实验情形中的个别观测仪器相关联时才能存在和有意义"[①]。我们对任何一个系统的确定,都要依赖于我们建立这个系统时所使用的"仪器"和"观察者"的角度。可是我们却经常把"系统"和"观察者"断裂开,以为我们自己是置身事外去"旁观"世界的,而不是作为观察者。实际上我们是"融贯"在世界之内的。或者用二元论的话来说,我们的心灵(精神)是在我们的身体之外,不属于身体的。普特南不满意传统实在论以及自己早期的"实在论"对于"实在"的这种解释,认为它们致命的缺陷都是在心灵和外部世界之间设想了一个分界面。科学实在论把心灵与外部世界的关系解释成语义关系,认为外部世界与我们的语言是直接对应的,内在实在论却认为语义关系只能在我们的概念框架内得到说明。无论是在科学实在论还是内在实在论中,这个"分界面"都未得到消除。

为了解决这个难题,普特南提出了"自然实在论",也就是把"实在"本身重新置于人自身的审视之下,回到生活,回到常识去理解。比如,"椅子是蓝色的","椅子在某个时空领域",这样简单的生活事实是人人皆知的。椅子是"实在"的,这并不难理解。所以,我们不必要去把它搞得太复杂。普特南认为,康德关于知识限度的思想和对超越限度的警告,都为我们改变实在论的观点提供了启示。有大写的实在论(R),追求的是独立于我们所言所行、所思所为的"实在"。也有小写的实在论(r),就是我们通常对"实在"的理解,言我们所言,行我们所行。"椅子是蓝色的","椅子是某种时间空间中的物质"等说法,却不过是一些"约定"。愿意怎么说,取决于不同的语言共同体的约定,怎么方便怎么来。所以,普特南主张抛弃大写的实在论,坚持小写的实在论。

普特南认为,只要回到生活,用实用主义观点去观察"心灵"、"实在"等概念,就可以消除心灵与外部世界的分界面。"心灵"不再是一个独立于外部世界的精神实体,而是一个能力系统,这个能力系统是人在与外部世界的长期相互作用过程中完成的。进一步说,心灵就是思考、记忆、反思等活动本身。"外部世界"也不再是一个处于心灵之外或独立于概念的物质实体,而是与概念相互融合在一起的现实世界。概念是世界的一个组成部分,并非仅仅是一个整理世界的工具,它不是外在于或者附着于世界的。世界已经与概念融合起来,是一个充满了意义的世界。人与世界相互作用、相互依赖、融为一体。这样,心灵与世界的那个分界面就被消除了。

普特南的"戴着人类面孔的实在论",突出的是世界的"人化"。他以生活为唯一的实在,认为生活、世界都与人的认识分不开。要根据语言和生活的发展,改变原有的"实在"概念。只要我们回归生活世界,回到常识,实在论也就朴实了,"自然"了。

(二) 科学并非完全客观,伦理学也不是那么主观

普特南与其他实用主义者一样,关心道德问题,对价值与事实的关系、价值与行为效果的关

[①] 普特南.戴着人类面孔的实在论[M]//江怡.走向新世纪的西方哲学.北京:中国社会科学出版社,1998:460.

系、价值与政治的关系、道德哲学中善与真的关系,以及负责、正当、美德、民主、自由等概念,都有一些论述。

在西方伦理学史上,大多数伦理学家都承认价值判断具有客观性,是有意义的。可是从19世纪末到20世纪上半叶,却兴起一股否认价值判断的客观性的思潮,主要代表人物有韦伯、摩尔、维特根斯坦等。逻辑实证主义者更进一步提出,伦理命题是不能证实的,因而没有认识意义,至多只有情感意义,属于形而上学命题。所以,要把伦理命题、审美命题等清除掉。这是在哲学史上把事实和价值截然分开的突出表现。普特南就事实与价值的关系,伦理学与科学的关系进行了论述。这里我们介绍他从"合理的可接受性"①观点出发的一些论述。

普特南认为,事实和价值的二分法,尽管得到许多哲学家的论证和倡导,在普通人那里已经几成惯例,但它其实是极为模糊的。比如说,"某人很粗心"这句话,究竟是一个单纯的事实还是含有价值(责备)呢?又比如"只想着自己"、"为了钱什么都干",这是事实判断还是价值判断?孤立地看,很难分清,需要结合语境进行分析。

但是事实和价值总是结合在一起的。根本不存在所谓"中性"的客观事实。离开了文化所设定的价值,就无事实可言。他以"猫在草席上"这样一个看似简单的事实陈述为例来剖析它是怎样渗透了文化价值的。这个陈述包含了三个概念:"猫"、"草席"、"在……上"。我们有"猫"这个概念,因为我们需要把动物和非动物做区分,而且要指出这个动物属于什么"种"、"属"、"科"。这样,我们说草席上有只"猫"而不是一个东西,这样才是贴切而合理的。同理,我们有"草席"这个概念,因为我们需要把动物以外的东西划分为人造物和非人造物,而且更关心某个特定的人造物所具有的性能和用途。因此,说猫在"草席"上而不是在一个什么物上,才是贴切合理的。如果这些概念都不是贴切合理的,人们就不会承认"猫在草席上"是一个客观事实。一个文化的贴切性标准以及与其相关的"合理的可接受性"标准是事实得以成立的前提,也是客观性的前提。而这些概念、这些标准,全都是由特定的文化提供的,它们的出现和存在展现了文化的利益和价值。

那么,价值中有没有事实?或者说,价值判断是不是有客观性,或者它只是一种主观情绪的表达?普特南认为我们首先应该反思一下什么叫"客观性"?长期以来,我们太崇拜科学了,以为凡是能还原为物理学描述的理论才是客观的,不能还原为物理学描述的就是不客观的。但是,我们的文化同样为"什么是善"提供了一个"合理的可接受性"标准。比如,在我们的文化中,恐怕谁也无法否认,"帮助贫困的人的行为是善",它是一个价值判断,同时也是一个客观的陈述,一个不争的伦理事实。如果说,物理学所追逐的那种形而上学意义上的客观性不能成立,客观性只能在一个文化共同体的内部被确立的话,那么伦理学的客观性就可以成立了。

普特南关于事实和价值不是截然二分的思想也反映在他对科学和伦理学关系的看法上。科学是对应于外部世界的客观学问,与价值无涉;伦理学是主观意见的表达,与客观无缘——这是流传甚广、根深蒂固的看法。但普特南首先质疑:科学真的那么客观吗?显然不是。我们是用"合理的可接受性"标准来衡量一种理论是不是能称得上是"科学"的。按照这个标准,什么样的理论才是可以接受的呢?就是它必须具备"融贯性"、"适切"、"简单"、"实用"等优点。没有它们就没有科学可言。而这些"优点",与我们说"好的"、"善的"、"美的"一样,都是些褒义词,是价值判断。而且,它们也全是有历史条件性的。这么一来,科学就不那么客观了。同理,伦理学也就

---

① "合理的可接受性"亦有人译成"理性的可接受性"。

不是那么主观的。只不过它是与自然科学（如物理学）研究的领域不同罢了，它有自己的客观性标准，不必套用物理学的标准，或者因为它不能还原为物理学就否定它的客观性。

同时普特南也指出，他并不否认物理学与伦理学之间的差别。前者相对地有一被广泛认可的学说，而后者相对地有更多的争论和歧见。但是对实用主义者（例如杜威和罗蒂）而言，这些争论在一个开放的社会里并不是一个形而上学的问题，而只是一个政治学问题。对于"什么是好的？"这个问题，个体之间在答案上肯定存在差异。但是在一个民主对话的氛围中，在历史的发展过程中，这种差异的趋同是完全可能的。再说，这种差异的存在并不妨碍生活在某一文化中的人们在一些抽象的或者形式的价值方面（如"尊重彼此的独立"、"不以他人为工具"等）取得一致。[1]

四、罗蒂："对着讲"的实用主义

理查德·麦凯·罗蒂（Richard Mckay Rorty, 1931— ）是美国新实用主义的一位杰出代表。他 1956 年在耶鲁大学获哲学博士学位。从 1961 年起，先后在多所著名大学任教，如普林斯顿大学、加利福尼亚大学、匹兹堡大学、弗吉尼亚大学、歌德大学、法兰克福大学等。他的著述不仅数量众多，而且内容广泛，涉及西方传统的和当代的各种哲学，以及政治、道德、文学批评、现代主义与后现代主义的争论等多个领域。他的主要著作有《语言学的转向》（1967 年）、《哲学与自然之镜》（1979 年）、《实用主义的后果》（1982 年）、《偶然性、反语与协同性》（1989 年）、《客观性、相对主义和真理》（哲学论文集 第一卷，1991 年）、《论海德格尔和其他问题》（哲学论文集 第二卷，1991 年）等。他的影响超出了美国，散布到全世界。有中国学者对他做了如下评价："当代西方哲学近几十年来的变革和转向，在某种程度上与罗蒂的思想不无关系……我们不能说是罗蒂的思想导致了当代西方哲学的重要变化，但可以肯定的是在这个变化过程中，罗蒂确实起到了推波助澜的作用，在一定意义上也起到了导向作用。"[2]

罗蒂是一个有"破"有"立"的哲学家。他既是旧哲学的摧毁者，又是新哲学的建设者。勇气和热情，为他插上了双翼，在思想领域里飞翔。他的基本立场是后现代主义，同时汲取了实用主义的某些传统观点。

罗蒂是 20 世纪在美国出生、长大的哲学家。这种时空的背景为我们理解他的思想"为什么是这样"提供了线索。从 19 世纪 40 年代孔德提出实证主义，叔本华、尼采提出意志主义之后，对以康德、黑格尔为代表的古典哲学进行反思渐成思想界的主流。哲学家们纷纷以传统哲学的"叛逆者"形象示人，并试图在探索中超越旧哲学。罗蒂是呼吸着反叛和创新的空气长大的新一代。同时，作为一个土生土长的美国人，实用主义作为民族文化的基因，早已融入他的血液里。所以，当他系统地学习和梳理了从古典柏拉图、笛卡儿、康德到现代的分析哲学的发展线索之后，还是归宗认祖地回到了实用主义。

（一）认识论哲学应该"告老还乡"

罗蒂认为认识论哲学应该"告老还乡"，从绝对真理的象牙塔里走出来，从天上回到人间。

首先我们来看他究竟是怎样评价传统哲学的。

---

[1] 普特南：1993 年 10 月 10 日在哈佛大学所做的题为"实用主义与道德客观性"演讲。转引自：陈亚军.哲学的改造[M].北京：中国社会科学出版社，1998：177.

[2] 江怡.走向新世纪的西方哲学[M].北京：中国社会科学出版社，1998：567-568.

罗蒂的《语言学的转向》(1967年)一书在当时引起了哲学界的关注。他在为此书写的长篇序言中指出,当代哲学向语言学的"转向"并未能摆脱传统哲学认识论困境。后来他把反思的触角向上延伸,一直回溯到西方哲学的源头——古希腊哲学。他对从柏拉图—笛卡儿—康德—科学主义一直延续下来的认识论传统包括它的当代变种进行了总体的清算,写出了成名作《哲学与自然之镜》(1979年)一书。他指出,从柏拉图以来,哲学家一直都在致力于建立一个知识框架,为人类的思想、文化、科学建立基础和秩序,认识论成了哲学的主题。在主体—客体二元划分的基础上,人的心灵被理解为一面映照外在世界的镜子。人类的任务就是在自身的镜式本质中去准确地再现世界。"镜式哲学"就这样成了西方哲学的经典模式。

罗蒂宣称:"本书①的目的在于摧毁读者对'心'的信任,即把心当做人们应对其具有'哲学'观念的东西这种信念;摧毁读者对'知识'的信任,即把知识当做是某种应当具有一种'理论'和具有'基础'的东西这种信念;摧毁读者对康德以来人们所设想的'哲学'的信任。"②在罗蒂看来,柏拉图的理念论已经过时。柏拉图认为,那不可见的和非感知的理念世界才是原本的和真实的。而表象世界只不过是理念的摹本,甚至摹本的摹本,因而是不真实的。只有从表象返回到理念,我们才能达到真理。理念世界是原生性的、终极性的。相应地,知识就有等级秩序。理念知识(绝对真理)是最高级的、第一位的,以理念为对象的哲学就成了知识之王。经验知识是次等的,占第二位,因为它停留在表象世界。而诗人的见识(幻想和谬误)则是最低等的,因为它完全被感官和情感支配。

柏拉图的这一套本质主义、基础主义、二元论、再现论的思想、立场影响深远。笛卡儿的第一哲学原理对柏拉图的理念论有继承也有创新。他把哲学(第一哲学)作为所有科学的基础,把认识论(关于心灵的学说)作为哲学的中心,所有的知识仍按照柏拉图划分的等级来排序。他的创新,体现在转向了人的内心世界,建立了"心的哲学"。他的名言是:"我思故我在。"对世界上一切东西,我都可以怀疑它是不是真的。但是,"我在怀疑"这件事是不容置疑。人的本质就是一个思维的实体,人就是凭借思维去认识外部世界和映照广延性的物体的。在笛卡儿看来,"去认知,就是去准确地再现心以外事物,因而去理解知识的可能性和性质,就是去理解心灵在其中得以构成这些再现表象的方式"③。笛卡儿开创了以认识论为中心的近代哲学传统。"从作为理性的心转向作为内在世界的心的笛卡儿转变,与其说是摆脱了经院哲学枷锁的骄傲的个人主体的胜利,不如说是确定性寻求对智慧寻求的胜利……科学,而非生活,成为哲学的主题,而认识论则成为其中心部分。"④而康德哲学仍是柏拉图、笛卡儿认识论的延续。他提出的"人为自然立法",更是使认识论哲学成为一切科学的基础。每门科学都产生于认知精神,并从中获得自己能够成立的合法性。

近现代以来的主流哲学,大体上都是顺着康德的思路发展起来的。20世纪的分析哲学和现象学不过是康德哲学的变种。分析哲学用"语言"这面镜子取代了"心灵"这面镜子,试图通过对语言的分析来再现经验世界。现象学则希望通过本质还原和先验还原来获取可靠的表象。可

---

① 指《哲学与自然之镜》一书。
② [美]理查德·罗蒂.哲学与自然之镜[M].李幼蒸,译.北京:三联书店,1987:313.
③ 同上,第1页。
④ 同上,第43页。

见,当代哲学的一切努力,目标仍在于为知识论建立一种永恒的架构。它们实际上并没有超越传统。

罗蒂认为,古典哲学在历史上的确起过积极的作用,让人类主体占据了以前"上帝"或"实在"占据的位置,向"信仰"争夺来了"科学"的地盘,并提供了科学发展的认识论基础,建立了人类中心主义的思想观、文化观。但是,在现实世界日益显露出它丰富的多样性、思想日益多元化的背景下,它那种统辖一切和穷尽真理的追求,最终将导致文化的冻结。传统哲学"对知识论的愿望就是对限制的愿望,即找到可资依赖的'基础'的愿望,找到不应游离其外的框架,使人必须接受的对象,不可能被否认的表象等愿望"①。它规定了思维活动的范围和方向。"这种情况令人惊恐,因为它消除了世上还有新事物的可能性,消除了诗意的而非仅仅是思考的人类生活的可能。"②也就是说,哲学太自尊自大了,从而由封闭走向了单调、贫乏,还有可能扼杀人类精神的生机活力。因此,哲学必须从象牙塔走出来,真正去关心一个多元和开放的世界。哲学应告别认识论之"老",回到启迪人心和激活人生之"乡"。哲学不能再以"科学的皇后"自居,而应真正成为文化的一个组成部分;哲学必须摒弃在人类活动中寻找一种自然等级秩序的诱惑,还人类一个平等的世界。

从罗蒂的上述论述中,我们可以看出,他并不是否定认识论的重要性、必要性,而是反对将哲学狭隘化。他主张的是扩宽哲学的眼界,改变哲学那种除了真理什么都不关心,把自由、民主、平等、文学、艺术等社会问题和文化现象统统"边缘化"的态度。那么,怎样才能使当代西方哲学摆脱危机呢?他在反思中重新发现了实用主义的价值和魅力。

(二) 20世纪最有用的是实用主义

罗蒂发现,实用主义在被埋没了一段时间之后,又在当代哲学家心目中复苏。说英语的哲学家们往往在他们的思想源泉干枯的时候,希望从欧洲大陆那里找到一些新思想,而他们在那里发现的正是杜威曾经期望过的。哈贝马斯和福柯更关心社会政治而不是数学和科学。德里达关注哲学与小说、戏剧和电影的关系,而不是哲学与物理学和数学的关系。戴维斯、普特南、蒯因等人已经开始用实用主义来改造分析哲学。而罗蒂自己,也非常乐于做一个实用主义者。他认为实用主义是开创新哲学的必由之路。

罗蒂思想的基本立场就是要抛弃现象学和实证主义所代表的科学哲学模式。他心目中的实用主义就是一种反二元论、反再现论的和反实在论的学说。他认为:"实用主义者乐于见到的不是高高的祭坛,而是许多画展、书展、电影、音乐会、人种博物馆、科技博物馆等。总之,是许多文化的选择而不是某个有特权的核心学科或制度。"③他欣赏实用主义,就是欣赏它的文化多元论。他认为这与民主政治和当代社会发展是相一致的。

罗蒂认为,实用主义有三个根本性的观点:

第一,反对本质主义的真理观。他说,有些人希望真理有一个"本质",也希望知识、或理性、或研究、或思想与对象之间的关系也有一个本质。然后人们可以运用对本质的认识来批评在他

---

① [美]理查德·罗蒂.哲学与自然之镜[M].李幼蒸,译.北京:三联书店,1987:277.
② [美]理查德·罗蒂.哲学与自然之镜[M].李幼蒸,译.北京:三联书店,1987:378.
③ [美]理查德·罗蒂.后哲学文化[M].上海:上海译文出版社,2009:153.

们看来是错误的观点,并为发现更多的真理指明方向。可是,"詹姆士认为这样的希望是徒劳的"①。因为真理没有本质。真理是一个用来表示赞许的词,而不是一个表示说明的词。所以,真理与其说是一个事实判断,不如说是一个价值判断。真理并不是与实在的符合。

第二,反对事实与价值、"现有"和"应有"的绝对割裂。实用主义认为"在事实与价值之间没有任何形而上学的区别,在道德和科学之间没有任何方法论的区别"②。按照柏拉图的理性生活观,人的行为要服从科学的程序,人类要服从那非历史、非人类的永恒实在,人性的欲求则被贬低,非认识论的主观意志都被当做边缘的东西。而实用主义则认为,关于科学和道德的研究都是对各种具体经验的思考,它们之间并无高低大小之分。文化的各个组成部分都是平等的。

罗蒂认为实用主义最大的贡献在于指明了哲学改革的方向,那就是跳出形而上学问题的陷阱,更多地关注自由而不是真理。"实用主义者认为柏拉图主义传统已经非常古老,不再有任何用处了。但这并不是说,他们可以对柏拉图主义的问题提供一套新的、非柏拉图主义的回答。而是说,我们不应当再问这样的问题。"③杜威强调理论要从属于实践,主张放弃思辨的理想和确立先验基础的企图。我们应当追问的,是社会的和政治的问题,是有关人的生活实践和历史遭遇的问题。实用主义的宗旨是帮助达到最大多数人的最大幸福。

第三,实用主义不拘守绝对的必然性,而是对各种偶然性持开放的态度。实用主义认为重要的不是追根究底地把事情搞清楚,而是如何团结一致地对付现实。"我们与我们的共同体、我们的社会、我们的政治传统、我们的思想遗产的认同,只要我们把它们看做是我们的而不是自然的,是形成的而不是发现的,是我们构造的很多种中的一个,就会得到加强。"④人类社会的发展不是命定的,而是存在不断改善的可能性。

罗蒂认为,实用主义(特别是杜威)已经为我们扫清了传统哲学思想的尘埃。它告诉我们,"所谓人类的进步,就是使人类有可能做更多有趣的事情,变成更加有趣的人,而不是走向一个仿佛已经事先为我们准备好的地方。"⑤因此,我宁可要一种可错的和暂时的生活,而不要一种绝对而永恒不变的生活。实用主义使哲学从神圣的理念王国走出来,回到人类智慧的源头——平凡而充满人情味的生活世界。同时,实用主义完全用一种平等的和民主的心态去对待观点各异的不同理论学说。所以,罗蒂表示要做实用主义者。

(三)"民主先于哲学"——同文化的其他部分平等相处

罗蒂并不主张取消认识论哲学,而只是要求以平凡心对待哲学,使哲学找到适当的位置,与文化的其他组成部分平等相处。

后现代思想家对传统哲学大张挞伐,似乎要宣判哲学的终结。利奥塔向"元叙事"和独断论宣战,德里达矛头直指"逻各斯中心主义",福柯冷眼看"人的死亡"。而罗蒂则对他们每个人的观点都泰然处之,并不特别倾向哪一个极端。他把自己的这种态度表达为"民主先于哲学"。

罗蒂对传统哲学并不是以虚无主义态度来简单地否定,而是提出了积极的建设性的意见。

---

① [美]理查德·罗蒂.后哲学文化[M].上海:上海译文出版社,2009:246.
② [美]理查德·罗蒂.后哲学文化[M].上海:上海译文出版社,2009:248.
③ [美]理查德·罗蒂.后哲学文化[M].上海:上海译文出版社,2009:2.
④ [美]理查德·罗蒂.后哲学文化[M].上海:上海译文出版社,2009:251.
⑤ [美]理查德·罗蒂.后哲学文化[M].上海:上海译文出版社,2009:84-85.

他认为哲学必须实现三个"转向",才能在后哲学文化中找到自己的位置,继续存在下去。

第一,从"系统哲学"转向"教化哲学"。哲学要克服单一性,向更宽的领域拓展。罗蒂提出了"系统哲学"和"教化哲学"这两个概念。"系统哲学"就是认识论哲学,即从柏拉图、亚里士多德、托马斯·阿奎那、笛卡儿、洛克、康德到黑格尔等形成的哲学。它固守"心灵是镜子"这样的观念,以认识论为研究中心,固守基础主义和科学主义的元哲学。"他们挑选出一个领域,一套实践,并将其看做是典型的人类活动。然后他们企图指出,文化的其他部分如何能从这一典型中获得益处。在西方哲学传统主流中,这一典范是认知性的,即具有被证明的真信念,或更准确些说,具有如此富于内在说服性的信念,以至于使证明不再必要。"①而"教化哲学"则是在当代产生的,以杜威、维特根斯坦和海德格尔等人为代表。他们信仰的是差异性和相对性原则,摒弃绝对真理的形而上学体系,注重人类的对话。系统哲学在封闭、束缚甚至禁锢着人们的头脑,以为我们通过认知一系列客观事实就能认识我们自己。而教化哲学则要打破这种自欺欺人的幻觉。系统哲学认为哲学应该发现认识和科学研究的永恒的构架,去解释科学解释不了的东西,而且充当文化的仲裁者。教化哲学则要打破这种高高在上的"霸气",破除哲学的这种权威性。而且,它也不想去建立"先验解释学"或者"普适语用学"之类的学说去取代以认识论为中心的系统哲学,更不想取消哲学。哲学不再享有"科学的皇后"的特权,但它仍可以作为"文化批评者"发挥作用。教化哲学自己的任务是刺激和发掘人类理智的潜能。哲学就是应该驱使人类去创造,而不是束缚人们,强令人类停止思考。罗蒂认为,今天必须实现"系统哲学"向"教化哲学"的"转向"。所谓"转向",就是两者交换位置。过去几千年,系统哲学一直占据主流和中心位置,教化哲学则处于边缘和外围。如今,认识论要非中心化,而教化哲学也不能再继续处于边缘。但是,它并不是想自己成为新的中心,因为这个时代已经不可能有唯一的"中心",而"多中心",也就是"无中心"。

第二,从认识论转向解释学,更加重视"对话"。认识论把"探究"(inguiry)视为哲学的任务,并且只关心最终的共同基础。而解释学则以"对话"(conversation)为目标,旨在达到人们相互的理解。罗蒂非常赞同德国当代哲学家伽达默尔的观点。伽达默尔认为,谈论事物的方式,比占有真理更重要。我们应该用"自我形成"(building)的概念取代作为认识论目标的"知识"的概念。正确地获取事实,只是为发现一种新的表达我们自己的方式做准备。

"民主先于哲学"这句口号,集中地体现了罗蒂的自由思想。他不是虚无主义者,不是全盘否定传统哲学,只是拒斥它独霸哲坛束缚人们的心灵,造成新的迷信的那种霸气,他要求为不同的思想提供一个自由对话的空间。在政治上,他要求给不同的文化团体一个平等交流的机会。他认为,无论是牧师,物理学家,还是诗人,或是政党,都不会被认为比别人更"理性"、更"科学"、更"深刻"。没有哪个文化的特定部分可以挑出来,作为其他文化的样板。好的牧师、物理学家等,只是按照他们的学科内的标准被认为是"好"的,而不是用什么跨学科的、超文化的、非历史的标准来衡量评判他们是"好"的。谈论这些抽象的、一般的标准没什么意义。这些杰出的男女,只不过是"善于成为人"的人,而不是作为"神祇之子"的英雄。他们只是特别会做事,值得羡慕,但不必去崇拜。正因为大家都是平等的,所以要注重对话。哲学是"人类对话的声音"和人们相互理解的中介。言谈的文化意义正是哲学的生长点。

---

① [美]理查德·罗蒂.哲学与自然之镜[M].李幼蒸,译.北京:三联书店,1987:320.

第三，哲学要从"正常话语"转向"反常话语"。罗蒂认为，从笛卡儿以来形成了一种标准：凡是符合形而上学理论的、有关科学的话语都是"正常话语"，都可以大行其道。而凡是不关心客观真理研究的、非认识论的，都属于"反常话语"，都没有发言权。只让一种声音说话，只让"科学"（其实是科学主义）说话，是几千年来西方传统哲学的痼疾。当然，罗蒂也看到反常话语之所以遭到压制，是有社会历史原因的。它不仅来自近代以来科学的昌盛发展和认识论哲学家阵容的强大，也来自食物匮乏和秘密警察。如果人们有了更为充裕的物质生活，有图书馆等精神生活的物质保障，有了闲暇时间可以自由而悠闲地谈话，也不至于像柏拉图那样，谈话自探究宇宙万物开始，以自我客观化告终。

在罗蒂所向往的后哲学文化中，"任何事物都可反常地被谈论，正如任何事物都可成为教化的和任何事物都可被系统化一样"①。从正常话语转向反常话语，就是从统一性走向差异性，从中心性走向多元性。人类的对话像多声部的大合唱，科学或哲学，只是其中一种声音。

罗蒂的思想是在激烈的争论和讨论、批评和反批评的过程中逐步形成的，这个过程尚在继续中，所以，只要生命不息，他的思想行程就不能说已经到达终点。但是有几个鲜明的特征已经显露。一是时代性方面，他是富有后现代主义特征的。他对传统的批判、反叛，要求对哲学进行重建，他对一元论（基础主义、本质主义等）、二元论（事实与价值的绝对分割）、再现论（镜式哲学）等的批评，以及针锋相对地提出的开放、多元的主张，都符合后现代主义的一些基本立场、观点。二是他在建设性方面，提出哲学的出路在于从天上回到人间，关心一些更平实、更具体的社会问题。以往的哲学过于偏重真理问题而忽略其他，过于关注抽象的、具有普遍性和终极性的形而上学问题（本体论和认识论），罗蒂把这些称为"大写的哲学"。"大写的哲学"已经不够用了，他主张当前更需要的是"小写的哲学"，即关于具体问题的、现实的人类生活中遇到的问题的那种哲学。他认为关心人，关心人的幸福、自由、民主比关心真理更重要，这种富有人情味儿的哲学（后哲学）是他倡导的。三是他的综合性。罗蒂喜欢以实用主义自居，这也是许多学者把他划归新实用主义阵营的原因。但实际上实用主义只是他的一种理论武器或者思想资源。他的思想来源有多种，他对哪一种都不是盲目崇拜、照单全收的，而是有条件、有选择地兼收并蓄，实现了综合性创新。比如，对杜威，他就剔除了他的哲学中保留的科学主义的残余。对利奥塔，他吸收了他的拒绝"元叙事"等思想，但不接受他的虚无主义。罗蒂否定的只是"大写的"哲学，而不是否定全部哲学和整个西方文化。他肯定了哈贝马斯的交往理论，认为他主张的"团体中心主义"可以使反再现论与政治自由论结合起来，但"团体中心主义"的偏窄性也是需要克服的，应该开明大度地对待其他文化。他把英美分析哲学与欧洲大陆哲学、实用主义与后现代主义糅合到一起，旨在推动哲学的非认识论化。

罗蒂与大多数同时代的哲学家，特别是后现代主义者一样，勇敢地告别了旧时代，迎接新时代。从古到今，人类哲学围绕自身与外界的关系，分别经历了以本体（宇宙）论为主和以认识论为主的发展阶段。新时代要求我们更多地关注人自身的问题，要求我们解放思想，在更自由、更民主、更开放的氛围中，放飞心灵，大胆地探索。要探索什么？摆在我们面前的问题已堆积如山，但仍然太琐细、太具体，还有待于集中、提炼、上升到哲学的高度。至于答案是什么，罗蒂以及其他新实用主义、后现代主义思想家的回答还很笼统，还在争鸣中。他们只是告诉大家，只有往前走

---

① ［美］理查德·罗蒂.哲学与自然之镜［M］.李幼蒸，译.北京：三联书店，1987：338.

才是出路,但前方是什么?他们也很迷茫。旧的镜子被打碎了,人要怎样才能认识自己呢?所以,人们仍然是要继续追寻真理的,罗蒂等人同样不能阻止人们的脚步,没能给人的追求画上句号。

第三节 实用主义在中国的传播、研究和影响

与其他外来思想(马克思主义除外)相比,实用主义在中国传播的时间、范围、深度都是数一数二的。本节对实用主义在中国传播的概况、几个重点的人物及领域、目前的研究状况、实用主义在中国青年中的影响等进行讨论。

一、实用主义在中国传播情况概述

实用主义从 20 世纪 20 年代传入中国,至今已经有 90 多年了。它在美国本土也处在发展、变化中。中国人对实用主义的兴趣,集中在若干个领域。实用主义作为一种世界观、人生观、价值观,在中国发生了广泛、深远的影响。

实用主义在中国的传播,有"内因"有"外因",有"高潮"有"低谷",有"冷"有"热"。大体上有四个阶段、若干个重点和某些特点。

实用主义在中国的传播大体分为四个阶段:20 世纪五四运动前后到新中国成立以前,新中国成立后到改革开放前,从改革开放到 20 世纪末,进入 21 世纪到现在。

(一) 20 世纪五四运动前后到新中国成立以前

20 世纪五四运动前后,实用主义开始在我国传播,直到 1949 年新中国成立前,形成了一个大的阶段。这个阶段又可分为两个小阶段:从五四运动前后起,有十年的繁荣期;从 30 年代起到 40 年代末,进入深入发展期。

1. 十年繁荣期

实用主义在中国的传播,以 1919 年 5 月 1 日美国实用主义大师杜威来华讲演为标志,掀起了第一个高潮。

杜威是应中国教育团体的邀请来华讲学的。他来到中国没几天,即爆发了震惊全世界的五四运动。五四运动既是反帝反封建的爱国主义运动,又是以科学和民主为主题的思想解放运动。这深深地吸引了杜威,使他一再修改行程、推迟返美时间,结果他总共在华逗留了两年零两个月。杜威在北京、奉天(今辽宁)、直隶(今河北)、山西、山东、江苏、江西、湖北、湖南、浙江、福建、广东等地,做了一百多场讲演,其中仅教育问题就讲了 22 场。杜威在演讲中,简明扼要、通俗易懂地介绍了美国实用主义的主要内容,包括哲学上四种思想方法和詹姆士哲学、实验主义教育哲学、伦理学和道德教育、社会政治哲学等。他的讲学,时间之长、范围之广,在西方学者中实属罕见。他的讲稿,很快就汇编成册,译成中文,由数家出版社出版。如《杜威五大讲演》1922 年即由北京晨报社出版,《教育哲学》1920 年由上海泰东图书局出版。这些出版物,在当时产生了重要的影响,到现在仍然是重要的研究资料。

杜威的讲学活动只是播撒了实用主义的种子,而促使它在中国的土壤上生根、开花、结果的耕耘者则是胡适、陶行知、蒋梦麟等学者。胡适是我国第一个全面系统传播实用主义的学者,并且在 1919—1924 年间,与李大钊、瞿秋白等为代表的马克思主义者展开了"问题与主义"的大论

战。陶行知也是杜威的学生,他着力推介的是实用主义的教育思想,并且注重从中国的实际出发,改造旧教育,发展新教育。蒋梦麟则专门从伦理学角度阐释杜威的思想,并把它与中国的王阳明思想进行了初步的比较。这三位学者乘杜威讲学之势,推波助澜,在中国掀起了一阵实用主义热潮。

2. 深入发展期

到了三四十年代,实用主义在中国传播的繁荣景象从表面看似乎逐渐消失了,但是却暗含着向纵深发展的态势。首先,它已深入人心;其次,它在教育领域已产生了一定效应;第三,知识界对实用主义的研究也愈来愈全面深入。

三四十年代与五四运动前后时期相比,对实用主义的传播、研究有了如下的发展。

首先是原著的翻译、出版,从集中在论文的介绍上,发展为译介原著。仅1933—1936年,商务印书馆和中华书局就出版了詹姆士著作两种、杜威著作六种。其次,从集中介绍杜威,到总体上全面系统地介绍整个实用主义(人物、思想、演变),并把它放到现代西方哲学的大背景下,作为一个流派来研究。第三,深入开展了专题的研究。重要的有伍启元、陈端志、郭湛波等人分别撰写的著作,试图从思想方法的角度对"五四"以来的新文化运动进行评述。在这些著作中,他们把实用主义和唯物辩证法看成是两种对立的哲学思潮和科学方法,但都同属于"赛先生"(即 science,科学)旗帜下。[1] 另外,围绕实用主义的阶级实质、它的经验论、真理观、历史观,也进行了讨论。第四,这些讨论,有一些是针对实用主义的"原创"者杜威等人的,有些则是针对中国的实用主义者胡适等人的。

实用主义登陆中国后,传播的效果如何?当时有一位学者这样写道:"实用主义(pragmatism)在我国已成为学术界熟知的一个名词。远在民国初期,就有国人开始介绍与提倡此学说。后实用论巨子杜威来华讲学,此一学说,曾风靡一时,为多数学者所信受。惟近数年来,此一学说表面上似少人提及,实际上已侵入我国社会各阶层,成为一般社会思想与行动上自觉或不自觉之信条。以目前状况而论,实用论在某一方面或某一意义上可谓已植根于我国。近功利,忽远效,崇便利,轻道义,惟计满足,不择手段,此为今日我国社会之写照。"[2]

实用主义在中国传播的头三十年就达到如此深入人心的程度,其原因是多方面的:一是中国当时思想界是开放的,各种思潮汹涌而入,实用主义是其中一种。二是实用主义当时在它的故乡美国,也处于黄金时期。此时期杜威的影响正如日中天,带有极强的说服力和示范效应。三是实用主义注重现实、反对空谈理论和抽象思辨的理论态度及具体主张,契合了当时中国人急于寻求中国发展的方向道路等重大问题的理论指导的紧迫心理。它以西方现代哲学的形式,与中国传统文化中的功利主义一拍即合。四是杜威和胡适等人的努力,使之通俗化、务实化、本土化,因而能走向大众、走向民间。

(二)新中国成立后到改革开放前

从新中国成立、50年代初,一直到70年代末改革开放前,对实用主义展开了近三十年的批判。这场批判就一般背景而论,与当时开展的对形形色色的旧思想、旧文化的批判是一致的。这场肃清封建思想和资产阶级思想的运动,是"破旧立新"的一个组成部分,目的是进一步树立马克

---

[1] 杨寿堪,王成兵.实用主义在中国[M].北京:首都师范大学出版社,2002:107-112.
[2] 谢幼伟.实用论评述[J].思想与时代,1947(45).

思主义的指导地位。在各个领域都要以辩证唯物主义和历史唯物主义为指导,批判唯心主义、形而上学。就历史背景而言,与当时世界资本主义和社会主义两大阵营的对立、朝鲜战争、中美关系等国际环境有直接的关系。美帝国主义是当时中国人民的头号敌人,实用主义这种美国土生土长的哲学也就自然而然地成了重点批判的对象。

当时批判的重点人物是杜威和胡适。重点批判的理论观点集中在以下几个方面。

一个是实用主义的工具主义。它认为理论只是应付环境的工具;"不讲原则、只讲效果",反映了冒险哲学,是为帝国主义、资产阶级的竞争、掠夺、欺骗、垄断等行为做辩护的学说。

一个是主观唯心主义的真理观。它认为客观世界是不存在的,一切都以个人的利益和需要为出发点,以主观经验为检验真理的标准是反动的唯心史观。它以"既超越唯物的一元论,又超越唯心的一元论"标榜自己,鼓吹多元论;用"群"的概念抹杀阶级的存在,以"调和"取代阶级斗争,以改良代替革命。它的道德观、幸福观是市侩哲学。总之,实用主义是腐朽没落的资产阶级意识形态。

这一时期,在对实用主义大张旗鼓地进行批判的同时,对实用主义经典著作的翻译、研究和出版工作却仍然在"悄悄地"继续。当然,出版目的都要说成是"供批判使用"。但是,到70年代末,经典的实用主义代表作大部分都有了中文版。这就为下一阶段恢复实用主义研究准备了条件。

那么,如何看待这30年对实用主义的批判?从中可以吸取哪些经验教训呢?这是当代中国思想史上不可回避的一个问题。在这段时期,受到批判的西方思潮不只实用主义一家;不单是西方的思想理论,我们自己的传统文化也遭到严厉的批判。对此,我们不能脱离当时的社会环境和历史任务去看。当时在思想领域开展的思想斗争有其必然性和必要性。但是在对实用主义的批判中也有简单化、教条化的错误。这种情形直到改革开放才得到扭转。

(三)从改革开放到20世纪末

从1978年中国共产党召开十一届三中全会起,中国进入了改革开放时期。在思想上恢复了实事求是的路线,对实用主义的研究也逐步走上了科学的道路。

但当时人们对实用主义的认识还不能完全摆脱前30年形成的固定模式,"实用主义"一词在人们心目中仍然带有贬义。更富有戏剧性的是,在对"四人帮"的思想进行清算的时候,人们发现"四人帮"的哲学基础就是实用主义。而在开展真理标准大讨论(这个讨论被誉为"思想解放运动"的破冰之旅)时,又不可避免地要回答"马克思主义的实践标准与实用主义的实践标准究竟有什么不同"这一类问题。这些情况都促使人们去回答:究竟什么是实用主义?

此时,人们对实用主义的重新认识是在一个非常开放的环境中进行的。在我们与西方隔绝的这30年间,西方社会已经发生了巨大的变化,西方的思想文化领域也涌现出许多的新思想、新思潮。一些老的思潮,如实用主义,经历了或长或短的低谷之后,又获得了复兴、重建的生机,进入了"新实用主义"发展阶段。所以,此时对实用主义的研究,必然不能停留在老的(古典的)实用主义的水平上,必须追踪它的最新发展,并且把它放在与诸多的现当代西方思潮,例如实证主义、分析哲学、语言哲学、后现代主义的相互关系中去把握。同时,随着对我国传统文化研究的升温,对中国近现代人物的学术重新评价也逐渐开展,胡适等人再度成为热门人物。这个情况也带动了对实用主义与中国文化关系问题的重新探索。

进入80年代,实用主义在中国的传播开始进入一个崭新的发展时期。学术界一般把这个时期定义为重新评价、传播实用主义的阶段。在这一时期学术界对实用主义进行了重新的评价和研究,出现诸多的研究著作及经典文献的翻译,研究范围从古典实用主义到新实用主义,从皮尔士、杜威到罗蒂、普特南、蒯因等,内容非常丰富,视野也非常开阔。这一时期对实用主义态度的转变成为80年代以后实用主义在中国的传播进入繁荣阶段的关键因素。

刘放桐先生对实用主义的重新评价在当时发生了振聋发聩的影响。他的《实用主义述评》(1983年天津人民出版社出版),成为这一时期对实用主义评价最为客观、开放的著作。他在1987年发表《重新评价实用主义》,文中指出:"对实用主义全盘否定,把实用主义作为一种反动理论,这是不客观的",并且明确提出"不能把实用主义归结为帝国主义的反动哲学、市侩哲学、诡辩论,不是十足的唯心主义"[①]。

由中国现代外国哲学学会在1988年和1996年举办的两次学术研讨会对于开展实用主义研究具有重要的意义。第一次是1988年5月在成都召开的"实用主义专题研讨会"。这次会议总结了"文化大革命"结束后十年以来实用主义研究状况,就如何评价实用主义、实用主义的基本特征和基本精神、实用主义的实践观与马克思主义实践观的区别、实用主义的真理观以及实用主义的发展趋势等问题进行了讨论,并且提出了今后实用主义的研究方向。[②] 第二次是1996年9月在桂林举办的"美国新实用主义学术研讨会",对新实用主义产生的背景、新老实用主义的异同、对新实用主义的评价等问题进行了讨论。[③] 这两次会议既是对当时中国实用主义研究的总结和概括,也为今后实用主义的研究确定了方向。

(四)进入21世纪到现在

这段时间的情况请看本节的第三部分。

二、胡适、陶行知、蒋梦麟对古典实用主义的研究和传播

胡适、陶行知、蒋梦麟三位,都是我国现代文化名人。他们三人的学术生涯又都与实用主义有着不解之缘。杜威于1919年4月30日抵沪,就是他们三人到码头迎接的。[④] 实用主义是通过他们"引进"到中国来的,他们又努力地把实用主义传播开来,并且运用到中国的实际中去。通过他们,我们可以从一个侧面了解实用主义在中国的影响,以及实用主义与中国文化的关系。

(一)胡适:系统传播和应用实用主义

胡适(1891—1962),原名胡洪骍,字适之,安徽绩溪人。1910年毕业于上海中国大学。赴美留学,先入康乃尔大学读农科,后改读文科。1915年入哥伦比亚大学哲学系研究部,师从杜威。1917年获哲学博士学位,同年回国,任北京大学教授,曾参与《新青年》杂志的编辑工作。后创办过《努力周报》、《现代评论》、《独立评论》等刊物。1938年任中华民国政府驻美大使。1946年任北京大学校长。1948年离开北平后转赴美国。胡适在哲学、文学、史学、考证学等方面都有很多建树,是我国著名学者。

1919年杜威来华讲学,胡适为其做翻译,同时也做演讲和写文章宣传实用主义,影响很大。

[①] 刘放桐.重新评价实用主义[J].外国现代哲学,1987(10):1-4.
[②] 刘笃诚.成都实用主义专题研讨会[J].外国哲学与哲学史,1988(11):9-11.
[③] 李绍猛."新实用主义"讨论会综述[J].哲学动态,1996(12):12-14.
[④] 顾红亮.实用主义的误读——杜威哲学对中国现代哲学的影响[M].上海:华东师范大学出版社,2000:28.

关于胡适传播实用主义的效果,我们可以从当时的一篇报道中窥见一斑。1919年《新教育》第1卷第3期《杜威号》专刊上,报道了胡适应江苏省教育会的邀请在南京做"实验主义"演讲的盛况:"5月2日下午7时,胡适之先生讲演此题的时候,到者约有一千余人,都是高兴的来,满意而去。后来到的,位置都没有了。演说的时间经过一小时半,听者都没有倦容。可见这演说辞的精彩了。"①

胡适对实用主义的介绍是比较全面系统的。皮尔士、詹姆士、杜威三位代表人物的思想他都有所涉及,然后加上自己的理解进行总结、发挥,使实用主义的思想更鲜明、突出,表达上更精彩、通俗,例证上更联系中国的文化,方法上步骤更明确、清晰。杜威对实用主义的阐释大体上分为四个方面,胡适逐一加以阐释。

1. 实验主义产生的科学条件

杜威首先对"pragmatism"这个词进行了辨析。这个词是皮尔士先提出来的,后来詹姆士把它运用到宗教经验上去。而杜威却不愿使用"pragmatism",因为它是工具主义(instrumentalism),他更愿意用"experimentalism",即实验主义。

胡适指出"实验主义"这种哲学"完全是近代科学发达的结果"②,它虽然注重实际效果,但更值得注意的是,它所倡导的方法,是实验的方法,也就是"科学实验室的态度"。现代科学有两种观念对实验主义影响最大:一是对科学定律不再迷信,而是认识到它们不过是人造的最适合的假设;二是进化的观念,把它运用到哲学上,就是一种"历史的态度"(the genetic method)。

对于实验主义的实在论,胡适指出它与唯物主义和理性实在论都不同。詹姆士说:"实在是常常变的,是常常加添的,常常由我们自己改造的"③。

2. 实用主义的经验论

胡适认为,杜威在西方哲学史上之所以成为一个大革命家,主要是因为在"经验"问题上超越了以往哲学史上各派的观点,把从休谟和康德以来的哲学根本问题一起抹杀,认为没有讨论的价值,都可以不了了之。杜威认为,以往的哲学对"经验"的理解有五种错误:以为经验是知识;以为经验属于心境,完全是"主观性"的;以为经验只是过去了的事;以为经验完全是细碎的不连贯的分子;经验不可知,思维推理的作用都是经验以外的事情。而杜威的经验论是与之根本对立的。杜威的根本观念是:"经验是生活。"而生活是人与环境的交互行为;这种对付环境的行为,思想作用最为重要,它是应付环境、利用环境和征服环境的工具,从而使生活内容和范围不断丰富和扩展。知识之所以重要是因为它是应用的工具,是用于推论将来经验论的,因此经验不只是记忆过去的事,而是对付未来、预见未来和联系未来的。经验是在对付环境中有着无数连贯的关系。经验与思想是同一件事,它们不是相反的东西,等等。杜威提出这些针锋相对的思想,有什么作用呢?胡适指出:这"就是杜威的哲学革命的根本理由。既不承认经验就是知识,那么三百多年以来把哲学几乎完全变成认识论,便是大错了;那么哲学的性质、范围、方法,都要改变过了。既不承认经验是主观的,反过来既承认经验是人应付环境的事业,那么一切唯心唯实的争论都不成问题了。既不承认经验完全是细碎不连贯的分子(如印象、意义、感情之类),反过来既承认连

---

① 杨寿堪,王成兵.实用主义在中国[M].北京:首都师范大学出版社,2002:52.
② 胡适.实验主义[M]//胡适文存:第一集.合肥:黄山书社,1996:213.
③ 同上,第228页.

络贯串是经验本分内的事。那么一切经验派和理性派的纷争,连带休谟的怀疑哲学和康德那些支离繁碎的心理范畴,都可以丢在脑背后了"①。这一番改造,使得哲学抛弃了从前所谓"哲学家的问题",变成解决"人的问题"的方法。这才是真正的哲学应该关心的问题。

3. 实用主义的真理论

胡适在此主要讲詹姆士的真理论。什么是真理(truth)?"那些旧派的哲学家说真理就是同'实在'相符合的意象。这个意象和'实在'相符合,便是真的;那个意象和'实在'不相符合,便是假的。"②那么,什么叫"与实在相符合"? 旧哲学家说,真的意象就是实在的摹本(copy)。詹姆士问:譬如墙上的钟,我们闭上眼睛可以想象钟的模样,这还可以说是一种摹本。但是我们心中有钟的用处的观念,也是摹本吗? 这摹本又是什么呢? 胡适认为,詹姆士等人都认为这种"真理符合论"思想是懒惰的思想。他讽刺说,这种真理观就好像我们从前的皇上在奏折上批了"知道了,钦此"五个大字,就完了。

胡适还特别介绍了詹姆士关于真理是工具、媒婆、摆渡的观点。詹姆士说,凡真理都是我们能消化受用的;能考验的,能用旁证证明的,能稽查核实的。凡假的观念都是不能如此的。胡适认为,詹姆士这种注重效用的真理论可以成为"历史的真理论"(genetic theory of truth),因为这种真理论关注的是真理如何发生、如何得来以及如何成为公认的真理。胡适说:"真理并不是天上掉下来的,也不是人胎里带来的。真理原来是人造的,是为了人造的,是人造出来供人用的,是因为他们大有用处所以才给他们'真理'的美名的。我们所谓的真理,原不过是人的一种工具……"③真理如果失去效用,就不能再叫它"真理"了。胡适以中国的"三纲五常"为例。古时候"三纲五常"对维护宗法社会很有用,所以古人把它认做真理。而现在,时势变了,国体变了,"三纲"便少了君臣一纲,"五伦"便少了君臣一伦,"父为子纲"、"夫为妻纲"两条也不再成立。旧的真理过时不适用了,我们就该去找别的真理来代替它了。

4. 实用主义的方法论

这是胡适特别重视并有发挥、有应用的一个部分。他把杜威的思想方法分为五步:① 疑难的境地:这是思想方法的起点。一切科学的发明,都起源于思想的疑惑。胡适联系中国文化来解说:"宋朝的程颐说,'学源于思'。这话固然不错,但是悬空讲'思',是没有用的。他应该说:'学源于思,思起于疑'。疑难是思想的第一步。"④② 找出疑难之点在何处。杜威认为这一步很重要。这就如同中医的"脉案"、中医的"诊断"一样重要。③ 指出解决疑难的种种假设的解决方法。④ 决定哪一种假设是适用的解决方法。⑤ 证明。各种假设的证明,难易不同。科学上的证明,大都必须特地制造出"证明"所必备的条件,称为"实验"。胡适将杜威的"五步法"做了分析:前三步偏向归纳法,后两步偏向演绎法。他认为这"五步法",对于科学事业和人生实际事业都大有好处,不仅可以获得许多活动知识、学问,还可以得到思想的训练,养成实验的态度,以效果来评判假设的价值,以效果来证明理论。这也是"思想能力的养成"。

胡适不仅对实用主义进行介绍、阐释、发挥,而且还身体力行地把它应用到自己的学术活动

---

① 胡适.实验主义[M]//胡适文存:第一集.合肥:黄山书社,1996:231.
② 同上,第223-224页.
③ 同上,第225页.
④ 同上,第236页.

和政治主张上,从而形成了"中国化的实用主义"。1922年他在一篇文章里写道:"我这几年的言论文字,只是这一种实验主义的态度在各方面的应用……古文学的推翻,白话文学的提倡,哲学史的研究,《水浒》《红楼梦》的考证,一个'了'字或'们'字的历史,都只是这一个目的。我现在谈政治,也希望在政论界提倡这一种'注重事实,尊崇证验'的方法。"①

胡适进一步把科学研究的方法简括为两句话:"大胆的假设,小心的求证"②。他认为,西方近三百年自然科学的成就、中国近三百年来的"朴学"都是使用这种方法的结果。

胡适对"朴学"的研究进行了评论。"朴学"包括文字学、训诂学、校勘学、考订学等,又称"汉学"、"郑学",范围甚广,故不容易寻求一个总括各方面的名称。"朴学"成立于清代学者顾炎武、阎若璩。顾氏的老师是陈弟,他的著作《毛诗古音考》,注重证据;每个古音都有"本证"和"旁证"。例如一个"服"字古音"逼",共举本证十四条,旁证十条。顾炎武用的是同样的方法,比他老师更厉害,他的《诗本音》于"服"字下举了三十二条证据,《唐韵证》于"服"字下举了一百六十二条证据。阎学璩和梅鷟考证《尚书》,也是处处用证据来辨真伪,把学问做成了铁案。清代文字学方面,音韵研究成就最大,钱大昕考定古今音变;训诂学方面,王含孙、王引之父子二人著的《经传释词》最为系统。他们使用的方法,"总括起来,只有两点:① 大胆的假设,② 小心的求证。假设不大胆,不能有新发明。证据不充足,不能使人信仰"③。

胡适是著名的"红学"专家。1953年他在台湾大学作了一次以治学方法为主题的讲演,回顾了自己早年的《红楼梦》研究。他说,当时关于"《红楼梦》有什么用意"这个问题,有很多种假说。有人认为这本书是骂满洲人的;有人说是写的康熙朝宰相明珠的儿子纳兰性德的故事;有人说是写康熙朝某个政治人物的。而我认为,曹雪芹写这本书,并没有什么微言大义,只不过是平淡无奇的自传。为了证明我的假设,我要做很多考证。先要考证出,曹雪芹除了《红楼梦》,还有没有其他著作?他的朋友及同时代的人有没有什么关于他的著作?他的家人有没有关于他的记载?关于他家四代五个人,尤其是他祖父曹寅,有多少材料可以知道他那时的地位?家里有多少钱?是不是真正能招待皇帝四次?我把这些有关的证据都想法找了来,加以详密的分析,结果才得到一个比较满意的答案。所以证明,"小心求证"这个功夫是很重要的。

在中国社会问题上,胡适也坚持杜威的实用主义改良论,与当时主张马克思主义和社会主义的陈独秀、李大钊展开了"问题与主义"的争论。胡适说他本来在《每周评论》这个刊物上做的文字总是小说文艺之类,为什么又发愤想要谈政治呢?因为他看不过国内的"新分子"闭口不谈具体的政治问题,却高谈什么无政府主义与马克思主义。他作为一个"实验主义的信徒",提出的政论的导言,叫做"多研究些问题,少谈些主义"。他认为中国要解决的"五大问题"是贫穷、疾病、愚昧、贪污、扰乱。这五大问题就像"五大恶魔",但它们都不是暴力的革命所能打倒的,而是要一步一步地作自觉的改革,一点一滴不断地改革。

李大钊对胡适的言论进行了有力的驳斥。他指出,"问题"与"主义"不能分离。"主义"对解决"问题"有很重要的意义。一个社会问题的解决,必须靠着社会上多数人共同的运动。要做到这点,就必须先使大家趋向一个共同的理想主义。否则,你尽管去研究你的社会问题,和社会上

---

① 胡适.我的歧路[M]//胡适文存:第2集.合肥:黄山书社,1996:332.
② 胡适.治学的方法与材料[M]//胡适文存:第3集.合肥:黄山书社,1996:93.
③ 胡适.清代学者的治学方法[M]//胡适文存:第1集.合肥:黄山书社,1996:293.

大多数人却一点不发生关系,那个社会问题,永远没有解决的希望。再者,"大凡一个主义,都有理想与实用两面","主义的本性,原有适应实际的可能性"。那些所谓"主义"的危险性和欺骗性,是空谈主义的人和冒牌者强加于它的。李大钊还指出,按照唯物史观,对社会问题,必须先有一个根本的解决。经济问题的解决是根本。经济问题一旦解决,什么政治问题、法律问题、家族制度问题、女子解放问题、工人解放问题,都可以解决。①

瞿秋白1924年在《新青年》第3期发表了《实验主义与革命哲学》一文,对胡适的实用主义和"多研究些问题,少谈些主义"的论调进行了批判。他指出,实用主义是综合市侩心理建立的体系。市侩需要的是样样都有一点儿,"一点儿科学,一点儿宗教,一点儿道德,一点儿世故人情,一点儿技术知识,样样齐全,不必根本变动现存的制度,只要琐琐屑屑,逐段应付好了。所以实验主义是多元论,是改良派",它决不是革命哲学。②

(二)陶行知对杜威教育思想的传播

杜威来华演讲的一个重要部分就是关于教育的演讲。胡适认为杜威是"教师的教师"。在当时中国教育破产的背景下,虽然没有实行他的学说的机会,但他的"种子"已经撒播下了,将来一定能开花结果。在传播和推行杜威教育思想方面,最积极也最有成就的是陶行知。

陶行知(1891—1946),原名陶知行,安徽歙县人。我国著名教育家。1914年毕业于南京金陵大学,随即赴美留学,入伊利诺伊大学,次年获政治学硕士学位,随即转入哥伦比亚大学师范学院攻读教育学,师从杜威和孟禄。1917年获该院"都市学务总监资格凭证",回国后应聘到南京高等师范学校任教,主讲教育学、教育行政和教育统计等课程。陶行知推行平民教育,创办乡村师范、"山海工学团"、"育才学校"等,在中国教育革新方面成效卓著。1934年7月正式宣布把自己的名字改为"行知"。陶行知积极从事抗日救亡运动和反内战、争和平运动。1945年当选为中国民盟中央常委兼教育委员会主任委员。李公朴、闻一多遭国民党特务暗杀,陶行知被列为那次行动黑名单上的第三名。1946年7月25日患脑溢血逝世,终年55岁。

1919年初,杜威到日本讲学,陶行知托郭秉文邀请杜威来华讲学,并亲自担任杜威的翻译。

陶行知非常推崇杜威的平民教育和实验主义教学方法。他列举杜威教育学著作16种为必读参考书,又特别推荐其中4种(即《平民主义的教育》、《将来的学校》、《思维术》、《实验的论理学》)为"教育界人人都应购备的"③。

陶行知从杜威的教育思想出发,进行了中国式的阐发,加进了许多自己的见解。

1. 教育是继续经验的改造

陶行知认为,我们要建设20世纪的新国家,就要造就新的国民。而教育一定要适合现时代的需要。现在学校的弊病是与社会相隔绝,新的学校一定要改变这种状况,使学校成为一个小社会,小共和国。

2. 实验教育是新教育与兴国之途

陶行知多次引用《荀子》的一段话,认为它"可谓中试验精神之窍要矣"。这段话是:"大天而思之,孰与物畜而制之!从天而颂之,孰与制天命而用之!望时而待之,孰与应时而使之!因物

---

① 李大钊.李大钊文集:第三卷[M].北京:人民出版社,1999:6-7.
② 瞿秋白.瞿秋白选集·政治理论编:第2卷[M].北京:人民出版社,1988:621.
③ 陶行知.介绍杜威先生的教育学说[M]//陶行知全集:第1卷.长沙:湖南教育出版社,1984:102-104.

而多之,孰与聘能而化之!思物而物之,孰与理物而勿失之也!"由此他引申出,实验是人们发明创造的工具,甚至认为,人禽之别在于实验之有无,文野之别在于实验之深浅。

陶行知又从史的角度,说明实验和实验方法的重要性。实验方法,首先发端于自然科学,后来影响到其他学科包括哲学。教育介乎形而上学与形而下学之间,故采用实验方法迟于物理、生物等,仅有二百来年。瑞士教育学家裴斯泰洛奇(J. H. Pestalozzi,1788—1852)试验孤儿院,德国的福禄培尔(F. W. Froebel,1782—1852)创造幼稚园,美国杜威集实验教育之大成,美国桑戴克(E. L. Thorndike,1874—1949)集教育心理学之大成,并加以实验。自此,教育界面貌焕然一新。"是故试验之消长,教育之盛衰系之"[①]。

又如德国。在19世纪以前,"德人师天下",对法、英、希腊的文化,皆无所不吸收,至18世纪初,哈勒大学和哥德堡大学相继建立,以实验主义为宗旨,先后涌现出赫尔巴特(J. F. Herbart,1776—1841)、福禄培尔等著名教育家。18世纪末,更是以国家主义定目的,试验主义定方法,两者相辅相成,成效大显。所以19世纪以后,变成"天下师德人",德国的教育走在了世界前列。这都是实验主义方法之实行所使然。

再如美国。美国以前三十年的教育,大都模仿欧洲大陆。但自从詹姆士创立心理实验学科,推行实用主义方法以来,情况为之一变。时至今日,"凡著名大学,莫不设教育科,其同时试验教育心理者以百计。其试验机关与从事实地试验教育之人,几无处无之;其试验精神之充塞,可谓盛矣"。如今大家都在讨论教育救国,怎样才能实现教育救国呢?"吾敢断言曰:非试验的教育方法,不足以达救国之目的也。"[②]

陶行知于1918年3月在南京高师任代理教务长的时候,发表了一个"智育大纲",提出了学校训育、智育"以诚为本"的主张;同时还强调,学校智育要有一贯的精神,这就是"试验"。这反映了他推行新教育的根本方针和方法。

3. 实验主义的教学方法

陶行知认为,对我国教育的改造必须"去旧施新"。我国教育存在"五旧",即:一是"依赖天工",放弃自己的努力与创造。二是"沿袭陈法","有例可援,虽害不问;无例可援,虽善不行"。三是"率任己意",仅凭自己一时之见行事。四是"仪型他国",照搬照套。五是"偶尔尝试",朝令夕改,或遇阻力便退缩。只有刷除"五旧",施以新教育,才能兴国富民。

陶行知提出建设试验教育的四种主要方法:一是提倡试验心理学;二是建立试验学校;三是应用统计法;四是注意试验的教学方法。其最主要之点就是如何养成学生独立思考的能力。

4. 为生活而教育

陶行知把杜威的"教育即生活"的思想加以发挥,提出了自己的主张:① "生活教育"(education of life),就是"活的教育",好像在春光之下,受了滋养,"一天新似一天"。我们要承认儿童是活的,要按儿童的特点和接受能力去教育。教育是活的,要"与时俱进"。教员是活的,要用活人去教活人。教员教的东西是活的,用时代最新的东西去武装学生。② "根据生活而教育"(education by life),要设计教授法。③ "为生活而教育"(education for life)。人生有高尚的和低微的,有永久的和暂时的,有完全的和全面的。我们的教育都是要使人变得高尚、永久、

---

① 陶行知.试验主义之教育方法[M]//陶行知全集:第1卷.成都:四川教育出版社,1991:59.
② 同上,第62页。

完全。人兼有身体和精神两个方面,缺一不可。我们讲活的教育,一方面要让人们懂得身体的健全,另一方面,也是更重要的方面,是"精神上活的教育",使历史上英雄豪杰的精神,一代一代传下去。

(三) 蒋梦麟对杜威伦理学和道德教育思想的阐释

蒋梦麟(1886—1964),字兆贤、少贤,号孟邻,笔名唯心等,浙江余姚人。1903年考入浙江高等学堂(浙江大学前身)学习,次年中秀才。1909年2月赴美留学,先进加利福尼亚大学农学院学习,后转学教育。1912年毕业于加利福尼亚大学教育系,随即进入哥伦比亚大学研究院,师从杜威,1917年获得哲学博士学位,同年6月回国。1919年任《新教育》主编。1923—1926年,在蔡元培赴欧考察期间代理北京大学校长。1927年8月—1930年7月,任浙江大学(原名国立第三中山大学)校长。后担任国民政府教育部长。1930年12月辞去该职务,正式出任北京大学校长。抗战中,他是西南联大三常委之一(另两位是清华大学的梅贻琦、南开大学的张伯苓)。抗战胜利前夕,蒋梦麟出任行政院秘书长。两年后辞职,任中美联合设立的"中国农村复兴委员会"主任委员,后半生致力于复兴传统农业的工作。1949年到台湾,为台湾的土地改革、技术革新、人口控制、台湾农业的复兴和繁荣奠定了基础。1964年6月19日病逝于台湾。

蒋梦麟与胡适都曾师从杜威,应该称同门师兄弟。他主办的《新教育》在1919年第3期曾出版了《杜威号》专刊,为杜威来华讲学做了舆论铺垫。蒋梦麟也亲自撰写了两篇论文《杜威之伦理学》、《杜威之道德教育》登在此刊上。他在文中对杜威伦理学的历史地位、杜威与王阳明学说的比较、杜威如何从社会方面与心理方面阐明道德教育都做出了论述。他做的这些工作,弥补了胡适、陶行知等人偏重介绍杜威学说中真理观和实验方法的不足。

蒋梦麟认为,要了解杜威伦理学的地位,先要对杜威伦理学之前的西方伦理学史作一番了解。杜威是怎么看待近世纪的伦理学呢?依他看来,可分为两种学说:一是"存心"说,一是"结果"说。也就是说在判断善恶的时候,一些人主张看"存心"(动机),一些人主张看"结果"。康德是主张"存心"说的代表。主张"结果"说的一派是英国的功利主义,如边沁、斯宾塞。而杜威则认为,两者都只说对了一半,其实是把自动的一桩事分成了两段。这一面叫他是"内在"(inner),那一面叫他是"外在"(outer);这一面叫他是"用意"(motive),那一面叫他是"结果"(end),实在只是一件事……如果徒用用意,不管结果,不管他成不成功,那就不是真用意,就不是自动的动作。不是自动的动作就不是道德。杜威认为,"自动的动作"无内外之分,只有先后之别。"存心"说和"结果"说,只是从用意和结局的先后而论的。

王阳明是中国心学的主要代表,在知行观上主张知行合一。蒋梦麟把杜威的知行观与王阳明进行了比较。王阳明说:"知者行之始,行者知之成。圣学只一个功夫,知行不可分作两事"(《传习录》,第26节)。王阳明说的知与行,就是杜威说的用意与行动;王阳明说的始与成,就是杜威的先与后。王阳明又说:"学无内外,讲习讨论未尝非内也。反观自省,未尝遗其外也"(《答罗整菴书》)。这就是杜威说的没有内外之分。王阳明说的"若行不能精察明觉,便是冥行",就是杜威说的"外和内离,便是儌倖"。王阳明说的"知而不能真切笃实,便是妄想"(《答友人问》),和杜威说的"内和外分,就成幻想",是同一个意思。可见,杜威也是主张知行合一的。

同时蒋梦麟又指出两个人有很大不同。首先,王阳明认为良知是一种特别之机能,只有这良知能知善恶。而杜威不相信这个。他认为"道德不是武断的,也不是形而上学的"。其次,王阳明讲知行合一,是从心理方面考察的,而杜威则从心理和社会两个方面来讲伦理学。从心理方面看伦理,是讲伦理的推行法,故是方法(how)。从社会方面看伦理,是定伦理的价值,是实质(what)。这方法与实质并非两件事,我们不能把它们分开。从心理方面看伦理,我们是讲个人怎么对道德做功夫。从社会方面看伦理,我们是讲个人对于道德怎么定价值,什么叫道德。个人是社会的一分子,离开社会无法讲道德。

对于杜威的道德教育思想,蒋梦麟指出他主要讲的是学校的道德教育。但杜威很强调学校道德教育与社会的密切联系。就像工厂的社会责任一样,一家织布厂,织什么布,先要考虑社会的需要,还要讲求怎样织布才最经济。学校教学生,也应先考虑社会的需要,还要讲究怎样教学生才最有功效。

蒋梦麟介绍了杜威从社会和心理两方面是如何对道德教育做阐释的。杜威认为,真正的道德教育从内容来讲应该包括:社会知识(social intelligence)——使人人知道种种社会行动、社会组织的意义;社会能力(social power)——使人人知道社会群体的趋向和势力;社会兴趣(social interests)——使个人对社会事业有兴趣。因此要使学校生活成为一种社会生活,学校的课程设置、管理、训练都要同社会结合起来,使学生知道自己与这个社会的密切关系。在教育的方法上,杜威强调尊重儿童的天性和动作(instincts and impulses);要从儿童的实际出发来设置课程;要注意培养儿童具有行为能力和判断能力;还要培养儿童的情感:慈悲心和同情心。

杜威强调学校课程对于道德教育的重要性。手工课不是专教手工,只增长手工知识,而是要学生养成群性的习惯。地理课程是使学生认识物质环境与人群的密切关系。历史课说明社会的来历,使学生了解各种社会形态的意义,它们怎样从发达走向衰落。总之,学校的各种课程都具有道德教育的意义和功用。

蒋梦麟在北大担任校长前后二十年,显示了不凡的教育管理才干。他曾戏言自己做人做事靠的是"三子":以孔子做人,以老子处世,以"鬼子"办事。这"鬼子",就是杜威等人的实用主义,把它运用到教育实践中去。

以上介绍胡适、陶行知、蒋梦麟三人的思想,反映的还只是实用主义刚传入中国时候的情况,以欣赏、赞同的意见为主。之后,我国对实用主义的研究人数渐多、角度更丰富,见解也出现了分歧。到了20世纪三四十年代,我国知识界对实用主义的研究已经进入了新的阶段,赞成、质疑和反对的各种声音都出现了。这表明对实用主义的研究更全面、深入。在激烈的争辩中,反而使实用主义在更大的范围得到传播。

三、中国学术界近十多年(1998—2009)对实用主义的研究

从20世纪80年代起,我国实用主义研究开始走向繁荣。下面我们运用文献统计和理论分析相结合的方法,对1998—2009年的研究情况作一概述。

(一)研究概况

我们以中国期刊全文数据库、国家图书馆、中国优秀博硕士学位论文库为检索的范围。首先以"实用主义"、"新实用主义"为关键词进行检索;然后再分别以古典实用主义和新实用主义的典型代表人物皮尔士、詹姆士、杜威、蒯因、普特南和罗蒂的名字为关键词进行检索。在检索过程中通过控制年份、精确作者名称力求使检索结果更加精确。近十多年学术界关于实用主义文献研究状况见表6-1。

表 6-1　近十多年学术界关于实用主义文献研究状况

关键词	中国期刊全文数据库（CNKI）			国家图书馆（专著/译著）		优秀博硕士学位论文（1999—2009）	
	1980—1989	1990—1997	1998—2009	1979—1997	1998—2009	硕士	博士
实用主义	65	116	661	6	58	43	7
新实用主义	1	10	44	0	7	6	1
皮尔士	6	2	22(65)	2/0	4/1	3	0
詹姆士（詹姆斯）		10	27	1/2	4/14	4	0
杜威	91	98	832	8/8	40/28	58	14
蒯因（奎因）	2	13	29	0/3	11/9	5+9	1
普特南	5	16	58	0/1	4/7	5	1
罗蒂	13	35	131	0/2	7/13	16	3

注：皮尔士（1998—2009）期刊全文数据库搜索情况为65篇，其中有43篇是关于皮尔士符号学方面的研究，有22篇是关于皮尔士实用主义思想的研究。

通过检索我们发现：近十多年学术界关于实用主义的论文、著作明显地增加了；在实用主义代表人物的研究方面，对杜威和罗蒂的关注最多，尤其是对杜威的研究，无论是学术论文还是出版的专著、译著均在数量上最多；在古典实用主义和新实用主义的研究方面，出版的译著和专题研究都有显著增加，对新实用主义代表人物的研究明显加强了。

（二）研究特点

近十多年学术界在实用主义的研究上体现出三个特点或者趋势：

1. 研究范围拓展

第一，研究不再局限于传统的研究内容，比如实用主义产生的背景、理论渊源或者是实用主义的真理观等方面。研究者们也开始关注实用主义的其他领域，比如实用主义的美学、伦理学、法学、社会学思想。第二，研究视野放宽，不仅仅研究古典实用主义代表人物的思想和观点，新实用主义代表人物及观点也成为研究的热点，比如罗蒂、普特南的思想。同时在西方有较大影响而在我国以前较少关注的实用主义代表人物的思想和观点也开始受到关注，比如2009年中国社会科学文献出版社出版了《米德文选》、《莫里斯文选》等一批译著。这些对于加强以前未被重视的实用主义过渡时期代表人物的研究有着重要的意义。

2. 研究深度拓展

实用主义的研究在理论上比以前更加深刻，研究者不再只对实用主义原著进行简单的译介，而是开始用自己的思维体系详细构建、整合实用主义。在这方面比较有代表性的是涂纪亮的《从古典实用主义到新实用主义》。该书从观念演变的视角分析整个实用主义的演变，通过实在、经验、认识、真理、意义、道德、科学、宗教、社会、政治十个概念把实用主义的发展整合起来，非常有新意而且也达到了一定的深度。

3. 研究角度拓展

研究实用主义的视角不再停留在哲学领域，开始向教育、宗教、法律、伦理、美学、政治、社会等各个方向延伸。

(三) 研究内容

我们从整体研究、人物研究和专题研究三个方面作一梳理。

1. 对实用主义的整体研究

学术界出版了诸多全面介绍实用主义思潮的专著,这些专著大致可以分为以下几种:第一种是系统介绍实用主义思潮包括古典实用主义和新实用主义的代表人物和观点的著作、译著。比如陈亚军的《哲学的改造》、《实用主义:从皮尔士到普特南》、《新实用主义译丛》(1998,1999,2008);涂纪亮的《从古典实用主义到新实用主义》、《美国实用主义文库》(2006);社会科学文献出版社从2006—2009年陆续出版了一套《美国实用主义文库》,其中包括普特南、布里奇曼、罗蒂等在内的实用主义主要代表人物的译著。第二种是研究实用主义在中国传播发展状况及我国对实用主义研究状况的著作。比较有代表性的是杨寿堪和王成兵的《20世纪西方哲学东渐史——实用主义在中国》(2002),详细分析实用主义在中国传播发展状况并且对实用主义在中国的传播提出反思。第三种是在更大的哲学背景下介绍实用主义的专著。比如涂纪亮的《美国哲学史》(2003),在整个美国哲学大背景下介绍实用主义的发展;杨芳的《现代西方哲学思潮与马克思主义理论教育研究》(2009),把实用主义思潮与马克思主义教育联系起来。

2. 对古典实用主义代表人物的研究

由于研究人物的成果非常繁多,我们在此仅对近十年来主要代表人物研究的新进展或者比较新的亮点进行总结归纳,并不能涵盖当前对实用主义人物研究现状的全部。

(1) 关于皮尔士思想的研究

近十年学术界对皮尔士思想的研究主要集中在皮尔士的哲学体系和在哲学史上的地位、逻辑哲学、科技哲学、符号语言学这四个大的方面。[①] 国内学者注意到皮尔士在西方哲学和实用主义哲学中的地位,开始关注其哲学体系。刘放桐把皮尔士哲学与美国哲学的现代转型联系起来,认为皮尔士是美国现代哲学转型的代表性人物,他对以笛卡儿和康德为代表的传统形而上学的批判、对实践哲学的论证、关于信念和方法、意义和真理的理论都体现了这种转型。[②] 对于皮尔士的哲学体系,不同学者提出不同看法。刘放桐认为他的哲学是一个复杂和矛盾的体系,包含着各种不同甚至相互抵触的观点。曲厚华和徐德华从真理和信念探讨皮尔士的哲学。王元明通过数学和科学来探讨皮尔士哲学。逻辑哲学是皮尔士思想的重要组成部分,国内学者主要从四个方面探讨皮尔士的逻辑哲学思想:关于逻辑学性质的思想、关于概念命题意义的思想、关于推理分类的思想和关于归纳法的思想。[③] 其中皮尔士的溯因理论是研究者们探讨最多的。对皮尔士科学哲学的研究主要集中在他的"信念与方法"和"反基础主义"等方面。"信念"在皮尔士思想中占有重要的地位,皮尔士实用主义探讨的主要问题就是围绕着如何确定信念进行的,他认为科学方法是确定信念最主要的方法。张留华详细论述了皮尔士的科学及其方法和态度方面的理论。朱志芳认为皮尔士详细阐述了反基础主义和可误论的科学知识理论,潘磊进一步指出皮尔士的

---

① 林建武. 近年来国内皮尔士研究概述[J]. 哲学动态, 2005(8): 57-62.
② 同上.
③ 苑成存. 皮尔士的逻辑哲学思想述评[J]. 洛阳大学学报, 2003(9): 57-61.

反基础主义是有方向的反基础主义。① 除了以上几个方面,学术界大量的研究是关于皮尔士符号语言学方面的,当前国内研究热点集中在皮尔士符号学中的解释项理论和符号分类理论以及把索绪尔与皮尔士的两个不同的符号体系进行对比研究。②

(2) 关于詹姆士思想的研究

当前学术界对詹姆士思想的研究主要集中在詹姆士的真理观、彻底经验主义以及心理学、意识流问题、宗教观等方面,其中对真理观的研究最多。围绕实用主义真理观历来争议比较多,但是现阶段学者们能够更客观全面的评价詹姆士的真理观。比如有的学者认为詹姆士的真理观是建立在人本主义基础之上的真理观,詹姆士反对机械的、静态的真理符合论,认为詹姆士的实用主义是广义的实用主义,是从人本主义角度来谈实用主义。③ 詹姆士的心理学思想同样是研究的重点。有的学者指出詹姆士的心理学思想是美国机能心理学的开路先锋。④ 詹姆士的意识流思想也开始受到学者的关注。宋建平指出"詹姆士的实用主义思想是建立在彻底经验主义基础上的,如果追根溯源的话,那么彻底经验主义来自于他早期的意识流思想","詹姆士的意识流思想虽然有不少错误,但其中不乏合理的成分"⑤。

(3) 关于杜威思想的研究

杜威是被国内学者研究得最多的实用主义代表人物。在哲学界他的工具主义、认识论、逻辑学、真理观、伦理学是研究的重点。在教育界对他的研究涉及学校思想教育、道德教育、课程论等方面。在此我们仅论述几种比较新的研究杜威思想的角度。孙有中从历史、社会与文化的角度系统地研究杜威的社会思想,很有新意。有的学者从传播学的角度探讨杜威的思想。许加彪首次从传播学角度探讨杜威思想。而殷晓蓉更进一步认为杜威的传播思想是进步主义,认为杜威肯定传播技术的作用和积极的意义,关注这些在科学研究中的作用,他在传播媒介的社会功能、传播的本质和传播技术的社会实践意义等方面都启迪了后来一大批的思想家。⑥

3. 对新实用主义代表人物的研究

新实用主义代表人物的研究主要集中在蒯因、普特南、罗蒂、刘易斯等人身上。对于蒯因的研究主要集中在本体论、逻辑哲学思想、语言哲学思想、关于分析与综合的论述等几个方面。对普特南的研究主要集中在真理观和实在论两个方面,并且从总体上对普特南对实用主义哲学的贡献作出评价。如陈亚军在《哲学的改造》中指出普特南"深化古典实用主义对形而上学的批判;力图化解古典实用主义的内在矛盾,发展和完善实用主义;消除古典实用主义的狭隘性使实用主义更有现代特色"⑦。对于罗蒂,杨寿堪和王成兵总结出当前学术界的研究主要集中在九个方面:"自然之镜"哲学的终结代之以教化哲学;"后哲学文化"理论的两个要点;反基础主义;反本

---

① 潘磊.皮尔士:反方向的基础主义[J].科学技术与辩证法,2006(8):54;张留华.皮尔士论科学及其方法、态度[J].自然辩证法研究,2006(2):36.
② 林建武.近年来国内皮尔士研究概述[J].哲学动态,2005(8):57-62.
③ 夏宏.詹姆士人本主义的真理观[J].韶关大学学报,2000(6):60.
④ 张海育.詹姆斯的实用主义心理学述评[J].青海师专学报,2009(6):76.
⑤ 宋建平.试论詹姆士的意识流理论[J].华东理工大学学报,2003(3):81.
⑥ 殷晓蓉.杜威进步主义传播思想初探[J].媒介与大众传播研究,2009(9):28.
⑦ 陈亚军.哲学的改造[M].北京:中国社会科学出版社,2002:58-60.

质主义;反实证主义;后结构主义实用主义;元哲学;自然主义"在语境化";从激进的游离到自我否定的困境。[1]

当前还有一个研究趋势,就是关注当前在西方比较受关注的新实用主义代表人物,比如 J. 坎贝尔。在俞吾金的《杜威、实用主义与现代哲学》一书中就翻译了坎贝尔的文章《杜威的重要性》。此外,新实用主义代表人物舒斯特曼的美学思想也受到了关注。

4. 对实用主义的专题研究

(1) 对实用主义真理观的研究

对实用主义真理观的研究依然是这一时期的热点。对这一问题的研究主要有两个维度:一是介绍实用主义的真理观及主要代表人物在这一问题上的论述,比如詹姆士、罗蒂、普特南等人的真理观。二是比较实用主义真理观与马克思主义真理观、实践观的异同。许多学者认为实用主义真理观虽然包含了唯心主义的成分,但是有很多值得借鉴的地方,比如它包含许多辩证法的思想;强调效用、价值、宽容和积极进取的精神;有的学者认为"实用主义的真理观首先是效用论,强调真理的实践意义,认为它是符合论与融贯论的结合,真理是指导实际生活的工具和方法"[2]。但是也有部分学者认为实用主义真理观在整体理论体系上是错误的,因为实用主义真理评价的标准是人的好恶而不是客观实践。[3]

在实用主义真理观与马克思主义真理观的比较方面有两种代表性的观点:一种认为两者存在相似之处。有的学者认为:"两者都是一种动态的、实践的真理观,都反对静止、抽象绝对的真理体系,都认为真理是观念的属性,在现实生活中是作为手段工具存在而不是作为一个实体性存在。"[4]另一种代表性观点认为:"两者有着本质的差别,实用主义在本体论上含糊其辞充当和事佬的这种态度与马克思主义真理观在唯物主义和唯心主义两条认识路线上的泾渭分明、坚持唯物主义原则的态度完全不同。在真理观上的评判标准也是完全不同,马克思的实践标准与实用主义所讲的实践是不同的。"[5]

(2) 对实用主义复兴的研究

对实用主义复兴的研究是伴随着新实用主义的产生而产生的,学术界对这一问题的关注集中在实用主义复兴的原因、新实用主义的特征、新老实用主义的关系以及新实用主义代表人物研究等方面。

对实用主义复兴原因的研究有两种类型:一种是介绍美国实用主义家关于这个问题的观点。比如有的学者介绍了美国实用主义哲学家史密斯的观点:"第一,行动的性质以及它与思维和认知的关系成为人们关注的主要问题;第二,在对现代科技的批判过程中,自然科学和人文价值的关系受到关注,而古典实用主义在这方面的论述比较多,自然被重新关注;第三,实用主义对于经验的改造使得它和现代存在主义和现象学关系密切。"[6]另一种是从其他角度阐述原因。综

---

[1] 杨寿堪,王成兵.实用主义在中国[M].北京:首都师范大学出版社,2006:177-195.
[2] 何向东,吕进.论实用主义的真理论[J].哲学研究,2007(2):90-94.
[3] 陈峰.论实用主义真理观的嬗变[J].陕西理工学院学报,2005(2):43-46.
[4] 魏央,王燕.浅谈实用主义的真理观[J].科教文汇,2007(2):201-202.
[5] 戴亦梁.马克思实践唯物主义真理观与詹姆士实用主义真理观之比较研究[J].南京社会科学,1998(2):9-11.
[6] 张梅,燕远宏.实用主义复兴概观[J].国外社会科学,1999(4):10-16.

合起来,大致有以下几点原因:当时美国社会地位;后现代思潮;与分析哲学走到尽头有很大关系;新实用主义代表的个人背景。[1]

在新实用主义特征方面,有些学者提出新实用主义具有"对分析哲学的反叛、对传统哲学的回归、对哲学与生活关系的关注、对不同哲学传统的理解与宽容、作为一种生活态度和方法的哲学"[2]这几个特征。有的学者则是直接引用罗蒂、普特南等人的观点阐述新实用主义的特征。

(3) 比较和应用研究

近年来除了基础理论的介绍翻译之外,还有大量的比较应用研究,这应该是这一时期实用主义研究的一个亮点。在比较研究方面,主要有三种类型:一是实用主义哲学家思想之间以及与其他流派哲学家思想的比较,比如詹姆士和普特南关于真理问题的比较研究,实用主义哲学家与中国哲学家思想的比较,实用主义哲学家与法兰克福哲学家思想的比较研究;二是实用主义与其他哲学流派的比较研究,其中最多是与马克思主义的比较研究;三是实用主义不同发展阶段之间的比较研究,主要是古典实用主义与新实用主义之间的比较研究。除了比较研究之外,实用主义研究也不仅局限在哲学领域,美学、环境伦理学、教育学等领域被越来越多的关注,而且也开始把实用主义置于全球化、市场化和后现代等大的背景下进行研究。

回顾实用主义在中国传播的过程和基本状况,可以形成以下几点认识。

第一,实用主义在中国的命运,潮起潮落,固然有客观上的历史、国情的原因,但也有它本身的原因。它自身的理论特点,必然导致它与现实的高度关联。实用主义哲学家一再强调他们的理论不是天上的而是人间的,哲学如果停留在象牙塔内,不走向生活,它就无人理睬了。他们又强调哲学不能只关心冷冰冰的理性、逻辑、符号,应该关心社会、美德、正义、责任等。这些主张由老一辈实用主义者提出来,正在新一代实用主义者手里发扬光大。正因为实用主义在学术上倡导的是这种以解决问题为优先的"问题"导向,今后它们仍然会越来越紧密地贴近生活、贴近社会、贴近实际。

第二,我们在研究实用主义方面,做的工作大体分三类:资料性的、阐释性的、推广应用性的。资料工作是基础。阐释性的数量很多。推广应用性的只有早期的胡适、陶行知、蒋梦麟几位大家。这三类工作中,都存在"新老不均"的情况,也就是说,对古典实用主义做得多,新实用主义相对少。当然,客观上新实用主义仍在发展中,我们目前也只能追踪、观察。像胡适等人那样自己创新,创立中国化的实用主义,是否有必要?有可能?如何做?这些问题虽然目前尚未提到议事日程,但是对之进行思考还是有意义的。

四、实用主义在中国青年中的影响

当年实用主义是由一些年轻的学者传播到中国来的,它也影响了广大的中国青年。

从我们提出的"社会思潮"的定义来看,在中国传播的古典实用主义已经演变成为"思潮",而新实用主义还是处在"学术派别"的发展阶段,还没有成为大众思潮。这种情况首先是由它们在美国本土的状况决定的。古典实用主义经皮尔士提出,詹姆士掀起"实用主义运动",杜威再把它

---

[1] 陈金和.试论美国实用主义产生的原因[J].社会科学研究,1999(5);杨卫玲.新实用主义的滥觞——新老实用主义的比较研究[J].福建论坛,1996(4);杨寿堪,王成兵.实用主义在中国[M].北京:首都师范大学出版社,2002.
[2] 江怡.美国实用主义哲学的现状与分析[J].哲学动态,2004(1).

推广应用到众多的领域,所以它早已经大众化了。而新实用主义,布里奇曼、蒯因等人走的是把分析哲学实用主义化的路子,甚至不肯自称为实用主义者;普特南基本上没有离开科学研究的领域;他们几位搞的都是"小众"哲学。只有罗蒂,正在竭力越过研究院的高墙走向大众,但是他的"气质风格与文学更近,因而在文学、艺术界有着广泛的共鸣"①。他的学说是"后哲学",更像后现代主义。在一个多元文化的时代,我们也很难用一个僵死的标准来衡量谁是哪个主义,各个流派之间的交叉、渗透甚至融合都不稀罕。虽然,对新实用主义,在我国学术界里尚且还有多数人对其不甚了解,因此还谈不上它是"大众思潮"。但是,在信息时代,它的传播速度是惊人的。因此,新实用主义非常可能在并不遥远的将来成为一种思潮而广泛流行。在此,我们还是先来谈谈古典实用主义在中国青年中的影响。

实用主义,尤其是古典实用主义,在当代中国青年中的影响很普遍。它经常和短视的、庸俗的、自私的功利主义相结合,以致人们把当代青年称为"讲求实惠的一代"。

诚然,如前文所述,实用主义在中国一度很"臭"。这是因为,一方面,冷战时期,实用主义作为"美帝国主义"的官方哲学,遭受过严厉的批判;另一方面,在悠久的儒家文化传统中,正人君子向来是只言义不言利的。然而自改革开放以来,实用主义不仅死灰复燃,而且几成燎原之势。它的生命力为什么这么顽强?它凭什么打动了那么多青年的心灵?这是我们必须正视并且要认真回答的问题。

当代青年看实用主义,已不再用"冷战"的眼光,把它当做"敌人"的一派胡言。他们对它发生兴趣,首先是因为对美国有兴趣而爱屋及乌。美国是世界头号强国,并且是一个从殖民地起步的强国。它由弱变强的历史,包含着许多中国人想探究的秘密。实用主义既然是美国的"国家哲学",代表着"美国精神",对美国现代化起过巨大的作用,就必定有它的价值。其次,实用主义哲学的中心问题和性质、特点,恰好与当代青年面临的、关注的问题相一致。青年认为实用主义是在市场经济条件下产生的哲学,所以它能够为自己在市场经济条件下如何求生存发展起指导作用。我们过去对实用主义的分析批判着重揭示其本体论和真理观方面的唯心主义,忽略了它作为世界观方法论所包含的人生理论的价值和影响。而青年此时却已经因为它"有用"而把它奉为人生指南了。引起青年兴趣并且比较认同的实用主义观点主要有以下几个方面。

(1) 实用主义对市场经济条件下人生的风险和不确定性的感悟引起了青年的共鸣。实用主义代表人物都强调我们是生活在经验世界里。这个世界是什么样子的?人们发现自己生活在一个"碰运气的世界中。它的存在,说得粗俗一点,包括着一场赌博。这个世界是一个冒险的地方。它不安宁、不稳定,不可思议地不稳定。它的危险是非规则的,讲不出其时间和季节的"。在这样的环境中,挑战与机遇并存。怎样避开风险、迎接挑战、抓住机遇、取得成功,是青年关心的问题,他们迫切需要一种理论的指导。而实用主义正是标榜自己是要为人们的成功提供帮助的理论。

(2) 实用主义对旧哲学的批评也引起了青年的共鸣。实用主义宣称真正的哲学应该以人为中心,应该关注人生。詹姆士更是明确地提出应该把人的活动作为哲学的出发点。他说,世界是一个可能美好的世界,如何把它变成现实呢?这个过程充满了风险。哲学就是要为人们的成功提供帮助。杜威也批评一些哲学家以为哲学的任务就是研究"终极的实在"而忽视了与人生事务有关的现实问题,从而造成民众不信任哲学。他认为哲学不是关于知识的学问,而是关于人生智慧的学问。

---

① 陈亚军.哲学的改造——从实用主义到新实用主义[M].北京:中国社会科学出版社,1998:221.

(3) 实用主义倡导的"效用标准"迎合甚至加强了青年的"务实"心态。在实用主义者心目中,理论的"价值"是高于它的"真理性"、"科学性"的。詹姆士说,所谓真理,它就是要"有用",反之,"有用即是真理"。他认为实用主义是一种通过实践效果来解释观念的方法。实用主义的格言是:不讲原则,只讲效果。实用主义的方法没什么特别,只不过是一种确定方法的态度,"这个态度不是去看最先的东西:原则、'范畴'和必须的假定,而是去看最后的东西:收获、效果和事实"①。只要放弃抽象的原则,都从效果出发,自然可以平息许多无谓的争论。所以,认识的任务不是去把握必然性,而是把那凌乱、模糊、不准确的原始经验,改造成系统、明确、相对稳定的东西,以应付环境的变化。杜威也说,即使谈到知识,它也不过是人的工具。工具的价值不在于它们本身,而在于它们所造成的结果中显现出来的功效。工具也无所谓真假,它只有有效或无效、恰当或不恰当、经济或浪费之别。

(4) 实用主义是工业社会中的竞争哲学,强调行动以求生存、注重效果以定优劣、提倡开拓进取以求发展。它能满足人在青年时期的"成才、成家、立业"的人生目标追求。从表面看,与改革开放以来流行的"猫论"②也没什么不同。许多青年认为,实用主义不仅告诉他们怎样才能生存和发展,而且还鼓舞了他们开拓进取的信心和奋斗的精神。

总之,实用主义在当代青年心目中的形象并不"坏"。当实用主义深入到他们的世界观时,又转化为他们检验一切理论和社会制度的尺度。任何理论都没有什么神秘和神圣了,如果它"没用",他们就会对它冷淡甚至厌弃。假如一种制度,阻碍了他们的成长或发展,它就是不公正、不合理的,应该遭到批判和否定。有不少青年对改革的认同和热情正是建立在这样的基础上的。对于青年中的这种心态,理论界也有不同的评价。一种意见认为这很好,它可以转化为推动理论发展和改革前进的革命力量。另一种意见却认为,这种"务实"与"实事求是"中的"求实"有极大的差别,不可混为一谈。正是实用主义的泛滥,导致了终极关怀的失落和基本准则的否弃,导致道德相对主义。比如,有的青年认为,"我是君子还是小人并不重要,做小人是技巧,是生存手段","当善良不能带来好的结果时,为什么不作恶?"甚至连青年自己也感慨:"为什么现在纯情女孩(男孩)越来越少了?"实用主义如果继续泛滥,并且与功利主义、极端利己主义结合起来,在一定的政治条件下,它不但不是什么健康的革命力量,很可能是一种破坏力量。理论界的这些分歧,使我们对青年中的实用主义实际上保持了"沉默"。因此,对实用主义及其社会影响的研究是一个必须引起高度重视的课题。

思考题

1. 什么是实用主义?其核心思想和主要标志是什么?
2. 新实用主义的代表人物有哪些?其中哪些观点、理论是你感兴趣的?为什么?
3. 美国实用主义普遍关注的是"实在"、"认识"、"真理"、"意义"等基本观念。而中国的胡适、陶行知等人向大众宣传的重点又是什么呢?为什么?
4. 作为一名大学生,你对实用主义是怎么看的?

---

① [美]詹姆士.实用主义[M].陈羽纶,孙瑞禾,译.北京:商务印书馆,1979:31.
② 邓小平的"猫论"最早见于1962年7月他的两次讲话中,一次是7月2日他在接见共青团三届七中全会全体同志时讲的,另一次是他在中央书记处会议讨论农业如何恢复问题的讲话中讲的:不管黄猫黑猫,哪一种方法有利于恢复生产,就用哪一种方法。我赞成认真研究一下包产到户。(见《邓小平文选》(1938—1965年)《怎样恢复农业生产》一文)

第七章　对工业文明的反思

20世纪第二次世界大战结束后,世界格局分裂为资本主义和社会主义两大阵营,进入了东西方冷战时期。在这一阶段,资本主义经历了一个经济高速增长的"黄金时期",然而也正是在此时,对资本主义工业文明的反思和批判却逐渐进入了高潮。本章将探讨其中的几个主要思潮,即社会批判理论、未来主义、消费主义和反全球化思潮。

第一节　法兰克福学派及其社会批判理论

社会批判理论有广义与狭义两种。狭义的社会批判理论指的是"法兰克福学派的社会理论";而广义的批判理论则包括:法兰克福学派的批判理论、后现代主义、女权主义、多元文化主义、文化研究等。本节主要讨论的是狭义的"社会批判理论"。

法兰克福学派的社会批判理论的批判目标涵盖了现代社会生活的一切方面。在其数十年的发展过程中,从一开始运用马克思批判资本主义的现成结论去度量现代资本主义,到把马克思主义与弗洛伊德主义等现代西方社会思潮结合在一起,再到最终形成一套独立的社会批判规范和方法为止,法兰克福学派在马克思主义的名义下实现了对现代资本主义社会的远非彻底但却比较全面的批判。

一、法兰克福学派的兴起和发展

法兰克福学派兴起于20世纪20年代。1923年,在德国的法兰克福大学,建立了一个以研究马克思主义为宗旨的社会研究所。该所创办了《社会主义和工人运动史文库》杂志,用来宣传东西方各流派的马克思主义思想。第一任所长由奥地利马克思主义历史学家格律伯格担任。

1930年,霍克海默开始担任社会研究所所长,开始了法兰克福学派以社会批判理论著称的历史。这段历史可划分为三个主要阶段。

1930—1949年为法兰克福学派的创立时期和早期。霍克海默作为学派的领导人物为社会研究所确定了明确的理论研究方向——建立社会批评理论或批判的社会理论。霍克海默在就任所长时所做的题为《社会哲学的现状和社会研究所的任务》的演说中明确提出,社会哲学以"整个人类的全部物质文化和精神文化"为对象而揭示和阐释"作为社会成员的人的命运",对整个资本主义社会进行总体性的哲学批判和社会学批判。霍克海默旗下聚集了许多著名的学者,如阿尔多诺、马尔库塞、弗洛姆、本杰明等,构成了法兰克福学派的强大阵营。这一时期,法兰克福学派发表了许多阐述批判理论的重要著作,如霍克海默的《独裁主义国家》、霍克海默和阿尔多诺的《启蒙的辩证法》、弗洛姆的《逃避自由》、马尔库塞的《理性与革命》等。

1949年—20世纪60年代末为法兰克福学派的中期,这是法兰克福学派的鼎盛时期。一批年轻的理论家,如哈贝马斯、施密特、内格特等人开始崭露头角,成为法兰克福学派的第二代理论家。这一时期法兰克福学派进一步发展了自己的社会批判理论,强调辩证的否定性和革命性,并对发达工业社会进行了全方位的批判,深刻揭示了现代人的异化和现代社会的物化结构,特别是意识形态、技术理性、大众文化等异化的力量对人的束缚和统治。法兰克福学派的激进的文化批判理论在60年代末席卷了整个欧洲,并在由青年学生掀起的"造反运动"中获得了极高的声誉,产生了十分巨大的影响。霍克海默、阿尔多诺、马尔库塞、弗洛姆等主要代表人物成为有影响的社会思想家,并成为这场新社会运动的精神领袖。代表法兰克福学派这一时期思想的主要著作有阿尔多诺的《否定的辩证法》、弗洛姆的《健全的社会》、马尔库塞的《爱欲与文明》、哈贝马斯的《认识与兴趣》、施密特的《马克思的自然概念》等。

从20世纪70年代起,法兰克福学派进入了自己的发展后期,主要代表人物相继去世,学派开始走向解体。第二代理论家内部哈贝马斯与施密特之间的不和事实上使法兰克福学派土崩瓦解,逐渐走向了衰落,法兰克福学派作为一个强有力的学派的历史基本上已经终结。

二、法兰克福学派的代表人物及其主要观点

一般认为,法兰克福学派自开创至今,已历三代,每一代都有一个核心人物:第一代是霍克海默,他用他的《传统理论与批判理论》为法兰克福学派奠定了经验研究和社会批判相结合的思想路线。此外,马尔库塞被誉为"青年造反之父",也有着广泛的影响。第二代是哈贝马斯,他的《认识与兴趣》为批判理论奠定了一个规范的研究框架。第三代是霍奈特,他的一篇纲领性文章《关于社会研究所的未来》,试图在经验与规范之间开创出一条新的道路。

法兰克福学派的理论之所以被命名为"批判理论",强调的无疑是其批判精神和批判意识。何谓"批判",学界一直没有形成定论,就连法兰克福学派自身内部也有着不同的理解。不过,粗略地说,大概包含三个层面:思想层面,指的是理性批判和形而上学批判;社会层面,强调的是社会批判(大众文化批判);最后是国家层面,侧重于意识形态批判(政党意识形态和科学主义意识形态)。当然,这三个层面并非各自独立,而是相互照应,构成了一个有机的整体。①

(一)马克斯·霍克海默:构建批判理论的理论框架

马克斯·霍克海默(M. Max Horkheimer,1895—1973)是法兰克福学派的创始人和第一代的掌门人,1895年生于斯图加特。早年在慕尼黑、弗莱堡、法兰克福大学研究哲学,1922年获哲学博士学位。1925年起在法兰克福大学任教,后兼任哲学系主任。1930年出任法兰克福大学社会研究所第二任所长,一直到1953年退休。霍克海默在担任法兰克福社会研究所所长期间,吸收了一批经济学家、哲学家、心理学家和历史学家进入研究所,旨在对现代资本主义社会进行多学科的综合研究,并对研究工作进行了重大改革。从此,社会研究所开创了一个新时期——法兰克福学派诞生了。霍克海默一生著述颇丰,具有影响力的有:《作为理论哲学与实践哲学之间链环的康德的判断力批判》(1925年)、《资产阶级历史哲学的开端》(1930年)、《黑格尔与形而上学问题》(1932年)、《朦胧——在德国的笔记》(1934年)、《真理问题》(1935年)、《传统理论和批判理论》(1937年)、《启蒙的辩证法》(与阿尔多诺合著,1947年)、《理性之蚀》(1947年)、《对西德社会科学的审视》(1952年)、《论自由》(1962年)、《工具理性批判》(1967年)、《批判的理论》(1968

---

① 曹卫东.法兰克福学派掌门人[J].读书,2002(10).

年)、《社会哲学研究》(1972年)、《转变中的社会》(1972年)、《出自青春期——小说与日记》(1974年)。

霍克海默最伟大的贡献是构建了一种新的社会批判理论,使人们能够跳出原有的思维定式来重新审视自己所生活的社会。霍克海默为法兰克福学派社会批判理论奠定了一个基调,是后来该学派一系列重大理论诞生的先导。

霍克海默批判理论的主要内容和特点包括:

首先,他主张将哲学、社会学、心理学等人文学科结合起来对资本主义社会进行全方位的考量。他将各学科优秀人才吸纳到自己的研究所,引导他们从各自角度,应用各自的理论对资本主义社会进行系统的分析和综合的研究,取得了巨大成功,开创了法兰克福学派对现代资本主义社会进行跨学科研究之先河。霍克海默在题为《社会哲学的现状和社会研究所的任务》的就职演说中,对当时的资产阶级人文科学被分裂为一些彼此分离的学科,从而不能提供关于资本主义社会的完整的图像深表不满,提出要创立一种"集各门学科之精华"、"从整体上反映资本主义社会"的"社会哲学"。他指出:"社会哲学既不是一种专门为社会生活的定义提供高傲的义理之哲学价值理论,也不是五花八门的社会科学的成果的某种综合,而是这些科学要探讨的重要问题之根源,它是普遍的整体将不会被遗忘的一个架构。"这一主张显露了后来"社会批判理论"的端倪,也为他在新的历史条件下吸收新的思想来源打开了方便之门,同时开辟了社会研究所的未来。[①]

其次,霍克海默旗帜鲜明地反对实证主义。他把自己的理论阐述与对实证主义的批判紧密地结合在一起。因为在他看来,实证主义是为资本主义制度辩护的理论,它由于"崇拜事实"而不能辨别历史的"否定性",就必然导致顺从主义和保守主义。霍克海默指出:启蒙思想的诞生,理性的曙光虽然把人从宗教和"神性"的束缚中解放出来,但是对理性的过分崇拜和依赖已经使"理性"这个人类最重要的财富沦为人类的一种"实用工具"。在"理性"的武装下,人类将自己推上了神坛,科技的发展与进步所带来的巨大成就更是让人类相信自己无所不能,其结果导致人类社会僵硬得犹如机械,出现了一个工具性的与人相异的异化世界。在这个异化的世界中,社会的发展并未使人们普遍受益。工人制造了机器,机器反过来奴役工人。大都市一方面成了富人的天堂,另一方面却是穷人的地狱。商品、货币本来是人们生产出来用来交换的产品,但是自从自由交换结束以后,商品就失去了它的经济性质,而具有偶像崇拜性质。这种偶像崇拜性质一成不变地渗入了社会生活的各个角落,扩大到了社会生活的一切方面。人们生活在自己编织的华丽的牢笼里犹不自知,成为琳琅满目商品的俘虏还在沾沾自喜。霍克海默以社会生活、社会意识、社会文化为"批判"对象就是掀起一场新的启蒙,为全社会重新认识"理性"创造一个新的氛围。[②]

第三,霍克海默构建了社会批判理论的整体框架,并将其运用于当代西方社会的研究和批判。与法兰克福学派的其他成员相比,霍克海默的理论的"批判马克思主义"色彩尤为浓厚。所以,西方有些研究者把他的理论直接称为"批判的马克思主义",以区别于所谓的"教条主义"和"苏联的马克思主义"。随着资本主义制度内外矛盾的激化,他的后继者在怎样把社会批判理论应用于对现时代的问题上,发生了越来越大的分歧。这些分歧终于使他们分道扬镳。但是,无论

---

① 李隽.霍克海默的社会批判理论及其思想特色[J].理论探索,2005(6).
② 谭培文,高学文.从霍克海默的文化批判看文化批判功能[J].广西师范大学学报:哲学社会科学版,2005(3).

他们的理论怎样千差万别,他们理论的主题是一样的,那就是由霍克海默首创的对资本主义的彻底批判,而这一点也是最重要的。①

(二)赫伯特·马尔库塞:单向度的人

赫伯特·马尔库塞(Herbert Marcuse,1898—1979),美籍德裔哲学家,法兰克福学派主要代表人物之一。马尔库塞出生在柏林的一个资产阶级犹太人家庭。1917 年—1919 年间曾参加德国社会民主党左翼,后完全退出政治活动。1922 年获哲学博士学位,1933 年进入法兰克福社会研究所。1940 年加入美国籍,起先服务于美国战略情报处,后到哥伦比亚、哈佛、加利福尼亚等大学任教。马尔库塞的哲学思想深受黑格尔、胡塞尔、海德格尔和弗洛伊德的影响,同时也受马克思早期著作的很大影响。早年试图对马克思主义作一种黑格尔主义的解释,并以此猛烈抨击实证主义倾向。从 50 年代开始,主要从事对当代资本主义的分析和揭露,主张把弗洛伊德主义和马克思主义结合起来。他认为现代工业社会技术进步给人提供的自由条件越多,给人的强制也就越多,这种社会造就了只有物质生活,没有精神生活,没有创造性的麻木不仁的单面人。他试图在弗洛伊德文明理论的基础上,建立一种理性的文明和非理性的爱欲协调一致的新的乌托邦,实现"非压抑升华"。其主要著作有《理性和革命》(1949 年)、《爱欲与文明》(1955 年)、《单向度的人》(1964 年)、《论解放》(1969 年)、《艺术和永恒性》(1976 年)、《审美之维》(1978 年)等。

"单向度"是马尔库塞描绘当代工业社会尤其是当代发达资本主义社会现实时所使用的一个自造的专用术语,表示人们对资本主义社会的各个方面的评价都只是肯定和认可,不再具有批判性和否定性,变为单向的了。马尔库塞认为,正常社会中的人有两个"向度"或"维度",即肯定社会现实并与现实社会保持一致的向度和否定、批判、超越现实的向度。而当今资本主义社会已蜕变成了一个新型的极权主义社会,它成功地压制了这个社会中的反对派和反对意见,压制了人内心的否定性、批判性和超越性的向度,因而使这个社会成了单向度的社会,使生活在其中的人成了单向度的人。人们失去了否定性和批判性原则,人们内心的批判性、超越性思想受到抑制,成为统治制度的消极工具。"单向度"的确切说法应该是"肯定性单向度"。②

马尔库塞认为当代资本主义社会是一个"新社会",新就新在它是一个极权主义社会,但是它已经基本上实现了"免于匮乏的自由"。发达工业社会高度发达的科学技术和自动化的实现,减少了肮脏、繁重的体力劳动,使蓝领工人白领化,为社会提供了大量消费品,使人们过上了"幸福"生活。人们心安理得地接受了资本主义的统治,不再设想另外的生活方式,"当一个社会按照它自己的组织方式,似乎越来越能满足个人的需要时,独立思考、意志自由和政治反对权的基本的批判功能就逐渐被剥夺"。人们在生活条件的改善中失去了对现实问题的反思,超越、否定、批判、拒绝的内心向度被人们拒斥,"现实的就是合理的"这一黑格尔的哲学信条已经转化为"现存的就是合理的"而被人们所信仰。但马尔库塞认为,这样的幸福只是一种虚假的幸福,因为人们的幸福意识的前提即出自虚假,幸福自然也是虚假的。

马尔库塞认为,人们感到幸福、安定,只是因为他们的生活需要不断得到满足。这是技术进步的结果。但他认为人们被满足的需要是虚假的需要,而非真实的需要。他指出:"为了特定的社会利益而从外部强加在个人身上的那些需要,使艰辛、侵略、痛苦和非正义永恒化的需要,是

---

① 李隽.霍克海默的社会批判理论及其思想特色[J].理论探索,2005(6).
② 谢德智.从马尔库塞的"单向度"看社会批判的社会意义[J].湖南科技学院学报,2005(4).

'虚假的'需要……现行的大多数需要,诸如休息、娱乐、按广告宣传来处世和消费、爱和恨别人之所爱和所恨,都属于虚假的需要这一范畴之列。"他还说,在当代,少数发达工业地区的繁荣"掩盖了在它们的边界内外存在着的'地狱':它们的繁荣还扩散着一种压抑性的生产力和'虚假的需要'。其压抑性程度,恰恰是这种繁荣促进各种需要得到满足的程度,满足这些需要要求进行达到同等生活水平、赶上新旧更替进度的竞争,享受不用大脑的自由,用破坏性手段并为了破坏性手段而工作"[①]。虚假的需要被满足掩盖了人们的真实需要。马尔库塞认为,真正的需要应该是真正意义上的自由,但是,"发达工业社会的最显著特征是它有效地窒息那些要求自由的需要"。虽然发达工业社会总是打着"自由"的旗号,但"自由"只是资产阶级的一个具有诱惑力的欺骗性统治工具而已。马尔库塞尖锐地指出:"决定人类自由程度的决定性因素,不是可供个人选择的范围,而是个人能够选择的是什么和实际选择的是什么……在大量的商品和服务设施中所进行的自由选择就并不意味着自由。何况个人自发地重复所强加的需要并不说明他的意志自由,而只能证明控制的有效性。"人的需要有历史性,不管是人们的政治选择与思想文化选择,还是一般的生活必需品,都体现了人的需要的历史性。他指出:"在超出动物的水准之上,一个自由而合理的社会中的生活必需品,也不同于一个不合理不自由的社会中的生活必需品,不同于为了该社会而生产的生活必需品。"在发达工业社会阶段,生活必需品的生产不只是作为生活必需品的生产那么简单,而是出于控制的目的,是为了维护该社会的正常运转。在这样的社会里,人们的一切选择都不是人们真实意愿的体现,人们也没有办法按照自己的真实意愿去选择,只能是社会生产什么,提供什么,就选择什么。人的需要、情感、选择、自由等全部都是虚假的,都是被决定的。人处于虚假之中,但又没有意识到虚假,自然而然地认可与肯定了虚假,从而认可了生活于其中的社会而不再去反抗。这就是"单向度的人"。由此可见,"单向度的人"就是指当代工业社会里的人。[②]

"单向度的人"的产生主要有以下几个方面的原因:

一是在政治领域,发达的工业社会成功地实现了政治对立派别的一致或趋同。二是在生活领域,"发达工业社会"使人的生活方式同化。由于下层人民的需求得到了现存制度的满足,使以往在自由、平等名义下提出抗议的生活基础已不存在。三是在文化领域,表现在高层文化与现实统一起来。高层文化本来与现实相疏远,这种疏远化的特征正是高层文化能够保持对现实的批判否定的向度。作为表达理想的高级文化本是超越现实的,而现在理想已被现实所超越,理想被物质化,高级文化成了物质文化的一部分,对现实的异己的、敌对的力量被消除,变为与大众文化相一致,从而高级文化不能再提供与现实相区别的另一向度。四是在思想领域,实证主义、分析哲学流行起来,标志着单向度哲学、单向度的思考方式确立。实证主义、分析哲学把语言的意义与经济事实、具体操作等同起来。这样哲学思维的语言就丧失了对既定事实的解决乃至于颠覆的意义,同日常思维语言、新闻广告用语相一致,从而把多向度的语言变成单向度的语言。[③]

(三)于尔根·哈贝马斯:重建的社会批评理论

于尔根·哈贝马斯(Jügen Habermas,1929—),德国著名哲学家、社会学家。生于1929

[①] 陈玉霞.马尔库塞对"工业发达社会"的批判及意义[J].理论探讨,2003(6).
[②] 参考自:许平,朱晓罕.一场改变一切的虚假革命[M].上海:上海人民出版社,2004.
[③] 参考自:[美]赫伯特·马尔库塞.单向度的人[M].刘继,译.上海:上海译文出版社,2006.

年,曾先后在哥廷根大学、苏黎世大学、波恩大学学习哲学、心理学、历史学、经济学等,并获得哲学博士学位。1961年完成教授资格论文《公共领域的结构转型》,历任海德堡大学教授、法兰克福大学教授、法兰克福大学社会研究所所长以及德国马普协会生活世界研究所所长。1964—1971年在法兰克福大学讲授哲学、社会学,并协助阿尔多诺指导法兰克福社会研究所。1971年任普朗克科学技术世界生存条件研究所领导人。后任法兰克福大学哲学系教授,1994年荣休。哈贝马斯年轻时是法兰克福学派第一代代表人物阿尔多诺的助手,由于这种特殊的环境,使得哈贝马斯能够与学派许多第一代思想大师接触,但他并没有被这些大师的思想所束缚。尽管他承认马克思和弗洛伊德的学说对于政治学和社会科学的极端重要性,但他的思想却在一种跟该学派的主要代表人物(阿尔多诺、霍克海默、马尔库塞)所采用的迥然不同的框架中发展起来。哈贝马斯认为知识的产生根源于人类的三种旨趣,相应也有三类知识,即否认历史—解释知识、经验—分析知识和技术控制旨趣的统治地位,造成了资本主义社会的危机。为了克服动机危机和信任危机,批判理论必须重视互动过程和沟通过程,只有通过沟通行动才有可能把人类从被统治中解放出来。其主要代表作有:《公共领域的结构变化》(1961年)、《理论和实践》(1963年)、《知识和人类旨趣》(1968年)、《技术和作为意识形态的科学》(1968年)、《社会科学的逻辑》(1967年)、《合法性危机》(1973年)、《文化与批判》(1973年)、《历史唯物主义的重建》(1980年)、《沟通与社会进化》(1976年)、《沟通行动理论》(1970年)、《真理与论证》(2000年)、《包容他者》(1996年)、《事实与价值》(1992年)、《认识与兴趣》(1968年)、《现代性的哲学话语》(1985年)、《交往行为理论》(1981年)、《晚期资本主义的合法性危机》(1973年)、《后形而上学思想》(1988年)等。

　　哈贝马斯致力于建立一套新的理论以适应变化的资本主义世界的需要,他将此时资本主义时代称做"独特的晚期垄断时期"。他认为这一时期的资本主义世界已经超越马克思理论所涵盖的范围,他指出马克思关于自由资本主义社会的历史唯物论已经过时,要重新占领"批判资本主义社会"的高地就必须对批判理论进行全面的重建。哈贝马斯主要做了两方面的工作:在人本主义的哲学基础上,反对实证主义,重建认识论;在对现代资本主义社会批判的基础上,指明其特征是功能上的形式合理性和价值上的实质非合理性。他把主体的先验性和科技的意识形态性看做是人类历史发展的决定性因素。

　　哈贝马斯从先验的哲学理性出发,进入到对现实社会的经验批判。他没有像其理论前辈那样在"福利国家"的问题上涉足过深,而直接将晚期资本主义国家作为一个独立的国家类型来研究。

　　哈贝马斯对"晚期资本主义"社会组织原则和结构特征进行了大量的分析,指出"在先进的资本主义国家出现了两种令人注目的发展趋势:第一,国家的干预活动增强了,而这种干预活动必然保障制度的稳定性;第二,科学研究和技术之间的相互依赖性日益密切,而这种密切关系使诸种科学成了第一位的生产力。"

　　国家干预即国家对于资本主义经济进行的管理,表现为国家对于经济发展过程所做的持续性调整。哈贝马斯认为,以国家政权为主要内容的政治力量对经济领域的渗透,必然造成经济和政治界线的消失,造成经济基础和上层建筑界线的消失。晚期资本主义国家职能的这种新特征,是生产过程的投入和产出的日益社会化强制的结果。因此,马克思关于上层建筑和经济基础的理论不适用于晚期资本主义社会,"社会和国家的关系已不再是马克思理论所规定的经济基础和上层建筑了"。晚期资本主义社会已通过国家干预实现了社会利益的一体化,建立了统一的价值观念和规范。

国家干预的存在,使得晚期资本主义国家获得了一种新的合法性。在经济上,可以避免"无政府主义的社会化"所带来的不稳定性;在意识形态上,由于国家进行经济补偿活动,成功地以"一种应急原则取代了平等自由交换的意识形态",赢得了民众的拥护;在政治上,异化已不再表现为经济上的贫困,由于国家实施非政治的工资结构,消除了工资中所蕴藏的权力关系,成功地实行了"民众的非政治化"[①]。

哈贝马斯抛弃了法兰克福学派对现代资本主义国家采取的否定立场和批判传统,肯定发达资本主义国家具有合理性、合法性,这是符合历史现象的事实判断。更进一步讲,哈贝马斯不是简单地肯定而赋予一种永恒性,而是指出晚期资本主义国家的合法性存在着危机的倾向。"然而,今天这部机器突然转动不正常了——经济上和心理上均已失常。"晚期资本主义社会有四大"特有的危机趋势":经济危机、合理性危机、合法性危机、动因危机。

第一,从经济系统而言,国家干预虽然出现了新的所有制形式——私人垄断所有制和国家垄断所有制,但它们无法改变其代理人的角色,仍然必须遵循自发起作用的经济规律。因此,一方面国家干预导致生产剩余价值的方式改变而损害了社会组织原则,另一方面,这种剩余价值的新的生产方式却无法力挽利润率下降的趋势;一方面准政治性工资结构的出现是一种阶级妥协,另一方面,日益社会化的费用的膨胀已大大超过可供使用的价值量的合理限度;一方面人们对于政府的合法性需求与日俱增,另一方面,合法性的问题已降低为资本实现的程度问题。"晚期资本主义"社会中的经济危机始终不肯销声匿迹,它不再表现为周期性危机,而是表现为持续性的通货膨胀、不断的生产停滞、严重的财政赤字。

第二,从政治系统而言,哈贝马斯认为国家干预虽然使阶级冲突成为"潜在的冲突",但它不可能真正消灭财产分配和权力分配上的不平等,从而产生"投入"和"产出"的危机。所谓"投入",指的是赢得民众对国家的支持和忠诚;所谓"产出",指的是有效地执行国家行政当局发出的指令和决策。那么,"产出危机"就是合理性危机,指国家、行政系统无法协调和履行来自经济系统的指令,反映了特定利益的社会化生产和驾驶规则之间的矛盾。这种危机的必然结果是国家机器失控而丧失合理性。"投入危机"就是合法性危机,这是"晚期资本主义"政治领域中更主要、更严重的危机,指合法性的系统不能顺利地保持必要的群众忠诚来贯彻来自经济系统的驾驶指令。这种危机说明单纯依靠行政的手段想要随心所欲地保持或建立有效的规范结构已成为不可能。

第三,从社会文化系统而言,哈贝马斯认为,由于社会本身的一体化,国家把社会文化领域纳入直接干预之下,简单地用垄断来掌管文化系统,从而导致文化的稳定性遭到破坏,意识形态的规范性机能失调,出现了社会文化系统的唯一危机形式——动因危机。这种危机表现为国家和社会劳动系统所提出的对于动因的要求与社会文化系统所提供的动因之间出现了机能障碍,已成为其他诸种危机的根源。哈贝马斯指出,晚期资本主义社会的动因模式是"民众明哲保身主义"和"家庭—职业明哲保身主义"的综合征。那么,在晚期资本主义社会中,由于产生这两种动因模式的资产阶级的意识形态的组成部分(诸如"成就意识形态、占有性的个人主义、交换价值的

[①] 张汝伦.现代西方哲学十五讲[M].北京:北京大学出版社,2003:345.

导向"等)正在失去其根据,而且晚期资产阶级的文化结构并没有产生其他动因模式来维护这一社会,避免动因危机的道路已被阻塞了。其思想文化失去了为现实辩护论证的功能。

最后,哈贝马斯又强调这四重危机是有内在联系的,它们是一个整体,互为因果而共同发挥作用。同时,这四重危机之间还存在着层层推进、逐渐深入的递进关系。在"晚期资本主义"社会中,从经济危机开始,进而转入合理性危机和合法性危机,最后推进到动因危机。所以,他认为,晚期资本主义的一切弊端都归结为社会文化系统的障碍。经济危机通过政府的反应性回避活动转移到政治系统,而合理性危机和合法性危机能否产生则都取决于社会文化系统提供的动因。

很显然,哈贝马斯较为全面地分析了现代资本主义社会的新特征——国家干预,向人们揭示了"国家调节的资本主义社会制度所依赖的合法性基础是十分脆弱的";四重危机说则向人们展现了其对"晚期资本主义社会"的批判精神,既看到经济危机的不可避免性和有计划资本主义的虚假性,又看到社会统治者与广大人民群众的必然对立和统治本身的思想文化基础的丧失。当然,哈贝马斯不赞同马克思关于资本主义经济危机的理论,试图把马克思的学说与马克斯·韦伯的理论结合在一起,从而使自己在理论上陷入混乱的窘境。①

(四)阿克塞尔·霍奈特:承认理论

阿克塞尔·霍奈特(Axel Honneth,1949—   )是法兰克福学派第三代主要代表人物,凭借"承认理论"登上了国际学术舞台。自2001年他出任法兰克福大学社会研究所第七任所长后,更是引起了国际学界的广泛关注,事实上已经成为法兰克福学派第三代的掌门人。早在20世纪80年代中期,霍奈特就已经在学界崭露头角。《权力批判:批判的社会理论反思各阶段》(1985年)奠定了其学术基础;20世纪90年代又有一系列著作问世,如《破碎的社会世界:社会哲学文集》(1990年)、《一体化的瓦解:社会学时代诊断的碎片》(1994年)、《为承认而斗争:社会冲突的道德语法》(1992年)、《正义的他者:实践哲学文集》(2000年)、《不确定性的痛苦:黑格尔法哲学的再现实化》(2001年)、《再分配或承认?:政治—哲学论争》(2003年)、《不可见性:主体间性理论发展阶段》(2003年)、《道德与承认》(2005年)等。从这些著作中我们可以看出霍奈特"承认理论"形成与发展深受哈贝马斯、福柯、黑格尔、米德以及泰勒等人的影响。

霍奈特的承认理论是一种综合型理论。他在哈贝马斯的交往理论框架中,继续推进批判理论的发展。他到社会承认与蔑视的冲突运动中去寻求批判理论的根据。他不仅通过回到黑格尔,将主体间性理论放置在新的人类学的基础上,而且通过吸收米德、福柯、马克思、索雷尔、萨特、泰勒等人的有关思想,建构了一套以社会承认与蔑视为核心的社会发展理论。霍奈特独特的地方在于,他提出了不受人重视的关于"蔑视"的社会动力学和社会冲突的道德逻辑。新批判理论所追求的理性或者社会交往的规范性前提可以在所获得的社会承认或蔑视的道德经验中找到。而社会蔑视的经验则构成了社会冲突和社会对抗,及一切为承认而斗争的动力。②

霍奈特借助了米德的社会心理学理论的"强调'客我'、'他者'在人们自我意识形成中的重要作用"这一论断来对黑格尔的"承认与不承认(或蔑视)的矛盾运动"进行了重构。他抛弃了这种斗争模式的唯心主义前提,并从两位大师的理论中抽象出承认的三种形式,即爱、法律和团结。

---

① 马良.西方马克思主义的转折点——评哈贝马斯"社会批判理论"的基础[J].杭州师范学院学报,1999(1).
② 王风才.霍奈特承认理论思想渊源探析[J].哲学动态,2006(4).

霍奈特独创性地提出了作为社会动力学发展依据的有关"蔑视"的系统思考。霍奈特将那些与主体自身的期盼相反,不被承认的道德经验称做"社会蔑视"。霍奈特认为:无论在黑格尔那里,还是在米德那里,我们都没有发现一种对蔑视的系统思考。蔑视,作为对应于承认关系的否定等价物,可能迫使社会行为者认识到他们被拒绝承认。通过对日常社会生活中,特别是较低阶层的道德期盼的历史学和社会学的调查研究,霍奈特发现,与个体的尊严、荣誉或认同相关的期盼构成了社会正义概念的规范性核心。没有来自他人的承认或认可,人就是不完整的。但特殊的是,霍奈特将蔑视作为一种道德经验来思考,并力求解决这样的问题:蔑视的经验为什么隐含在人类主体的情感生活中,以至于它可以为社会对抗和社会冲突,即为承认而斗争提供动力?根据对实践自我关系所造成的伤害程度,霍奈特还将蔑视的形式分为三种:强暴、被剥夺权利、侮辱。强暴是对个人自主控制肉体权利的剥夺;被剥夺权利意味着共同体合格的一员被剥夺了平等参与制度秩序的权利;侮辱涉及的是一个人的"荣誉"、"尊严"或"地位"等。而三种蔑视形式所造成的后果则分别是"心理死亡"、"社会死亡"和"伤害"。个体被羞辱、被激怒、被伤害的消极情感反应会如杜威所言,变成一种"道德认识"。这种道德认识会通过告知或交流等表达手段,形成一种集体在行动上的反抗和对立,如此社会冲突就得以产生。

在这一理论的指导下,霍奈特寻找到了种族主义、环保主义、女性主义和后殖民主义等社会新运动产生的思想根源,认为这些都与种族的、阶层的、性别的、文化的、价值观的等多方面的认同政治问题息息相关。其中,各个群体寻求主体间性上的承认和认同是社会新运动产生的主要原因。一些新纳粹主义者也是因为在社会中找不到认同感,找不到所属的群体,才积极投身进去。在这样一个认同政治已成为显学的条件下,霍奈特的承认理论具有时代性和现实性。此外,从其理论特点来看,由于寻求承认或遭到蔑视的群体或个体都非常具体和大众化,这种以日常生活中普通群众的被蔑视的道德经验为基础来讨论社会政治伦理的建构,具有很强的社会性和实践性。

霍奈特力求扩大批判理论的范围,认为:批判理论随着时代的变化对理性的追寻分别在精神分析学领域、审美的领域和道德实践领域中不断转换,但不变的共识是人们必须对一个社会的合理发展有着共同的理性认识。这个共同的理性认识就可以作为指导和衡量批判理论的根据和标准。但现在霍奈特质疑和否定这种单一的理性认识标准。他认为,如果批判理论还在一种单一的理性认识标准下,就会遮蔽掉许多现代社会病理学和异常的领域,而后者正是批判理论应大显身手,发挥作用的地方。

霍奈特倡导一种理性的多元主义。他的承认理论本身就蕴藏着一种批判的多元主义立场。这种立场使他不再像霍克海默那样,以解放过程中的知识分子的表达为核心,而是站在弱势群体或个体的一边,力求使那些被忽视、蔑视甚至遭到驱逐的声音与经验在公共生活中显现。霍奈特曾这样概括他的理论目标:这个社会理论不得不集中力量回答霍克海默在宏伟幻想的符咒下,几乎不可能观察到的问题——那就是一个道德文化如何能够如此建构以至于给那些由于蔑视和排斥而受到伤害的人以个体的力量来在民主的公共领域中讲述他们的经验,而不是在暴力的文化对抗中将他们驱逐出去。从这个意义上说,霍奈特的承认理论与德里达的解构运动,与福柯对边缘问题的重视,及后现代主义反对各种形式的霸权,有着异曲同工的作用。①

---

① 金松林.社会共同体的理论重构——评霍奈特《为承认而斗争》[N].文汇读书周报,2005-06-22.

第二节 未来学和未来主义思潮

未来学是一门学科,在它的基础上发展起来的未来主义则是一种社会思潮。它们的主题都是对社会发展的前景进行研究和预测,重点是对科技革命及其造成的多方面后果进行反思。

一、未来学研究的基本情况

20世纪第二次世界大战后出现的未来主义思潮源于未来学。未来学是一门新兴的综合性、应用性学科,在美国高校一般设在社会学系。

(一)未来学的由来和发展

德国学者费莱希泰姆于20世纪40年代提出"未来学"概念,50年代这一概念得到广泛传播,研究高潮形成于60年代,学科成熟以1972年罗马俱乐部发表题为《增长的极限》的报告为标志。"未来"学的研究领域区别于"历史"学。关于未来学是否成为独立学科,曾有过争论,"未来学"(futurology)的对象("未来"尚未成为实体)、性质(是"科学"还是"推测的艺术")是焦点。后来人们创造了多种名称来代替"未来学",如"预测学"、"未来研究"、"未来分析"等,又从哲学、社会学、经济学、政治学、管理学、心理学等角度探讨未来学的理论基础。到60年代,未来学终于有了自己的对象(社会的未来)、方法、队伍和机构、专著、刊物、教科书,形成了颇具规模和影响的学科。美国是世界未来学的研究中心。

未来学的产生有着客观的需要。过去社会发展缓慢,人们对未来社会有确定性的认识。未来形同于现在,人们没有必要预测未来,至多有一些"乌托邦"式的幻想。第二次世界大战后科学技术的进步使人类社会飞速发展,引起了社会经济的快速增长、社会结构的大变化和社会关系的大调整,对人的精神世界也产生了极大的冲击。未来变得不确定了。面对即将到来的21世纪,温故瞻前,反省、思考现代工业生产方式和新科技革命给社会发展带来的影响,对未来发展的方向和前景进行预测和说明,以对付各种危机的挑战,是人们思考"未来"问题的出发点。

(二)未来学的性质和任务

未来学是一门应用社会科学,也是集自然科学、社会科学、思维科学和管理科学于一身的综合学科。它主要有四个方面的任务:① 启发并提高社会决策者,计划和管理人员和全体公众的"未来意识";② 提出关于社会发展、规划、计划和管理的可选择方案,为社会决策服务;③ 研究预测理论和方法,培养人才;④ 鼓励并敦促教育部门加强关于社会未来的教学,使教育从面向过去转向面向未来。

该学科具有社会性、未来性、决策性、综合性等特点。

(三)未来学的理论和方法

在美国,未来学专业一般设在社会学系,运用并沿袭社会学的理论和方法,其中社会进化论和结构功能论影响最大。较为独特的理论是未来因果论、未来形象论、变化加速论等。

未来因果论:认为社会的发展是连续的因果关系(过去—现在—未来)。美国丹尼尔·贝尔的《后工业社会的到来》(1973年出版)就持这种观点。

未来形象论:认为人们对社会未来的看法会影响社会现状的发展(现在—未来—现在)。这是由波兰学者F.波拉克提出的。

变化加速论：社会变化不断加速，主要出现在物质和精神两方面，形成"未来对今天的冲击"。这是美国阿尔温·托夫勒的观点。

现代科技（控制论、系统论、信息论等"三论"及计算机技术）为未来学提供了方法和技术，同时它也借用了系统动力学和生态学的概念和方法。系统动力学是美国麻省理工学院管理学教授福雷斯特（J. W. Forrester）于1956年创立的，是一种为了解决现代科技、经济、社会、环境等复杂的大系统决策问题而提出的电子计算机仿真实验技术的方法论学科。主要是引进信息反馈原理，把复杂多变的社会现象与流体运动相类比，凭借电子计算机强大的记忆能力和计算能力，跟踪社会系统的变化，对其进行可重复的仿真实验，从而获得像流体力学那样描述社会系统结构的一般原理和方法。生态学是关于有机体与环境关系的科学。"生态学"的概念最先是由德国学者赫克尔（E. Haeckel）于1866年提出的。到20世纪它才获得了长足的发展，变成了一门管理地球的科学，这是与全球性环境与发展的矛盾日益突出有联系的。

二、未来主义思潮的主要流派和观点

未来学是现代未来主义思潮的母体。既然未来学强调预测未来是一切社会行动、政策、规划、计划和管理的前提，主张通过加强对社会变化的研究了解社会未来的发展趋向，改良病态的社会，创造美好的、合理的、生活质量更高的社会，所以未来主义思潮与社会批判理论一样，是对工业文明，特别是工业社会典型的工具理性思维进行反思的思潮。但是它的目标比较集中在两个方向上：新技术革命的社会后果和全球性环境与发展问题，围绕这两个方向进一步阐发了对社会、历史、政治、文化等问题的观点。未来主义思潮的内部意见不完全统一，大致分为社会历史学派和生态学派。未来主义思潮的核心是"未来观"。据此可以把它们大致分为"传统派"、"悲观派"和"乐观派"。

（一）社会进化学派（传统派）

这一派以社会进化论为基础，研究社会文化的发展和社会结构的变化。它与人类学、文化学等学科关系比较密切。代表人物有人类学家玛格丽特·米德（Margaret Mead）和社会学家丹尼尔·贝尔（Daniel Bell），两人都是美国学者。

玛格丽特·米德以20世纪60年代发表的《代沟》一书成名。她提出了"文化进化论"。她认为文化的进化意味着社会的进步。文化的进化分三个阶段：① 前谕文化：老一辈为后辈师表；② 同谕文化：老少互相学习；③ 后谕文化：青少年的言行是老一辈人的楷模。她预言，未来必定是后谕文化占主导地位的社会。

社会学家丹尼尔·贝尔提出了"后工业社会"理论。贝尔在20世纪60年代就提出，不同政治制度的国家，在实现工业化以后，都将从工业化社会发展到后工业化社会，并预言今后30～50年的人们将看到后工业社会出现。"后工业社会"的特征是：① 经济成分从商品经济为主转变为以服务性经济为主；② 职业分布方面，有专长、有技术的职业占居首位；③ 理论知识成为发明创造和制定社会政策的源泉；④ 对技术的发展进行控制、规划并作出评价；⑤ 智力技术（决策技术）的兴起。这是他的著作《后工业社会的来临》在1973年初版时提出的观点。1976年该书再版时，贝尔又从科学的作用、政治单位、社会精英、物质财富、妇女参加工作、情报资料的利用等方面作了补充。

贝尔认为,虽然资本主义和社会主义都是通向未来的道路,但是还存在一条把二者连接起来的新路,那就是后工业社会。"后工业社会作为一种社会制度并非继承资本主义或社会主义,而是像官僚科层化那样贯穿双方。"①

(二)增长限度学派(悲观派)

罗马俱乐部②是悲观派的大本营,它于1972年公布的第一个报告《增长的极限》震动了西方世界。当时它根据实证研究提出了人类面临的核威胁、人口、生态环境、资源等问题。报告认为,工业的发展,工业投资的增加,资源、能源的开发利用,城市化进程的加速,人口、环境、污染等,上述方面的无限增长和无节制的经济发展,将使人类在21世纪走向饥荒、战争、资源枯竭、难以生存的环境和死亡绝境中去。报告列出了影响全球系统的五个因子(人口、经济、粮食、环境和资源)之间的重要因果关系,并探索了其反馈回路结构,形成的结论是:要想避免灾难,就要把各种增长都限制在简单再生产的水平,即"零度增长"。增长的极限来自于地球的有限性;反馈回路使全球性环境和发展问题成为一个整体;全球均衡状态是解决全球性环境和发展问题的最终出路。"全球均衡状态"的最基本的定义是人口和资本稳定,也就是力求限制人口和经济的增长。

悲观派的另一个代表是美国的阿尔温·托夫勒(Alvin Toffler)。他的代表作《未来的冲击》1970年出版,被译成50多种文字,到80年代已发行700多万册。此后他又出版了《第三次浪潮》(1980年)、《权力的转移》(1990年),历时20年完成了未来学的三部曲。托夫勒在详细叙述了历次科技革命给社会带来的冲击之后指出,除非人们学会控制技术发展的速度,否则人们将难以适应技术革新变化带来的冲击。

(三)技术乐观主义学派(乐观派)

罗马俱乐部的报告发表后,在全球引发了一场关于人类发展前景的大讨论。批评的意见很尖锐,主要观点有:① 这是在散布世界末日论;② "零增长"不仅无助于解决问题,而且还会加剧社会不平等、不公平,尤其对于发展中国家不公平;③ 方法存在重大缺陷,它选择的五个因子都是自然因素,忽略了社会因素和精神因素,而一个没有考虑价值系统影响的全球模型是不可能反映真实情况的;④ 没有看到科学技术在造成诸多问题的同时也蕴涵着解决这些问题的巨大潜力。总之没有充分的理由悲观。美国赫德森研究所的所长赫尔曼·卡恩和他的同事一起针锋相对地提出了"没有极限的增长"的理论。

卡恩于1976年完成了题为《下一个二百年》的研究报告。他们认为,对于全球性环境和发展问题的研究必须有一种长期性视野。纵观历史,人类目前正处于"大过渡"时期,全球性环境和发展问题正是在社会转折点上产生的,是暂时的。在从穷国向富国过渡和从落后向发达过渡的过程中这是不可避免的。这些问题也将通过发展得到解决。例如,"人口爆炸"会不会发生?卡恩认为,在社会发展的不同时期存在着不同的人口规律,而不是如罗马俱乐部所言世界人口按指数增长。在工业社会之前,高出生率和高死亡率相互抵消,所以人口增长是缓慢的。在工业化初期,出生率提高了而死亡率降低了,所以人口在快速增长。随着工业化的成熟,社会福利和文化水平都提高了,出生率和死亡率就会持平,人口增长又将趋于平衡。在往后的二百年内,人口最

---

① [美]丹尼尔·贝尔.后工业社会的来临[M].北京:商务印书馆,1986:535.
② 罗马俱乐部是1970年成立于意大利罗马的一个非官方的、国际性的未来学研究组织。

多达 300 亿,最少 75 亿,平均 150 亿。而地球承载 150 亿人口生活是绰绰有余的。

总之,乐观派认为社会和经济的发展是无限的,如果发展有极限的话,也不在于自然条件和资源而在于社会和人发展技术的潜力的发挥。他们满怀信心地预言,社会在技术的推动下,已经开始了从工业经济向超工业经济和后工业经济的"大过渡",世界人口的增长将会下降,经济增长将会持续到 21 世纪。

以上各种未来主义流派经过争论,逐渐走向融合。他们意识到只看到阴影或者只看到光明都是片面的。比如,罗马俱乐部在卡恩的批评下,经过进一步的分析和研究,在后来的一系列报告中改变了自己的立场,提出了"有机增长"、"新人道主义"等理论。

1974 年美国学者梅萨罗维克(Mesarovic)和德国学者彼斯特尔(Pestel)撰写的研究报告《人类处于转折点》,提出了"有机增长"的概念。"有机增长"是注重多样性、差异性和质量的增长。除非首先确定增长的地点、性质、内容、过程,否则,讨论应不应该增长就不仅成了意义不明的问题,而且成了根本没有意义的问题。增长离不开世界系统。而重建世界系统,就不能只注意横向,即改变国家和地区之间的关系,使全球联合行动;而且要注意纵向,在规范层次(价值系统和人类目标)上进行改革。这份报告还提出要建立一种新的全球伦理,包括发展世界意识,正确使用物质资源的新道德,和自然协调的新态度,与后代休戚与共的意识等。罗马俱乐部的创始人奥雷利奥·佩西(Aurelio Peccei)提出了"新人道主义"理论。他提出要用"发展"的概念取代"增长"的概念;文化是增长和发展的主要限制系统;必须确立以人为中心的发展观等。这些思想,对形成"可持续发展"理论都起到了启迪作用。

三、未来主义思潮的大众影响

未来主义思潮的影响是极其广泛的,它自身的发展势头正足,原有理论、观点影响还未消退,又不断地提出新的理论、新的观点。出现这种现象有以下几个方面的原因。

(一) 未来主义思潮的内容触及了重大的时代主题

未来主义思潮从表面看,侧重研究科学技术的发展对社会的影响,未来社会的可能趋势,人们在未来社会发展中将会遇到的种种危机,以及克服这些危机的方法途径。但实际上,它透过这些问题,触及了许多深层次的、为大众所关心的问题。

首先,提出了可持续发展的思想。未来主义非常重视对发展战略的研究,而且这种研究是宏观的、前瞻性的。在它的影响下,发展战略逐渐与全球性问题联系起来,出现了"全人类主义"思潮,逐渐把解决人口、资源、粮食、世界和平等问题作为一个整体来对待,并且逐渐转化为解决"东西"(不同意识形态国家如社会主义和资本主义之间的关系)、"南北"(富国和穷国之间)关系的一种国际政治理论思路。另外,他们还提出了由"代内平等"向"代际平等"扩大的平等观,提出了"可持续发展"理论。这对 21 世纪的国际政治、经济、文化生活有深远的影响。

其次,关注人的问题。无论是乐观派还是悲观派都感受到了现代社会中人们所受到的冲击和危机,都要求对人进行教育和改造,都认为人是影响未来的重要因素。不同的是悲观派希望以改变了的人去改变未来的悲观结局,乐观派则希望以塑造新人类适应新的社会。罗马俱乐部创始人之一佩西认为现代社会困境属于文化性而不是生物学的。赫金斯(Sylvia C. Hudgins)认为:人类面临的第七个敌人是人的因素(其他六个是人口爆炸、粮食危机、环境污染、核能泛用、科技失控、能源危机),正是人的盲目性和惯性演出了恶作剧。库辛(Cousin)认为,核威胁虽然严重,但只是二号问题,"头号问题正在于人们无法认识二号问题"。波尼亚托夫斯基(Josel Antoni Poniatowski)认为今天人类遇到的最强大的对手正是自己,"人类自己与自己相撞了"。奈比斯特(John Naisbitt)指出人们面临精神危机(精神病增加);人生活在一个随时都有可能结束的世界,影响到他们的责任感。对科学和理性的崇拜已经被人们所抛弃,"我们正伫立在一片空白地的边缘",等等。

他们还设想了改造人的方法。罗马俱乐部开的药方是"学习"。需要有一个教育和自我教育的过程和一次思想运动来实现真正的"人的革命"。托夫勒则要求"造就骨子里都是未来的人"以取代今天的"工业人"。贝尔希望以类似"宗教的所谓崇拜填补人的精神空白"。还有人直接主张复兴宗教。

再次,他们提出了对科技革命的价值评价问题,要求全面地认识科学技术的社会作用,使科技进步与社会发展保持协调的关系。

最后,在社会形态划分问题上,他们提出,资本主义社会和社会主义社会正在"趋同",阶级结构也正在发展变化。他们认为,除了马克思按照经济所有制形式为标准来划分社会形态之外,还可以有其他的标准,例如按照生产方式或者技术来划分。人类已从农业社会、工业社会进入到后工业社会、信息社会。与他们思路相仿的,后来又有人提出了新的社会形态。1995年,比尔·盖茨发表《未来之路》一书,提出了"网络社会理论"。盖茨详细讨论了信息高速公路对政治、经济、文化、观念等社会生活诸方面的革命性影响。1996年,尼古拉·尼葛拉庞帝出版《数字化生存》一书,宣告"后信息时代"已经悄然来临。他要求人们思考,如何才能在对技术的信仰和对人类自身的信仰之间寻找一个平衡的支点。

(二)未来主义思潮渗透到各种"新社会运动"中

所谓"新社会运动",大体上指20世纪第二次世界大战以后在当代西方发达国家兴起的,为实现一定的社会进步目标,采取多种多样的形式和方法开展的一种抗议和反对现存政府及其实行的某一政策的广泛的群众性斗争。[①] 它泛指新女权运动、种族民权运动、反战和平运动、生态运动等。随着传统工人运动在西方的衰落,它显得日益突出。在20世纪60年代末学生造反运动退潮后,西方社会舞台上始终有新社会运动在活动。而群众运动发展到一定程度,必然会涌现出政党。上述各种新社会运动,尤其是生态运动的发展,促使"绿党"应运而生。

绿党的"绿"有两层含义:一是代表生命、自然与和谐;二是在政治上,相对于"红"、"黑"、"白"而言,绿党既非"左"也非"右",而是站在"正前方"。从这个意义上来说,"绿党"又可以叫做"第三条道路党"。

未来主义思潮是"绿党"的思想理论基础之一。在生态运动中曾提出的口号中,我们都多少能够找到它们与未来主义思潮的关系。例如,"回到大自然"。这个口号背后隐藏的是各种反对科学技术的"技术恐怖论"、"科技危机论"等。又如,"宇宙殖民地化",主张太空移民。还有,"建立世界政府",由超越国家主权的世界政府对生态问题进行干预。此外,还出现了"生态学马克思主义",以及主张超越马克思的经济危机理论,用"异化消费"论去补充马克思主义,等等。

"绿党"的崛起,以及它自20世纪80年代以来在国内、国际政治生活中日益扩大的影响和日

---

① 奚广庆,王谨.西方新社会运动初探[M].北京:中国人民大学出版社,1993:1.

益上升的地位,使未来主义思潮获得了最切实际的载体。但是在将来,由绿色运动发展而来的更丰富更全面的"第三条道路"思潮,可能要取代未来主义思潮的地位。

（三）未来主义思潮在中国的影响

未来主义在中国的影响包括对大众意识和政府决策两大方面的影响。这里侧重解剖一下前者。未来主义的思想理论影响主要有"新阶级论"、"趋同论"和"文化批判论"。

1. 新阶级论

未来主义都把科学技术看做是社会历史发展的决定力量,否定资本主义社会基本矛盾的决定作用,他们认为科学技术的发展改变了资本主义社会的阶级构成。

乐观主义提出"新阶级论",认为理论知识重要,导致社会阶级结构发生变化,知识分子成了新阶级,专业技术队伍成了社会主导力量,使传统的阶级趋于融合。悲观主义则提出绿色和平运动和绿党是独立的社会力量。绿色和平运动内容包括环保、和平、女权、生态社会主义运动等。"绿党"从起初的普通社团(NGO/NPO)到建立了政党并在一些国家上台执政,形成了一种社会政治势力。他们力图使自己成为游离于资本主义的社会体系和思想体系之外的独立阶层和团体,是精神上的乌托邦主义和行为上的改良主义,其实是资产阶级政党的一个变种。

2. 社会趋同论

后工业社会又称"电子技术社会"(布热津斯基)、大众消费社会(罗斯托)、信息社会(托夫勒)。信息将占主导,它是集体产品,对信息的投资、生产、选择不是竞争而是合作,人与人之间不再看重个人继承权和财产权,而是依靠技术及教育确立人的社会地位,由技术能人统治。总之,私有制逐渐消亡。传统的资本主义矛盾已消除,人人互助、互动、平等与和平。

趋同论是错误的。以决策问题为例,把决策看成单纯的技术,否认了决策的民主与科学是社会问题和根本制度问题。又如穷国和富国的关系问题,以及同一国家内贫富两极分化问题,不改变所有制和社会关系不可能有真正的公平和平等。

3. 文化批判论

卡恩的文化批判集中在对"反生产文化"即对技术的恐惧上,其理论武器是科学和理性精神,基督教新教精神,甚至包括中国的新儒家思想在内。

贝尔在他的文化批判理论中提出了所谓"中轴原理"。资本主义经济的"中轴"是效率;政治的"中轴"是平等;文化的"中轴"是个人(资本主义精神是自我表现和自我满足)。所谓资本主义的文化矛盾,实质是资本主义的经济制度和效率原则同文化上个人价值和个人满足之间的矛盾。现代资本主义的经济中轴同文化中轴的冲突,表现为:鼓吹享乐主义、放荡不羁和游戏人生的道德观。他批判中产阶级知识分子,主张用新教伦理和权威来恢复传统,发挥宗教对社会的维系和聚敛功能,回到对神圣意义的发掘上来。

第三节 当代消费主义思潮

改革开放三十多年来,我国经济建设取得了举世瞩目的成就,商品匮乏的年代已经过去。琳琅满目的商品极大地刺激了人们潜藏的消费欲望。特别是那些在改革开放中先富起来的一部分人,更是以空前的热情投入到对商品档次和品味的追求之中,引领着整个社会的消费潮流。加之国家出于拉动内需对经济发展的作用的驱动,人们的消费欲望被前所未有地放大了。一个在西方发达国家业已存在的消费社会正在中国,特别是东部沿海发达城市逐渐形成,深刻影响着人们传统的价值观念和生活方式。① 随着大众传媒对这种消费社会生活方式的大肆宣传,消费主义的价值观念逐渐在社会中取得了其意识形态的合法地位。它使人们总是处在一种"欲购情结"(buying mood)之中,从而无止境地追求高档和名牌,这本身又构成了现代消费社会中社会关系再生产的条件。

当下消费社会中一个引人注目的现象是,生活于改革开放年代的青少年,正成为一支新兴的消费大军,蕴含着巨大的消费潜力。麦肯锡公司2006年7月发布的一项最新调查显示②,中国城市青少年每年的零花钱高达600亿元,而家庭每年在青少年子女身上的花费近2300亿元,消费总额达2900亿元(360亿美元)。随着青少年消费能力的提高,消费对于他们的意义也逐渐发生了变化:消费的目的不仅是为了满足需要而且还要能够充分地表现自我、张扬个性,要能跟得上时代发展的潮流。除了使用价值以外,商品的另外一种价值属性——符号价值正受到当代青少年的重视,并开始被他们有意无意地纳入了自己的消费决策中。

从目前已有的研究来看,大多关于这一主题的研究成果尚且停留在现象的描述阶段,很少将这一问题与社会的宏观背景,特别是与符号消费这一新的生活景观结合起来进行分析,因而难以洞见这一现象背后复杂的社会、文化原因,也难以触及青少年符号消费的深层次的内在动因及其背后的价值观念。对问题理解的偏差必然影响到我们对青少年的认知和态度,这既不利于成人社会与青少年群体的对话和交流,也不利于学校教育,特别是思想政治教育的开展。因为对教育对象理解的偏颇必然带来教育实践的种种谬误,导致事倍功半,甚至事与愿违。基于此,本节将在描述消费主义思潮产生的社会背景及其基本主张的基础上,分析其对青少年价值观教育的影响。

一、消费主义:定义及主张

当前,消费主义(consumerism)主要在两种语境中使用:一是立足于消费者的各项权利,强调的是消费者为维护和争取自身正当的消费权利和消费主权所开展的各种运动,有时也称为"消费者主权主义";二是侧重于一种消费价值观的描述和批判,这种消费主义价值观在现实中主要表现为一种缺乏批判意识的无度消费。它煽动人们的消费激情,刺激人的购买欲望。因此,消费不在于满足"需要"(need),而在于不断追求难以彻底满足的"欲望"(desire)。在这种语境中,消费主义主要代表了一种意义的空虚状态以及不断膨胀的消费欲望,是一种"完全的理想主义的实践"(波德里亚语),没有限制,也没有终结。消费的功能发生了变化:它越来越注重追求不必要的欲望满足,使消费与"需要"和"使用价值"渐渐背离,消费不再是目的,它成了满足欲望的一种手段。本文关于消费主义的种种讨论,就是建立在第二种定义的基础之上。

从本质而言,消费主义既不是一种单纯的价值观念,也不是一种纯粹的行为实践,而是两者的结合。在价值观念方面,消费主义强调的是个人主义、物质主义以及享乐主义,其消费目的是

---

① 有关研究表明,中国城乡社会追求西方发达国家代表性的高消费生活方式正逐渐发展成为普遍的现象。在这个过程中,对符号象征价值的消费正成为人们的主要消费选择,甚至超过了对商品使用价值的考虑,表现出了很强的符号消费的特征。参见:陈昕.救赎与消费——当代中国日常生活中的消费主义[M].南京:江苏人民出版社,2003:1-5.

② 中国网.麦肯锡最新调查:中国城市青少年消费2900亿[EB/OL].(2006-07-06). http://www.China.com.cn/Chinese/kuaixun/1267134.htm.

对商品符号价值的占有。在行为实践方面,消费主义主张超前消费、时尚消费、攀比消费,其结果是人的异化。消费主义得以确立、流行的价值前提是建立在以下几个主张的基础之上。

(一) 消费越多越幸福

消费主义主张,一个人的幸福程度与其消费商品的数量和档次有着极为密切的关系。总体而言,一个人消费得越多、越好,他就越幸福。例如,骑自行车的比走路的幸福,而开小轿车的又比骑自行车的幸福。因此,在这种消费主义逻辑中,一个年均消费10万元的人比消费1万的更幸福。美国人是世界上最幸福的人,因为他们比任何其他国家的人民消费了更多的商品。这种幸福观与人们的直观感受有着较大的一致性,因此,十分容易在群众中流行。人们为了获得幸福,就需要不断地投入到消费的洪流之中,紧紧跟随消费的潮流。一旦一个人的消费水准落后于其他人,那么,不管新的消费是否源于他个人的需要,为了所谓的幸福,他必须购买该商品,否则,他就是十分不幸的人。

(二) 消费越多越民主

在消费主义看来,消费不仅与个人幸福有关,也与社会的民主程度有着重要的关系。消费主义认为,在消费社会中,人们对物品消费的权限、自由空前扩大了。在古代,物品的特性直接从属于社会的等级结构,各个不同阶级对某一物品的样式、规格的消费有着严格的等级限制。这些样式、规格表征着一个人的社会地位、声望和权力。随着现代社会发展的平面化和去中心化,物品的消费也摆脱了严格的等级限定而趋于自由化,成为现代社会重新排序的一种符码(code)。这种符码所象征的意义对所有人开放,具有很大的流动性和不确定性。这种不确定性的形成,源于商品对于人们而言具有一种表意功能。它可以反映个人的生活态度、价值取向和社会地位。在消费社会中,奉行"消费品面前人人平等"的原则,各种商品平等地向各个不同阶层的人开放,造成了人们心理上的一种幻象——只有在消费的过程中,我才能摆脱生产过程中被压抑的状态,成为自己的主人。因而,消费多少成了社会是否民主的重要表征。

(三) 消费越多越进步

消费主义的另一重要主张就是把消费与社会的发展紧密联系起来,提出了"不消费就衰退"的主张。其基本观点为,经济的持续增长依赖于消费的不断增长。如果厂家生产出的商品在市场上卖不出去,那么,就会引起生产经营者的破产,从而引起与其相关的一系列产业的减产。如果我们购买汽车的数量减少一半,那么,汽车生产商的产品就要压缩一半,由此必将引发诸如钢铁、石油等行业经济的衰退。因此,消费者消费得越多,经济的发展越迅速,否则,经济将停滞。消费主义的这一主张在许多国家的经济政策中已经有所体现。当前,为解决内需不足的问题,通过各种方式来刺激消费已经成为世界各国推动经济发展的重要策略选择。

二、消费主义:历史及背景

(一) 消费主义的历史演变[①]

作为一种具有世界影响范围的价值观念和生活方式,当代消费主义主要泛滥于进入20世纪

---

① 参见:莫少群.20世纪西方消费社会理论研究[M].北京:社会科学文献出版社,2006:94-98.

之后。但作为一种消费伦理,它却并非20世纪的产物。早在16世纪晚期,由伊丽莎白一世所主宰的英格兰,就已经开始了这种消费方式。与现代消费主义所不同的是,那个时候具有消费主义意识,并在实际生活中践行这一消费价值观念的人主要局限在贵族阶层,并未在整个社会中弥漫开来。对于这一时期消费主义的发展情况,美国历史学家麦克拉肯(McCracken)认为,伊丽莎白时代的贵族们所从事的各种豪华消费开创了整个消费主义风气之先。他们常常根据一种新的标准来重建其乡村别墅,以使其更豪华。同时,还为他们在伦敦的住宅承担着额外的消费。在人际交往方面,这些贵族改变了传统的待客方式,使得他们在礼节和身份表现上的花费急剧膨胀。这一时期消费繁荣的原因主要有两个:一个是政治统治的需要。伊丽莎白一世不仅通过豪华、奢侈的宫廷消费向世人宣称其统治的合法性和权威性,而且还迫使地方贵族为其宫廷消费埋单。同时,伊丽莎白一世将全国的资源统一起来,以恩赐的名义分配给地方贵族,以使得他们依赖、臣服于中央。另一个原因是地方贵族间的消费竞争。地方贵族为了博得女王的注意和社会名誉,在消费方面不断攀比,导致消费标准不断提高。

  发生于18世纪的产业革命,为全社会的大规模消费提供了物质基础。这使得原先主要局限于贵族的消费主义生活方式得以扩展到中产阶级,从而掀起了新的一轮"消费革命"。支撑这场"消费革命"的主要动力就在于市场和文化。在市场方面,17世纪末由东印度公司进口的廉价纺织品大大刺激了英国人的消费热情,人们对时尚的需求构成了国内生产和国外进口的重要动力。而时尚本身的流行性、变动性、短暂性等特征又加速了商品寿命的降低,迫切需要新的商品来满足日益增长的对时尚的需求。这就造成了这样一种社会景观:"遍地都是变化,包括建筑、陶器、家具、纺织品、餐具和花园,财富引导着潮流,大众紧随消费繁荣。消费繁荣因垂直的社会流动、社会竞争与模仿、时尚的影响以及空前的丰裕而得到驱动。"[①]在文化方面,18世纪知识界对消费主义的认可也是其得以传播的重要原因。英国讽刺作家曼德维尔(Mandeville)的《蜜蜂寓言》一书可以看做是知识界对消费主义的合法性进行论证的重要著作之一。在该书中,曼德维尔以蜜蜂群体的兴衰说明了社会应以从事消费而不是以从事储蓄来促进经济的发展和商业的繁荣。在他看来,即使是各种奢侈性的消费,也会促进社会经济的发展。因为这种消费方式可以为更多的人提供就业的机会。为此,他极力颂扬炫耀消费和竞争花费(emulative spending)作为一种美德对于社会发展和人民幸福的意义。

  随着19世纪第二次产业革命的完成所带来的社会财富的激增,消费主义作为一种价值观念和生活方式开始在整个资本主义社会弥漫。这种消费观念及消费方式不再仅仅局限于贵族、中产阶级,包括小资产阶级、工人以及一般民众都成为消费主义生活方式的践行者。在这一时期,出现了新的消费阶级——布尔乔亚[②]。他们在现代性的压制下,率先以标新立异的消费来凸显自身微不足道的存在,从而引起整个社会以商品档次来显示身份的炫耀性消费的盛行。消费品不再属于某个阶层的消费特权,而成为市场上开放的、人人可以购买的产品。这就导致了市场竞争的不断加剧。为了吸引消费者,厂商有目的地把商品与某一特定的消费对象联系起来,并通过广告等手段赋予商品以特殊的意义和文化内涵,从而突出了商品的符号价值。消费者的消费欲

[①] 莫少群.20世纪西方消费社会理论研究[M].北京:社会科学文献出版社,2006:96.
[②] 指资产阶级(又称布尔乔亚;法语:bourgeoisie),是根据一些西方经济学思想学派,尤其是马克思主义,为资本主义社会所做的阶段划分当中的富有阶级之一。

望在大众传媒的鼓动下，不断追求更高级、更奢侈的商品，把消费档次与个人的身份、乃至个人的品质等紧密结合在一起。在这种情况下，现代意义的消费主义出现了。这种消费的不同之处就在于，它不是基于人们的生理需要而产生购物行为，也不单纯由经济因素决定，而是具有强烈的社会文化及心理的象征意味。在 20 世纪 60 年代的美国，基本的生活需要——衣、食、住、行等已经得到保证。人们对各种相对以前而言具有奢侈品性质的高档耐用商品、休闲娱乐的追求逐渐突破了少数社会贵族的范围而趋于平民化。大众对消费品的极力追捧，已经不再局限于"需要"的范畴，更多的则是一种满足"欲望"的冲动。"当品牌成为家庭词汇的时候，当包装、加工的食品广泛出现的时候，当汽车占据了美国文化的中心位置的时候，消费者社会就在 20 世纪的美国产生了"[1]，并改变着美国人的传统价值观。"消费观念的变化也体现在美国人成就标准的变化上。美国人的基本价值观就是注重个人成就，具体的衡量标准就是工作创造，并且美国人习惯于从一个人的工作质量来判断工作者的个性品质。50 年代，尽管这种成就模式依然存在，但它却有了新的含义，即强调地位和时尚。文化不再与如何工作、如何取得成就有关，而是与如何花钱、如何享受有关。尽管新教道德观的某些习俗仍旧沿袭下来，但事实上 50 年代的美国文化已经转向了享乐主义，它注重游玩、娱乐、炫耀和快乐——并带有典型的美国式强制色彩。"[2]随着当前全球化浪潮的不断推进以及发展中国家经济建设的不断进步，在现代传媒的大力推动下，消费主义已经从发达国家向欠发达国家、从城市到农村全面渗透，冲击着人们传统的价值观和人生观。由此，消费主义开始演变成一种精神气质，深刻影响着人们生活的方方面面。

（二）当代消费主义产生的背景

作为一种社会思潮的消费主义，它的诞生并非空穴来风，也不是突然出现，而是有着极为深刻的历史渊源和社会基础。具体而言，当代消费主义的诞生，与下列事件有着极其密切的关系。

1. 从福特主义到后福特主义：消费主义产生的物质前提

物质基础决定上层建筑。作为一种价值观与生活方式的消费主义，它的诞生与演化也与社会生产的发展有着密切的关系。就生产发展的历程而言，诞生于 20 世纪的福特主义（Fordism）无疑具有划时代的意义。福特主义出现在 1908 年位于美国密歇根州的福特公司为生产"模式-T 福特车"（Model-T Ford）时，所发展出来的"生产线"（用以取代集中装配生产方式）的生产模式。该模式反映了泰勒（Taylor）的管理哲学，其突出特征就在于实现了生产领域的大规模、标准化生产。与之相配套的，则是企业垂直型的组织形式、刚性生产、生产者决定论以及寡头垄断型的市场结构等。福特主义的产生及其在生产领域的广泛应用，极大地提高了社会生产力，带来了社会产品的日益丰富以及销售价格的下降。与此同时，伴随社会财富增加的同时，工人阶级的收入以及消费水平也不断提高，这就为大规模的消费提供了必要的物质前提。有学者甚至认为美国消费主义始于福特汽车公司在密歇根生产流水线上驶下第一辆汽车之时。[3]

然而，历史的发展往往充满各种吊诡之处。随着福特主义在越来越多领域中的应用，其最初的优点也逐渐演化为制约企业发展的重要"瓶颈"。各种标准化、大规模的生产带来的一个直接后果就是各种同质性产品的不断增多，这一方面降低了产品成本和市场价格，使越来越多的消费

---

① [美]艾伦·杜宁.多少算够？——消费社会与地球的未来[M].毕聿,译.长春：吉林人民出版社,1997：11.
② [美]丹尼尔·贝尔.资本主义文化矛盾[M].北京：三联书店,1989：72.
③ 罗钢,王中忱.消费文化读本[M].北京：中国社会科学出版社,2003：3.

者可以参与到丰盛社会物品的消费之中。但另一方面,同质性的产品带来了消费者的千人一面,很难满足消费者在解决基本生存需要基础上的个性化需求。企业为吸引消费者,必须在产品上能够比其他同类商品更具特色,及时适应与满足消费者的审美特点和消费心理。很显然,以标准化为主要特征的福特主义显然难以适应市场发展的需要。在这种市场背景下,以满足消费者个性化需求的后福特主义应运而生。

后福特主义(post-Fordism)的基本特征就在于严格遵循市场细分原则,坚持弹性生产,具有很大的灵活性。它不同于福特主义的主要特征在于,施行大规模定制,采取水平型组织形式,主张消费者主权论,弹性生产,采取竞合型的市场结构。这种新的生产范式改变了福特主义生产模式只见物、不见人的弊端,在发展生产的同时,把人,也就是消费者的主体需要提高到了重要的地位。生产范式的这种转化,满足了消费者的个性化需求,也促进了商品市场的进一步繁荣。从此,消费与人的需要紧密联系在一起。如果说,在物质贫乏的年代是生产决定人们的消费的话,在丰裕的社会中,在很大程度上则是消费决定了生产。在这种背景下,国家出于经济发展的需要所出台的一系列拉动内需的消费政策,为大规模的消费提供了来自主导文化的合法性基础。为保证资本利润最大化的实现,美国率先由政府发起了旨在拉动内需以促进经济发展的"消费民主化运动"。1953年,艾森豪威尔总统的经济顾问委员会主席曾宣布过"新经济福音"。他提出,美国经济的"首要目标是生产更多的消费品"[1]。在此基础上,信用卡的使用、分期付款的实施、市场营销的发展等都极大地解放了人们的消费欲望,极有力地推动了大众消费的发展。由此可见,生产范式的变迁构成了消费主义得以诞生的物质前提。

2. 从生活方式到生活风格:消费主义产生的文化保障

生产范式的变迁反映在生活领域中,主要表现为一种生活样态的改变。这种生活样态的改变,与消费主义的泛滥有着更为直接的关系。具体而言,生活样态由生活方式到生活风格的转变,是消费主义得以展示的重要舞台。

魏洱(Veal)认为,生活方式(ways of life)主要是受到社会的经济、政治、文化等结构性因素的制约,反映的是特定环境背景下的一种生活模式。这种生活模式对于某一时空中的人具有较强的"强加"意味。在经济社会发展比较落后的年代,生活方式往往在日常生活中占据着主要地位,对人们的消费内容和层次有着极强的结构制约性。这种制约性的一个重要后果就是人们的生活,包括消费具有很大的同质性。这种同质性既受到一个人经济条件的制约,也受到社会文化的控制。超出这种同质性之外的消费生活往往是不被社会所允许,也不被周遭的人所接受的。因此,生活方式的基本特征就是缺乏选择性。与此相对,生活风格(life style)则主要与一个人或群体的个性有关,反映的是个体或群体生活样式的独特性,因而具有很大的选择性和创造性。魏洱把生活风格归纳为以下五个特点:[2] ① 生活风格与人的活动有关,但不包括一个人为谋求薪金所进行的活动。② 生活风格包含价值和态度,但价值和态度并不是生活风格的充要条件。它们只是对生活风格产生影响而已。③ 生活风格可以表现为一种群体现象,但其更多的是一个人个性的体现。④ 不同的人可以拥有同一种生活风格。⑤ 连贯性可能是生活风格的一个重要参数,但不一定是生活风格的必需要素。⑥ 人们对他人生活风格的认知往往是片面的、肤浅的。

---

[1] [美]艾伦·杜宁.多少算够?——消费社会与地球的未来[M]毕聿,译.长春:吉林人民出版社,1997:12.
[2] 王宁.消费社会学[M].北京:社会科学文献出版社,2001:96.

由此可见,生活风格乃是个人行为或群体行为的独特模式,它在很大程度上是个人或群体特有价值、观念、文化的体现。

从生活方式向生活风格的转变,意味着消费领域正日益成为消费者创造自我、维持自我、表达自我的重要社会认同空间。在这种认同空间中,消费的风格化可以看做是"自我计划"(project of self)的重要内容。因此,不仅仅是一个人消费的物品的种类、档次、对象对其社会地位和身份具有直接意义,而且他消费的方式,即消费的习惯和风格也会对他身份的形成和表达具有举足轻重的作用。由此可见,生活风格在当代生活样态中的凸显,促进了消费主义在生活中的渗透,消费在个人生活风格的营造和型塑方面扮演着十分重要的角色。

3. 大众传媒与时尚:消费主义发展的加速器

在消费主义的产生及发展中,大众传媒无疑扮演着十分重要的推动作用。"现在人们获得一个有价值和意义的信息,主要不是来自家庭、邻里、村落和社区,而是来自广播、电视、电影、报纸、杂志、图书……大众文化传播充满了一切时间和空间,其规模之大,信息之密,几乎网络了人们的一切视觉、听觉器官。"①人们的日常生活充斥着各种影视、音乐、广告、报刊、网络等所营造的价值空间。这一媒介空间无时不在向人们传递着种种诱人的生活景观与意识形态,在潜移默化之中改变着人们传统的价值追求、审美趣味、生活格调,甚至于颠覆了人们对真假、美丑世界的区分。因此,大众传媒,特别是广告构成了人们日常生活的匿名权威。人们购买某物仅仅是因为"广告是这样说的","我在广告中见过"。这种匿名性的权威灌输,常常无迹可寻,但又以一种悄无声息的方式,无孔不入地真实的发生、进行着。实际上,"媒介文化融会商业逻辑,其实质就是一种典型的商品化的消费文化,追求经济效益的实用特征就突出地表现出来。换言之商业因素成为媒介文化的决定因素之一……媒介文化总体上显得世俗化、功利性、通俗、肤浅。"②1957年在美国出版的《隐藏的诱因》一书的作者认为战后的消费主义盛行是广告商们鼓动的结果。这本书提到百老汇一幕剧的场景:主人公的儿子呼喊着"我要的东西很多,简直要疯了……金钱就是生命"。在美国,近50家类似《读者文摘》的杂志发行量突破100万份。这些杂志和报纸等媒体把广告灌输给消费的人群,激发他们的消费欲望。人人都以为消费机会是平等的,并没有意识到实际上是广告商们通过分析人们的消费动机在推行营销策略。电视机走入众多的普通家庭也是战后消费主义盛行的原因。《我爱露西》和《度蜜月的人》之类的电视节目播放着美国人理想中的生活方式。马尔库塞说这时候的美国人普遍具有"幸福意识":人们"最流行的需求包括:按照广告来放松、娱乐、行动和消费……"③

为了刺激大众的消费欲望,生产商充分利用大众传媒、广告及"新的文化媒介人"所制造的时尚系统,通过商品的符号化而实现其意义的转移,即使商品具有某种文化内涵的象征符号,或是使某一商品与特定的对象建立起某种意义关联,达到人们一看到这一商品便不由自主地联想起这种商品所蕴含的文化品位的目的。德国社会学齐美尔指出,上层阶级的人往往通过"示差"消费来表达与下层阶级的不同。当他们凭借雄厚的经济实力和庞大的符号资本发起某一时尚时,往往又是少数人首先发动。这样,在上层阶级内部中率先形成了一种竞争,大家争先恐后通过消

---

① 司马云杰.文化价值论[M].济南:山东人民出版社,1990:205.
② 于德山.当代媒介文化[M].北京:新华出版社,2005:11.
③ [美]马尔库塞.单向度的人——发达工业社会意识形态研究[M].重庆:重庆出版社,1988:9.

费来表明自己属于某个阶级。而这一阶级中一些边缘人或实力有限,跟不上这一时尚消费的人,则被该阶级所抛弃。也有一些具有真正实力或对于时尚消费不敏感,或不屑于这种消费的人,也会给人造成一种不属于该阶级的印象。尽管从经济角度而言他确实属于这个阶级。当上层阶级发起某个消费时尚,处于下层阶级的人,为了象征性地提高自己的社会地位而模仿时尚,即通过"示同"消费的方式来表达自己对某一阶级的认同和一致[①],形成了我就是这个阶级成员的印象,尽管他事实上并不属于那个阶级。这种现象在"我买什么则我就是什么"("I shop therefore I am")这句广告词中得到了生动的阐释。这大大促进了消费主义在各个层面的传播和渗透。

三、当代消费主义的理论阐释

作为一种价值观和生活方式的消费主义,渗透到社会中的方方面面,带来了人与自然、人与社会、人与他人以及人与自身关系的紧张,产生了一系列的社会问题。基于此,众多学者纷纷从各自的研究立场和视角出发,对当代消费主义的生活景观进行了研究。

本书按照时间顺序,在对历史上有关学者关于消费及消费主义的主要观点进行简要论述的基础上,重点分析当代对消费主义问题的研究有重要影响的学者的观点。

从消费社会学史的角度看,马克思、韦伯、凡勃伦、齐美尔等人都对消费以及消费主义问题进行过社会学的解读。马克思主要从阶级的角度来分析消费,认为消费是人的社会关系的外化,重点分析了"商品拜物教"等社会现象。韦伯则认为消费是地位群体相互区分的标志,认为生活方式是和消费方式联系在一起的,不同的生活方式有着不同的消费模式和消费偏好。对于上层社会的人来说,消费方式是社会上层保持和区别身份的手段。凡勃伦把消费当做一种合乎礼仪标准的金钱竞赛,提出了著名的"炫耀性消费"、"代理消费"等重要命题。他认为,在人口流动性大的社会中,有闲、炫耀性消费等是博取荣誉的最有效的手段。齐美尔认为消费是社会群体追逐时尚的需要,他们主要是通过"示同"与"示差"这两种消费机制来实现对时尚的占有和追逐。法兰克福学派站在"精英主义"的立场上对消费社会的生活景观和政治图景进行了激烈的批判。法兰克福学派的一些领军人物,如霍克海默、阿尔多诺、马尔库塞以及弗洛姆等认为,大众消费的本质体现了资本主义商品拜物教的逻辑,是生产领域异化渗透到社会生活和文化领域的结果。因此,人们的消费行为是一种"虚假需要"的满足。在这种虚假需要中,人成了单向度的人。

进入20世纪六七十年代,社会学界兴起了对消费问题的研究,并取得了一些重要的成果。在这时期作出较大理论贡献的代表人物主要有波德里亚、丹尼尔·贝尔、布迪厄和费瑟斯通等。

(一)波德里亚与符号消费

法国著名社会学家、后现代理论家波德里亚(Baudrillard)在消费问题研究上的突出贡献在于他开创了符号消费的研究视角。波德里亚在其《消费社会》一书中认为,人类社会在经历了马克思所言说的前商品阶段、商品阶段和商品化阶段之后,将进入消费社会的阶段。在这一社会中,"在我们的周围,存在着一种由不断增长的物、服务和物质财富所构成的惊人的消费和丰盛现象……富裕的人们不再像过去那样受到人的包围,而是受到物的包围"[②]。面对这样一种新的生

---

① 王宁.消费社会学——一个分析的视角[M].北京:社会科学文献出版社,2001:206.
② [法]让·波德里亚.消费社会[M].南京:南京大学出版社,2001:1.

活景观,波德里亚提出了关于商品的四种逻辑:① 实际演算逻辑,即商品的使用价值;② 等同性逻辑,即商品的交换价值;③ 模糊性逻辑,即商品的象征交换;④ 差异性逻辑,即商品的符号价值。波德里亚认为,消费社会已经被物所充满,不仅如此,消费已经成了一种特殊的话语,成了一种神话。一个完全商品化的社会使消费者无法认清他们真正的需要,他们购买的不是商品的实质内容,而是代表着某种价值、阶层地位,是一种不存在的意象(image),一个拟像(simulacra)的概念。因此,"消费既不是物质活动,也不是富裕现象。它既不能根据我们吃的东西、穿的衣服、驾的汽车来界定,也不能根据影像和信息的视听实体来界定。消费是全部对象和信息的实际上的总体,操纵符号的系统化行为"①。

  传统意义上的消费主要是为了满足生活的需要,而在消费社会中,消费更多的是与符号价值和象征意义联系在一起。符号消费的特征就在于不是透过"优劣"的判断,而是以"好恶"的基准来从事消费的活动。人们消费的焦点已经由产品本身的物质性消费转移到社会意义及文化的消费。在符号消费中,商品原有的"自然"使用价值消失了,变成了索绪尔②意义上的符号,其意义可以任意地由它在能指③的自我表现参考系统中的位置来确定。能指的自主性意味着通过诸如媒体与广告对符号的操作,使符号自由地游离物体本身,并运用于多样性的相关联系之中。消费社会由此变成了一个能指狂欢的社会。在这样一个社会中,由于大量消费影像的制造,造成了真实和影像之间的内爆(implosion),影像取代了真实,变得比真实还真实,于是,超真实将是人类在消费社会中不可避免的生存境遇。

(二) 丹尼尔·贝尔与资本主义的两重性

  丹尼尔·贝尔(Daniel Bell)是20世纪60年代以来美国最著名的社会学家之一。他对消费问题的研究,主要反映在1976年出版的《资本主义文化矛盾》一书中。在该书中,贝尔根据德国社会学家马克斯·韦伯和韦尔纳·桑巴特的思想,认为资本主义的精神实质应该包括"宗教冲动力"和"经济冲动力"的统一。这种统一构成了资本主义的文化起源和合法性基础。所谓"宗教冲动力",主要就是指马克斯·韦伯所提出的新教伦理。他认为,新教伦理的核心是一种特定的禁欲苦行主义,新教徒把此世的工作看做是一种赎罪,或者对自己作为上帝的选民对重建理想世界天职的一种履行或对自我身份的心理验证,这样就实现了新教伦理由理想状态到世俗的转化。但贝尔认为韦伯所重视的新教禁欲苦行主义仅仅是资本主义精神起源的一个方面。资本主义另外还有一个精神起源,那就是另一个德国社会学家韦尔纳·桑巴特所讨论的贪婪攫取性(acquisitiveness),即贝尔所谓的"经济冲动力"。贝尔认为,霍布斯的个人主义哲学和歌德笔下的"浮士德精神"就是这种贪婪攫取性的文化表现。我们通常所说的"企业家精神",同时体现了上述两个方面:一方面是"精打细算的谨慎持家精神",另一方面是认为"边疆没有边际"、"以彻底改造自然为己任"的不断开拓精神。④ 贝尔认为,在资本主义上升阶段,这两股力量纠缠难分,相互制

---

① Baudrillard. Selected Writings[M]. Cambridge:Polity Press,1988:21-22.转引自:胡金凤. 西方后现代消费思想述评[J]. 自然辩证法研究,2002(9).
② 索绪尔,瑞士语言学家,全名费尔迪南·德·索绪尔(Ferdinand de Saussure,1857—1913),现代语言学重要奠基者,也是结构主义的开创者之一。
③ 能指,索绪尔认为每一个语言符号包括"能指"和"所指"两个部分,"能指"是符号的物质形式,由声音—形象两部分构成。
④ [美]丹尼尔·贝尔. 资本主义文化矛盾[M]. 北京:三联书店,1989:29.

约。禁欲主义的宗教冲动力造就了资本者精打细算、兢兢业业的经营风范;贪婪攫取的经济冲动力则养成了他们挺进边疆、征服自然的冒险精神和雄心勃勃的精神风貌。

贝尔认为,这两种精神虽然都是资本主义的文化起源,但真正为资本主义提供合法性基础,或者说对资本主义行为行使"道德监护权"的,仅仅是新教伦理。经过对资本主义的文化矛盾的发展过程的分析,贝尔的结论是,原先赋予资本主义社会以合法性、行使对于资本主义行为的"道德监护权"的文化基础,已经瓦解了。到了 20 世纪,资本主义精神中相互制约的两种力量只剩下了经济冲动力。20 世纪初的新文化运动和分期付款、信用消费等享乐主义观念彻底击碎了道德伦理基础,将社会从清教徒"先劳动后享受"的价值观引向了透支购买、及时行乐的靡费心理。[①] 因此,贝尔认为,现代资本主义的文化特征就是自我表现和自我满足。这种文化特征的产生就是建立在"宗教冲动力"式微之后的消费主义的生活方式的基础之上的。

（三）布迪厄与消费的文化资本

法国社会学家布迪厄(Boudieu)在整合马克思、韦伯、康德等学者观点的基础上于 1984 年写出了《区隔:关于品味判断的社会批判》(以下简称《区隔》)一书。在该书中,布迪厄主要是从一种文化资本的视角来对消费问题进行研究。布迪厄认为,对于一个日益分化的现代社会,我们必须从经济资本、社会资本与文化资本这几个维度来进行考察。在这些维度中,文化资本无疑扮演着十分重要的角色。他认为,在当代资本主义社会中,生活方式和消费品味是由不同阶层的社会地位有等级地排列和决定的。布迪厄将不同阶层的消费模式与其拥有的社会和文化资本联系起来,提出消费既是建构社会身份的手段,也是文化场域内的符号斗争(也是权力斗争)的表现方式。他的主要兴趣在于分析那些新生的并拥有越来越多的文化资本的社会群体,如新兴的中产阶级和不断创造新的品味的小资产阶级等,考察他们生产文化符号的社会过程。[②] 布迪厄对消费研究的另一贡献是,他明确打破了审美消费与日常消费之间的界限。在《区隔》一书中,他以大量的实例说明了日常消费和审美消费同样都为消费主体拥有的社会和文化空间所制约。在这一全新的时代,人们对生活方式的追求已经让位于生活风格的选择。人们在日常生活中的消费斗争实际上成为寻求区隔(distinction)而展开的符号斗争。

从文化资本的视角出发,布迪厄认为,当今社会是一种"文化商品的经济"[③]。在这一社会形态中,对文化资本(身体化形态、客体化形态、制度化形态)的占有和炫耀成为大众消费的主要因素,甚至是压倒性的决定因素,而其中以身体化形态存在的文化资本尤其受到人们的关注。于是,人们的炫耀性消费发生了转向,即从炫耀金钱到炫耀品位的转变。布迪厄在《区隔》中还区分出了三种品位:① 合法品位,这是获取支配阶级中教育程度最高的集团成员资格的钥匙;② 中产阶级品位,普遍存在于中产阶级之中;③ 大众品位,普遍存在于工人阶级中,但与教育资本呈反相关。[④] 这三种品位的区分,主要就是建立在不同的消费内容和消费方式的基础之上。因此,消费主义的生活方式成了品位得以区分的重要手段。

---

① [美]丹尼尔·贝尔.资本主义文化矛盾[M].北京:三联书店,1989:113-124.
② Bourdieu. Distinction: A Social Critique of the Judgment of Taste[M]. London: Routledge, 1988: 128-359.
③ Ibid, p. 1.
④ Ibid, p. 14-18.

(四) 费瑟斯通与日常生活审美化

众多学者在论述消费主义及其生活方式时，都不可避免地遭遇"审美"问题。拉什通过具象的意指体系(figural regimes of signification)来表现日常生活的审美形式，认为大城市是自我陶醉的梦幻世界，不断变化的商品、形象与身体得以呈现的场所。杰姆逊将后现代体验表述为一种历史感的丧失、对裂变式精神紧张的体验以及时间碎化为一系列永恒的当下片段；波德里亚则描绘了一幅超真实的后现代生活景观。在这个社会中，实在与影像之间的界限已经消弭，符号的自我繁衍和增值创造了一个没有现实原型的影像世界，这使得日常生活以审美的方式呈现了出来。

在这些理论的启发下，费瑟斯通(Featherstone)提出了自己的"日常生活的审美呈现"(the aestheticization of everyday life)观点。他认为，所谓日常生活的审美呈现主要包含三个层面的意义：第一，作为一种艺术亚文化的日常生活的审美呈现，它主要指的是第一次世界大战后出现的达达主义、历史先锋派以及超现实主义运动。这些流派的作品所追求的根本价值在于消解艺术与生活之间的界限。为此，他们一方面消解传统艺术头上的神圣光环，另一方面则宣称艺术可以出现在生活中的任何方面。这些艺术亚文化所采取的各种策略和艺术技巧，已经被当前的消费文化中的广告和大众传媒所吸收。第二，日常生活的审美化还体现在把生活转化为艺术作品的各种谋划。当代都市街头绚烂夺目的霓虹灯箱、造型精美的广告牌、往来人群中迅速变换的色彩与风格都生动地展现了生活审美化后的种种特质。在这种生活景观中，现代人的典型形象就是"花花公子，他把自己的身体，把他的行为，把他的感觉与激情，他的不折不扣的存在，都变成艺术的作品"[①]。第三，也就是日常生活审美化的最为核心的特征就在于各种"充斥于当代社会日常生活之经纬的迅捷的符号与影像之流"[②]。在他看来，影像是一种视觉性意指体系。影像由于各种媒体、广告，包括生活中的种种时尚的泛滥而不断自我繁衍。影像在生活中的密度不断加大，渗透于日常生活的各个层面，使得影像获得了一种超真实的存在。这就意味着日常生活与艺术之间出现了更多的交叉地带。艺术可以不断地模仿复印生活中的消费品，反过来又运用这种新的风格塑造着后现代城市，使其空前的审美化了；而人的生活方式同样变得同艺术密不可分，不断变换的时尚与风格在塑造新的生活方式的同时也从中汲取源源不断的艺术灵感，这使日常生活看起来更像是一件艺术作品。因此，"绝不能把消费社会仅仅看做是占主导地位的物欲主义的释放，因为它还使人们面对无数梦幻般的、向人们诉说着欲望的、使现实审美幻觉化和非现实化的影像"[③]。因此，所谓日常生活的审美化，主要呈现的是一种身体美学，强调的是一种不同于康德传统的投入式的、感性直观的、及时的审美体验。这就构成了消费社会的审美价值和美学原则。

20世纪80年代以来，各种学术政治话语，如女权主义、新马克思主义、后现代主义以及符号学理论和方法等，都介入或被运用到消费社会的问题讨论之中，诞生了一批方法独特、观点新颖的论著，如凯尔纳的《批判理论、商品与消费社会》、詹明信的《后现代主义与消费社会》、豪格的《商品美学、意识形态与文化》、埃文的《消费影像》、鲍曼的《消费主义的欺骗性：鲍曼访谈录》、莫

[①] [英]费瑟斯通.消费主义与后现代文化[M].上海：译林出版社，2000：97.
[②] 同上，第98页.
[③] 同上，第98页.

利的《媒体研究中的消费理论》、坎贝尔的《购物、快感和性战争》等,①这些作品都从不同的视角对消费问题进行了独特的解析,令人耳目一新。

四、消费主义的伦理批判

消费主义思潮的形成,极大地颠覆了传统的价值观念。在消费主义带动下,人们乐此不疲地消费各种流行、新潮、时尚、标新立异的商品。人们的消费,不是为了满足自然的生理需要,而更多的是出于一种表现自我价值、自我品味、自我特性的驱动。这样,人们在无休止的消费中,陷入了由各种商品所象征的特定文化符号所编织的即时变动、更新的意义之网而无从逃逸。在现代消费社会,"……财富及物品同话语……构成了一个全面、任意、缜密的符号系统、一个文化系统,它用需求及享受取代了偶然世界,用一种分类及价值的社会秩序取代了自然生理秩序"②。商品的使用价值和交换价值已被其所代表的符号价值僭越,消费异化了,人在其中也异化了。丹尼尔·贝尔曾经指出,"更为广泛的变化是消费社会的出现,它强调花销和占有物质;并不断破坏着强调节约、俭朴、自我约束和谴责冲动的传统价值体系"③。这种价值观的颠覆,渗透到了社会生活的各个层面。人们的幸福、审美被赋予了新的内涵,而勤劳、节俭、永恒则成了被嘲讽和戏谑的对象。

(一)对幸福观念的颠覆

消费社会强调消费至上主义,将个人的幸福约简为消费的快感。消费就是一切,一切为了消费。"我所占有的和所消费的东西即是我的生存"④。个人的满足感、自尊感、优越感维系于对新潮商品的不断占有、不断更新、不断享受。然而,建立在欲望基础上的幸福是肤浅的、短暂的,从而是不可靠的。英国著名的经济学家舒马赫指出:人的需要是无穷无尽的,而无穷无尽的需要却只能在精神王国中实现,在物质王国是根本不可能实现的。被消费主义文化所蒙蔽的人,其试图用物质的东西来满足实质上是社会的、心理的和精神的需要的一切行为都只能是可悲挣扎,是徒劳,最终人将会被欲望追逐得越加疲惫,不知幸福为何物。⑤

另外,由于边际递减规律在消费过程的作用,人们从某物得到的享受将随物品的增多而减少。"尤其是当必要和合理的生活水平达到之后,物质消费在数量上的和质量上的持续提高与人的自我实现就没有太大的关系了。因为此时的自我实现所涉及的完全是无法用金钱来衡量和表达的。诸如探解奥秘的喜悦,理想目标的激励,对自然独特的审美体验,对生命价值的反思性感悟,对宗教终极关怀的依恋以及感受等精神现象,这一切都远远地超越了那种简单短暂享乐的欲望。倡导自主性消费的人们不一定有很多的金钱,但高度的自我发展以及从精神、自然、宗教、艺术中赢得的满足与充实构成了理想的人生状态。"⑥因而,在消费社会中,传统的幸福观被颠覆的同时,人的精神追求也就被放逐了,浪迹于多变的、不可靠的欲望之海,随时都有被吞噬的危险。陀思妥耶夫斯基在其《死屋手记》中曾写道:"把所有经济上的满足都给予他,让他除了睡觉、吃

---

① 莫少群.20世纪西方"消费社会"研究述略[J].淮阴师范学院学报,2005(2).
② [法]让·波德里亚.消费社会[M].刘成富,全志钢,译.南京:南京大学出版社,2001:70.
③ [美]丹尼尔·贝尔.资本主义文化矛盾[M].李小兵,译.北京:三联书店,1989:112.
④ [美]弗洛姆.占有还是生存[M].北京:三联书店,1989:32.
⑤ 蔡雪芹.消费异化与伦理失衡[J].绍兴文理学院学报,2003(1).
⑥ 甘绍平.论消费伦理[J].天津社会科学,2000(2).

蛋糕和为延长世界历史而忧虑之外，无所事事，把地球上的所有财富都用来满足他，让他沐浴在幸福之中，直至头发根；这个幸福表面的小水泡会像水面上的一样破裂掉。"① 这可谓道出了消费社会的幸福实质。

（二）对勤劳节俭的颠覆

在无休止的欲望消费中，人们崇尚的是消费的一次性，新潮成了消费行为的最大驱动。在这种消费大潮中，普遍弥漫着一股强烈的享乐主义思想，将人的欲望、本能推到了极端。个人对当下欲望的满足胜于对未来发展的规划设计，人与未来的肯定性关系被割断了，"只留下以关心当前的满足来掩盖的自恋人格"，而"当人们随着丧失对人类未来的信心也丧失从前对任何传统形式的宗教性信仰时，就会陷入及时享乐的境地"②。在这样的环境中，清教徒所珍视的勤劳、节俭、奋斗等价值观在消费社会中遭到了全面的颠覆和戏谑。"在第一次世界大战结束后的几十年里，以前一直占统治地位的那种占有观和占有心态几乎完全消失不见了。从前，人们总是把自己所占有的一切都保存起来，尽可能长久地使用这些东西。购买一件东西的目的是为了保留它。那时人们的座右铭是：'东西越旧越好！'今天，人们买来物品是为了扔掉它。今天的口号是：消费，别留着……今天的座右铭是：'东西越新越好！'"③ "今天，生产的东西，并不是根据其使用价值或其可能的使用时间而存在，而是恰恰相反——根据其死亡"④。节俭不再受到珍视，勤劳不再得到认可，剩下的就只能是大量的浪费与及时行乐的人生哲学大行其是。

（三）对审美趣味的颠覆

在消费社会中，人们的各种欲望是被大众传媒、广告以及"新的文化媒介人"大量制造出来。这种制造的过程实际上是一种意义转移的过程，即通过"拟像"（simulation）的形式，将物品与特定文化符号相关联，使得广告所呈现的商品具有一种超真实（hyperreal）的存在。"在这种超真实里，媒体不再是真实之镜，而是变成了这种真实，甚至比真实还真。"⑤ 因而，超真实的"超"就体现在它比真实还真。这种超真实的达成，源于模型的制造，即真实不是预先给定的，而是人为制造的。这种制造的结果是超真实取代了真实的状况，将真实纳入从属地位，并最终使其消失在超真实之中。

在由各种超真实所营构的消费空间中，真实与拟像的界限消弭了。传媒运作的结果是艺术与生活、高雅与大众、阳春白雪与下里巴人的界限通通不重要。超真实的模型在不断地被批量生产出来的同时，所有的深刻、意蕴、情趣、境界等审美趣味也就被消解了。取而代之的是各种类似、肤浅的简单复制。"在艺术中，与后现代主义相关的关键特征是：艺术与日常生活之间的界限被消解了，高雅文化与大众文化之间层次分明的差异消弭了；人们沉湎于折中主义和符码混乱之繁杂风格之中；赝品、东拼西凑的大杂烩、反讽、戏谑充斥于市，对文化表面'无深度'感到欢欣鼓舞；艺术生产者的原则性特征衰微了；还有，仅存在一个假设：艺术不过是重复。"⑥ 美不过是模仿。

---

① [法]让·波德里亚.消费社会[M].刘成富,全志钢,译.南京：南京大学出版社,2001：扉页.
② [美]格里芬.后现代精神[M].北京：中央编译出版社,1998：10-11.
③ [美]弗洛姆.占有还是生存[M].北京：三联书店,1989：77-78.
④ [法]让·波德里亚.消费社会[M].刘成富,全志钢,译.南京：南京大学出版社,2001：29.
⑤ 宋林飞.西方社会学理论[M].南京：南京大学出版社,2001：487.
⑥ [英]迈克·费瑟斯通.消费文化与后现代主义[M].南京：译林出版社,2000：11.

(四)对永恒经典的颠覆

由于消费社会中对消费即时性、一次性的吹捧,以及对消费炫耀性功能的欲求,文化消费的快餐性质便日益突出。其中,一个明显的现实是对经典文本的戏谑式解读,以满足那些不愿意劳神费力读原著,而又想求得一知半解以做谈资而标榜文化品位的人的需要。"一些经典的文学作品和戏剧被改编成电视剧,原先主张严肃艺术的作家开始以这样或那样的方式进入通俗电视剧写作行业,严肃音乐的某些片断用通俗音乐的演奏方式加以处理,或原本是'阳春白雪'的理论学术著作,被改编成学术'小品'或'散文',等等,都是这种现象的表现。经由大众文化的特殊处理,雅俗的界限自然而然地消失了。原本不流行不通俗甚至具有相当先锋性的文化对象,也就变成为大众易于接受的消费文化新产品了。在这个过程中,严肃文化失去了原有的语境,在大众文化新的语境中演变成失去某种固定特质的模拟之物,在一定程度上也就失去了它原有的文化品格(诸如先锋性、批判性和反思性等特征)。大众文化的这种改造,在另一方面也使原来局限于少数人的文化产品,变成大众可以消费的对象。"①这种去深度化的改编或戏说,在为名著赢得广泛的社会传播的同时,也扼杀了名著的经典性和永恒性。在各种戏说式的演绎过程中,经典的严肃性、深刻性被各种肤浅的"无厘头"搞笑闹剧所颠覆,丧失了其应有的历史厚度而流于庸俗,趋于沉沦和死亡。

(五)对可持续发展的颠覆

消费主义的甚嚣尘上对当前落实科学发展观,实现社会和谐、可持续发展带来了严峻的挑战。消费社会中,物品的符号价值僭越了其使用价值而在消费心理和行为中占据着统治地位。对个人而言,物的价值取决于该物与某一特定文化符号之间的意义关联。而这种意义关联的形成则在于一种人为的制造,具有明显的一次性特征。在资本逻辑的驱动下,新潮的商品总是层出不穷,制造了一系列的新的符号价值。这样,在使用价值没有发生衰败的情况下,由于与其所相关的符号价值已经式微,人们便毫不犹豫地抛弃物的使用价值而追求一种新的符号价值。这势必导致各种一次性消费所带来的对资源的极大浪费,造成环境污染。弗洛姆认为,消费异化一方面加强了接受型心理倾向(即消极被动地接受外界给予的一切),窒息人仅存的一点主动性和创造性,另一方面由于人们把消费当做目的,因此总是喜新厌旧,以至于忘记了在他自己国家里和更贫困的国家里还有许多衣食不济的人。② 这不利于和谐社会的建构。

五、学校德育如何面对消费异化的挑战

消费社会作为当代西方发达国家典型的生活图景所传递出来的生活气息对于落后贫穷国家的人民而言是难以理解和接受的。但是,随着第三世界国家经济的崛起以及西方文化在世界各个角落的渗透,这种消费主义思潮已经在一些先富起来的人群中日益流行。这一现象在中国东部沿海开放发达城市的表现逐渐明显,正改变着国人,特别是年轻一代的消费观念和消费行为。

当前,校园里的消费主义已经崭露端倪,并呈蔓延之势。据报道③,目前青少年在消费方面

---

① 周宪.中国当代审美文化研究[M].北京:北京大学出版社,1997:84-85.
② [美]弗洛姆.健全的社会[M].蒋重跃,等译.北京:中国文联出版公司,1988.
③ 郑学文.中小学消费教育滞后 学生不良消费令人忧[EB/OL].(2005-02-25). http://edu.beelink.com.cn/20050225/1791920.shtml.

呈现出以下特点：饮食消费跟着广告走，服装消费跟着名牌走，娱乐消费跟着新潮走，重复消费不再老土，等等，表现出了明显的符号价值消费、一次性消费、炫耀性消费等消费主义的特征。这些消费观念和消费行为，对青少年人生价值观的发展产生了较大的负面影响，容易导致其人生理想扭曲、劳动观念淡薄、审美品味丧失、环保意识不强等问题。而且，由于学生家庭背景的不一致，高收入家庭学生凭借着其消费实力而将家庭的身份、地位、声望、品位等阶层差异也带到了学校生活中。这就使得学生在学校中由于消费的差异而被划归为不同的群体，而占据主导地位的，永远是那些家庭经济实力雄厚的学生。这就给家庭条件比较落后的学生带来了极大的心理压力和自卑感。有调查表明[①]，同是大学生，城乡学生消费差别却非常大，城市学生每月最大花销为2000元，农村学生最少的仅为180元。在消费目的上，农村学生只是为了满足基本生存需要，而城市学生却更注重精神消费，尤其是名牌消费。面对这一现实，学校教育，特别是德育该如何应对？

诚然，学生消费观念和消费行为的改进，有赖于整个社会良好消费风气的形成，有赖于家长正确消费行为的示范，也有赖于青少年同伴群体健康消费文化的形塑。在当前消费主义弥漫的社会氛围中，期待学校德育单枪匹马承担起青少年正确人生价值观培养的重任是苛刻的，也是不现实的。然而，这并不等于学校德育可以以此为理由推卸自己的教化责任，放弃自己对社会环境所具有的主体能动性。在消费异化这一社会现实面前，学校德育所进行的消费教育不应囿于当前简单的、技术层面的理财教育，而应从人生价值观的角度，赋予消费教育以正确幸福观、审美观、科学发展观的价值引导，使学生的消费达到合规律性与合目的性的统一。这就需要培养和提高他们在消费实践活动中的价值自觉能力，即在对符号消费的本质的认识和把握的基础上，通过自觉的批判性反思，主动、理性、积极的抵制和消除各种欲望的诱惑，立足现实，吸纳符合时代精神的价值观念，追求自我真善美的统一。为此，应该努力培养青少年做到以下几点。

第一，能够分辨真实需要和主观欲望的不同，学会对非理性的欲望加以自觉的控制。需要是维持某种生存质量、满足某种生活要求的客观标准（如水、空气、食品、衣物、住宅等），具有客观性、层次性和递进性等特征。而欲望更多的是一种主观的、感觉到的并常常是强烈的希望、愿望和倾向，具有主观性、无限性、想象性和可塑性等特征。符号消费甚嚣尘上的奥妙即在于它借助大众传媒的力量，不断刺激和塑造人们的消费欲望，僭越了需要的范畴而成为人们消费行为的主宰者，使人在真实需要和虚假需要之间乱了阵脚。青少年好奇、冲动、易受暗示等心理特点使他们更易于被这种符号消费所制造的各种欲望所俘获，深陷其中而难以自拔。因此，如何分辨真实需要与主观欲望的不同，对于青少年的理性消费，自我认同的形成具有十分重要的意义。

第二，能够分清真实自我和想象自我的关系，学会从社会实践和社会关系中定位自我。人在其本质上是各种社会关系的总和。真实的自我只存在于人们在社会生产实践中由各种经济、政治、文化等社会关系所结成的网之中。脱离真实生活建构自我必然是虚幻的。而符号消费则往往通过向人们许诺各种"看起来很美"的身份地位，将人们从真实的生活世界之中抽离出来，抛甩到由各种符号所营造的虚幻世界之中，驱使人们通过疯狂的消费建构一个个自以为是的自我。殊不知这种想象中的自我割断了与现实的内在关联，犹如阳光下的肥皂泡，虽然绚烂至极，但一

---

① 党晓梅. 大学生消费"两极分化"城乡学生消费差别过大[EB/OL]. (2005-06-29). http://news.163.com/41201/5/16HBI6170001122B.html.

旦回归生活的真实阳光,便会灰飞烟灭,剩下的只能是自我深层的无根感和漂泊感。当代青少年的社会化过程是在一个权威性价值缺失、多元价值并存,以及传统与现代、后现代杂糅相生的社会转型期进行的,诸种性质有别、特征各异的因素共时态地影响着他们的价值观念和行为规范,造成了他们心理上的无所适从,不可避免地会引起处在自我同一性发展重要阶段的青少年的某种不确定感,进而可能导致其在心理上出现迷茫、孤独和困惑。而此时符号消费所宣扬的价值暗合了他们内心深处对自我身份感的渴望,他们弃现实而沉溺于幻想,希望通过符号消费的意义联想来获得自我认同的价值支点。但是这样的联想换来的只是暂时的欢乐和快感。回到现实,这一切的虚幻都化为乌有,伴随他们的将是来自心灵深处的超现实性与其生存空间的现实性的矛盾的更强烈的"痛"。因此,如何使青少年的自我认同建立在一种具有稳定价值内核的现实基础之上,抗拒虚幻缥缈的符号的诱惑,回归具有意义感的真实人生,对于他们正确认识自我的现实性具有导向的作用。

第三,能够对人生进行自我赋值,确立自我的价值主体地位。青少年在符号消费的过程中,往往表现出一种价值追求的自发状态,将个人对价值的判断、评价、选择交由外在的资本逻辑的控制。而资本逻辑所遵循的是利润最大化原则,它势必要将人们的消费行为纳入其资本运行的轨道之中。因此,当他们在追求商品所指涉的符号意义时,实际上也就认可了与这种追求相一致的价值观——享乐主义。"它倾向于把丰富多彩的、有深度的和有意义的生活空虚化……没有为英雄主义、贵族的德性、生活的高级目的或值得为它们而死的事情留有足够的空间……没留下任何能够给生活以深刻而又强有力的目的感的东西;激情失落了……生命除了'可怜而又可鄙的舒适',没有留下任何渴望。"这种自发状态的价值追求,使青少年囿于眼前的、直接的、近期的感官快乐或物质功利,难免会损害其长远利益、整体利益、他人利益。具有这样价值追求的人,缺乏自我批判和社会批判的能力,不可能对自己的人生定位给予自觉的关照,容易丧失生活的自我感和意义感,成为商品社会中"单向度的人"。因此,青少年必须确立自我的价值主体地位,通过对各种生活方式进行自主的澄清、分析、推理、鉴别、抗御、应用与创新,赋予生活以自主的、积极的、符合时代精神的价值品味,从而提升自我的内在深度感、责任感和使命感。这是造就一个社会的、历史的、现实的自我的必由之路。

消费主义的生活方式作为当代西方发达国家的重要生活标识,正日益渗入各个国家,变成了一种意识形态主宰着人们的消费行为,进而将人们对幸福、审美、社会发展等关乎人生、社会生存与进步的重大而玄远的问题的思考和体认纳入到了无穷无尽的商品消费之中。这一问题在我国也初露端倪。面对这一消费主义思潮的冲击,学校教育,特别是德育需要做的事情很多。以上对问题的分析和思考只是初步的、探索性的。随着我国经济持续发展所带来的人民收入的提高和产品的丰富,这一问题将变得更加突出、复杂。德育理论工作者应对这一问题予以必要的关注,为学校价值引导提供适恰的理论依据。

第四节 反全球化思潮

从某种意义上来说,整个人类的发展史就是一个不断全球化的过程,所以我们可以把全球化看做是一个客观的历史进程。在这个过程中诞生了两种对全球化的主观反映:全球化思潮和反全球化思潮。反全球化思潮大体经历了贸易保护理论→依附论→世界体系论→陷阱论→拒斥论/反全球化论这样的理论发展轨迹。目前,反全球化思潮有新左派思想、贸易保护主义和民族主义,以及一些其他思想流派。反全球化思潮发展尚不成熟,还未形成完整的理论,其表现是门派五花八门,目标不统一。它的广泛传播一方面提高了当代青年的民主和环保意识,但另一方面由于它的理论缺陷却未能给在全球化过程中利益受损的青年以明确的出路。

一、什么是反全球化思潮

(一) 全球化

关于"全球化"一词,学术界也多有探究,主要有四种说法:其一,"全球化"这一概念最早出现在美国人瑞瑟和戴维斯于1944年出版的一本小册子里,直到1961年被著名的韦伯斯词典收录;其二,"全球化"最早在20世纪60年代由"罗马俱乐部"提出来;其三,"全球化"作为一个概念术语最早是由 T. 莱维(T. Levitt)于1985年提出。莱维在其题为"市场的全球化"一文中,用"全球化"这个词来形容此前20年间国际经济发生的巨大变化,即"商品、服务、资本和技术在世界性生产、消费和投资领域中的扩散";其四,"全球化"最早应用于国际经济学,它由"一体化"转变而来。

全球化的内容也随着全球化的不断扩展和深入而变得更具多样性、层次性。比如,英国学者爱德华·S.赫尔曼在其《全球化的威胁》中从全球网络的广度、全球相互联系的强度、全球流动的速度和全球相互联系的影响等四个维度描绘了全球化的历史形态;同时根据基础设施、制度化、分层化以及交往方式四项指标对全球化进行定性定量分析。他将当代全球化的主要内容概括为:资本全球化所引发的政治全球化、军事全球化、贸易全球化、金融全球化、跨国公司与生产的跨国化、全球迁移、文化全球化以及环境全球化。弗里德里克·詹姆逊在《论全球化的影响》一文中探讨了技术的、政治的、文化的、经济的、社会的五种不同形式上的全球化。国内学者文军在《全球化概念的社会学考评》中从社会学角度对全球化的内容作出如下理解:全球化就是指以全球意识为基础,以人类共同利益为目标,以科技进步和经济发展为动力,在全球范围内展现的涉及政治、经济、文化、社会等各个领域的人类社会整体化、多样化、依存化、关联化的客观历史进程和趋势。这一概念既抓住了全球化的本质特征,又较好地区别了其他与全球化相近的术语,在理论和实践上具有一定的启发和参考价值。更有学者分别从广义和狭义两个角度理解全球化,如徐艳玲在《全球化、反全球化思潮和社会主义》一书中认为所谓的狭义的全球化是指孤立的地域国家走向国际社会的进程;所谓广义的全球化是指在全球经济、文化交流日益发展的情况下,世界各国之间的影响、合作、互动愈益加强,使得具有共性的文化样式逐渐普及推广成为全球通行标准的状态和趋势。

全球化的本质也是学术界争论的热点问题,主要有以下几种观点:其一,将全球化本质归结为世界各国之间的相互依存,是西方主流定义的方法陷阱。其二,全球化的本质是生产力和生产关系在全球维度的扩展。其三,全球化的本质是西化、资本主义化。其四,全球化的本质是美国化。这几种观点分别从不同的角度出发对全球化的本质作出了比较深入的归纳,具有一定的合理性。但笔者认为全球化仍然是一个进行式,对它的本质还需要更加深入的调查和探讨。

总之,全球化是一个客观的历史进程,人类社会的发展过程也是这个进程不断推进的过程。在这个过程中,与之相伴出现了全球化思潮与反全球化思潮两种相反的主观反映。

（二）全球化思潮

对于全球化进程及其带来的后果，有人说好，有人摇头。有人认为全球化带来的利大于弊，认为全球化是人类社会发展的必然趋势，任何一个国家或民族的生存和发展都离不开全球化，并且尝试从不同方面证明全球化的必然性，从而对全球化进程做出了肯定的主观反映，这便形成了一股全球化思潮。

这股思潮认为，全球化标志着人类历史的一个新时代，在这个时代，包括民族国家在内的各种旧的制度在经济全球化面前或者完全过时或者正在失去存在的基础，市场成为决定和解决所有问题的唯一力量。这种全球化思潮主要体现在以下几种理论中，如福山的"历史终结论"，欧文的"民主和平论"，詹姆斯·罗斯诺的"全球化动力说"，赛义姆·布朗的"全球化结构说"、"全球化秩序说"，托马斯·弗里德曼的"全球化体系说"，罗伯特·基欧汉和约瑟夫·奈的"全球化比较观"，肯尼思·华尔兹的"全球化治理论"，等等。

（三）反全球化思潮

同全球化思潮一样，反全球化思潮也是对全球化进程的一种主观反映，所不同的是，反全球化思潮从否定的一面对全球化进程做出了主观反映。反全球化思潮伴随全球化的出现而出现，并随着全球化的发展而不断发展。到20世纪90年代，新一轮的反全球化运动又为反全球化思潮提供了新的"气候"、"土壤"和"肥料"，出现了一些新的思想和观点。

目前，国内外对反全球化思潮主要有以下几种理解：西方左翼思想家认为反全球化实质上就是反对资本主义；另有一些学者认为反全球化代表了"弱势与受害群体对全球化所带来的世界难题、阴暗或黑暗面的揭露，是对全球化的强势压迫的抗争，是对全球化的所谓不可规避性的挑战"。而且他们还认为"正如全球化思潮沉沦为意识形态，对全球化负面效应的过分渲染而自我膨胀的反全球化思潮同样有可能上升为新的意识形态，成为抵制人类历史进程的借口和抑制社会开放、改革和创新的枷锁"[1]。还有学者认为反全球化就是反对跨国公司的扩张，积极抵制因将国内市场卷入全球经济浪潮而带来的越来越严重的不平等及两极分化。最后，认为反全球化就是反西方化、反美国化，保护本国、本民族特色等也是反全球化思潮的一种。

所以，综合上述几种观点，可以将反全球化思潮理解为这样一种社会意识运动，它主要以反全球化运动为依托，揭示全球化所带来的负面问题，主要包括对资本主义的政治反抗运动，反对跨国公司的全球扩张，反对美国的霸权主义，反对不平等和两极分化等几个流派，它是现代科技发展的一种另类产物，是解构西方主流话语系统的一种表现，是全球化矛盾和冲突运动，也是一种试图解决全球化问题的意识运动形式。[2]

二、反全球化思潮产生的背景

反全球化思潮与反全球化运动有着特殊的关系，两者的产生很难用"先有鸡还是先有蛋"式的思维方式区分时间上的先后，而是有着共同的"气候"、"土壤"和"肥料"。下面我们从国际环境、社会需求、科技发展三个方面来分析其产生的背景。

---

[1] 郑一明，李智. 世纪之交的反全球化思潮及其对全球化的批判[J]. 马克思主义研究，2006(4).
[2] 徐艳玲. 反全球化思潮的多维透视[J]. 中州学刊，2007(2).

（一）国际环境

世界经济与政治格局的剧烈变动是反全球化思潮产生的时代条件。苏联解体,冷战结束后,原先被两个阵营对峙所掩盖的发达国家内部的矛盾开始凸显。美国奉行单边主义,引起一些欧洲发达国家的不满和发展中国家的愤慨,这是反全球化思潮产生并发展的政治背景。经济及技术方面,以市场经济为特征的新一轮全球化飞速发展,跨国公司在全球范围内扩张,在呈跳跃式发展的信息科技革命的协助下,商品、资本、人才实现跨国自由流动,生产资料在世界范围内优化配置,产业结构发生巨大变化,一些落后产业及从事落后产业的群体受到严重冲击,极大的失落感和生活质量的下降引发了他们的不满,因此他们纷纷走上街头,自20世纪90年代开始形成了一浪高过一浪的反全球化运动,为反全球化思潮的发展壮大提供了实践基础。表7-1中是近十多年来发生的反全球化重大事件。

表7-1 重大反全球化运动事件一览表

时间	事件
1996年	2月,当亚欧会议在泰国曼谷召开时,有一千多人在会议附近的广场上举行静坐示威,抗议会议的召开,反对贸易自由化和经济全球化,呼吁解决贫困问题。
1998年	5月,关贸总协定在瑞士日内瓦举行成立50周年纪念活动,大规模的抗议活动干扰了会议的召开,使会议不得不草草收兵。
1999年	11月,美国西雅图爆发了反世界贸易组织的大型抗议活动。
2000年	10月,第三次亚欧会议在汉城召开,遭遇两万人的反全球化示威。
	12月,欧盟尼斯首脑会议,5万多名示威者在会场外游行,24名警察在冲突中受伤。
2001年	7月,热那亚八国首脑会议,15万人参加游行,冲突中1人死亡,3000多人受伤。
	11月,世贸组织多哈会议,印度3万农民集会,抗议WTO不利于发展中国家的规则。
2002年	9月,华盛顿西方七国财长会议,示威者打砸花旗银行总部,冲突中600多人被捕。
2003年	8月,世界贸易组织在墨西哥举行贸易谈判前夕,约有15万名反经济全球化人士汇聚法国的阿韦龙省,举行为期3天的抗议活动。
	9月,墨西哥坎昆会议,约2500名反全球化人士举行了游行,并与军警发生冲突。一名韩国人自杀身亡,至少26人受伤。
2004年	5月,爱尔兰首都都柏林举行欧盟扩大仪式,约2000名示威者与警察发生激烈冲突。
	6月,汉城世界经济论坛区域会议,约1万名反全球化示威者与警方发生激烈冲突。
2005年	12月,世界贸易组织(WTO)第六次部长会议在香港召开,与此同时,香港掀起了超过5000人的反资本主义全球化大规模游行示威运动。
2007年	6月,八国集团首脑峰会在德国小城海利根达姆举行,数万民众在德国东北部举行大规模示威抗议。

由于反全球化运动自开展以来就呈波浪式发展,时断时续,而且到现在为止还是一个进行式,完全不同于以前有明显起点和终点的社会运动,比较有代表性的是发生在1999年的西雅图事件和发生在2001年的热那亚事件。西雅图事件成为"反全球化"的一个标志性事件,主要原因是参与人数众多,声势浩大,被称为"本世纪最大规模的激进政治反抗运动"。参与抗议的不仅有人权组织、环保组织和美国劳工组织,而且还有欧洲、拉美国家的非政府组织和大批反全球化积

极分子。在过去,有关金融、贸易方面的国际会议是很少引起抗议活动的,但在西雅图之后,这类会议"吸引了成千上万反全球化行动者的关注"。"反全球化运动"一词也是由此开始被媒体和学术界广泛使用。

案例展示

西雅图事件

  西雅图事件标志着反全球化运动的正式开端。1999年11月28日至12月4日,世界贸易组织部长会议在美国西雅图举行。会议期间,来自不同国家和地区的数百个非政府组织和5万多名抗议者举行了声势浩大的游行抗议活动。他们占据交通要道,阻止各国代表前往会场,并高呼着"关闭WTO"之类的口号。一些示威者砸毁了麦当劳店的玻璃,并与警察发生了冲突。警察动用了催泪瓦斯、橡皮子弹和装甲车维持秩序,但会议仍然无法正常进行。这次抗议作为一次标志性事件,通常被认为是"反全球化现象"的开始。这场反抗运动与反全球化思潮汇合,引起全世界的普遍关注,拉开了世界范围内反全球化运动的序幕。

热那亚事件

  热那亚事件是反全球化运动的转折点。活动中示威群众与警察发生冲突并导致一名青年死亡。经过这次事件反全球化运动的活动者在组织上、战略上不断调整,趋于正规化、制度化,组织意识增强,反抗形式日益多样化。

  2001年7月20日至23日,在意大利城市热那亚举行西方七个工业最发达的国家,美国、英国、法国、德国、意大利、日本、加拿大和俄罗斯的八国首脑会议。在会议之前,东道主意大利政府为了保证会议安全,采取了一系列防卫措施,会议期间,热那亚被划分为三种不同的区域:第一种是以首脑聚会所在地公爵府为中心的面积约4平方公里的"红区",出入该区域必须持有特许通行证;第二种为"黄区",即红区外一个较大的缓冲地带,区内严禁举行任何形式的抗议活动;再往外才是居民正常生活不受限制的"自由区"。

  在市中心的主要街道设立红色禁区,用混凝土筑成高墙封锁街区,下水道全部焊死。在主会场,用高达4米的铁栏围起来。还动用2万名军警便衣,配备了催泪弹、高压水枪、盾牌、警棍等。意大利军方甚至部署战斗机、驱逐舰、地对空导弹。在会议前几天,热那亚当局关闭了火车站、机场,停止地铁营运,还停止执行欧共体公民可以自由入境条约。出入港口的船只必须在指定的码头停泊。为确保与会各国领导人的安全,政府花巨资为与会领导人租了一艘豪华大游轮——"欧洲梦幻"号,大部分首脑在会议休息期间将登船离岸,在船上下榻。所有这一切防卫措施,使这座闻名遐迩的古老海港城市变成了一座孤零零的"死城"。但这一切仍然阻止不了在八国首脑会议之前,便有来自世界各地,代表多达324个民间群众组织的10万以上的群众集中到了热那亚。7月19日起便开始了对八国首脑会议举行声势浩大的抗议示威活动。他们自称"西雅图人",发誓要以各种手段,包括暴力活动,使会议像1999年的西雅图世界贸易组织部长级会议一样,以失败而告终。热那亚市民们因此纷纷"出逃",或探亲访友,或提前休假。特别使八国首脑惊异的、万万没有料想到的是这些到热那亚来参加抗议示威的群众已组成名为"热那亚论坛"的临时机构,负责领导、指挥和协调群众的抗议示威活动。这就使本来是分散的各自为政的群众抗议示威活动,汇合成为浩浩荡荡的大军。

八国首脑会议举行3天,十多万人的抗议活动也进行了3天。在八国首脑会议的头一天(即7月20日)下午,示威群众同军警发生冲突,有一名叫朱利亚尼的年仅23岁的意大利青年被警察开枪打死,总共有184人受伤,其中示威群众114人,记者10人,警察60人;有56名示威者被警察逮捕。第二天,15万群众再次走上街头,抗议警察滥用暴力,枪杀示威群众,他们臂带黑纱,愤怒的群众沿途向军警高喊:"凶手""凶手"。这位青年后来被称为"反全球化运动的在资本主义国家的第一位死难者"。激进的反全球化者认为,这是"资本主义向工人阶级和青年人宣战"的标志。示威者再次与军警发生冲突,警方用高压水枪、催泪弹来对付群众,有200人受伤。22日清晨,意大利警方突击搜查示威群众组织设在一所学校里的总部,带走了一批计算机磁盘,有6人受伤,15人被捕。① 在会议举行期间,"八人开会,两万人保卫,十万人抗议"——这成了媒体的醒目标题,打出了"全球化导致贫困"的横幅,美联社热那亚7月21日电称:这次八国峰会是"一次被抗议活动搅得乱七八糟的最高级会议"。如今,维持国际会议秩序已经成为会议举办国的一大难题。

反全球化运动波澜壮阔的发展,震撼了全世界,使反全球化的态度、情绪、口号等的影响遍及世界各地,深入人心。即使是不赞成反全球化运动的人,也不得不关注它的话题,正视这一运动的存在和它的力量。这些从心理上和舆论上为反全球化思潮的传播创造了适宜的环境条件。

(二) 社会需求

不可否认,20世纪90年代以来的全球化给人类社会发展带来了前所未有的成就,但是全球化的负面影响也是不容忽视的。这主要表现在以下几个方面:其一,发达资本主义国家是这一轮全球化的主要倡导者和推动者,也是其中的最大受益者。而广大发展中国家在利用机遇和经受挑战的过程中承受着更大的不确定性和风险,发展中国家对发达国家的依附性不断增大,因此广大第三世界国家要求改变这种不合理的国际政治经济秩序,呼吁建立新的国际政治经济秩序。其二,全球化对国家主权提出了挑战,不同程度地削弱了国家的经济、政治、文化主权,不仅是第三世界国家,甚至欧洲的发达国家同样受到了这种影响。有西方学者认为这一轮全球化实质上就是美国化,因此保护本国、本民族的个性特色的要求被提上日程。其三,在这次全球化浪潮中,钢铁、机械、煤矿等产业迅速衰退,信息技术等产业迅速兴起,产业结构变化快而大,给从事这些产业的群体带来极大冲击。他们将原因归咎于全球化,要求改变现状。这是反全球化思潮产生和发展的主要社会需求来源。其四,全球化还带来了南北差距扩大、失业与难民、艾滋病和毒品、债务与粮食危机、文化发展与人的发展等社会问题,以及人口爆炸、环境污染、生态失衡、资源危机、战争与核扩散、恐怖主义等一些需要各国的共同努力才能解决的问题。这些不可忽视而且亟待解决的负面问题迫使在全球化进程中利益受损的人群将自己的不满直接付诸于直接行动,一浪高过一浪的反全球化运动为反全球化思潮不断提供新的"养料"。基于对反全球化运动迅速发展的思考,各国学者从更广泛的角度对全球化进行反思,形成了反全球化思潮。

(三) 科技发展

信息技术革命带来的互联网普及,使得反全球化的抗议活动在网络的帮助下变得组织更加

---

① 中国新闻网.八国高峰会行将结束 意大利警方突袭反全球化运动组织总部[EB/OL]. (2001-07-22). http://news.sohu.com/63195/news145959563.shtml.

快捷、高效,规模宏大。这一点似乎与反全球化思潮之间不存在直接关系。但是考虑到社会运动与社会思潮的关系,我们不难发现,科技发展对反全球化思潮的作用也不可忽视。因为,目前看来,反全球化思潮和反全球化运动呈互补发展的趋势,反全球化运动的发展壮大必然会为反全球化思潮的成长提供丰富的"土壤"。

网络已经成为反全球化人士进行宣传、联络、组织抗议活动最便利、最重要的工具。例如,国内学者徐艳玲在其《反全球化思潮的多维透视》一文中就讲道:"难怪来自全球各地的不同肤色的人们,尽管他们在民族、宗教上没有共同的认知,却可以在转瞬之间集聚到西雅图、悉尼达沃斯、布拉格或尼斯来跳'街舞'。这些来自'五湖四海'的全球化的'弱势群体',排着整齐的队伍,高举红旗和马克思、列宁、毛泽东、卡斯特罗的画像,用不同的语言喊出抗议和反对全球化的口号,使原本分散的反全球化运动形成了一种'超越国界的集体抗拒形式',它可以'同时占据地方、全国、跨国和全球的空间'。"①

三、反全球化思潮的发展脉络

"反全球化思潮"是对全球化进程的一种主观反映,所以它的理论渊源就要沿着全球化来追溯,据笔者目前掌握的资料来看,反全球化理论大体经历了这样一条发展轨迹:

贸易保护理论→依附论→世界体系论→陷阱论→拒斥论/反全球化论

贸易保护理论与反全球化有着天然的联系。贸易保护理论产生于19世纪20年代,由德国资产阶级经济学家费里德里希·李斯特(Friderich List,1789—1846)提出。他认为:不应忽视国家的作用和不同国家经济发展的民族特点,并竭力反对自由贸易政策,主张实行保护关税制度。贸易保护理论发展到今天,主要依靠的已经不是关税,而是非关税壁垒、汇率战和组建区域性经济集团。当前,发达国家各种非关税壁垒种类繁多,设置精巧。它们一方面设置技术等级、卫生标准等形式的准入障碍;另一方面,不断利用世贸组织的法律条款,借反倾销、反补贴之名,频频实行贸易保护主义。②

依附理论是60年代初期至70年代中期在拉丁美洲产生并发展起来的,研究当代资本主义资本积累运动在不发达国家的特殊表现形式的一种理论。这一理论的一个重要特点是从资本主义体系中外围国家的角度研究帝国主义问题,认为帝国主义现象包含了相互联系、互为条件的两个方面:向外扩张的经济中心和作为扩张对象的附属国;帝国主义理论只是研究了帝国主义中心的扩张过程和对世界的统治,依附理论则研究这种扩张的后果,即垄断资本主义的世界性扩张对外围国家经济和社会结构变化的影响以及外围的变化对资本积累总进程的影响。

依附理论大体可以分为"依附论"和"结构主义依附论"两大流派。"依附论"主张通过社会革命改变内部结构来实现经济的自主发展;"结构主义依附论"则主张通过国家计划干预和民众参与改革国内和国际不合理的经济结构,来实现资本主义体系内民族经济的自主发展。③

沃勒斯坦的世界体系理论(world system theory)作为一种理论和方法主要兴起于20世纪

---

① 徐艳玲.反全球化思潮的多维透视[J].中州学刊,2007(2).
② 古晶.反全球化理论基础评析[J].理论学刊,2002(4).
③ [英]安德鲁·韦伯斯特.发展社会学[M].陈一筠,译.北京:华夏出版社,1987.

70年代的美国,其主要标志是美国纽约州立大学伊曼纽尔·沃勒斯坦(Immanuel Wallerstein)于1974年出版的《现代世界体系(第一卷):16世纪资本主义农业和欧洲世界的起源》。这种理论和方法是西方学术界继20世纪五六十年代现代化理论之后出现的一种新理论和新方法,其影响遍及政治学、经济学、社会学、历史学以及地理学等主要社会科学领域。依附理论和世界体系理论以不同的理论形式批判发达资本主义国家对落后国家与地区的剥削与掠夺。

陷阱论的代表作是两部德文名著《全球化的十大谎言》和《全球化陷阱——对民主和福利的进攻》。这两本书批判全球化带来的负面效应,指出许多经济活动"仅使那些已经享有特权并且主宰世界经济的国家受益,代价却由发展中国家,特别是由它们当中最穷的国家承担"①。

拒斥论是指20世纪90年代形形色色的反全球化理论观点,其作品有:《全球化是帝国主义的变种》、《涡沦资本主义》、《从金融资本到全球化》、《全球化的威胁》等。这些作者强调全球化是帝国主义的代名词,在不同程度上代表了拒斥全球化的主张。从90年代末开始,全球化问题取代后现代理论,逐步成为新的理论热点。西方左翼理论家,包括原先著名的"西方马克思主义者"如哈贝马斯、佩里·安德森、反新自由主义斗士诺姆·乔姆斯基、法国学界首领皮埃尔·布迪厄、美国知识界思想领袖杰姆逊,等等,都倾注大量心血研究全球化发展新趋势,纷纷著书立说参与讨论,形成了当今的反全球化理论。②

如上所述,反全球化思潮是大体按照依附论→世界体系论→陷阱论→拒斥论/反全球化论这样的理论轨迹发展而来的。随着反全球化思潮的不断发展,民族主义理论和可持续发展理论等也已经充实到它的理论支撑中来。其中民族主义者认为发达国家鼓吹的全球思维,表面上主张全球共同繁荣,全人类的利益高于一切,其实质是西方发达国家推行霸权主义的工具,其目的是为了弱化发展中国家的主权,从而使其成为西方发达国家的附庸,实现自己独霸全球的目的。而可持续发展理论则突出强调经济的增长和人类福利的增进不能脱离和损害自然生态与自然资源的基础等。③

四、反全球化思潮的代表人物及观点

反全球化思潮大体分为以下四个流派。

(一)西方新左派

新左派学者认为全球化等于新帝国主义。新左派的主要观点是将今日的全球化等同于帝国主义化、西化和中世纪主义。他们认为今日的全球化就是资本主义的胜利,其结果必然是不公正、不公平的两极分化。其代表人物有:

诺姆·乔姆斯基(Noam Chomsky),当代杰出的语言学家、哲学家、思想家和政论家,他的"转换—生成"语法理论堪称语言学界的革命,是当代反对西方霸权主义的泰斗,并因此被誉为"最伟大的持不同政见者"。数十年来,他一直出于知识分子的良知,坚持批判西方的新自由主义和民主制度的伪善,尤其是批评西方大国(特别是美国)的霸权主义行径。每当国际政治格局发生重大变化时,西方知识界往往率先关注他的表现。例如"9·11"事件之后他接受了几乎所有世

---

① [德]格拉德·博克斯贝格,等.全球化的十大谎言[M].北京:新华出版社,2000:143.
② 余文烈.反全球化思潮的性质[J].科学社会主义,2003(1).
③ 古晶.反全球化理论基础评析[J].理论学刊,2002(4).

界著名媒体的专访,对美国政府的外交政策予以严厉的批评。他对时事精辟独到的见解、对美国政治入木三分的批判,一直受到西方政治界和知识界的极大关注,他的著作也在西方知识精英群体中拥有广泛的读者和支持者,曾被称为"反全球化运动的导师"。相关著作有:《世界秩序,新与旧》(1997年)、《凌驾于人民之上的利润:新自由主义和全球秩序》(1999年)。

罗伯特·麦克斯切尼,美国左翼学者,他曾引用托马斯·弗里德曼的名言揭示了新自由主义的政治本质:如果没有一个看不见的拳头,市场这只看不见的手永远也不会奏效。有把握使世界接受硅谷技术的看不见的拳头就是美国的陆军、空军、海军和海军陆战队。他还告诫我们:我们需要明白,实现自由主义的全球化是以美国军国主义为前驱的。相关著作有:《全球传媒体系与新自由主义、文化帝国主义》(2001年)、《全球媒体——全球资本主义的新传教士》(2001年)。

乌尔里希·贝克(Urlich Beck),德国左翼学者,著名社会学家,著有《风险社会》(1992年)。

海因兹·迪德里齐,墨西哥著名学者。他认为,其实在全球资本主义内,经济、政治和意识形态都处于动荡中,"资本主义如同癌症一样,是一个系统问题,而不是一个地方性问题";而且"存在着取代资本主义的全球社会蓝图:"一个既没有资本主义、也没有市场,既没有镇压工具的国家、也没有冷漠的社会";"一个全民共享文化的社会"。① 著有《全球资本主义的终结:新的历史蓝图》(2001年)。

曼威·卡斯特(Manuel Castells),英国著名的社会科学家。他认为反全球化就是"反对全球化、反对处于改造中的资本主义、反对资本主义的组织网络、反对失控的信息主义和资本主义家长制"的社会运动。

英国学者罗伯逊等人也持同样的观点:这场反体系运动是资本主义制度的产物。它在资本主义社会的各种矛盾中形成,它渗透着对资本主义制度各种各样形而上学的假设,还受到资本主义制度运行机制的限制。它并不是由上帝派来的能够自由漂浮的复仇天使,它是现实世界的真实写照。②

类似的观点还出现在诸如美国学者戴维· 施韦卡特的《反对资本主义》、法国学者米歇尔·阿尔贝尔的《资本主义反对资本主义》、英国学者约翰·格雷的《伪黎明——全球资本主义的幻象》、德国学者汉斯·彼得马丁和哈拉尔特·舒曼的《全球化陷阱——对民主和福利的进攻》、格拉德·博克斯贝格和哈拉德·克里门塔的《全球化的十大谎言》以及詹姆斯·米特尔曼的《全球化综合征》等著作中。

(二) 民族主义

民族主义的共同点是他们都认为全球化带来国家福利的损失和利益的丧失。民族主义的主要观点是经济全球化导致市场力量的失衡和失控,导致了世界经济的动荡和危机,扩大了不平等和两极分化,削弱了政府的宏观调控能力,造成了福利国家水平下降,破坏了民族国家的独立、主权和尊严,有时就连发达资本主义国家本身也会陷于经济动荡和危机而不能自拔。③ 其代表人物有:

---

① 迪德里齐,等.全球资本主义的终结:新的历史蓝图[M].徐文渊,译.北京:人民文学出版社,2001:97.
② Robertson, R. & White, K. E. Globalization: Critical Concepts in Sociology[M]. London: Routledge, 2003.
③ 李雪霏,董磊.对反全球化思潮的评析[J].经济与社会发展,2003(7).

达图·马哈蒂尔·宾·穆罕默德（Datuk Seri Mahathir Bin Mohamad），马来西亚前首相，认为全球化实际上是西方的"新经济殖民主义"。他认为，人民必定会走上街头反击，这只是个时间的问题。事实证明在西雅图会议的前三天，巴黎、里昂、马赛及斯特拉斯堡等十多个法国重要城市出现上万群众大规模示威游行，示威者打出标语，反对"世界商品化"，讽刺"经济世界化，利润私人化"。

穆罕默德·胡斯尼·穆巴拉克（Muhammed Hosni Mubarak），埃及总统。他认为全球化为发展中国家造成不平等，"现在是我们大家重新考虑整个地球走什么方向的时候了，全球化为穷国带来了灾难"。

菲德尔·卡斯特罗（Fidel Castro），第三世界反全球化的代表人物，古巴领导人。他提出过新自由主义全球化的替代方案，即"社会主义的全球化"。①

奥梅（K. Ohmae），美国政府组织和许多大公司的顾问。他认为现今无国界的全球化经济的寰宇内，民族国家作为有意义的参与单位的作用已不复存在。这个逻辑表现在政治和文化方面就是西方发达国家极力宣扬的全球化意识形态，主张全盘"西化"，在推行经济全球化的同时大力推行他们的价值观念与政治理念，企图以市场经济全球化带动西方的政治、文化的全球化。② 著有《看不见的大陆》（1990年）和《民主国家的末日》（1995年）等。

（三）反对全球化引起的弊病

在反全球化思潮中还有这么一派，他们并不认为反全球化是针对全球化本身，而是针对全球化引起的种种弊病和不满，如贫困、南北分化、人口爆炸、粮食短缺、地区冲突、大面积失业、福利下降及民主缺失、毒品、艾滋病、美国霸权、恐怖主义、生态失衡、能源危机、环境问题等事关全球安全、社会安全、环境污染及生态安全和资源短缺四个方面的全球问题。其代表人物有：

汉斯·彼得马丁与哈拉尔特·舒曼，德国著名记者。他们认为全球化实际上是一个可怕的陷阱，任其发展的结果一定是社会结构的全面崩溃，经济福利和社会保障不复存在，取而代之的是无法遏制的两极分化和社会不稳定因素的与日俱增。"这些政府在所有生死攸关的未来问题上只是一味地让人们注意跨国经济极其强大的客观强制，把所有政治都变成一种软弱无力的表演，民主国家便名存实亡了。全球化把民主推入了陷阱。"

他们合著的《全球化陷阱——对民主和福利的进攻》（张世鹏等译，中央编译出版社1998年版）是一部关于反全球化的力作，在各国都引起了极大反响。③

皮埃尔·布迪厄（Pierre Bourdieu），他被视为20世纪60年代以来对当代社会学有新贡献的著名学者，自1981年起担任法兰西学院社会学教席教授，法兰西院士，90年代以来公开支持国际反全球化运动。他痛斥全球化背景下的这种文化帝国主义是建立在强制基础上的一种符号强攀。比方说，"全球化"这个含混多义的词，说到底，无非是用经济宿命论来为美国的帝国主义行径装点门面，强化人们认可跨国家力量对比是天经地义的事情。布迪厄还指出，实施新自由主义伟大神话的直接后果是文化生产的自主领域由于商业价值入侵而逐渐被蚕食、萎缩，直至彻底沙

---

① [古巴]菲德尔·卡斯特罗.全球化与现代资本主义[M].北京：社会科学文献出版社，2000：103-104.
② 古晶.反全球化理论基础评析[J].理论学刊，2002(4).
③ [德]汉斯·彼得马丁，哈拉尔特·舒曼.全球化陷阱——对民主和福利的进攻[M].张世鹏，等译.北京：中央编译出版社，1998：12.

漠化,同时,人们都被迫认同道德达尔文主义作为一切行动的准则,而放弃了对诸如平等、公平、正义等其他更高尚的社会价值的诉求。这种道德达尔文主义狂热地崇拜成功者,凭借手中的知识特权,将一切人反对一切人的战争和愤世嫉俗的思想加以制度化。① 著有《论电视》(1996年)、《世界的贫困》(1993年)、《继承者》(1979年)、《区隔》(1979年)、《社会学诸问题》(2002年)、《再生产》(1970年)等。

戴维·科尔顿(David C. Korten),美国学者,研究全球化与发展问题的专家。他认为反全球化运动可以看成第四代人的人民运动。他指出,反全球化运动加强了被边缘化了的群体的政治经济权力,代表着一种根本性的推动力量,促使任何一种社会运动走向以人的发展为中心的路途上来;反全球化运动体现了这样一种亲和力,这种亲和力能够从根本上促使各种组织和社会运动展现出他们所共同关注的利益,从而将这种共同利益作为以人为中心的发展议程。它预示着这样一场全球性的人民运动,它有着持续的力量去从根本上挑战当今的全球资本主义并推动当代资本主义进行某种转型。著有《当公司统治世界》(1995年)。

戴维·葛瑞柏(David Graeber),美国耶鲁大学人类学博士。他认为反全球化不是反全球化本身而是反对全球化过程中出现的种种弊病,他对此表示忧虑和不满。他把反全球化运动定义为旨在反对新自由主义纲领统治的"全球化运动"。②

其他相关代表人物还有第三世界著名反全球化人士瓦登·贝洛(Waklen Bello),美国波士顿学院社会学教授、知名社会批评家查尔斯·德伯(Charles Derber),美国海洋生态学家蕾切尔·卡逊(Rachel Carson)以及加拿大女作家纳奥米·克兰(Nanmi Klein)等,其中蕾切尔·卡逊的著作《寂静的春天》,犹如旷野中的一声呐喊,是环保主义的一部经典之作。

(四)环保主义

环保主义是反全球化思潮的一支重要派别。环保主义者认为全球化造成了全球性的生态灾难。他们宣称经济全球化的增长效应大大增加了资源和环境压力,已经并正在造成全球性的生态灾难,从而在根本上对人类的可持续发展构成威胁。

相关链接

> 据世界自然保护基金会1998年的资料显示:1970—1995年,地球损失了1/3以上的自然资源;淡水指数降低了50%,海洋生态系统指数下降了30%;世界森林面积下降了10%,每年损失的森林面积相当于一个英国。尽管环境问题与全球化的关系不一定是直接的,但近10年加速的全球环境恶化却正好与加速的全球化同步,这不能不使人们把生态环境的恶化归咎于西方发达国家主导的全球化进程。

目前环保意识已经在全球化范围内广泛传播开来,不仅个体的环保意识普遍增强,而且群体的环保意识也已经凝聚成一股强大的力量。

---

① 郑一明,李智.世纪之交的反全球化思潮及其对全球化的批判[J].马克思主义研究,2006(4).
② 斯坦利·阿罗诺维茨,希瑟高特内.控诉帝国:21世纪世界秩序中的全球化及其抵抗[M].桂林:广西师范大学出版社,2004:24.

相关链接

绿 党

20世纪70年代,一股"绿色政治"的风潮在欧洲大陆兴起。到80年代初期,一场以市民为主体的绿色运动在西方国家勃然兴起。在广泛的群众运动的基础上,80年代在欧洲各国先后创建了绿色政治组织——绿党。

这场运动既包括生态运动、环境保护运动,也包括和平运动、女权运动以及生态社会主义运动。伴随着这场广泛的社会政治运动,一个新兴的政党——绿党出现了,它成为这场绿色政治运动的核心力量,并很快成为世界政党政治舞台上一个引人注目的党派。目前,在全球化的背景下,绿色运动方兴未艾,绿党组织和活动的影响力也在扩大。特别是在欧美国家,绿党的地位在世纪之交出现了相对上升的趋势。

到20世纪70年代末和80年代初,欧洲出现了一批环保主义政党。1973年在绿色政治的发源地欧洲出现了第一个绿党——英国的人民党。20世纪80年代欧洲各国也纷纷建立绿党,1979年西德环境保护者组成德国绿党。德国无论政府还是民间,都有着强烈的环保意识。每个政党都把保护环境作为重要纲领之一。他们必须这样做,因为环境政策的好坏是竞选得票多少的重要原因之一。在民间,活跃着数量众多的独立自发的环保组织。

1993年两个德国的绿党合并,其势力更加锐不可当,在16个州中进入了11个州议会,并在联邦大选中获得49个议席,终于在1998年大选中获得空前胜利;结成"红绿联盟",进入联邦政府,担任了外交、环保、卫生等三个部长职务。

五、对反全球化思潮的评价

(一)反全球化思潮是对快速全球化的反思

反全球化思潮是对全球化的一种反思,当人们享受全球化带着巨大成果的同时,它为全世界人民及时地敲响了警钟。它所揭示的问题引起了国内、国际两个层面的高度关注,人们突然间发现我们的大自然、我们的人类社会已经在不知不觉中出现了或大或小的溃烂块,并以极快的速度侵蚀着这个世界的健康。例如,反全球化浪潮迫使国际社会开始反思全球化的消极面,正视严峻的现实,在减免穷国债务和缩小贫富差距等问题上开始进行政策调整;反全球化浪潮对世界银行和国际货币基金组织的政策和运作方式开始产生一些积极影响;反全球化浪潮迫使跨国公司考虑调整自己的劳工标准和环境保护等方面的行为规范,以体现人道主义的全球化时代的要求;反全球化浪潮迫使各个国家联合起来整治环境污染,维护生态平衡,目前环保势力已经在某些国家、地区发展成为一股有力的政治力量;反全球化浪潮为青年争取自身权力、维护自身利益、伸张自我要求、参与世界决策增加了一条途径。据调查,新一代青年人的民主和环保意识已经比上一代人有普遍提高。

(二)反思还远未成熟

在人类历史发展的长河中,反全球化思潮还是一股新兴思想观点的运动,相比较其他社会思潮而言,无论是在系统性还是在解决问题能力方面都还远远不足。由于反全球化思潮的先天理论缺陷,反全球化运动也多采用暴力等激烈、非理性的形式,在整合资源、制定策略方面有着先天不足,无法形成一种全球性的、有效的、不可抗拒的力量,正面临着诸多内部的挑战:目标的多重性与矛盾性,组织的涣散性与活动的无序性,暴力现象的日益蔓延,解决问题的方案以及当前全球化的替代性方案的缺乏,等等。一句话,反全球化思潮发展到今天仍然远未成熟,它的不成熟性主要表现在以下几个方面。

其一,反全球化思潮没有明确统一的政治、社会目标,其参与者的成员构成复杂,不一定都是进步的、革命的、符合社会发展规律的力量。

国内学者沈骥如在《如何看待反全球化浪潮》一文中讲道:"反全球化运动中的某些派别批判资本主义,批判西方国家民主、人权的虚伪性,但也会在民主、人权问题上攻击我国。如不注意他们的这种易变性,不与他们保持一定的距离,我们可能会陷入被动地位。由于反全球化运动组织和人员构成的复杂性,某些组织有可能被西方敌对势力利用,对我国进行渗透和演变。对此,我们应保持必要的警惕。当然,在人民外交的框架内,我们可以与某些反全球化组织、人士开展对话。他们的观点和主张,凡是正确的、合理的,我们应该表示支持。但是,应该注意求同存异、保持适当距离。应该看到,在今后很长的历史时期,国际关系和国际法的行为主体仍然是国家。因此,把各种反全球化运动的非政府组织抬高到不恰当的地位,对主张'各国的事务应由本国政府和人民决定'的我国并没有好处。如果不注意求同存异和保持距离,就难免要和反全球化人士争论什么是造成当前世界种种弊端的根本原因,这就必然涉及意识形态问题,容易给国际反华势力攻击我国'输出意识形态'找到借口。"

他还讲道:"马克思和恩格斯在《共产党宣言》中分析那些想要消除资本主义社会弊病的'保守的或资产阶级的社会主义'时指出,'这部分人包括:经济学家、博爱主义者、人道主义者、劳动阶级状况改善派、慈善事业组织者、动物保护协会会员、戒酒运动协会发起人以及形形色色的不改良家。这种资产阶级的社会主义甚至被制成些完整的体系。'看看今天反全球化运动的人员构成,我们发现,与马克思恩格斯所说的"保守的或资产阶级的社会主义"的人员构成惊人地相似。可以说,他们并不代表广大人民的利益,也不代表世界历史的发展方向。今天,国际关系中有个有趣的现象:每当美国国会有人提出不给中国正常贸易待遇提案或其他制裁中国经济的议案时,表示支持的往往是美国的各种工会组织(它们往往也是反全球化的力量),而表示反对、主张开展对华正常经济关系的往往是美国大公司的经理或董事长(他们也是积极推动经济全球化的力量)。这似乎与我们习惯的阶级分析正好相反。其实这只能说明,美国的工会已经资产阶级化或"中产阶级"化了,并不能反映美国大多数人民的意见。而美国大公司的领导人,由于股权的分散化,反倒要反映下广大中小股民和美国广大人民群众的意见。这些现象是值得我们深思的。"[①]

所以说,我们不能再以传统的观点审视反全球化运动的力量,应该擦亮眼睛,认清谁是真正的进步力量,哪些力量已经发生了变化。

其二,当前反全球化思潮的意义也就在于提出问题而已,并不能给出能够实际解决问题的方案,大多还停留在感性阶段。尽管有些反全球化观点切中了要害,但却不能提出建设性方案,或不具有可行性。特别是对于青年这一特殊群体而言,他们在全球化过程中承受着越来越大的失

---

① 沈骥如.如何看待反全球化浪潮[J].前线,2001(10).

落感,但是却未能在反全球化思潮中找到出路,这点给他们的价值观带来了相当大程度的影响。

法国学者让-查尔斯·拉葛雷指出:"全球化所带来的好处并没有真正覆盖世界大多数人口。我们有足够的证据表明许多严重的问题影响到世界上的所有国家。世界上大约有 15 亿人口每天的生活消费低于 1 美元。1995 年世界首脑关于社会发展的哥本哈根宣言和行动计划宣称:'随着人口的增长,生活在贫困中的青年人数将显著增加。'该宣言将这种情况描述为'贫困青年化'。另外,据估计,大约有 1.4 亿工人失业,而世界青年人口中约有 6000 万青年男女找不到工作。"①

归纳起来,难以形成一个严格意义上的统一组织和共同纲领;未真正从全球的角度而只是从其自身狭隘的民族利益甚至是无政府主义的立场出发考虑问题;所对应的社会运动,主要形式除了频频以黑客身份攻击西方国家的官方网站外,就是带有暴力倾向的街头示威甚至冲突活动,这些都是反全球化思潮的缺陷所在。而且由于它的理论思想根源五花八门,所以这股思潮的目标并不是十分明确,因而目前对它的发展趋势还不能做准确的预测。

从 20 世纪走向 21 世纪,现代西方思潮的发展仍然是争奇竞秀,此起彼伏。由于 21 世纪的科技革命势头不减,社会历史仍在激烈地分化、重组,国际形势错综复杂、动荡不安,因此,西方思潮获得了来自现实生活的大量刺激,找到了许许多多的新课题,也正酝酿着新的方向和成果。总的来说,会有这样几个发展趋势。

(1) 在新的历史条件下,一些能反映新的历史动向的流派和思潮将会越来越多的引起人们的关注,逐渐占据主导地位。其中比较重要的有后现代主义、合理主义、心智哲学、世界主义、连贯主义以及未来主义。这些流派在 20 世纪已经崭露头角,在 21 世纪它们也将继续发展、丰富、深化。

(2) 从多样化、具体化、世俗化的趋势中,逐渐回归哲学作为世界观、本体论的基本功能。各种思潮相互渗透、融合,并且与自然科学、人文社会科学相互影响,关系更加密切。

(3) 人的问题将仍然是 21 世纪的理论热点。哲学向社会文化领域拓展新对象和新领域,形成跨学科的综合研究。

21 世纪的青年将继续受到这些思潮的影响。

思考题

1. 法兰克福学派的社会批判理论的理论基础和特点是什么?
2. 为什么社会批判理论能在 20 世纪 60 年代达到自身发展和社会影响的顶峰?
3. 未来主义思潮对我国的发展战略有影响吗?请具体谈谈你的看法。
4. 什么是消费主义?它对青少年的价值观有何影响?应如何引导?
5. 反全球化思潮产生的历史背景和时代意义是什么?
6. 谈谈自己在哪些方面受到反全球化思潮的影响,如何正确评价反全球化思潮?

---

① [法]让-查尔斯·拉葛雷.青年与全球化[M].陈玉生,译.北京:社会科学文献出版社,2007:249.

参考文献

一、著作类

1. 段忠桥.当代国外社会思潮[M].北京:中国人民大学出版社,2004.
2. 王霁.马克思主义与当代社会思潮[M].北京:中国人民大学出版社,1994.
3. 徐永祥.现代西方社会思潮[M].北京:中国纺织大学出版社,1993.
4. 薛文华.现代西方哲学评介[M].北京:高等教育出版社,1994.
5. 夏基松.现代西方哲学教程新编:第2卷[M].北京:高等教育出版社,1998.
6. 方克立,李锦全.现代新儒学研究丛书[M].天津:天津人民出版社,1992.
7. 方克立,郑家栋.现代新儒家人物与著作[M].天津:南开大学出版社,1996.
8. 葛荣晋.中国实学文化导论[M].北京:中共中央党校出版社,2003.
9. 刘放桐.实用主义述评[M].天津:天津人民出版社,1983.
10. 王守昌.现代美国哲学[M].北京:人民出版社,1990.
11. 陈亚军.哲学的改造[M].北京:中国社会科学出版社,1998.
12. 王元明.行动与效果:美国实用主义研究[M].北京:中国社会科学出版社,1998.
13. 刘放桐,骆天银.重新研究实用主义[M].成都:四川师范大学出版社,2001.
14. 陈亚军.从分析哲学走向实用主义——普特南哲学研究[M].北京:东方出版社,2002.
15. 涂纪亮.从古典实用主义到新实用主义——实用主义基本观念的演变[M].北京:人民出版社,2006.
16. 俞吾金.杜威、实用主义与现代哲学[M].北京:人民出版社,2007.
17. 孙有中.美国精神的象征——杜威社会思想研究[M].上海:上海人民出版社,2002.
18. 陈嘉明.实在、心灵与信念——当代美国哲学概论[M].北京:人民出版社,2005.
19. 顾红亮.实用主义的误读[M].上海:华东师范大学出版社,2000.
20. 陈亚军.实用主义:从皮尔士到普特南[M].长沙:湖南教育出版社,1999.
21. 涂纪亮.美国实用主义文库·社科文献精品译库[M].北京:社会科学文献出版社,2006.
22. 杨寿堪,王成兵.实用主义在中国[M].北京:首都师范大学出版社,2002.
23. [美]大卫·雷·格里芬.后现代精神[M].王成兵,译.北京:中央编译出版社,1998.
24. [美]赫伯特·马尔库塞.单向度的人[M].刘继,译.上海:上海译文出版社,2006.
25. [美]赫伯特·马尔库塞.爱欲与文明[M].黄勇,薛民,译.上海:上海译文出版社,2006.
26. [美]弗洛姆.逃避自由[M].刘林海,译.北京:国际文化出版社,2007.
27. [美]马克斯·霍克海默,特奥多·威·阿尔多诺.启蒙辩证法[M].洪佩郁,蔺月峰,译.重庆:重庆出版社,1990.
28. [德]尤尔根·哈贝马斯.认识与兴趣[M].郭官义,李黎,译.北京:学林出版社,1999.
29. [美]迈克·费瑟斯通.消费文化与后现代主义[M].南京:南京译林出版社,2000.
30. [法]让·波德里亚.消费社会[M].刘成富,全志钢,译.南京:南京大学出版社,2001.
31. [德]格拉德·博克斯贝格,等.全球化的十大谎言[M].北京:新华出版社,2000.
32. [美]斯坦利·阿罗诺维茨,希瑟高特内.控诉帝国:21世纪世界秩序中的全球化及其抵抗[M].桂林:广西师范大学出版社,2004.
33. 徐艳玲.全球化、反全球化思潮和社会主义[M].济南:山东人民出版社,2005.
34. 罗钢,王中忱.消费文化读本[M].北京:中国社会科学出版社,2003.
35. 王宁.消费社会学[M].北京:社会科学文献出版社,2001.
36. [法]让-查尔斯·拉葛雷.青年与全球化[M].陈玉生,译.北京:社会科学文献出版社,2007.

二、期刊类

1. 陈立思.略论社会思潮[J].中国青年政治学院学报,1995(3).
2. 王炳权,梅荣政.论社会思潮的传播与控制[J].求实,2005(11).
3. 付钦太.大众传媒如何有效引领社会思潮[J].中州学刊,2009(2).
4. 左鹏,彭庆红.直面社会思潮 求真析理育人——林泰教授学术思想述评[J].高校理论战线,2006(2).
5. 梅荣政,王炳权.坚持以社会主义核心价值体系引领社会思潮[J].思想理论导刊,2007(6).
6. 李维武.政治儒学的兴起及其对中国思想世界的影响[J].求是学刊,2006(6).

后　记

从我在中国青年政治学院 1990 级（首届）思想政治教育专业第二学士学位班第一次讲授"社会思潮与青年教育"这门课，到今天提笔写这篇"后记"，时间竟然过去了 20 年！

20 年，足以让一个婴儿长成高大壮实的小伙子，一个稚嫩的大学生成长为业务骨干，一个年富力强的中年人满头青丝落满白霜。而我，在向读者奉上这本饱含心血的教材时，却仍怀着惴惴不安的心情。我在等待您的指教。

作为在思想政治教育专业多年从事教学科研工作的教师，我与这个专业共同成长。它要求我们的，不仅是坚守，更是与时俱进、大胆创新。而创新，是要建立在扎实的科学研究、坚持不懈的努力、开阔的视野和胸怀以及独立思考的品格基础之上的。创新，不仅需要勇气，也需要时间，还需要宽容和鼓励。我要感谢我的学校，为本教材的出版提供了资助；感谢我教过的学生，你们的期待是我力量的源泉；感谢学术界的各位专家学者，你们丰富的成果是我赖以生存的参考资源，凡引用和参考的，在文中和文末都尽可能地做了注释和列出了文献目录，如有遗漏，敬请谅解；感谢北京大学出版社教育出版中心主任周雁翎教授，我一报告选题他就立即表示了支持，感谢责任编辑于娜付出的极大耐心和辛勤劳动；感谢我的研究生、2008 级的彭旦媛、钱玉君，她们承担了文稿校对、资料核对和英文注释工作的大部分。

最后，我要向我系研究生，也是本教材的作者表示感谢。教育是合作的艺术。本教材就是我们合作的结晶。他们承担的写作是：

第二章第一节之三　信息时代新媒体对社会思潮传播的影响　卢旭东（2008 级硕士生）

第二章第二节　社会思潮与社会运动　王妘（2006 级硕士生）

第四章第二节之三　政治儒学　彭旦媛（2008 级硕士生）

第四章第四节　现代新儒家思潮与青年　钱玉君（2008 级硕士生）

第五章第三节　后现代主义　赵黎明（西藏自治区党委宣传部）

第六章第三节之三　中国学术界近十多年（1998—2009）对实用主义的研究　张学玲（2007 级硕士生）

第七章第一节　法兰克福学派及其社会批判理论　李鹏（哈尔滨理工大学马克思主义学院教师）

第七章第三节　当代消费主义思潮　班建武（北京师范大学教育学部教师）

第七章第四节　反全球化思潮　王妘（2006 级硕士生）

本教材其余部分都是由本人完成。

陈立思
2010 年 8 月 13 日于北京西三环万寿寺